"高等法律职业教育系列教材"审定委员会

主　任：张文彪

副主任：万安中

委　员：（按姓氏笔画排序）

王　亮　刘晓辉　李　岚　李雪峰　陈晓明

周静茹　项　琼　曹秀谦　盛永彬　鲁新安

高等法律职业教育系列教材

GAODENGFALUZHIYEJIAOYUXILIEJIAOCAI

律师实务

LUSHI SHIWU

主　编◎　雷绍玲　陆俊松　副主编◎　丁为群　杨　曼

暨南大学出版社

JINAN UNIVERSITY PRESS

中国·广州

图书在版编目（CIP）数据

律师实务/雷绍玲，陆俊松主编；丁为群，杨曼副主编. —广州：暨南大学出版社，
2012.8（2024.7 重印）

（高等法律职业教育系列教材）

ISBN 978－7－5668－0319－1

Ⅰ.①律… Ⅱ.①雷…②陆…③丁…④杨… Ⅲ.①律师业务—中国—高等职业教育—教材 Ⅳ.①D926.5

中国版本图书馆 CIP 数据核字（2012）第 197599 号

律师实务

LÜSHI SHIWU

主　编：雷绍玲　陆俊松　副主编：丁为群　杨　曼

出 版 人：阳　翼
责任编辑：张仲玲　胡艳晴
责任校对：程　辰　张　纯
责任印制：周一丹　郑玉婷

出版发行：暨南大学出版社（511434）
电　　话：总编室（8620）31105261
　　　　　营销部（8620）37331682　37331689
传　　真：（8620）31105289（办公室）　37331684（营销部）
网　　址：http：//www. jnupress. com
排　　版：广州市新晨文化发展有限公司
印　　刷：广东虎彩云印刷有限公司
开　　本：787mm×1092mm　1/16
印　　张：16. 5
字　　数：400 千
版　　次：2012 年 8 月第 1 版
印　　次：2024 年 7 月第 7 次
定　　价：43. 00 元

目 录
CONTENTS

总　序

　　高等法律教育职业化已成为社会的广泛共识。2008 年，由中央政法委等 15 部委联合启动的全国政法干警招录体制改革试点工作，更成为中国法律职业化教育发展的里程碑。这也必将带来高等法律职业教育人才培养机制的深层次变革。顺应时代法治发展需要，培养高素质、技能型的法律职业人才，是高等法律职业教育亟待破解的重大实践课题。

　　目前，受高等职业教育大趋势的牵引、拉动，我国高等法律职业教育开始了教育观念和人才培养模式的重塑。改革传统的理论灌输型学科教学模式，吸收、内化"校企合作、工学结合"的高等职业教育办学理念，从办学"基因"——专业建设、课程设置上"颠覆"教学模式："校警合作"办专业，以"工作过程导向"为基点，设计开发课程，探索出了富有成效的法律职业化教学之路。为积累教学经验、深化教学改革、凝塑教育成果，我们着手推出"基于工作过程导向系统化"的法律职业系列教材。

　　《国家（2010—2020 年）中长期教育改革和发展规划纲要》明确指出，高等教育要注重知行统一，坚持教育教学与生产劳动、社会实践相结合。该系列教材的一个重要出发点就是尝试为高等法律职业教育在"知"与"行"之间搭建平台，努力对法律教育如何职业化这一教育课题进行研究、破解。在编排形式上，打破了传统篇、章、节的体例，以司法行政工作的法律应用过程为学习单元设计体例，以职业岗位的真实任务为基础，突出职业核心技能的培养；在内容设计上，改变传统历史、原则、概念的理论型解读，采取"教、学、练、训"一体化的编写模式。以案例等导出问题，根据内容设计相应的情境训练，将相关原理与实操训练有机地结合，围绕关键知识点引入相关实例，归纳总结理论、分析判断解决问题的途径，充分展现法律职业活动的演进过程和应用法律的流程。

　　法律的生命不在于逻辑，而在于实践。法律职业化教育之舟只有融入法律实践的海洋当中，才能激发出勃勃生机。在以高等职业教育实践性教学改革为平台进行法律职业化教育改革的路径探索过程中，有一个不容忽视的现实问题，高等职业教育人才培养模式主要适用于机械工程制造等以"物"作为工作对象的职业领域，而法律职业教育主要针对的是司法机关、行政机关等以"人"作为工作对象的职业领域，这就要求在法律职业教育中要对高等职业教育人才培养模式进行"辩证"的吸纳与深化，而不是简单、盲目地照搬照抄。我们所培养的人才不应是"无生命"的执法机器，而应是有法律智慧、正义良知、训练有素的有生命的法律职业人员。但愿这套系列教材能为我国高等法律职业化教育改革作出有益的探索，为法律职业人才的培养提供宝贵的经验、借鉴。

2010 年 11 月 15 日

前　言

当前，市面上并不缺少有关律师工作的教材，那么，我们为何还要添此蛇足呢？

现有的教材多以阐述我国律师制度为内容，且以宏观理论叙述为视角，而对律师工作实务的具体操作过程着墨甚少，这样的教材无法使学生得窥律师职业的堂奥，更无法给学生身临其境之感。有鉴于此，我们不揣冒昧，决定以突出职业能力培养为目标，根据律师职业的主要业务，以实际工作过程为导向来为学生展示律师工作的实景。此外，本教材还将律师执业风险、律师职业思维方式及律师助理的相关知识纳入其中。

由于是初次尝试，错谬之处在所难免，竭诚欢迎批评指正。

本书写作分工如下（以姓氏笔画为序）：

丁为群：第八单元、第十一单元；朱文博：第二单元、第四单元、第十三单元；

杨曼：第六单元、第九单元、第十单元；陆俊松：第五单元；欧超荣：第七单元；

罗平娥：第三单元；周颜：第十二单元；雷绍玲：第一单元。

编　者

2012 年 2 月

律师制度与律师执业机构概述

【知识目标】

根据我国《律师法》的规定，了解律师制度的产生和发展历史，掌握律师职业的含义、特点、分类以及作用、业务范围，掌握律师执业机构的相关规定。

【能力目标】

学生能够掌握律师职业以及律师执业机构方面的基础知识和相关规定，并能据此规划自己的职业生涯。

【内容结构图】

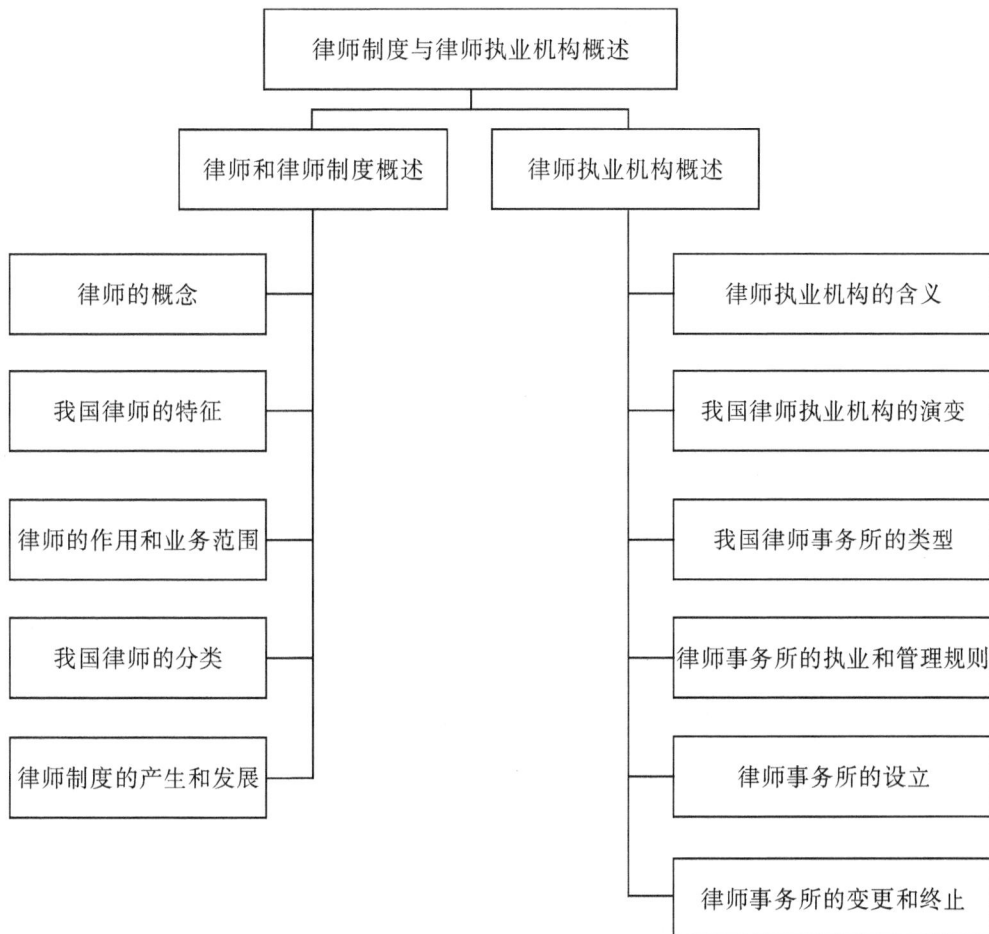

项目一　律师和律师制度概述

【引例】

2011年5月20日，《南方日报》刊登了《优秀职业调查称律师"最风光" 公务员排名第四》一文，文章指出："一个职业优秀与否，是否受人青睐，判断的标准是什么？一项网络调查显示，社会地位和收入是评价职业优秀与否的大众标杆，在受调查者心目中，最风光的职业是律师，因为'职业化程度最高'。"

调查显示，职场人心目中的风光行业前五名依次为律师/法务、银行工作人员、设计/创意、公务员、金融/证券。其中律师/法务以45.3%的比例居于职场人心目中风光职业的榜首。律师是职业化程度非常高的职业，不仅需要职业化的专业技能，还需要职业化的律师形象、工作态度和职业道德。职场人判断风光职业的标准是什么呢？首选标准为社会地位高，占到了30.1%；第二为收入高，占到24.6%；第三为经常获得新知识，占到21.6%，其他标准占23.7%。①

问题：律师职业究竟是什么样的职业？我国律师职业的发展是怎样的？

【基本原理】

一、律师的概念

什么是律师？在不同的国家和地区以及一国的不同历史时期，律师的含义和称谓也有所不同。在我国，根据《中华人民共和国律师法》（以下简称《律师法》）第二条的规定，律师是指依法取得律师执业证书，接受当事人的委托或者经人民法院指定，依法为当事人提供法律服务的专门性的法律职业人员。

二、律师的特征

根据我国法律规定，律师是一种专门性的职业，具有以下特点：

（1）律师是国家许可从事的一项专门性职业，成为律师需要经国家考核授予资格，并发给律师执业证书。没有取得律师执业证书或者律师执业证书被吊销的，不得以律师名义进行活动。

（2）律师的职责是接受当事人委托或人民法院的指定，参与诉讼或非诉讼法律事务，为当事人提供法律服务。

（3）律师是具有一定法律知识的自然人，而不是法人或其他组织。律师不具有国家机关工作人员的身份，不像国家机关工作人员那样代表国家行使具体权力或者实施某项行为。律师是根据当事人的委托或法律的规定来进行业务活动，因此，律师的职业具有广泛的社会性。

---

① 搜狐网：http://news.sohu.com/20110520/n308074077.shtml.

三、律师的作用和业务范围

（一）律师的作用

律师是一定社会制度的产物，也是国家尊重公民权利的一种体现。根据我国《律师法》的规定，律师对于当事人享有、行使、维护自己的合法权益，对于促进国家机关依法行政，减少违法行为，化解社会冲突与纠纷，维护法律的正确实施，维护社会公平与正义，促进社会主义法治建设，具有重要的意义。

1. 律师是推动民主政治、维护公民合法权利的重要力量

律师制度与民主政治密切相连、相辅相成，哪里建设民主政治，哪里就有律师的足迹。在西方国家，律师通过自身的作用和努力对国家民主政治的发展作出重要的贡献。美国著名律师、政治家威尔逊这样描述律师在美国民主政治建构中的作用："律师创立了州政府和联邦政府的结构。建国初期，律师主宰了所有较大的政治进程。"[①] 我国宪法和法律赋予公民广泛的民主权利和自由，而要将书面的权利和自由转化为实际的权利和自由，离不开律师的作用，因为律师的职责就是代表并维护当事人的利益，他们往往代表当事人与侵犯公民权利和自由的行为对抗，推动民主法治的实现。

2. 律师是推动市场经济合法、有效运行的重要力量

市场经济是高度自律的经济形态，它一刻也离不开法律制度的指引和保障，而规范市场经济有效运行的法律制度的实施，与高度发达的律师职业是不可分的。目前在我国"以经济建设为中心"，实施依法治国战略的背景下，广大律师正在经济建设领域发挥着越来越大的作用。成立公司、办理财产转让、缔结契约、处理银行信贷和社会保险、雇佣工人、处理劳资纠纷、使用专利、纳税、外贸、对外投资、技术转让等经济活动都离不开法律的规定，由律师提供的法律服务不可缺少，所有这些经济活动领域都有律师忙碌的身影。律师运用自己的法律知识和技能，为公司提供各种经济信息，沟通投资和交易，甚至直接参与运作，促进社会资源实现更加合理和有效的配置。律师对民事经济交往过程的渗透和参与提高了交往的质量，降低了市场主体的交易成本和交易风险，减少了交易摩擦，增加了交易成功的概率，从而促进了经济活动的有序运行。

3. 律师是保障司法公正的重要力量

律师制度是现代司法制度的重要组成部分。国家司法制度是通过司法的公正来达到有效治理国家的目的的。律师制度的建立就是要通过维护法律的正确实施，实现司法公正。律师通过对整个审判过程的充分参与，可以利用其享有的权利来直接监督审判程序的合法性，及时有效地维护程序公正。律师凭借法律赋予的执业权，在执业过程中不仅维护当事人的合法权益，也帮助司法机关查明事实，正确适用法律，促进实体公正的实现。

（二）律师的业务范围

根据我国《律师法》第二十八条的规定，律师可以从事下列业务：

（1）接受公民、法人和其他组织的聘请，担任法律顾问。

（2）接受民事案件、行政案件当事人的委托，担任诉讼代理人，参加诉讼。

---

① 李本森. 中国律师业发展问题研究［M］. 长春：吉林人民出版社，2001.5.

（3）接受刑事案件犯罪嫌疑人的聘请，为其提供法律咨询，代理申诉、控告，申请取保候审；接受犯罪嫌疑人、被告人的委托或者人民法院的指定，担任辩护人。

（4）代理各类诉讼案件的申诉。

（5）接受当事人的委托，参加调解、仲裁活动。

（6）接受非诉讼法律事务当事人的委托，提供法律服务。

（7）解答有关法律的询问、代写诉讼文书和有关法律事务的其他文书。

四、我国律师的分类

（一）专职律师与兼职律师

专职律师与兼职律师是以律师的工作性质为标准划分的。

专职律师，是指在某个律师事务所执业，专司律师业务的律师。

兼职律师，是指取得律师资格和律师执业证书，不脱离本职工作而兼职从事律师职业的人员。根据我国《律师法》的规定，在高等院校、科研机构中从事法学教育、研究工作的人员，符合《律师法》规定条件的，可以申请兼职律师执业。

（二）执业律师与实习律师

执业律师与实习律师是以律师执业条件为标准划分的。

执业律师，是指可以独立开展执业活动的律师。

实习律师（又称见习律师），是通过国家司法考试之后、申请律师执业之前在律师事务所见习的人员。根据我国《律师法》的规定，通过司法考试而在申请律师执业前，必须在律师事务所实习满一年。严格来说，实习律师并非律师，不得以律师的名义对外开展业务。

（三）社会律师与军队律师、公职律师、公司律师

社会律师，是指面向社会，为社会提供法律服务的律师。

在我国，军队律师是律师的特殊类型。根据我国《律师法》第五十七条的规定，为军队提供法律服务的军队律师，其律师资格的取得和权利、义务及行为准则，适用《律师法》的规定。对军队律师的具体管理办法，由国务院和中央军事委员会制定。

此外，在我国，根据司法行政机关的规定，还有公职律师和公司律师，他们供职于政府职能部门或公司企业，是其单位内部工作的人员，不能面向社会提供法律服务，只能为其所任职的单位提供服务，他们也可以转换为社会律师。

（四）一级、二级、三级、四级律师

依照律师行业职称评定的标准，可以将律师职称的级别划分为一级、二级、三级、四级。按照相对应的专业职称级别，一级、二级律师被称为高级律师，三级律师被称为中级律师，四级律师被称为初级律师。

（五）诉讼律师与事务律师

在我国香港地区，由于其律师制度源于英国法，因此其律师的分类也不同于内地。香港以律师执业的范围为标准将律师划分为诉讼律师与事务律师。

诉讼律师（barrister），在香港地区俗称"大律师"，是指能够在法庭上为当事人辩护或参加诉讼活动的律师。在香港地区，只有诉讼律师才能够在高等法院和终审法院发表辩护（代理）意见，在法庭上享有充分的发言权。

事务律师（solicitor），是指专门从事非诉讼业务或在下级法院从事部分诉讼业务的

律师，但在诉讼中，其出庭时的发言权受到限制。事务律师不能出庭怎么办？必须委托大律师出庭，香港的大律师接受委托必须通过事务律师，并不直接接受当事人的委托。

资深大律师（Senior Counsel，S. C.），是香港对经确认后的资深诉讼律师的称号。诉讼律师累积十年经验后会有机会被香港终审法院首席法官根据其行内成就、贡献、经验等委任成为资深大律师。其在香港的地位等同主权移交前的御用大律师（Queen's Counsel，Q. C.），所有在主权移交前已获认许为御用大律师的香港大律师，在香港主权移交后全部自动获得香港资深大律师的资格。

【法条链接】

《中华人民共和国律师法》第二条：本法所称律师，是指依法取得律师执业证书，接受委托或者指定，为当事人提供法律服务的执业人员。律师应当维护当事人合法权益，维护法律正确实施，维护社会公平和正义。

《中华人民共和国律师法》第十二条：高等院校、科研机构中从事法学教育、研究工作的人员，符合本法第五条规定条件的，经所在单位同意，依照本法第六条规定的程序，可以申请兼职律师执业。

五、律师制度的产生和发展

律师制度是一国法律制度的重要组成部分。律师制度，是指国家法律规定的有关律师的性质、律师的任务与业务范围、律师的资格与执业、律师的工作机构以及规范律师活动中所形成的各种法律关系的规范体系。律师制度不是从来就有的，它是一定历史经济条件的产物。

（一）西方国家律师制度的产生和发展

1. 古希腊古罗马时期律师制度的萌芽和早期发展

现代律师制度起源于西方国家。律师作为一种社会职业，历史悠久。早在公元前5世纪至公元前4世纪的古希腊雅典共和国时期，便存在刑事诉讼辩护和民事诉讼代理现象。公元前594年，梭伦担任雅典执政官后，进行了著名的"梭伦改革"，设立了具有民主特色的陪审法庭。当时诉讼程序公开进行，双方当事人可以进行辩论。这时出现了受托于人在法庭上为他人发表辩论意见的人，虽然并未形成一个职业阶层，但这种诉讼形式及代理、辩护活动对后来罗马律师制度的建立有着重要影响。

公元前5世纪，罗马共和国多次对诉讼程序进行改造，制定了各种新的诉讼程序，实行"控辩式诉讼"，审理案件时被告人与控告人可以在法庭上进行辩论。当事人在法庭辩论时常需要熟悉法律的人协助。于是，社会上逐渐形成了一批专门从事法庭辩护和诉讼代理的人。

公元前3世纪左右，罗马皇帝以诏令的形式承认了诉讼代理，并确立了通过考试的方式选用知法善辩的"辩护士"（advocatus）为诉讼代理人，律师制度初步形成。公元1世纪，律师制度正式确立，形成了律师职业阶层。古罗马时期，全国划分为若干个司法管辖区，在每一个司法管辖区域内都有一定限额的从业律师和候补律师。取得律师资格的条件相当严格，罗马的律师一般都具有渊博的知识和雄辩的口才，备受社会的尊重。

从古希腊雅典共和国时期律师的萌芽，到罗马帝国时期，经过 400 多年的缓慢发展，终于形成了初级形态的罗马奴隶社会的律师制度，产生了律师职业集团。这一时期是律师制度和律师职业发展的初级阶段，对后世律师制度的建立和发展产生了深远的影响。

从历史的发展来看，律师制度起源于古罗马并不是一种偶然现象，而是由于当时罗马社会存在着一系列促使律师制度产生的政治、经济及法律原因。首先，律师的活动有利于维护统治秩序，促进奴隶制经济的发展。罗马共和国社会经济繁荣，手工业和商业已经比较发达，市场贸易和产品交换中的契约行为日益增多，诉讼纠纷也随之增长。其次，随着商业的发展和罗马征服地区的扩大，罗马公民与异邦人以及被征服地区广大居民间关于适用法律的矛盾越来越突出。古代的法律规范已无法调整社会中层出不穷的各种法律关系。统治阶级颁布了大量法律、法规和规定，并将法律分为"公法"和"私法"，以此来适应罗马奴隶制经济发展和统治阶级利益的要求，职业律师的出现适应了这种需要。再次，古罗马采用控辩式诉讼模式为律师职业的产生提供了适宜的土壤。一方面，被控诉人享有与控诉人相同的权利，双方诉讼地位平等，均可以在法庭上充分陈述自己的意见，提出证据，反驳对方的诉讼请求，而且可以委托他人代理诉讼。法官本身不调查取证，只是根据双方的辩论结果作出裁判。这样，在控辩式诉讼中，当事人被允许委托他人代理诉讼，从而使律师的出现成为可能；另一方面，由于诉讼的结果取决于双方的辩论，通晓法律的人士善辩的口才总是给法官的裁决造成影响，这也促使当事人愿意花钱请律师代理诉讼。

2. 欧洲中世纪律师制度的衰落及律师制度在英国的复兴

公元 476 年，西罗马帝国灭亡，欧洲大陆进入封建社会。由于封建割据，自给自足的农庄大量涌现，古罗马时代原始的商品经济衰败了。与封建的政治统治相适应，诉讼结构一改罗马时代的辩论式诉讼，采用纠问式诉讼，诉讼当事人的诉讼权利被剥夺，律师制度失去了赖以生存的经济、政治、法律条件，逐渐衰落下来。在法国，虽然保留了律师制度，但只允许僧侣以律师的身份参加诉讼，而且主要是在宗教法院执行律师职务。从总体来看，中世纪欧洲律师的权限、活动范围等受到很大限制，这一时期的律师活动基本上处于销声匿迹的状态。

12 至 13 世纪，随着国王势力的上升和教会势力的下降，僧侣参与世俗法院诉讼活动被禁止，律师制度才得以恢复和发展，各国相继成立了自己的律师组织。13 世纪开始，英国的社会关系结构发生了重大变化，城市商品经济关系开始发展，英国开始出现职业律师。从一开始，英国就存在着法律辩护人（narratores）和法律代理人（attorneys）两种不同的法律职业者。早期法律辩护人和法律代理人是后来英国诉讼律师和事务律师的最初萌芽。与此相应，14 世纪，伦敦设立了 4 所专门教授和培训律师的律师学院：林肯律师学院、内殿律师学院、中殿律师学院、格雷律师学院。从 16 世纪起，英国开始从中世纪向近代过渡，社会经济出现划时代的变化，封建制度急剧衰落，资本主义长足发展，许多新的利益冲突和矛盾不断涌现。在社会关系上，该时期正处于梅因所说的"从身份到契约"的转型时期，人口流动和社会两极分化空前加剧。这一切都导致诉讼争端大幅度上升，促使英国律师职业进入了一个大发展的历史时期。

3. 资本主义时期律师制度的高度发展

在封建社会末期，由于政治经济的发展，加上罗马法的复兴，欧洲大陆资产阶级启蒙思想家的"天赋人权"、"平等"、"自由"、"民主"等思想广为传播。许多思想家纷纷提出辩论式审判模式以及当事人诉讼地位平等、人人享有辩护权利的观念，资产阶级革命的胜利和资本主义国家的建立，使得这些观念成为法律现实。例如，1679年英国的《人身保护法》，承认被告人有权获得辩护。1791年《美国宪法修正案》明确了刑事被告人享有委托律师辩护的权利。1808年，法国《拿破仑刑事诉讼法典》系统规定了辩护权和律师制度。

在当代民主法治的政治制度和自由竞争的市场经济条件下，律师制度得到了空前的发展，律师制度成为大多数国家重要的法律制度。尤其在西方发达资本主义国家，律师制度更是高度发达，律师的专业化、职业化程度不断加强，律师业务渗透到社会生活的方方面面。

（二）我国律师制度的产生和发展

1. 中国古代没有律师制度

在中国古代，没有发达的商品经济，政治上高度专制，审判方式是纠问式诉讼，谈不上保护当事人的诉讼权利。因此没有律师制度产生的土壤，更没有律师的容身之地。不过，没有律师，却有讼师。在中国古代，律文规定打官司先要向官衙呈递诉状，陈述案情。但普通百姓大多不识字，也不清楚司法程序，需要讼师帮助书写诉状，了解打官司的门路。所以在中国古代，讼师的存在是有其合理性的。

在中国，大家公认最早的讼师是春秋时代郑国的邓析。邓析法律知识渊博，且能言善辩，"操两可之变，设无穷之词"，他曾经聚众讲学，传授法律知识，还助人诉讼。但在统治者看来，邓析"以非为是，以是为非，是非无度，而可与不可日变。所欲胜，因胜。所欲罪，因罪"，靠搬弄是非获取利益，玩弄法律于股掌之间，危害社会安定，破坏统治秩序。因此，很多朝代都以立法来限制讼师的活动，讼师的地位和作用都受到严格的限制，如《唐律疏议·斗讼》中规定："诸为人作词牒，不如所告者，笞五十，若加赠罪重，减诬告一等。"

此外，中国古代在儒家思想的影响下，由于种种原因，民众普遍存在"厌讼"思想，打官司的人被看作是违背圣人训诫的无知小人，而那些唆使他人打官司并从中渔利的讼师就更是圣人君子所不齿的"讼棍"。直到近代，中国才从西方引进了律师制度。

2. 中国近代律师制度的萌芽及发展

中国律师制度开始形成是在清朝末年。1840年鸦片战争之后，英、美、法、德、俄等帝国主义列强通过一系列不平等条约先后取得了领事裁判权，打破了清王朝的司法统一。20世纪初，清政府试图变法以寻求出路，于是任命沈家本、伍廷芳为修律大臣，修订现行律例，拉开了近代中国大规模法律变革的序幕。现代律师制度受到了沈家本、伍廷芳的高度重视。伍廷芳本人就是律师，早年留学英国，在伦敦大学攻读法律，后考取英国律师，是中国人中获得外国律师资格的第一人。1906年，在吸收外国先进司法制度经验的基础上，沈家本主持编撰了《大清刑事民事诉讼法草案》。该法案对律师资格的取得、律师的职责、违法违纪事件的处罚都作了具体的规定。由于清廷保守派的反对，该法并未颁行，但为后来的司法变革奠定了一定基础。

1911 年辛亥革命后，清政府被推翻，中华民国成立了。南京临时政府拟定了《律师法草案》，但该草案并没有付诸实施。1912 年 9 月 16 日，袁世凯担任临时大总统的北京政府颁布了《律师暂行章程》，这是中国历史上第一部律师法。自此，近代律师制度在中国正式建立。其后民国律师制度在《律师暂行章程》的基础之上发展、演变。南京国民政府成立后，在 1927 年公布了《律师章程》，1941 年颁布了《中华民国律师法》，规定了律师制度的具体内容，该法历经修改，现在仍在我国台湾地区实施。律师制度在民国初年建立后，中国律师职业得以兴起和发展，出现了施洋、史良、沈钧儒等一批著名律师。

3. 新中国律师制度的曲折发展史

新中国成立以后，废除了国民党的《六法全书》和旧法统，1950 年 7 月，中央人民政府司法部在北京、天津、上海、沈阳等地试办法律顾问处。同年 9 月颁布的《宪法》规定了被告人的辩护权，《人民法院组织法》规定了被告人委托律师进行辩护的权利。1956 年 1 月，司法部向国务院提交《关于建立律师制度的请示报告》，正式规定律师制度。但是，1957 年 "反右" 斗争的扩大化使初步建立的律师制度受到严重破坏，律师被认为是 "替罪犯开脱"、"为坏人说话" 的人员，许多律师被错划成 "右派"，被劳动改造甚至被判刑。刚刚建立起来的律师制度被迫中断。

1979 年党的十一届三中全会以后，适应社会主义民主和法制建设的要求，律师制度得以迅速恢复。1980 年公布的《中华人民共和国律师暂行条例》明确规定了律师制度的基本内容，为律师制度的发展奠定了基础。1986 年 7 月，在北京召开了第一届全国律师代表大会，成立了 "中华全国律师协会"，依法对律师实行行业管理，促进了我国律师事业的发展。从 1984 年开始，我国不断改革律师资格的考试制度、律师管理体制等重要内容，律师业的发展进入突飞猛进的阶段。具体内容主要有：

（1）为培养高素质的律师队伍，自 1986 年开始，司法部实行了全国律师资格考试，为我国律师行业选拔了一大批法律专业人才。其后为适应社会主义法制建设的需要、统一法律职业人员的专业素质，从 2002 年 3 月起，将 "律师资格考试" 和 "初任法官资格考试"、"初任检察官资格考试" 合为 "国家司法考试"。

（2）改革了律师与律师事务所的性质，鼓励具有律师资格的人员，在辞去公职后，成立不占国家编制、不要国家经费、自愿组合、自收自支、自我发展、自我约束的 "两不四自" 的律师事务所。我国律师事务所从单一的国家核拨经费的模式向包括合伙制、合作制以及个人所等多元模式发展。

（3）为配合律师事务所多种经营模式改革，顺应律师行业的发展规律，在律师管理体制方面，改革过去单纯的行政管理模式下的律师管理，初步确立司法行政机关行政管理与律师协会行业自律管理 "两结合" 的管理体制。

（4）为促进我国对外经济贸易的发展和法律事务的交流，允许外国律师事务所在华设立办事处，同时鼓励有条件的国内律师事务所到国外设立分支机构。

1996 年 5 月 15 日，第八届全国人民代表大会常务委员会第十九次会议通过了《中华人民共和国律师法》。《律师法》的颁布与实施是我国社会主义民主法制建设的一大成就，对我国律师工作发展进程具有重大意义。迄今，全国人大常委会分别于 2001 年12 月 29 日和 2007 年 10 月 28 日对《律师法》进行了两次修订，《律师法》的颁布和不断修订，将改革开放以来对律师制度的改革成果以法律的形式确定下来，保障了律师执业权利，为建立和完善符合现代市场经济需要的、符合律师职业特征的现代律师制度作出了重大的贡献。

【引例分析】

律师职业是高度专业化的职业，且极具挑战性，律师的社会地位和发展前景与一个国家的政治制度和法治传统有很大关系。在一些西方发达国家，平均每 300 人中有 1 名律师。律师是很重要的职业，美国历任的 43 位总统中有六成是律师出身。而我国由于历史传统和政治制度的原因，律师的社会地位一直不高。

今天，随着国家的改革开放，在短短 30 年间，中国的律师行业为经济和社会发展作出了非常重大的贡献。1979 年全国的律师数量不到 200 人，截至 2009 年，职业律师已经达到 15 万多，现在达到了每 9 000 人中有 1 名律师。律师的专业性和知识性得到社会大众的认可，所以被认为是"最风光"的职业。但是中国的律师业发展到今天，也暴露出很多的问题，比如，律师的社会地位仍然不高，律师质量的提升滞后于律师数量的发展，行业的精神建设滞后于行业的业务建设等。随着我国建设社会主义法治国家的目标的推进，律师将为中国法治的发展作出更大贡献。

【思考与练习】

1. 简述我国律师的特点和分类。
2. 简述律师的作用。
3. 我国律师的业务范围有哪些？
4. 简述我国律师制度的发展历史。

【拓展阅读】

律师的作用是指律师制度以及律师执业对社会产生的积极影响。对律师作用的准确理解不是一件容易的事，各个国家的学者对律师的作用有着不同的看法。

1. 社会规则的制定与实施说

美国哈佛大学法学院院长罗伯特·C. 克拉克指出："什么是律师的本质？律师做的是什么？我的回答是：他们操作着定义人们之间以及组织之间的权利和责任的规则和标准。律师创制、发现、解释、采用、适用和实施建构人际关系的规则，他们是规则制定的专家。"显然这种说法体现了美国律师的广义上的社会功能，反映了美国律师在国家社会生活中的广泛作用。

2. 公众事业说

美国律师基金会研究顾问雷蒙德等人指出，法律实务是一项公众事业。"对于从事律师、医生以及牧师等职业的人来说，最根本的价值是为公众服务的精神，其职业义务的内容尤其强调利他主义和伦理性。"这些说法不仅反映了律师所从事的业务具有公益性的一面，而不是片面地追求职业利益的最大化，而且反映了人们对律师职业的一种理想期盼。

3. 维护人权与司法平衡说

日本《律师法》第一条指出："律师以维护基本人权，实现社会正义为使命。"欧洲委员会认为，律师在保证人权和基本自由方面起根本作用。这种说法从律师在国家上层建筑的法律体系中的角色定位的角度，揭示了律师在维护人权和司法公正方面的重要作用。

4. 保护当事人权利说

林达在其《历史深处的忧虑》一书中指出："律师是有他的职责的，他的职责就是不论他的顾客是什么人，在收取顾客费用的同时，就提供尽善尽美的法律服务，使他的顾客能够最大限度地利用法律保护自己的公民权利。"这种说法是从律师的业务和服务的对象的角度，揭示律师的社会作用。因为律师的作用具有广泛性的特点，这一特点决定了律师天然地要比其他职业担负更多的社会责任。

5. 维护公权与私权统一说

我国清末修订法律大臣沈家本对于律师的作用有过精辟的论述，他在关于建立律师制度的奏折中写道："由前之说，律师对于国家，应从律师法之所定与官吏负同一之义务；由后之说，律师对于当事人，则有诉讼委托之关系。此所谓律师之职务有两种也。"这种说法具有辩证的色彩，反映了以国家为本位、社会为本位的国家对律师的认识和要求，至今这种说法仍然有很大的影响。[①]

项目二　律师执业机构概述

【引例】

2003 年 8 月 7 日，山西神角律师事务所接受了当事人康某的委托，在与康某签订委托合同时，该所指派其聘用的非律师人员白某作为承办"律师"，并为白某出具了相关手续，以该所收据收取康某代理费用 4 000 元，其中 3 200 元归白某个人，800 元被该所抽取。事后，当事人康某发现，白某并没有律师资格，却以律师身份收费并为其代理案件，便向有关部门进行了投诉。[②]

问题：山西神角律师事务所有哪些违法行为？应受到何种处罚？

【基本原理】

一、律师执业机构的含义

律师执业机构是指为了规范与保障律师执业的合法、顺利进行，由法律规定的律师进行执业活动的专门机构。任何律师都必须是律师执业机构的成员，才能接受当事人的委托，开展律师业务活动。我国《律师法》第十四条明确规定："律师事务所是律师的执业机构。"

二、我国律师执业机构的演变

我国自 1979 年恢复重建律师制度以来，律师执业机构经历了较大的变化。1980 年

---

① 张善焱. 中国律师制度专题研究［M］. 长沙：湖南人民出版社，2007. 58 ~ 59.

② 人民网：http://www.people.com.cn.

的《中华人民共和国律师暂行条例》规定律师的执业机构是法律顾问处，由国家核定编制，拨给经费，性质是国家事业单位，该条例将律师界定为"国家法律工作者"，将其纳入国家行政人员的编制并享有行政人员的待遇。

1984 年，经司法部认可，各地将法律顾问处更名为律师事务所，但这时律师事务所仍属于国家出资的律师事务所。20 世纪 90 年代初，与我国经济体制改革的进程相适应，我国的政治体制改革也随之进行，对作为政治体制组成部分的律师体制也进行了改革，各地律师事务所纷纷与当地司法行政部门脱钩，由原来的国资所向合伙所转变。1993 年 12 月，国务院批准了《司法部关于深化律师工作改革的方案》，进一步肯定了不同组织形式的律师事务所，在全国范围内出现了一大批不占国家经费和编制，自愿组合、自收自支、自我发展、自我约束的律师事务所。这样，律师就失去了原来国家工作人员的身份，脱去了"国家"的外衣，不再具有国家性，由"管理者"变成了"服务者"。因此，我国 1996 年制定的《律师法》将律师定义为"依法取得律师执业证书，为社会提供法律服务的执业人员"。

现在，我国已经形成了多种性质的律师事务所并存的局面，根据《律师法》的规定，我国的律师事务所主要有三类，即国家出资的律师事务所、合伙制律师事务所、个人律师事务所，其中合伙制律师事务所又分为普通合伙律师事务所和特殊的普通合伙律师事务所，现实中数量最多的是普通合伙律师事务所。

三、我国律师事务所的类型

1. 国办律师事务所

国办律师事务所是指由国家出资设立的律师事务所。我国《律师法》第二十条规定："国家出资设立的律师事务所，依法自主开展律师业务，以该律师事务所的全部资产对其债务承担责任。"2008 年 7 月司法部发布的《律师事务所管理办法》第十条规定："需要国家出资设立律师事务所的，由当地县级司法行政机关筹建，申请设立许可前须经所在地县级人民政府有关部门核拨编制、提供经费保障。"

2007 年，我国在修订《律师法》过程中曾对国办律师事务所的存废有过争议，但考虑到我国各地律师业发展不均衡，一些欠发达地区律师事务所自我发展能力较弱，为了解决这些地区法律服务需求，需要继续保留由国家出资设立律师事务所的形式。截至 2009 年，国办律师事务所有 1 400 多家，主要分布在中西部地区，有利于推动中西部律师业的发展。

2. 个人律师事务所

个人律师事务所是指个人开业的律师事务所。根据我国《律师法》第十六条的规定，个人律师事务所是指具有五年以上执业经历的律师个人设立的律师事务所，设立人对律师事务所的债务承担无限责任。其特点是个人出资、个人经营、个人承担风险和收益。个人律师事务所在国外是一种比较普遍的律师执业方式，我国早在 20 世纪 90年代就开始探索个人律师事务所的试点工作，为了适应市场对法律服务多层次的需求，赋予从业者更多的选择机会，我国 2007 年修订的《律师法》在借鉴国际经验和综合考虑我国现阶段律师业的发展情况的基础上，确立了个人律师事务所的法律地位。个人律师事务所的优点主要在于开业律师可以完全自主地开展事务所的工作，避免其他形式的律师事务所可能出现的内部矛盾与争端。但由于受规模的限制，个人律师事务所的弊端也显而易见：一是承担风险的能力较弱，二是不具备办理重大法律事务的能力。

3. 合伙律师事务所

合伙律师事务所是指由合伙人依照合伙协议的约定，共同出资、共同管理、共享收益、共担风险的律师执业机构。我国《律师法》第十五条规定："合伙律师事务所可以采用普通合伙或者特殊的普通合伙形式设立。合伙律师事务所的合伙人按照合伙形式对该律师事务所的债务依法承担责任。"

合伙律师事务所是世界各国律师事务所的主要形式，在我国，合伙律师事务所是伴随着律师体制改革的深化而产生的。自1993年各地开始探索以合伙形式建立律师事务所以来，至2008年，我国有13 000多家律师事务所，其中9 200多家是合伙所，占全部律师事务所总数的71%以上。① 我国律师业的飞速发展与司法部当初设立合伙所的探索关系密切——因为产权明晰而带来的积极性，因为责任分担而带来的统一性，使合伙所成了我国律师制度恢复重建近30年来蓬勃发展的主力军。但是，随着律师工作改革的深入，合伙所承担责任方式的统一性逐渐变成了全体合伙人全部承担无限连带责任方式的单一性，影响了律师事务所不断做大做强的积极性，也在一定程度上延缓了我国律师业向纵深发展。因此，2007年修订的《律师法》第十五条对合伙律师事务所的责任形式作出新的规定："合伙律师事务所可以采用普通合伙或者特殊的普通合伙形式设立。合伙律师事务所的合伙人按照合伙形式对该律师事务所的债务依法承担责任。"特殊的普通合伙与普通合伙的最大区别就在于合伙人承担的债务责任不同。所谓特殊的普通合伙，实际上还是普通合伙。之所以特殊，是因为该种形式的合伙所，将合伙人承担责任的方式予以个别化、特别化。2008年7月司法部发布的《律师事务所管理办法》第三十八条对此作了明确规定："特殊的普通合伙律师事务所一个合伙人或者数个合伙人在执业活动中因故意或者重大过失造成律师事务所债务的，应当承担无限责任或者无限连带责任，其他合伙人以其在律师事务所中的财产份额为限承担责任；合伙人在执业活动中非因故意或者重大过失造成的律师事务所债务，由全体合伙人承担无限连带责任。"这在很大程度上降低了合伙人承担的风险，使合伙律师事务所的经营模式更加灵活，极大地促进了合伙律师事务所的发展。

当今，由于律师事务的高度专业化、复杂化和国际化，全球律师事务所的组织形式也在向规模化、专业化、品牌化、国际化发展，律师事务所也由传统的普通合伙型向有限合伙、有限责任合伙和有限责任公司等形式发展，传统普通合伙型律师事务所在大型国际化事务所中越来越少，随着我国律师业的不断发展，有限合伙、公司化律师事务所将成为我国律师事务所的发展趋势。

四、律师事务所的执业和管理规则

律师事务所作为律师开展执业活动的最小单位，只有加强律师事务所的自身管理，才能为律师拓展业务和自身发展提供一个更好的执业环境。而律师事务所的良好运作是与科学规范的管理紧密相连的，好的管理对促进律师事务所队伍、业务的发展是必不可少的。律师事务所应当依照《律师法》和有关法律、法规、规章及行业规范，建

① 刘桂明．"特殊的普通合伙"让律所获得新动力［N］．法制日报，2008 – 07 – 27.

立健全执业管理和其他各项内部管理制度，加强对本所律师执业行为的监督。

（一）律师事务所的执业规范

（1）律师承办业务，由律师事务所统一接受委托，与委托人签订书面委托合同。其所指派的律师虽然承办具体的案件，但律师并非委托关系的主体，律师的所有行为都代表律师事务所，律师应当接受律师事务所的监督管理。

（2）律师事务所受理业务，应当进行利益冲突审查，不得违反规定受理与本所承办业务及其委托人有利益冲突的业务。《律师法》第三十九条规定："律师不得在同一案件中为双方当事人担任代理人，不得代理与本人或者其近亲属有利益冲突的法律事务。"《律师事务所管理办法》第三十三条规定："律师事务所受理业务，应当进行利益冲突审查，不得违反规定受理与本所承办业务及其委托人有利益冲突的业务。"所谓律师执业利益冲突，就是律师在执业过程中，其代理的客户或拟代理的客户与其自身，或其他客户或相关第三人存在利害关系，如果为该客户代理或继续代理，将损害或很有可能会损害该客户、其他客户或相关第三人的利益。律师事务所应当建立和完善利益冲突审查机制，从操作机制上防止律师执业利益冲突的出现。

（3）律师事务所组织开展业务活动，应当指导本所律师依法执业，履行法律援助义务，建立承办重大疑难案件的集体研究和请示报告制度，对律师在执业活动中遵守法律、法规、规章，遵守职业道德和执业纪律的情况进行监督，发现问题及时予以纠正。

（4）律师事务所应当按照国家司法行政部门的收费管理办法统一收费，禁止律师私自收费。建立健全收费管理制度，及时查处有关违规收费的举报和投诉。

（5）律师事务所和律师不得以诋毁其他律师事务所、律师或者支付介绍费等不正当手段承揽业务。律师业的不正当竞争不仅会损害当事人和竞争对手的合法权益，而且还会损害国家法律的实施和尊严，影响律师行业的发展和国家的法治建设。

（6）律师事务所不得从事法律服务以外的经营活动。

（7）律师违法执业或者因过错给当事人造成损失的，由其所在的律师事务所承担赔偿责任。律师事务所赔偿后，可以向有故意或者重大过失行为的律师追偿。

（二）律师事务所的内部管理制度

（1）律师事务所应当按照规定建立健全财务管理制度，建立和实行合理的分配制度及激励机制。从当前律师事务所普遍采用的分配机制来看，分配机制形式主要可以分为：内部承包制、纯提成制、固定工资加奖金制、底薪加提成再加年终奖金制和年薪制五种。我国律师事务所根据各地区的区域特点和各事务所的具体情况，各律师事务所分别采取不同的收入分配机制。

（2）律师事务所的负责人负责对律师事务所的业务活动和内部事务进行管理，对外代表律师事务所，依法承担对律师事务所违法行为的管理责任。

（3）合伙人会议或者律师会议为合伙律师事务所或者国家出资设立的律师事务所的决策机构；个人律师事务所的重大决策应当充分听取聘用律师的意见。

（4）律师事务所根据本所章程可以设立相关管理机构或者配备专职管理人员，协助本所负责人开展日常管理工作。

（5）律师事务所应当加强对本所律师的职业道德和执业纪律教育，组织开展业学习和经验交流活动，为律师参加业务培训和继续教育提供条件。

（6）律师事务所应当建立投诉查处制度，及时查处、纠正本所律师在执业活动中的违法违规行为，调处在执业中与委托人之间的纠纷；认为需要对被投诉律师给予行政处罚或者行业惩戒的，应当及时向所在地县级司法行政机关或者律师协会报告。

（7）律师事务所应当建立律师执业年度考核制度，按照规定对本所律师的执业表现和遵守职业道德、执业纪律的情况进行考核，评定等次，实施奖惩，建立律师执业档案。律师事务所应当于每年的一季度经所在地县级司法行政机关向设区的市级司法行政机关提交上一年度本所执业情况报告和律师执业考核结果，直辖市的律师事务所的执业情况报告和律师执业考核结果直接向所在地区（县）司法行政机关提交，接受司法行政机关的年度检查考核。

（8）合伙律师事务所和国家出资设立的律师事务所应当按照规定为聘用的律师和辅助人员办理失业、养老、医疗等社会保险。个人律师事务所聘用律师和辅助人员的，也应当按规定为其办理社会保险。

（9）律师事务所应当按照规定，建立执业风险、事业发展、社会保障等基金。

（10）律师事务所对于已经办结的案件，应当将全部案件材料收集齐全，进行必要的整理，然后根据各项业务分类，分别立卷存档。

【法条链接】

《律师事务所管理办法》第三十三条：律师承办业务，由律师事务所统一接受委托，与委托人签订书面委托合同。

五、律师事务所的设立

（一）设立律师事务所的条件

1. 设立律师事务所的一般条件

一般条件，是指设立任何类型的律师事务所都必须具备的普通要件。

（1）有自己的名称、住所和章程。

第一，律师事务所的名称，是指经过批准设立的、在执业活动中供公众识别的称谓。根据2010年3月1日起实施的《律师事务所名称管理办法》，律师事务所对经司法行政机关依法核准的律师事务所名称享有专用权，律师事务所依法使用名称，受法律保护。

律师事务所名称应当由"省（自治区、直辖市）行政区划地名、字号、律师事务所"三部分内容依次组成，其中所称的行政区划地名，是指不包括"省"、"自治区"、"直辖市"、"市"、"县"、"区"等行政区划称谓的地方名称。

设立律师事务所，应当在申请设立许可前，按照该办法的规定办理律师事务所名称预核准。预核准的律师事务所名称，由省、自治区、直辖市司法行政机关在实施律师事务所设立许可时予以核准。经预核准的律师事务所名称，自省、自治区、直辖市司法行政机关发出《律师事务所名称预核准通知书》之日起6个月内有效。有效期满，设立人未提交律师事务所设立申请的，预核准的律师事务所名称失效。在有效期内，律师事务所未经司法行政机关许可设立的，不得使用预核准的律师事务所名称。

律师事务所变更名称，应当按照规定办理名称预核准。省、自治区、直辖市司法行政机关应当根据律师事务所变更名称的申请及已预核准的律师事务所名称，办理律师事务所名称变更手续。

律师事务所只能选择、使用一个名称。并且，律师事务所使用名称，不得在核准使用的名称中或者名称后使用或者加注"律师集团"、"律师联盟"等文字。

第二，住所，是指律师事务所的执业场所，律师事务所的登记住所只能有一个。住所是确定律师事务所所属地域及法律管辖的标准。通常律师事务所的住所与其办公场所应当一致。但是，实践中也有不一致的情形，此时律师事务所应当及时进行变更登记。

第三，章程，是律师事务所依法制定的、其活动应当遵循的准则，申请设立律师事务所必须要有章程。律师事务所章程自省、自治区、直辖市司法行政机关作出准予设立律师事务所决定之日起生效。

章程应当包括以下内容：①律师事务所的名称和住所；②律师事务所的宗旨；③律师事务所的组织形式；④设立资产的数额和来源；⑤律师事务所负责人的职责以及产生、变更程序；⑥律师事务所决策、管理机构的设置、职责；⑦本所律师的权利与义务；⑧律师事务所有关执业、收费、财务、分配等主要管理制度；⑨律师事务所解散的事由、程序以及清算办法；⑩律师事务所章程的解释、修改程序，以及其他需要载明的事项。

律师事务所章程的内容不得与有关法律、法规、规章相抵触。设立合伙律师事务所的，其章程还应当载明合伙人的姓名、出资额及出资方式。

（2）有符合规定的律师。

律师事务所作为社会组织，其活动是通过其成员进行的。而具有律师，则是律师事务所从事业务活动的必要条件。所以，设立律师事务所必须有律师。

（3）有符合规定的设立人。

除国家出资设立律师事务所以外，律师事务所由申请人申请设立。设立人应当是具有一定的执业经历，且3年内未受过停止执业处罚的律师。

（4）有符合规定数额的资产。

设立律师事务所，必须有符合国务院司法行政部门规定数额的资产。具体有以下几种情形：①设立普通合伙律师事务所，有人民币30万元以上的资产。②设立特殊的普通合伙律师事务所，有人民币1 000万元以上的资产。③设立个人律师事务所，有人民币10万元以上的资产。④国家出资设立律师事务所，由当地县级司法行政机关筹建，申请设立许可前须经所在地县级人民政府有关部门核拨编制、提供经费保障。

对于设立律师事务所所需要的资产规模，根据规定，省、自治区、直辖市司法行政机关可以根据本地经济社会发展状况和律师业发展需要，适当调整普通合伙律师事务所、特殊的普通合伙律师事务所和个人律师事务所的设立资产数额，报司法部批准后实施。

2. 设立各类律师事务所的特殊条件

（1）设立普通合伙律师事务所，除应当具备一般条件外，还应当具备下列条件：①有书面合伙协议；②有3名以上合伙人作为设立人；③设立人应当是具有3年以上执业经历并能够专职执业的律师；④有人民币30万元以上的资产。

（2）设立特殊的普通合伙律师事务所，除应当具备一般条件外，还应当具备下列条件：①有书面合伙协议；②有 20 名以上合伙人作为设立人；③设立人应当是具有 3 年以上执业经历并能够专职执业的律师；④有人民币 1 000 万元以上的资产。

（3）设立个人律师事务所，除应当符合一般条件外，还应当具备下列条件：①设立人应当是具有 5 年以上执业经历并能够专职执业的律师；②有人民币 10 万元以上的资产。

（4）国家出资设立的律师事务所，除符合一般条件外，还应当至少有两名符合《律师法》规定并能够专职执业的律师。

（二）设立律师事务所的程序

设立律师事务所，不是自然人或者社会组织的任意行为，需要经过一定的手续，经主管机构审查许可后，才可以设立。

1. 许可设立律师事务所的管辖

律师事务所的设立许可，由拟设立律师事务所所在地设区的市级或者直辖市的区（县）司法行政机关受理设立申请并进行初审；由拟设立律师事务所所在地省、自治区、直辖市司法行政机关进行最终审核，并作出是否准予设立的决定。

2. 提出申请

在申请设立律师事务所时，申请人应当如实填报《律师事务所设立申请登记表》，并向所在地设区的市级或者直辖市的区（县）司法行政机关提交下列材料：

（1）设立申请书；

（2）律师事务所的名称、章程；

（3）设立人的名单、简历、身份证明、律师执业证书及律师事务所负责人人选；

（4）住所证明；

（5）资产证明。

此外，还应当注意以下两点：①设立合伙律师事务所，应当提交合伙协议；②国家出资设立的律师事务所，应当提交所在地县级人民政府有关部门出具的核拨编制、提供经费保障的批件。

3. 受理与初审

设区的市级或者直辖市的区（县）司法行政机关对申请人提出的设立律师事务所申请，应当根据下列情况分别作出处理：①申请材料齐全、符合法定形式的，应当受理。②申请材料不齐全或者不符合法定形式的，应当当场或者自收到申请材料之日起 5 日内一次告知申请人需要补正的全部内容。申请人按要求补正的，予以受理；逾期不告知的，自收到申请材料之日起即为受理。③申请事项明显不符合法定条件或者申请人拒绝补正、无法补正有关材料的，不予受理，并向申请人书面说明理由。

受理申请的司法行政机关应当在决定受理之日起 20 日内完成对申请材料的审查。经审查，应当对设立律师事务所的申请是否符合法定条件、材料是否真实齐全出具审查意见，并将审查意见和全部申请材料报送省、自治区、直辖市司法行政机关。

4. 审核与处理

省、自治区、直辖市司法行政机关应当自收到受理申请机关报送的审查意见和全部申请材料之日起 10 日内予以审核，作出是否准予设立律师事务所的决定。准予设立的，应当自决定之日起 10 日内向申请人颁发律师事务所执业许可证；不准予设立的，应当向申请人书面说明理由。

5. 公告

审核部门对已核准成立的律师事务所应及时向社会发布公告。公告具有确立律师事务所依法成立的法律效力。

6. 救济

根据《行政复议法》、《行政许可法》和《行政诉讼法》的规定，申请人对不予颁发律师事务所执业证不服的，可以在收到书面通知之日起15日内向上一级司法行政部门申请复议；对复议决定不服的，可以自收到复议决定之日起60日内向人民法院提起诉讼，也可以不经复议直接向人民法院提起诉讼。

7. 设立分所

成立3年以上并具有20名以上执业律师的合伙律师事务所，可以设立分所。合伙律师事务所对其分所的债务承担责任。

设立分所，须经拟设立分所所在地的省、自治区、直辖市人民政府司法行政部门审核。申请设立分所的程序，依照设立律师事务所的程序办理。一处分所只能使用一个名称。设立分所的，该律师事务所还需要报原审核其成立的司法行政部门备案。

根据我国法律规定，我国的律师事务所也可以在外国设立分支机构。我国律师事务所在外国设立分支机构的，还应当遵循所驻国的法律。

8. 律师事务所执业许可证书

律师事务所执业许可证书，又称为律师事务所执业证书。律师事务所执业证书是律师事务所依法获准设立并执业的有效证件，律师事务所执业证书包括律师事务所执业许可证书、律师事务所分所执业许可证书。

律师事务所应当妥善保管执业证书，不得变造、涂改、抵押、出借、出租和故意损毁。如有遗失或者损毁的，应当及时报告所在地县级司法行政机关，经所在地设区的市级或者直辖市区（县）司法行政机关向原审核机关申请补发或者换发。律师事务所执业许可证遗失的，应当在当地报刊上刊登遗失声明。

律师事务所被撤销许可、受到吊销执业许可证处罚的，由所在地县级司法行政机关收缴其执业许可证。

律师事务所受到停业整顿处罚的，应当自处罚决定生效后至处罚期限届满前，将执业许可证缴存其所在地县级司法行政机关。

六、律师事务所的变更和终止

（一）律师事务所的变更

律师事务所变更名称、负责人、章程、合伙协议的，应当经所在地设区的市级或者直辖市的区（县）司法行政机关审查后报原审核机关批准，具体按照律师事务所设立许可程序办理。

律师事务所变更住所、合伙人的，应当自变更之日起15日内经所在地设区的市级或者直辖市的区（县）司法行政机关报原审核机关备案。

律师事务所变更组织形式的，应当在自行依法处理好业务衔接、人员安排、资产处置、债务承担等事务，并对章程、合伙协议作出相应修改后，方可按照有关律师事务所变更的规定申请变更。

律师事务所跨县、不设区的市、市辖区变更住所，需要相应变更负责对其实施日常监督管理的司法行政机关的，应当在办理备案手续后，由其所在地设区的市级司法行政机关或者直辖市司法行政机关将有关变更情况通知律师事务所迁入地的县级司法行政机关。律师事务所拟将住所迁移至其他省、自治区、直辖市的，则不是变更，而应当按注销原律师事务所设立新的律师事务所的程序办理。

此外，律师事务所因分立、合并，需要对原律师事务所进行变更或者注销原律师事务所、设立新的律师事务所的，应当在自行依法处理好相关律师事务所的业务衔接、人员安排、资产处置、债务承担等事务后，提交分立协议或者合并协议等申请材料。

（二）律师事务所的终止

律师事务所有下列情形之一的，应当终止：①不能保持法定设立条件，经限期整改仍不符合条件的；②执业许可证被依法吊销的；③自行决定解散的；④法律、行政法规规定应当终止的其他情形。

此外，还需要注意以下问题：

（1）律师事务所在取得设立许可后，6 个月内未开业或者无正当理由停止业务活动满 1 年的，视为自行停办，应当终止。

（2）律师事务所在受到停业整顿处罚期限未届满前，不得自行决定解散。

（3）律师事务所在终止事由发生后，应当向社会公告，依照有关规定进行清算，依法处置资产分割、债务清偿等事务；因被吊销执业许可证终止的，由作出该处罚决定的司法行政机关向社会公告；因其他情形终止、律师事务所拒不公告的，由设区的市级或者直辖市的区（县）司法行政机关向社会公告。

（4）律师事务所自终止事由发生后，不得受理新的业务。

（5）律师事务所应当在清算结束后 15 日内向所在地设区的市级或者直辖市的区（县）司法行政机关提交注销申请书、清算报告、本所执业许可证以及其他有关材料，由其出具审查意见后连同全部注销申请材料报原审核机关审核，办理注销手续。

【引例分析】

律师事务所是律师的执业机构，为保障律师行业的健康发展，律师事务所应当严格遵守法律法规对律师、律师事务所的管理和监督。司法部 2004 年颁布的《律师和律师事务所违法行为处罚办法》① 第九条规定："律师事务所采用出具或者提供律师事务所介绍信、律师服务专用文书、收费票据等方式，为尚未取得律师执业证的人员或者其他律师事务所的律师违法执业提供便利的，由省、自治区、直辖市司法行政机关给予警告、没收违法所得、停业整顿 3 个月以上 1 年以下的处罚。"山西神角律师事务所因向非律师人员出具律师委托合同，使其以律师名义活动，并以本所收据收取当事人的服务费，被省司法厅给予停业整顿 3 个月的处罚。我国《律师法》第五十五条规定："没有取得律师执业证书的人员以律师名义从事法律服务业务的，由所在地的县级以上地方人民政府司法行政部门责令停止非法执业，没收违法所得，处违法所得一倍以上五倍以下的罚款。"太原市司法局也对白某本人作出行政处罚，责令其停止非法执业行

---

① 司法部 2004 年 3 月 19 日颁布的《律师和律师事务所违法行为处罚办法》被司法部 2010 年 6 月 1 日颁布施行的《律师和律师事务所违法行为处罚办法》代替。

为，没收其非法所得 3 200 元，并处以 3 200 元罚款。

【思考与练习】

1. 我国律师事务所有哪三种类型？各自的特点是什么？
2. 特殊的普通合伙制律师事务所，其特殊在哪？
3. 我国律师事务所的执业规范有哪些？
4. 设立普通合伙制律师事务所的条件和程序是什么？

【拓展阅读】

    1992 年，我国正式对外开放法律服务市场，最初，外国律师事务所仅获准在北京、上海、广州、深圳和海口五个城市开设数量有限的代表机构。国务院于 2001 年 12 月 19 日制定《外国律师事务所驻华代表机构管理条例》，并于 2002 年 1 月 1 日起执行。2003 年入世后，我国承诺全面取消对外国律师事务所在华设立代表机构的数量和地域限制。迄今为止，已有 400 多家外国律师事务所在我国设立了代表机构。[①] 目前，外国律师事务所在中国的发展已经从初期的"抢滩"阶段过渡到了如今的全面扩张阶段。与此同时，中国律师事务所也正在经历着一场"走出国门，面向全球"的巨大转变。1993 年 7 月，北京市君合律师事务所率先在美国纽约开设分所，内地律师事务所开始走出国门，进入国际法律服务市场。法律服务市场的开放使法律服务跨越国界，中国律师面对的将是来自全球的客户，同时其竞争对手也将来自全球。

单元 一 律师制度与律师执业机构概述

---

    ① 宋朝武，张力. 律师与公证 [M]. 北京：高等教育出版社，2010. 50.

单元二
律师资格证与律师执业证的取得

【知识目标】

通过本单元的学习，使学生了解我国律师资格证和律师执业证取得的条件及相关管理规定。

【能力目标】

对比律师资格证和律师执业证"得"与"失"的联系，在实践中能够区别两类证件的作用，以及法律法规对持有这两类证件的相关人员从事法律事务的规定和司法行政机关对他们行使执业权利的管理的规定。

【内容结构图】

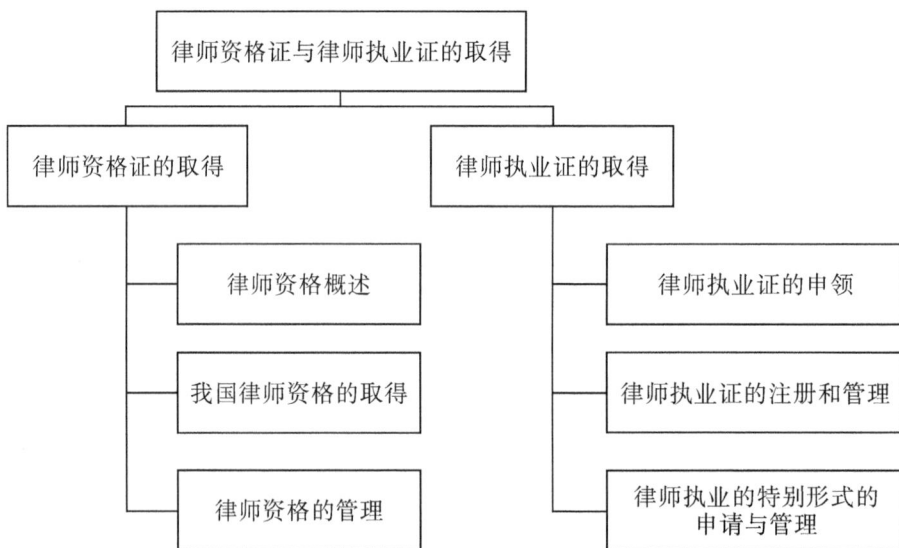

项目一 律师资格证的取得

【引例】

小宋是一名政府机关的公务员，小唐是一名高校法律专业的讲师。在当今律师行业越来越受人瞩目并极具发展潜力的背景下，他们都想进入这个行业，希望通过不断的努力而成为一名知名律师。他们都知道，现在要想获得律师资格得通过国家统一司法考试。可是，小宋又听到有人说公务员不能在律师领域执业，那么自己考这个就没有什么用了，甚至能不能考也是一个疑问；而小唐听说高校中从事法律专业教学的人好像可以不用通过司法考试就能获得律师资格并执业了。

问题：小宋和小唐各自得到的消息符合现在法律的规定吗？

【基本原理】

一、律师资格概述

律师资格是指法律规定公民充任律师所应具备的条件。为了保证律师职责的充分发挥，法律必须对律师从业人员进行条件限制。为此，各国均规定了律师资格制度。实行律师准入制度，确保进入律师行业的人员具有较高的职业道德和业务素质，这也是律师制度发挥其应有作用的保障之一。

在现代社会，律师是一种高尚的职业，律师在人们的心目中具有崇高地位。这种地位的取得，与律师资格管理的严格性有关。世界各国都根据本国国情和历史文化传统，规定了律师应具备的条件和取得律师资格的考试批准程序。如德国律师法规定，取得律师资格，首先要取得法官资格，即具有作为法官、检察官、公证人、高级行政官应有的条件。法国的律师，必须具有法学学士学位，经过考试合格；在最高法院执行职务的律师，要经过最高法院的特别考试。在新中国成立前，国家对律师资格的要求也十分严格。国民党政府于1941年颁布的律师法规定，律师必须是从教育部认可的专科以上法律学校毕业，曾任推事或检察官，办理民事刑事案件2年以上，成绩优良者，以及大学教授、副教授、讲师等。在印度，要取得律师资格，在学历上必须是大学毕业，再考入法学院学习3年，毕业后向邦律师协会提出申请，并缴纳申请费，由邦律师协会审核后，授予其律师资格。在意大利，要取得律师资格，必须有4年的大学法律教育并获取学位证书，还要经过实习。在新加坡，取得律师资格必须读完司法部规定的大学法律系本科课程，再考入法学院学习，取得法学学士学位，之后接受最高法院实际训练3个月，再到一个律师事务所见习6个月，经法院考核其品行和专业均达到要求，经大理院批准才能成为律师。

二、我国律师资格的取得

综观各国的法律规定，取得律师资格的途径无非两条，一是考试取得，一是特许取得。我国则实行双轨制，考试途径是原则，考核途径是特例。《中华人民共和国律师法》第五条规定："申请律师执业，应当具备下列条件：……（二）通过国家统一司法考试……实行国家统一司法考试前取得的律师资格凭证，在申请律师执业时，与国家统一司法考试合格证书具有同等效力。"《中华人民共和国律师法》第十二条规定："高等院校、科研机构中从事法学教育、研究工作的人员，符合本法第五条规定条件的，经所在单位同意，依照本法第六条规定的程序，可以申请兼职律师执业。"即便是从事法律教育、研究工作的人员充任兼职律师，亦须通过国家统一司法考试。

2008 年 8 月 14 日，最高人民法院、最高人民检察院、司法部共同制定了《国家司法考试实施办法》（以下简称《办法》），该《办法》明确规定凡从事法官、检察官、律师和公证人员四大法律职业的人员必须参加全国统一司法考试，合格者才能从事上述法律职业。自此，我国律师资格与法官资格、检察官资格合并为法律职业资格。

国家司法考试是国家统一组织的从事特定法律职业的资格考试，也可以说，国家司法考试是测评从事初任法官、检察官和律师等特定法律职业工作所应具备的职业基本知识、水平和分析问题能力的国家资格考试。国家司法考试作为一种资格考试与法律职业相衔接，从职业准入的角度出发，除了要考察应试人员的法学理论知识以及对现行法律法规的理解和运用水平外，还要考察应试人员是否具备从事法律职业的基本素质和能力。因此，《办法》第八条明确规定了"国家司法考试主要测试应试人员所应具备的法律专业知识和从事法律职业的能力"。考试内容由理论法学、应用法学、现行法律规定、法律实务和法律职业道德五部分构成。统一司法考试制度的确立，是我国司法改革的一项重要举措，它标志着我国法律职业资格走向统一、规范和专业化的道路，标志着我国民主法制建设的进一步加强。其目的是提高司法人员的素质，保障司法公正，更好地维护广大人民群众的合法权益。

在我国，公民通过国家统一的司法资格考试后，由司法部颁发《法律职业资格证书》，同时取得从事律师职业的资格。

（一）考试取得律师资格

1. 考试取得律师资格的条件

根据《律师法》和最高人民法院、最高人民检察院及司法部共同制定的《办法》的有关规定，在我国取得律师资格的条件包括：

（1）国籍条件。

国籍是一个人作为某一国国民的资格。在我国，《律师法》未对取得律师资格的国籍作明文规定，但是，根据《办法》的有关规定，要求取得律师资格，必须是中华人民共和国公民。从维护国家主权的角度考虑，对律师的国籍作出限制是必要的。从世界各国的情况看，大多数国家的法律都规定，只有本国公民才被允许取得本国律师资格。这与国家主权原则是一致的。律师是国家司法领域的重要参与者，其活动涉及国家主权，如果允许外国人或无国籍人取得本国律师资格，既可能对本国主权带来损害，也不便于进行管理。而且，由于政治制度、经济发展水平、历史文化传统和自然地理环境的区别，一个外国人很难胜任其他国家的律师工作。

（2）政治条件。

在我国，参加司法资格考试者在政治上要求是拥护《中华人民共和国宪法》，享有选举权和被选举权的中国公民。律师通过对公民、法人提供法律帮助，维护委托人的合法权益，维护法律的正确实施。如果律师不遵守宪法和法律，那么他就丧失了从事律师职业的基本条件。很难想象，一个连宪法和法律都不遵守的律师会遵守律师职业道德规范，会为当事人提供优质的法律服务。

（3）学历条件。

具有高等院校法律专业本科以上学历，或者高等院校其他专业本科以上学历，是对报名参加司法考试人员学历方面的要求。

律师作为一种专业性很强的职业，对从业人员的学历要求应当是很高的。从国际情况看，各国对于取得律师资格的学历要求都很严格，大部分国家都要求必须具备大学法律本科学历，才能申请参加律师资格考试，如德国、澳大利亚。有的国家甚至要求报考者首先必须具备法学硕士学位。还有些国家要求参加司法考试人员从高等学校毕业后再到法学院学习几年，期满后才具有取得律师资格的学历条件，如法国、日本、加拿大、英国等。与上述国家相比，我国司法部颁布的《国家司法考试实施办法》第十五条第一款之（四）规定的学历条件为：高等院校法律专业本科毕业或者高等院校非法律专业本科毕业并具有法律专业知识。

（4）品行条件。

对于取得律师资格者的品行条件，我国《律师法》及《办法》规定报考者必须"品行良好"。同时，我国《律师法》及《办法》均具体地规定了"因故意犯罪受过刑事处罚的"、"被开除公职的"以及"曾被吊销律师执业证书（公证员执业证书）的"不予颁发律师执业证书。以上均是取得律师资格的品行条件。

2. 考试取得律师资格的程序

（1）参加国家统一司法考试。

《国家司法考试实施办法》第二条规定："国家司法考试是国家统一组织的从事特定法律职业的资格考试。初任法官、初任检察官，申请律师执业和担任公证员必须通过国家司法考试，取得法律职业资格。法律、行政法规另有规定的除外。"这已明确说明，一般意义上凭借自身能力通过国家统一司法考试就是取得律师资格的第一步，也是最重要的环节。

（2）申请取得法律职业资格证书。

《办法》第十八条规定："参加国家司法考试成绩合格，并不具有本办法第十六条规定情形的人员，可以按照规定程序向司法部申请授予法律职业资格，由司法部颁发《法律职业资格证书》。"

同样是司法部颁布的《法律职业资格证书管理办法》，在强调了由司法部统一制作、颁发法律职业资格证书之后，具体规定了各级司法行政部门在对证书申请材料的受理、审核（初审和复审）、报送（批）和发放的职责和权限，并规定在地（市）司法局对申请人提交的申请材料进行初审时，"对材料不完整的，应当退回申请人，并要求申请人在省（区、市）司法厅（局）规定的期限内补齐材料，逾期未补齐材料的，视为自动放弃申领资格。对材料不真实或不符合资格授予条件的人员，应当作出不予受理的书面决定。不予受理的决定应当说明理由，通知申请人，并报司法厅（局）备案。"而进入省（区、市）司法厅（局）应当对申请材料进行复审时，"对申请材料完整、符合申领法律职业资格证书条件的，报司法部审核颁发证书。对不符合资格授予条件的人员，由省（区、市）司法厅（局）作出不予颁发法律职业资格证书的决定，并报司法部备案。"

另外，《法律职业资格证书管理办法》第五条规定："参加当年国家司法考试，取得合格成绩的人员，应当自收到成绩通知书之日起30日内向地（市）司法局申请领取法律职业资格证书。无正当理由逾期提出申请的，地（市）司法局不予受理。"申领法律职业资格证书，应当如实填写《法律职业资格证书申领表》，并提交以下材料：本年度国家司法考试成绩通知书；申请人身份、学历证明原件（由受理机关审验后退回）及复印件。

（二）特许取得律师资格

《律师法》第八条规定："具有高等院校本科以上学历，在法律服务人员紧缺领域从事专业工作满十五年，具有高级职称或者同等专业水平并具有相应的专业法律知识的人员，申请专职律师执业的，经国务院司法行政部门考核合格，准予执业。具体办法由国务院规定。"从上述规定中可以看出，对于具备上述资格的人员，只需经国务院司法行政部门考核合格即可执业，这被称作特许律师。

（三）港澳台地区居民取得内地律师资格证的特别规定

1. 港澳地区居民取得内地律师资格证的特别规定

香港、澳门永久性居民中的中国公民参加国家司法考试，其报名条件、报名时间、考试科目、考试内容、考试时间、参考规则、合格标准、资格授予，适用《国家司法考试实施办法》以及内地有关司法考试的统一规定。

司法部颁布的《香港特别行政区和澳门特别行政区居民参加国家司法考试若干规定》第四条规定："香港、澳门永久性居民中的中国公民在考试报名时，应当向受理报名的机关提交下列证明其符合本规定第二条规定条件的有效身份证件：①香港、澳门永久性居民的身份证明；②港澳居民来往内地通行证（回乡证）或者香港、澳门特别行政区护照。提交复印件的，须经内地认可的公证人公证。"

关于学历证明方面，香港、澳门永久性居民中的中国公民在考试报名时，持内地高等院校学历证书的，可以向受理报名的机关直接办理报名手续；持香港、澳门、台湾地区高等院校或者外国高等院校学历证书报名的，须同时提交经国务院教育行政部门有关机构出具的认证证明。

《香港特别行政区和澳门特别行政区居民参加国家司法考试若干规定》第八条规定："香港、澳门永久性居民中的中国公民参加国家司法考试合格的，可以根据司法部制定的《法律职业资格证书管理办法》的规定，向司法行政机关申请授予《中华人民共和国法律职业资格证书》。在香港、澳门报名参加考试合格的人员，向司法部委托的承办资格申请受理事务的内地驻港澳机构递交申请及有关材料，由司法部负责审查。在内地报名参加考试合格的人员，向报名地司法行政机关递交申请及有关材料，由其按规定程序审查上报。"

2. 台湾地区居民取得内地律师资格证的特别规定

司法部发布的《台湾居民参加国家司法考试规定》第五条规定："台湾居民在考试报名时，应当向受理报名的机构提交以下证明其符合本规定第二条规定条件的有效身份证明：台湾居民来往大陆通行证（简称台胞证）和台湾居民身份证；不能提交台湾居民来往大陆通行证的，应当提交台湾居民身份证和户籍誊本或者户口名簿。提交户籍誊本或者户口名簿复印件的，须经台湾地区公证机构公证。受理报名的机构认为必要时，可以要求报名人同时提交其他有关证明。"第六条规定："台湾居民在考试报名时，持大陆高等院校学历（学位）证书的，可以向受理报名的机构直接办理报名手续；持台湾、香港、澳门地区高等院校或者外国高等院校学历（学位）证书报名的，须同时提交经教育部有关机构出具的学历（学位）认证证明。"

台湾居民参加国家司法考试合格的，可以根据司法部发布的《法律职业资格证书管理办法》的规定，申请授予法律职业资格。在不同的地点申请，程序上会有所区别，具体如下：在大陆报名参加考试合格的人员，向报名地司法行政机关递交申请及有关材料，由其按照规定程序审查上报；在香港、澳门报名参加考试合格的人员，向司法部委托的承办资格申请受理事务的大陆驻港澳机构递交申请及有关材料，由其按照规定程序上报司法部进行审查。

三、律师资格的管理

（一）律师资格与律师职务的分离

律师资格与律师职务分离，是指从事非律师职业的人在取得律师资格后，可以不执行律师职务；或现职律师因正当原因中止执行律师职务后，可继续保留律师资格的制度。这是司法部基于发展律师队伍、积蓄后备力量的需要，于1988年制定《对取得律师资格后但现不从事律师工作人员的管理规定》所采取的一项管理措施。该规定允许已考取律师资格，但不能马上脱离原工作岗位改做专职律师的，或有相应法律规定不允许担任兼职律师的人员，可以保留律师资格。此外，现职律师因调往国家权力机关、司法机关和行政机关以及其他不适宜担任律师工作而中止执行律师职务的，也可继续保留律师资格。

律师资格与律师职务分离，是世界各国比较通行的做法。在国外，"律师"一词一般有两种不同意义的理解：一是指具有一定法律知识水平的人；二是指专门从事法律服务的职业性人员。前者是人们通常所说的取得律师资格的人，后者是指取得律师资格后以法律服务为职业即执行律师职务的人员。

在一些国家，如美国，一些取得律师资格的律师并不执行律师职务，他们可以从事其他职业，授予律师资格只是表明他的法律知识已达到一定的水平。这里的律师与法律家是同义语，律师资格与律师职务是分离的。而在另一些国家，如日本，只有符合取得律师资格的条件、准备从事律师工作的人，才可向拟参加的律师协会提出登录申请，取得律师资格，进行律师登录；取得律师资格的人，必须从事律师工作，如不再从事律师工作，则须撤销登录而丧失律师资格。这种情形下律师资格与律师职务是不分离的。

实行律师资格与律师职务分离，目的在于壮大律师队伍的后备力量，扩大律师在社会上的影响，尽快发展我国律师队伍，以适应法律服务的需要。律师工作是一种服务，社会对律师服务的需要量，在不同时期、不同地区存在差异。当社会的需要量增大，执业律师不能满足社会需要时，其他取得律师资格的律师就可以申请执行律师职务，以满足社会对律师的需要；相反，当律师服务供过于求，律师业竞争过于激烈时，就会有一部分律师停止执行律师职务而转向其他职业。这样，律师业就能适应市场经济和民主政治的要求进行自我调节和自我完善。

（二）律师资格的丧失

律师资格的取得是有条件的。律师资格与著作权、名誉权不同，它既不能继承或转让，也不是终身的。律师资格可以根据一定的条件取得，也可能因为某种情况的出现而丧失。这对于严格律师资格标准，保证律师队伍质量，维护律师在广大人民群众心目中的良好形象，是十分必要的。

1. 律师资格的取消

《律师法》第九条规定："有下列情形之一的，由省、自治区、直辖市人民政府司法行政部门撤销准予执业的决定，并注销被准予执业人员的律师执业证书：①申请人以欺诈、贿赂等不正当手段取得律师执业证书的；②对不符合本法规定条件的申请人准予执业的。"

《国家司法考试实施办法》第十九条规定："违反本办法规定取得《法律职业资格证书》的，由司法部撤销原授予法律职业资格的决定，并收回、注销其《法律职业资格证书》。"若执业律师因违反《律师法》、《律师和律师事务所违法行为处罚办法》等法律法规及相关法律文件的规定而被吊销律师执业证书的，其法律职业资格亦同时被取消。取消律师资格，应由所属律师事务所报当地司法行政机关审核，省、自治区、直辖市司法厅（局）律师惩戒委员会决定，经同级司法行政机关批准生效，并报司法部备案。

2. 律师资格的自动丧失

发生下列情形之一的，律师资格自动丧失：①丧失中华人民共和国国籍的；②丧失公民的权利能力和行为能力的；③患有不可逆转的严重精神疾病的；④本人死亡的；⑤本人不愿意继续从事律师职业，主动放弃律师职务的。

律师资格自动丧失的情况，应由各地司法行政机关报告省、自治区、直辖市司法厅（局），并报司法部备案。

（三）律师资格的保留

律师资格的保留，是指律师调动工作后，在其解除聘用、停止履行律师职务期间，对其律师资格不予取消，允许继续保留的制度。

根据司法部有关文件的精神，对于有下列情况之一的律师，解除聘用，只收回律师执业证，但保留其律师资格：①调往人民法院、人民检察院、公安机关、国家安全机关、劳教及劳改机关的；②当选为各级人民代表大会常务委员会委员和法制委员会委员的；③调往政法委员会和纪律检查委员会工作的；④调往行政审计机关和监察部门工作的。以上律师工作的变动和保留律师资格的情况，亦应由各地司法行政机关报告省、自治区、直辖市司法厅（局），并报司法部备案。

【引例分析】

小宋和小唐听到的说法都是不对的。在是否准许参加司法考试的条件中，目前我国法律法规没有对具有公务员身份的考生加以限制或禁止。而在对具有公务员身份的人员能否执业的问题上，在我国法律法规中仍有特殊的规定，如允许具有公务员身份的公务律师存在，只是对其执业范围等加以限制。如果小宋计划以后成为执业律师，可以如同其他考生一样报名参加司法考试，只是在没有脱离公务员队伍之前不能申请执业。

小唐以高校法律教师的身份从事律师执业，的确有近水楼台先得月的优势。但是，根据我国《律师法》第十二条的规定，小唐目前这种资格即法学讲师仍需通过司法考试取得律师资格后，再通过其本人所在单位同意才能执业。而如果要一步到位在高校或科研机构内从事法律教学和在科研岗位上具有执业资格，根据《律师法》第八条规定，"具有高等院校本科以上学历，在法律服务人员紧缺领域从事专业工作满15年，具有高级职称或者同等专业水平并具有相应的专业法律知识的人员，申请专职律师执业的，经国务院司法行政部门考核合格，准予执业，具体办法由国务院规定"，那么，小唐要获得高级职称或者同等专业水平后只需经国务院司法行政部门考核合格即可执业。

【思考与练习】

1. 目前我国法律规定的律师资格取得的条件是什么？这样的条件是否适合我国当前的法律职业现况和需求？你认为其中的最不合理之处在哪里？

2. 兼职律师是否有存在的必要？你身边或者媒体资料中有哪些关于兼职律师的介绍和说明给你留下深刻的印象来支持你的观点？

【拓展阅读】

在美国，如果要参加律师资格考试和当律师，必须是法学院的毕业生。一般人可能会认为，美国一定有很多法学院。实际上美国正规法学院的数目比商学院和医学院要少得多。这是因为美国律师协会把法学院作为"律师职业的守门人"，对法学院的质量有严格的要求。

目前，美国有法学院200所左右，约有2 000名专职法学教授在教授法律，法学院的学生都是本科后教育，申请时竞争很激烈，如耶鲁大学每年170个名额，申请的人大约有5 000人。律师协会每年都要对这些学院进行评估，以保证他们的质量。其他还有数量不小的非正规法学院，其中包括州律师协会承认的法学院，但这些学院的毕业生只能在本州执业（即不能得到其他州的考核承认），或者当律师的助手。

法学院毕业后就是法学硕士。获得这个学位一般需要3年。第一年的课程内容广泛，学生在这一年学习法律基本知识的必修课，如宪法、刑法、资产法、合同法和民事法等。第二年的内容则非常深入，课程的变化较大，如证据收集、商业交易、税法和公司法等，学生需要花相当多的精力和时间才能过关。到了第三年，学生已找到了自己感兴趣的领域，可以根据自己的兴趣来选择更深入的课程。

30多年前我国仅有十几所高校有法律院系，到目前已共有400多所高校有法律院系，占全国1 700多所高校的1/4，而在校法律学科学生有36万多人，占所有高校在校生人数的5%以上。在如此大规模的法律教育背景之下，规定只有取得法律文凭的人才能具有参加司法考试的资格，已经完全具备了条件。我国应当通过立法规定只有取得正规法律院校法学专业本科毕业文凭的人才能参加司法考试。

在中国，根据《法官法》、《检察官法》、《律师法》的规定，参加全国统一司法考试的条件为："……具有高等院校法律专业本科以上学历，或者高等院校其他专业本科以上学历具有法律专业知识；……"前述高等院校，依据《中华人民共和国高等教育法》第六十八条的规定，是指大学、独立设置的学院和高等专科学校，其中包括高等职业学校和成人高等学校。也就是说，在我国，具有本科以上的学历的人，无论其所学的专业是什么，都可以参加司法考试。因此很多从事法律职业的人，没有经过任何法学教育，也能够通过考试，但其法律专业知识缺乏，更重要的是，在法律考试中本来就难以体现的民主、自由、独立、人权意识在这些考生身上更难以具备。司法是一个非常灵活、变化无穷的活动。"法有限而情无穷"，靠背书取得法律职业资格的人，很少会具备法律素养。因此，从我国司法考试的学历要求可以看出，司法考试的总体导向是轻视法律教育素养和司法经验，通过高难度的考试试题选拔来决定是否授予法律职业资格。这种做法实际上把法律职业当作一般的专业技术，忽视了法学人文素养和法律经验，应当加以改革。

项目二　律师执业证的取得

【引例】

　　刘某（原告）于1991年经律师资格考试合格后，领取了湖北省司法厅（被告）颁发的律师资格证书。1992年12月底，经过申请，原告又领取了被告颁发的律师（兼职）工作执照（执照号为179××××237），开始担任宜昌市西陵律师事务所兼职律师。1993年12月3日，原告致函宜昌市西陵律师事务所，表示"自函发之日起不再履行贵所兼职律师的职务"，因有代理案件未结，要求缓期退交律师工作执照。1994年5月10日，原告又与武汉市第三律师事务所签订聘任合同，受聘为该所的兼职律师。在此期间原告持有的179××××237号律师工作执照因没有经过司法行政机关年度审查注册而失效。直至1994年8月10日，原告才将无效的179××××237号律师工作执照剪下自己的照片，邮寄退给宜昌市西陵区司法局。这样，原告于1994年5月10日至同年8月间，在律师工作执照未经年审处于无效的情况下，以律师名义从事了律师业务。同年10月18日，被告认定原告取得律师资格后，长期不遵守国家关于律师执业管理的规定，无照进行非法的律师业务活动，欺骗当事人，根据司法部〔1988〕司发公字275号文件的规定，作出鄂司发律字〔1994〕170号关于取消原告刘某律师资格的决定，但该决定没有报经司法部批准。原告不服，以其未违反律师执业管理规定，被告的决定未报司法部批准为由，向武汉市中级人民法院提起诉讼，请求撤销被告的决定，判令被告赔偿损失。被告辩称，原告无律师工作执照从事律师业务，违反了律师执业管理的规定，其作出的取消其律师资格的决定合法，请求驳回原告起诉。

　　问题：被告取消原告律师资格的决定是否合法？

【基本原理】

一、律师执业证的申领

　　律师执业证，是律师执业的有效证件，是有关部门核定律师身份的依据。取得律师资格，只是从事律师职业的前提条件。要成为执业律师，无论是专职律师还是兼职律师，都必须按照规定程序，向司法行政机关申请领取律师执业证。未持有律师执业证的人员，不得以律师名义从事活动。

　　《律师法》第五条规定："申请律师执业，应当具备下列条件：①拥护中华人民共和国宪法；②通过国家统一司法考试；③在律师事务所实习满一年；④品行良好。"同时，《律师法》第七条规定："申请人有下列情形之一的，不予颁发律师执业证书：①无民事行为能力或者限制民事行为能力的；②受过刑事处罚的，但过失犯罪的除外；③被开除公职或者被吊销律师执业证书的。"

律师执业证与律师资格证不同。律师执业证的取得，意味着申请人不但具有取得律师资格所应有的知识水平，而且拥有实际执行律师业务的能力。如果取得律师资格的人，在实习期间表现出能力低下，不宜从事律师职务，司法行政机关是不会发给其律师执业证的。因此，可以说，律师执业证是对申请人的律师资格和业务能力双重认可的结果和凭证。

根据《律师法》和 2008 年 7 月 18 日司法部颁布的《律师执业管理办法》的有关规定，申请领取律师执业证书的程序是：

（1）提出申请。申请人取得律师资格后，必须首先在律师事务所连续实习一年。实习期满，由律师事务所对其在实习期间的思想道德、业务能力和工作态度作出鉴定，然后通过所在的或拟调入的律师事务所向住所地司法行政机关报送申请材料，包括：①执业申请书；②法律职业资格证书或律师资格证书；③鉴定材料（律师协会出具的申请人实习考核合格的材料）；④申请人身份证明及律师事务所出具的同意接收申请人的证明。

（2）审查。设区的市级或者直辖市的区（县）司法行政机关对申请人提出的律师执业申请，应当根据下列情况分别作出处理：①申请材料齐全、符合法定形式的，应当受理；②申请材料不齐全或者不符合法定形式的，应当当场或者自收到申请材料之日起 5 日内一次告知申请人需要补正的全部内容。申请人按要求补正的，予以受理；逾期不告知的，自收到申请材料之日起即为受理。③申请事项明显不符合法定条件或者申请人拒绝补正、无法补正有关材料的，不予受理，并向申请人书面说明理由。受理申请的司法行政机关应当自决定受理之日起 20 日内完成对申请材料的审查。经审查，应当对申请人是否符合法定条件、提交的材料是否真实齐全出具审查意见，并将审查意见和全部申请材料报送省、自治区、直辖市司法行政机关。

（3）审核批准。省、自治区、直辖市司法行政机关应当自收到受理申请机关报送的审查意见和全部申请材料之日起 10 日内予以审核，作出是否准予执业的决定。准予执业的，应当自决定之日起 10 日内向申请人颁发律师执业证书；不准予执业的，应当向申请人书面说明理由。申请人对不予颁发律师执业证书不服的，自收到通知书之日起 15 日内，可以向上一级司法行政机关申请复议；对复议决定不服的，可以自收到复议决定之日起 15 日内向人民法院提起诉讼，也可以直接向人民法院提起诉讼。

二、律师执业证的注册和管理

（一）律师执业证的注册

根据《律师法》及司法部颁布的《律师执业管理办法》、《律师和律师事务所执业证书管理办法》（2009 年 9 月 21 日）的规定，律师执业证每年注册一次，由司法部或省、自治区、直辖市司法厅（局）负责组织实施。未经注册，一律无效，不能再执行律师职务。

执业证注册制度，是司法行政机关对律师执业活动进行管理和监督的有效措施。

注册的具体程序是：律师办理执业证年度注册，由所在律师事务所向住所地司法行政机关申报注册材料，住所地司法行政机关提出审查意见。办理注册手续，律师除应按规定填写《律师执业证年度注册审核登记表》外，还应当提交下列材料：①年度工作总结；②完成业务培训的证明；③遵守律师职业道德和执业纪律的情况报告；④律师协会出具的履行章程规定义务的证明。

对于提交材料不合格的，注册机关应当退回，要求补充材料。符合注册条件的，注册机关应当自收到申请注册材料之日起15日内，依照《律师执业证管理办法》办理注册手续。有下列情形之一的，注册机关可以暂缓注册，并通知该律师所在的律师事务所：①因违反律师执业纪律受到停业处罚，处罚期未满的；②所在的律师事务所因违反执业纪律被处以停业整顿，处罚期未满的；③有法律法规规定的暂时不能从事律师职业情况的。暂缓注册的原因消失后，由本人申请，注册机关核准后，应为其办理注册手续。

（二）律师执业证的管理

（1）律师执业证书是律师依法获准执业的有效证件。律师应妥善保管其律师执业证，不得变造律师执业证，不得出借、出租、抵押、转让、涂改、毁损自身持有的律师执业证。

律师受停业处罚的，司法行政机关应收回其律师执业证，于处罚期满后发还。律师被吊销律师执业证的，司法行政机关应收缴其律师执业证并予以注销。

律师执业证损坏或遗失的，应当及时报告所在地县级司法行政机关，经所在地设区的市级或者直辖市区（县）司法行政机关向原审核颁证机关申请补发或者换发。律师执业证损坏的，应交回原律师执业证；律师执业证遗失的，应在当地报刊上刊登遗失声明。

若申请人以欺诈、贿赂等不正当手段取得准予执业决定的或是对不符合法定条件的申请人准予执业或者违反法定程序作出准予执业决定的，由作出准予该申请人执业决定的省、自治区、直辖市司法行政机关撤销原准予执业的决定，收回并注销其律师执业证书。

（2）当律师变更执业机构时，应当向拟变更的执业机构所在地设区的市级或者直辖市的区（县）司法行政机关提出申请，受理机关应当对变更申请及提交的材料出具审查意见，并连同全部申请材料报送省、自治区、直辖市司法行政机关审核。

对准予变更的，由审核机关为申请人换发律师执业证书；对不准予变更的，应当向申请人书面说明理由。准予变更的，申请人在领取新的执业证书前，应当将原执业证书上交原审核颁证机关。

（3）执业律师若有下列行为之一的，由其执业地的原审核颁证机关收回、注销其律师执业证书：①受到吊销律师执业证书处罚的；②原准予执业的决定被依法撤销的；③因本人不再从事律师职业申请注销的；④因与所在律师事务所解除聘用合同或者所在的律师事务所被注销，在6个月内未被其他律师事务所聘用的；⑤因其他原因终止律师执业的。

律师被撤销执业许可，受到吊销执业证书处罚的，由其执业机构所在地县级司法行政机关收缴其执业证书。律师受到停止执业处罚的，应当自处罚决定生效后至处罚期限届满前，将律师执业证书缴存其执业机构所在地县级司法行政机关。

三、律师执业的特别形式的申请与管理

（一）兼职律师

兼职律师，是指取得律师资格和律师执业证书，不脱离本职工作从事律师职业的人员。兼职律师是对我国专职律师数量不足的一种补充。从立法上确立专职律师与兼职律师并存的制度，是与我国目前的国情相适应的。

专职律师是我国今后发展律师队伍的主要目标。在西方国家，律师一般都是专职的，不存在兼职律师的情形。律师专职，有利于集中精力，全力以赴开展法律服务，提高法律服务的质量。就律师职业而言，所涉及的社会科学、自然科学、人文科学等方面的知识博大精深，要成为一名优秀的律师，也应当以律师职务为专业，刻苦钻研，不断提高自己的业务水平。但由于我国律师人数严重不足，暂时允许兼职律师作为补充。担任兼职律师的主要是从事法学教育和法学研究的专家、学者，他们富于理论深度和专业修养，具有丰富的法律知识和较强的法律服务技能。由于他们不能脱离本职工作，因此只有允许其担任兼职律师，这样才能缓解律师数量与法律服务需求之间的矛盾。兼职律师是在完成本职工作的基础上从事律师业务的，因此，不可避免地存在本职工作与律师工作之间的冲突。兼职律师应量力而行，正确处理好两方面的关系，不断提高律师工作的质量。兼职律师是特定历史条件下的产物。随着我国社会法治水平的提高，专职律师队伍的壮大，兼职律师在组织上将得到控制，我国将逐步实行律师专职化体制。

《律师法》第十一条规定："公务员不得兼任执业律师。律师担任各级人民代表大会常务委员会组成人员的，任职期间不得从事诉讼代理或者辩护业务。"《律师法》第十二条规定："高等院校、科研机构中从事法学教育、研究工作的人员，符合本法第五条规定条件的，经所在单位同意，依照本法第六条规定的程序，可以申请兼职律师执业。"可以看出，《律师法》正面规定了兼职律师的范围，从法理上来说，这就意味着已经排除其他兼任律师的情形。司法部《律师执业管理办法》第七条规定："申请兼职律师执业，除符合本办法第六条规定的条件外，还应当具备下列条件：①在高等院校、科研机构中从事法学教育、研究工作；②经所在单位同意。"

兼职律师在执业活动中统称律师，与专职律师有同等的权利和义务；兼职律师不得同时在两个或两个以上的律师事务所或法律服务机构执业，不得接受与本人工作有利害关系的案件的对方当事人的委托担任代理人。兼职律师的报酬，由所在地的司法行政机关规定。

（二）港澳台地区居民在内地担任律师

1. 港澳地区

香港、澳门居民申请在内地律师事务所执业，除了具备内地居民申请执业所具备的条件，如通过国家统一司法考试、品行良好等条件之外，还应当依照司法部的有关规定参加更为严格的实习，才能申请领取律师执业证，且只能从事内地非诉讼法律事务。

香港、澳门居民在内地律师事务所参加的实习亦为期1年，但是他们须向拟选择的实习地的地（市）级司法行政机关提出申请，由其安排或者推荐一个内地律师事务所接收实习，实务训练内容以办理非诉讼法律事务训练为主，而且每名指导律师只能

指导一名香港或者澳门的实习人员。

司法部颁布的《取得内地法律职业资格的香港特别行政区和澳门特别行政区居民在内地从事律师职业管理办法》第九条规定："在内地实习的香港、澳门居民，应当确保参加实习的时间。因故暂停实习的时间最长不得超过3个月，并应当由接收实习的内地律师事务所将其暂停实习的原因和时间报所在地的地（市）级司法行政机关备案。"

香港、澳门居民在内地申请律师执业，在具备了上述条件之后，就可以依照《律师法》和《律师执业管理办法》的规定，向拟聘其执业的内地律师事务所所在地的省级司法行政机关申请领取律师执业证。

申请人按规定提交的文件中，其身份证明复印件和未受过刑事处罚的证明材料须经内地认可的公证人公证，同时还须说明是否具有香港、澳门、台湾地区或者外国律师资格以及是否受聘于香港、澳门、台湾地区或者外国律师事务所的情况。省级司法行政机关经审核予以颁发律师执业证的，应当自颁证之日起30日内将获准在内地执业的香港、澳门居民名单及执业登记材料报司法部备案。

需要说明的是，根据《取得内地法律职业资格的香港特别行政区和澳门特别行政区居民在内地从事律师职业管理办法》第十二条的规定，获准在内地执业的香港、澳门居民，只能在一个内地律师事务所执业。获准在内地执业的香港、澳门居民，不得同时受聘于香港、澳门、台湾地区或者外国律师事务所。

2. 台湾地区

司法部颁布的《取得国家法律职业资格的台湾居民在大陆从事律师职业管理办法》第四条规定："台湾居民在大陆申请律师执业的，应当根据《律师法》、《律师执业管理办法》和中华全国律师协会制定的《申请律师执业人员实习管理规则》的规定，在大陆律师事务所参加为期一年的实习，并经当地地方律师协会考核合格。"台湾地区居民因故暂停实习的时间最长不得超过3个月，并应当由接收实习的律师事务所将其暂停实习的原因和时间报所在地地市级律师协会备案。实习的内容有集中培训和实务训练，实务训练以办理非诉讼法律事务及代理婚姻、继承案件的训练为主。一名指导律师只能指导一名台湾居民实习。

当然，这样有限制的实习过程结束时，台湾地区居民在内地申请执业，仍然须具备诸如品行良好等条件，之后就可以根据《律师法》和《律师执业管理办法》的有关规定，向设区的市级或者直辖市的区（县）司法行政机关提出申请，并提交与申请执业相关的证明材料。台湾地区居民提交的身份证明和其他在台湾地区出具的证明材料应当经台湾地区的公证机构公证，同时还应当书面说明申请人是否具有台湾、香港、澳门地区或者外国律师资格以及是否受聘于台湾、香港、澳门地区或者外国律师事务所的情况。

设区的市级或者直辖市的区（县）司法行政机关受理台湾地区居民执业申请后，先进行初审，然后报省、自治区、直辖市司法行政机关审核，作出是否准予执业的决定。具体许可程序根据《律师法》和《律师执业管理办法》的规定办理。最后，台湾居民获准在大陆执业的，由准予其执业的省、自治区、直辖市司法行政机关自颁发律师执业证书之日起30日内，将准予执业的决定及相关材料报司法部备案。

《取得国家法律职业资格的台湾居民在大陆从事律师职业管理办法》第九条规定：

"获准执业的台湾居民，只能在一个大陆律师事务所执业，不得同时受聘于外国律师事务所驻华代表机构或者香港、澳门律师事务所驻内地代表机构。"

【引例分析】

该案一、二审的审判结果如下：

武汉市中级人民法院审理认为：原告刘某取得律师资格后，确有无照从事律师业务的行为，依法应受到处理。但被告湖北省司法厅根据司法部〔1988〕司发公字275号文件规定作出的取消原告律师资格的决定，没有报经司法部批准，其行为违反了法律程序。原告提出的赔偿请求于法无据，不予支持。为此，该院于1995年6月7日依照《中华人民共和国行政诉讼法》第五十四条第（二）项第三目之规定，作出如下判决：撤销湖北省司法厅1994年10月18日鄂司发律字〔1994〕170号关于取消刘某律师资格的决定；②由湖北省司法厅重新作出具体行政行为。

宣判后，原告刘某不服，以原审判决认定事实错误，被告的具体行政行为无事实根据，并超越职权，适用法律错误，违反法定程序为由，向湖北省高级人民法院提起上诉。被上诉人湖北省司法厅辩称：上诉人确有无照从事律师业务的行为，依法应当取消律师资格。请求二审法院维持被上诉人依法行使行政职权的行为。

湖北省高级人民法院审理认为：原审判决认定被上诉人湖北省司法厅作出"关于取消刘某律师资格的决定"未经司法部批准，其行为违反了法定程序是正确的。上诉人刘某违反国家关于律师执业管理的规定应予处理，原审判决湖北省司法厅重新作出具体行政行为并无不当。上诉人刘某的上诉理由不能成立。根据《中华人民共和国行政诉讼法》第六十一条第（一）项之规定，该院于1995年10月26日作出判决：驳回上诉，维持原判。

我们认为，本案原告提出两个诉讼请求，一是请求撤销被告取消其律师资格的具体行政行为；二是请求法院判令被告赔偿由此造成的经济损失。一审法院对原告提出的两个诉讼请求合并审理，在撤销被告违法具体行政行为的同时，判决被告重新作出具体行政行为，对原告的赔偿请求不予支持。二审法院判决予以维持，是正确的。这是因为：

（1）根据当时司法部《中华人民共和国律师工作执照和律师（特邀）工作证管理办法》第五条和司法部《对取得律师资格后但现不从事律师工作人员的管理规定》第三条第（五）项规定，"未被批准取得律师工作执照，但以律师名义擅自接受委托，从事律师业务，经警告仍不改正的"，由"省、自治区、直辖市司法厅（局）报经司法部批准取消其律师资格"，被告作出取消原告律师资格的具体行政行为必须具备三个条件，一要查明原告确有无照从事律师业务的活动；二是经警告仍不改正；三要报经司法部批准。就本案而言，被告湖北省司法厅的具体行政行为符合前两条，即原告刘某确实有无照从事律师业务活动，经警告仍不改正的违法行为，但同时被告的具体行政行为未报司法部批准，违反了法定程序，在原、被告双方行为都违法的情况下，人民法院既判决撤销被告违反法定程序的具体行政行为，又判令被告重新作出具体行政行为。按照行政诉讼法的规定，人民法院判决撤销被告具体行政行为后，被告对原告的原行政处理决定就失去了法律效力。如果原告的违法行为确实存在，被告行政机关不对其重新处理，就会使原告的违法行为逍遥法外。故此，人民法院作出上述判决是正确的。

（2）按照《中华人民共和国国家赔偿法》的有关规定，行政机关违法行使职权侵犯公民、法人和其他组织的合法权益造成损害的，才承担行政赔偿责任。如果损害结果是由于行政管理相对人自己的行为造成的，不须承担行政赔偿责任。本案原告刘某无照从事律师活动，经警告仍不改正，还将律师工作执照毁损，其行为应依法受到处理。被告湖北省司法厅针对原告的违法行为作出的行政处理决定虽然程序违法但实体不违法，也未给原告造成实际的损害结果。因此，被告湖北司法厅不必承担行政赔偿责任。

【思考与练习】

1. 律师担任各级人民代表大会常务委员会组成人员的，可否从事非诉讼业务？
2. 遵守宪法和法律的原则与恪守律师职业道德和纪律、维护委托人合法权益的原则是否有冲突？能否列举这种冲突的表现？

【拓展阅读】

司法部决定，自 2009 年 10 月 1 日起，启用新版执业证书。各省（区、市）司法厅（局）自该日起，作出准予律师执业、准予律师事务所设立决定的，或者准予换（补）发执业证书的，应当向申请人颁（换、补）发新版执业证书，并于 2009 年 12 月 31 日前将此前颁发的原执业证书全部换发为新版执业证书。自 2010 年 1 月 1 日起，原律师执业证书和律师事务所执业证书停止使用。新版律师执业证书分为律师执业证和律师工作证两大类。律师执业证分为适用于专职、兼职律师的"律师执业证"和适用于香港、澳门、台湾居民获准在内地（大陆）从事律师职业的"律师执业证"两个版本。律师工作证分为适用于公职律师、公司律师、法律援助律师的"律师工作证"和适用于军队律师的"军队律师工作证"两个版本。

律师的权利、义务及其收费制度

【知识目标】

通过本单元的学习，了解律师在执业活动中享有的权利及应当履行的义务；掌握律师权利的基本内容及律师义务的基本内容，熟悉两者之间的关系；了解律师收费制度。

【能力目标】

通过本单元的学习，学会在实践中如何正确行使律师的基本权利，避免不履行或者不完全履行律师义务的法律后果。

【内容结构图】

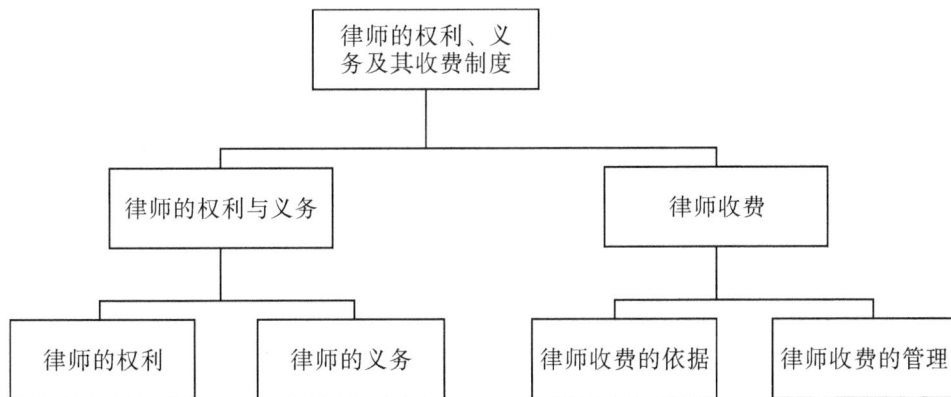

项目一　律师的权利与义务

【引例】

案例一：2011 年 5 月 30 日，广东经国律师事务所依法接受犯罪嫌疑人容某的丈夫委托，指派律师何某、胡某为容某提供法律帮助及辩护。6 月 10 日上午 10 时，律师与容某进行第二次会见。会见谈话还没开始，广州海关缉私局派出的在场警员就说会见时间限制 20 分钟，并且制止犯罪嫌疑人陈述任何与案件有关的事实。该警员自称是依据缉私局的"内部规定"执行公务。两名律师随后要求缉私局公开"内部规定"。由于没有得到对方的书面答复，两名律师认为其行为构成行政不作为，遂将侦查机关广州海关缉私局诉至广州市中级人民法院。[①]

案例二：海南省海口市民林某、王某，于2008年6月3日被海口市公安局刑事拘留后羁押在海口市第一看守所，一直没有向家属送达拘留通知书。林某亲属委托北京市正海律师事务所程某担任林某的律师，王某亲属委托北京市高博隆华律师事务所黎某担任其律师。2008年6月10日上午9时，两名律师至海口市第一看守所处，按照《律师法》第三十三条的规定，要求会见这两名犯罪嫌疑人。但遭到拒绝。在向海口市公安局、检察院等多个部门投诉无果后，北京律师程某将海口市公安局告到法院，请求法院判令被告立即依据《律师法》安排两名律师会见犯罪嫌疑人。[②]

问题：上述两案中侦查机关的做法是否侵犯了律师的合法权益？该权益受保护的法律依据是什么？

【基本原理】

一、律师的权利

（一）律师权利的概念

律师的权利，是指律师在执行职务过程中依法享有的权利。从本质上来说，律师的权利是一种职务性权利，是律师以其社会法律工作者的身份，为当事人提供法律服务时所享有的特有权利。它包括三层含义：一是律师依法可以为一定行为的可能性；二是律师依法可以请求他人为一定行为或不为一定行为的范围及限度；三是律师依法履行职务过程中合法权益受法律保护的权利。

律师的权利作为律师执行职务所必须拥有的权利，从其来源看，可以分为法定权利和继受权利。法定权利是律师执行职务所固有的权利，是由法律所直接赋予的，其内容是确定的；继受权利是律师在执行职务过程中由当事人所授予的，因而其内容具有不确定性。

（二）律师权利的主要内容

1. 依法执业受法律保护的权利

该项权利包括以下三个方面的内容：

（1）律师依法执业的活动受法律保护。《律师法》第三条第四款规定，律师依法执业受法律保护。这项权利是律师行使其他权利的法律保障。律师在执业时，任何单位和个人不得进行非法干涉，不得无理阻挠律师开展工作。

（2）律师在执业活动中的人身权利不受侵犯。《律师法》第三十七条第一款规定，律师在执业活动中的人身权利不受侵犯。该条第三款还规定，律师在参与诉讼活动中因涉嫌犯罪被依法拘留、逮捕的，拘留、逮捕机关应当在拘留、逮捕实施后的24小时内通知该律师的家属、所在的律师事务所以及所属的律师协会。这些规定是对律师依法执业的重要保障，也是维护法律正确实施、维护公民合法权益的重要基础。如果律

---

① 《广州日报》2011年8月18日新闻。
② 腾讯网：http：//news. QQ. com。

师在开展业务活动时连人身安全都难以保障，连起码的人格尊严都难以得到尊重，那么律师就不可能正常执业，更谈不上去维护当事人的合法权益了。这不仅是《律师法》的规定，《宪法》第三十七条也有规定，中华人民共和国公民的人身自由不受侵犯。禁止非法拘禁和以其他方法非法剥夺或者限制公民的人身自由，禁止非法搜查公民的身体。然而在司法实践中，律师在依法执业过程中遭受不法侵害的事件时有发生，切实保护律师在执业过程中的人身权，对于律师依法执业，具有十分重要的意义。

（3）律师享有刑事辩护豁免权。律师刑事辩护豁免权，是指律师在法庭上的辩论或者辩护言论，不受法律追究的权利。《律师法》第三十七条规定，律师担任诉讼代理人或者辩护人的，其辩论或者辩护的权利依法受到保障。《律师法》第三十七条第二款规定，律师在法庭上发表的代理、辩护意见不受法律追究，但是，发表危害国家安全、恶意诽谤他人、严重扰乱法庭秩序的言论除外。从立法上确保律师刑事辩护豁免权的实现，是法制健全与司法民主的重要表现，也是律师依法维护其当事人合法权益的尚方宝剑。目前，世界上很多国家，如美国、英国、法国、德国、日本、卢森堡、荷兰等都已经通过法律不同程度地规定律师享有刑事辩护豁免权。

2. 会见权和通信权

通常情况下，律师不得直接会见犯罪嫌疑人和被告人。但是律师可以依据诉讼法律的规定，遵循其程序要求，依法与犯罪嫌疑人和被告人会见和通信。《律师法》第三十三条规定，犯罪嫌疑人被侦查机关第一次讯问或者采取强制措施之日起，受委托的律师凭律师执业证书、律师事务所证明和委托书或者法律援助公函，有权会见犯罪嫌疑人、被告人并了解有关案件情况。律师会见犯罪嫌疑人、被告人，不被监听。

我国《刑事诉讼法》对律师的该项权利作了进一步规定。《刑事诉讼法》第三十三条规定，犯罪嫌疑人在被侦查机关第一次讯问后或者采取强制措施之日起，有权委托辩护人。在侦查期间，只能委托律师作为辩护人。侦查机关在第一次讯问犯罪嫌疑人或者对犯罪嫌疑人采取强制措施时，应当告知犯罪嫌疑人有权委托辩护人。人民检察院自收到移送审查起诉的案件材料之日起3日以内，应当告知犯罪嫌疑人有权委托辩护人。被告人有权随时委托辩护人。人民法院自受理自诉案件之日起3日以内，应当告知被告人有权委托辩护人。《刑事诉讼法》第三十七条规定，辩护律师可以同在押的犯罪嫌疑人、被告人会见和通信。其他辩护人经人民法院、人民检察院许可，也可以同在押的犯罪嫌疑人、被告人会见和通信。辩护律师持律师执业证书、律师事务所证明和委托书或者法律援助公函要求会见在押的犯罪嫌疑人、被告人的，看守所应当及时安排会见，至迟不得超过48小时。辩护律师会见在押的犯罪嫌疑人、被告人，可以了解有关案件情况，提供法律咨询等；自案件移送审查起诉之日起，可以向犯罪嫌疑人、被告人核实有关证据。辩护律师会见犯罪嫌疑人、被告人时不被监听。危害国家安全犯罪案件、恐怖活动犯罪案件、重大贿赂犯罪的共同犯罪案件，在侦查期间辩护律师会见犯罪嫌疑人，应当经侦查机关许可。对于上述案件，侦查机关应当事先通知看守所。

律师通过同犯罪嫌疑人和被告人会见和通信，可以向他们解释法律，了解案情，并及时发现有利于犯罪嫌疑人、被告人的线索和证据，帮助他们依法行使所享有的权利，切实维护犯罪嫌疑人、被告人的合法权益。律师行使这一权利时应当注意以下几个方面的问题：

（1）律师有权凭律师事务所的专用介绍信、律师执业证和委托书，在看守所或其他监管场所会见犯罪嫌疑人或被告人，侦查机关应当在 48 小时内安排会见，危害国家安全犯罪案件、恐怖活动犯罪案件、重大贿赂犯罪的共同犯罪案件，在侦查期间辩护律师会见犯罪嫌疑人，应当经侦查机关许可。律师应当遵守看管场所的有关规定，不得向犯罪嫌疑人、被告人作任何违反法律法规的约定或承诺，也不得威胁或利诱其隐瞒事实、提供虚假证据，更不得擅自为犯罪嫌疑人、被告人传递物品、信函或将无线通信设备借给犯罪嫌疑人、被告人使用。

（2）会见时律师可以为 1 至 2 人。

（3）律师会见时，看守所或其他监管场所应当给予方便，安排适当的会见场所；看管人员不得追问与律师谈话的内容；对于在押人与律师的合法通信，看管人员应及时转送，不得随意扣押或拆开。

【法条链接】

《中华人民共和国律师法》第三十三条：犯罪嫌疑人被侦查机关第一次讯问或者采取强制措施之日起，受委托的律师凭律师执业证书、律师事务所证明和委托书或者法律援助公函，有权会见犯罪嫌疑人、被告人并了解有关案件情况。律师会见犯罪嫌疑人、被告人，不被监听。

《中华人民共和国刑事诉讼法》第三十六条：辩护律师在侦查期间可以为犯罪嫌疑人提供法律帮助；代理申诉、控告；申请变更强制措施；向侦查机关了解犯罪嫌疑人涉嫌的罪名和案件有关情况，提出意见。

3. 查阅案卷权

《律师法》第三十四条规定，受委托的律师自案件审查起诉之日起，有权查阅、摘抄和复制与案件有关的诉讼文书及案卷材料。受委托的律师自案件被人民法院受理之日起，有权查阅、摘抄和复制与案件有关的所有材料。《刑事诉讼法》第三十八条规定，辩护律师自人民检察院对案件审查起诉之日起，可以查阅、摘抄、复制本案所指控的犯罪事实的材料。其他辩护人经人民法院、人民检察院许可，也可以查阅、摘抄、复制上述材料。《民事诉讼法》第六十一条规定，代理诉讼的律师和其他诉讼代理人有权调查收集证据，可以查阅本案有关材料。《行政诉讼法》第三十条也规定，代理诉讼的律师可以依照规定查阅本案有关材料，可以向有关组织和公民调查，收集证据。经人民法院许可，当事人和其他诉讼代理人可以查阅本案庭审材料，但涉及国家秘密和个人隐私的除外。

4. 调查取证权

《律师法》第三十五条规定："受委托的律师根据案情的需要，可以申请人民检察院、人民法院收集、调取证据或者申请人民法院通知证人出庭作证。律师自行调查取证的，凭律师执业证书和律师事务所证明，可以向有关单位或者个人调查与承办法律事务有关的情况。"《律师法》第三十七条规定："辩护律师经证人或者其他有关单位和个人同意，可以向他们收集与本案有关的材料，也可以申请人民检察院、人民法院收集、调取证据，或者申请人民法院通知证人出庭作证。辩护律师经人民检察院或者人民法院许可，并且经被害人或者其近亲属、被害人提供的证人同意，可以向他们收集与本案有关的材料。"《民事诉讼法》第六十一条规定，代理诉讼的律师和其他诉讼代理人有权调查收集证据。《刑事诉讼法》第三十九条、第四十条分别规定："辩护人认为在侦查、审查起诉期间公安机关、人民检察院收集的证明犯罪嫌疑人、被告人无罪或者罪轻的证据材料未提交的，有权申请人民检察院、人民法院调取。""辩护人收集的有关犯罪嫌疑人不在犯罪现场、未达到刑事责任年龄、属于依法不负刑事责任的精神病人的证据，应当及时告知公安机关、人民检察院。"《刑事诉讼法》第八十六条规定："人民检察院审查批准逮捕，可以询问证人等诉讼参与人，听取辩护律师的意见；辩护律师提出要求的，应当听取辩护律师的意见。"

调查取证，是律师了解案情、收集材料的重要手段之一。律师进行调查，应当持有律师事务所的介绍信，调查的对象是了解本案情况的有关单位和个人。当调查对象是无行为能力人或者限制行为能力人时，还应当通知其法定代理人到场，并让他们作为见证人在笔录上签名。需要注意的是，律师调查权不具有法律上的强制力，律师无权强制进行调查，律师收集材料必须征得被调查人的同意以及司法机关的批准。《刑事诉讼法》第四十一条规定："辩护律师经证人或者其他有关单位和个人同意，可以向他们收集与本案有关的材料，也可以申请人民检察院、人民法院收集、调取证据，或者申请人民法院通知证人出庭作证。辩护律师经人民检察院或者人民法院许可，并且经被害人或者其近亲属、被害人提供的证人同意，可以向他们收集与本案有关的材料。"律师在调查过程中所做的记录，可以要求被调查人签名、盖章或按指纹，但该记录不属于诉讼笔录，仅仅是证据材料。律师通过调查取证所获证据材料须经法庭质证和核实后方可被采信。

【法条链接】

《最高人民法院关于民事诉讼证据的若干规定》第十七条：符合下列条件之一的，当事人及其诉讼代理人可以申请人民法院调查收集证据：（一）申请调查收集的证据属于国家有关部门保存并须人民法院依职权调取的档案材料；（二）涉及国家秘密、商业秘密、个人隐私的材料；（三）当事人及其诉讼代理人确因客观原因不能自行收集的其他材料。

第十八条：当事人及其诉讼代理人申请人民法院调查收集证据，应当提交书面申请。申请书应当载明被调查人的姓名或者单位名称、住所地等基本情况，所要调查收集的证据的内容，需要由人民法院调查收集证据的原因及其要证明的事实。

第十九条：当事人及其诉讼代理人申请人民法院调查收集证据，不得迟于举证期限届满前七日。

人民法院对当事人及其诉讼代理人的申请不予准许的，应当向当事人或其诉讼代理人送达通知书。当事人及其诉讼代理人可以在收到通知书的次日起3日内向受理申请的人民法院书面申请复议一次。人民法院应当在收到复议申请之日起5日内作出答复。

5. 拒绝辩护或代理权

《律师法》第三十二条第二款规定，律师接受委托后，无正当理由的，不得拒绝辩护或者代理。但是，委托事项违法、委托人利用律师提供的服务从事违法活动或者委托人故意隐瞒与案件有关的重要事实的，律师有权拒绝辩护或者代理。

根据这一规定，律师在接受委托后，律师有权拒绝辩护或者代理的正当理由包括：

①委托事项违法，即当事人委托律师为其办理的法律事务或者要求律师提供的法律服务违反了法律法规，如当事人委托律师在法庭上作伪证等。

②委托人利用律师提供的服务从事违法活动。

③委托人故意隐瞒事实，即委托人故意隐瞒事实真相，不如实陈述案件情况，却要求律师为其开脱罪责或要求律师向法庭回答问题的。

④有其他正当理由的情形，如律师因身体健康状况无法履行辩护或代理职责的，或者委托人侮辱律师人格尊严的。在法律援助活动中，律师同样享有依法拒绝辩护或代理权。①

律师拒绝辩护或者代理的，须经律师事务所主任批准，因为委托人与律师事务所之间存在委托合同关系。如果是人民法院指定的辩护人拒绝辩护的，则须经人民法院同意。

6. 有得到人民法院适当的开庭通知的权利

律师出庭参加诉讼是律师工作的重要内容。为保证办案质量，出庭前律师必须做好充分的准备工作，比如充分了解案件真实情况、认真研究相关法律问题、拟定代理或辩护意见，这就需要开庭前有充裕的时间做准备。如果时间仓促，贸然出庭，必然导致律师在法庭上无法施展自己的专业才能，从而难以有效地维护当事人的合法权益。

为此，《刑事诉讼法》、《民事诉讼法》、《行政诉讼法》等法律均作了相应规定：①人民法院开庭审理案件，对于开庭日期的确定，应当为律师留有一定的准备时间。②人民法院应当在开庭3日前通知担任辩护人、代理人的律师②。③律师如因案情复杂，开庭日期过于仓促，可以申请人民法院延期审理。对于律师的申请，人民法院应当在不超过审理期限的情况下予以适当考虑。④案件开庭审理后，如果另行择期审理，人民法院也应当在下次开庭前适时通知律师到庭。⑤人民法院应当用通知书的方式通知律师到庭，不得使用传票传唤律师。

7. 法庭审理阶段的权利

《律师法》第三十六条规定，律师担任诉讼代理人或者辩护人的，其辩论或者辩护的权利依法受到保障。根据我国刑事诉讼法、民事诉讼法和行政诉讼法以及其他相关规定，在法庭审理过程中，律师为了履行职务，享有广泛的权利。

（1）发问权。在法庭审理过程中，律师可以申请审判长对证人、鉴定人、勘验人和被告人发问，也可以经审判长许可，直接向以上人员发问。根据法律规定，只要发问的内容与案件有关，属于正当且必要的问题，法庭应当允许，不应加以限制或制止。律师发问的内容如与本案无关，则法庭有权制止，被问对象也有权拒绝回答。对于律师提出的问题，被问对象有义务如实回答。

---

① 根据1997年5月20日司法部《关于开展法律援助工作的通知》，受援人不遵守法律规定以及不按法律援助协议的规定予以必要合作，经法律援助机构批准，承办人员可以拒绝或终止提供法律援助。因此，如果律师是被有关机构指定担任委托人的诉讼代理人或辩护人，律师在退出代理或辩护时，应当得到有关机构的批准。

② 我国《刑事诉讼法》第一百八十条规定，人民法院确定开庭日期后，应当在开庭3日以前将开庭的时间、地点通知人民检察院，传唤当事人，通知辩护人、诉讼代理人、证人、鉴定人和翻译人员。《民事诉讼法》第一百二十二条规定，人民法院审理民事案件，应当在开庭3日前通知当事人和其他诉讼参与人。

（2）对法庭的不当询问有拒绝回答权。对于法庭在审理案件过程中提出的与本案无关的问题（如询问其姓名、年龄、籍贯、职业、住址和经济状况等），或者有损人格尊严的问题，律师均有权拒绝回答。

（3）提出新证据、申请法庭收集调取证据和申请保全证据的权利。在法庭上，律师有权提出新的证据，有权申请通知新的证人到庭，申请重新鉴定或勘验。是否准许，由人民法院决定。

（4）质证权。在法庭调查阶段，律师对法庭或对方当事人出示的物证和宣读的未到庭的证人笔录、鉴定人的鉴定结论、勘验笔录或其他作为证据的文书，有权提出异议；对于到庭的证人，有权进行质证。

（5）参加法庭辩论的权利。在法庭辩论环节，控、辩双方处于同等法律地位，辩论机会均等；律师有权发表辩护词或代理词，就案件事实和证据发表自己的意见，并且可以与对方当事人及其代理人或辩护人相互辩论。法庭应当尊重和保障律师依法行使辩论的权利，不准随意责令律师退庭。

【法条链接】

《最高人民法院关于民事诉讼证据的若干规定》第四十一条：《民事诉讼法》第一百二十五条第一款规定的"新的证据"，是指以下情形：（一）一审程序中的新的证据包括：当事人在一审举证期限届满后新发现的证据；当事人确因客观原因无法在举证期限内提供，经人民法院准许，在延长的期限内仍无法提供的证据；（二）二审程序中的新的证据包括：一审庭审结束后新发现的证据；当事人在一审举证期限届满前申请人民法院调查取证未获准许，二审法院经审查认为应当准许并依当事人申请调取的证据。

8. 代行上诉的权利

律师参加诉讼活动，在当事人不服地方各级人民法院的一审裁判时，经当事人同意或特别授权，可以代其以当事人的名义向上一级人民法院提起上诉，有要求对案件进行重新审理的权利。需要注意的是，上诉权属于当事人，律师不得对当事人的上诉权行使处分权。律师的代行上诉权须经当事人的同意或授权，且应在法律规定的上诉期限内提起上诉。因此，律师在为当事人代行上诉权时，必须先取得当事人的同意或授权。那种先上诉后征求意见或者根本不征求意见的做法是违反法律规定的。当然，如果一审判决、裁定确实有误而当事人坚持不上诉的，律师应当尊重当事人本人的意见，不得强迫当事人上诉或直接提起上诉。

9. 获取本案诉讼文书副本的权利

律师在诉讼过程中，有获得包括起诉书、抗诉书、判决书、裁定书、调解书等诉讼文书副本的权利。具体内容包括：

（1）凡属公诉案件，人民检察院应当附起诉书副本一份，交由人民法院转发辩护律师。有律师辩护的第一审案件，人民检察院如提起抗诉，也应附抗诉书副本交由人民法院转发辩护律师。

（2）凡有律师参加诉讼的刑事、民事案件，无论一审、二审，人民法院所作的判决书、裁定书，都应发给承办律师副本。

（3）凡有律师参加的仲裁案件，仲裁机构的裁决书副本也应发给承办律师。

10. 为犯罪嫌疑人、被告人申请取保候审或解除强制措施的权利

根据《刑事诉讼法》第六十五条的规定，受委托的律师可以依法行使为犯罪嫌疑人、被告人申请取保候审的权利。《刑事诉讼法》第九十五条规定，犯罪嫌疑人、被告人及其法定代理人、近亲属或者辩护人有权申请变更强制措施。人民法院、人民检察院和公安机关收到申请后，应当在3日以内作出决定；不同意变更强制措施的，应当告知申请人，并说明不同意的理由。

【法条链接】

《中华人民共和国刑事诉讼法》第一百九十三条：法庭审理过程中，对与定罪、量刑有关的事实、证据都应当进行调查、辩论。经审判长许可，公诉人、当事人和辩护人、诉讼代理人可以对证据和案件情况发表意见并且可以互相辩论。审判长在宣布辩论终结后，被告人有最后陈述的权利。

《中华人民共和国民事诉讼法》第七十四条：在证据可能灭失或者以后难以取得的情况下，诉讼参加人可以向人民法院申请保全证据，人民法院也可以主动采取保全措施。

《中华人民共和国民事诉讼法》第五十九条第二款：授权委托书必须记明委托事项和权限。诉讼代理人代为承认、放弃、变更诉讼请求，进行和解，提起反诉或者上诉，必须有委托人的特别授权。

《中华人民共和国行政诉讼法》第三十六条：在证据可能灭失或者以后难以取得的情况下，诉讼参加人可以向人民法院申请保全证据，人民法院也可以主动采取保全措施。

二、律师的义务

（一）律师义务的概念

律师的义务，是指法律规定的律师在执业活动中应当为一定行为或不得为一定行为的范围和限度。权利和义务是相对应的，没有无权利的义务，也没有无义务的权利。律师在执业过程中享有一系列权利，同时也应当承担相应的义务。律师义务与律师职业道德既有联系，又有区别。律师义务是律师职业道德的具体要求，律师职业道德则是调节律师职业行为的内在要求。

（二）律师义务的主要内容

按照律师法的规定，律师的义务既包括对律师执业条件限制的义务，也包括律师从事业务活动中应承担的义务。

1. 不得同时在两个以上律师事务所执业

《律师法》第十条规定，律师只能在一个律师事务所执业。律师变更执业机构的，应当申请换发律师执业证书。这样的规定既是为了维护委托人的合法权益，更是为了保障委托人对律师事务所、律师的信任。如果一名律师同时在两个以上律师事务所工作，会造成很多负面效果。第一，该律师无法很好地履行应尽的职责，无论是从精力还是时间来看，律师都很难应付，特别是当律师事务所处于不同地区时；第二，当该

律师因执业过错或违法行为给当事人造成损失时，当事人很难确定应当向哪个律师事务所索赔，因而无法维护自己的合法权益；第三，不利于律师事务所对律师进行教育、培训和管理。因此，《律师法》明确规定律师只能在一个律师事务所执业，但是地域范围不受限制，既可以在律师事务所的住所地执业，也可以到律师事务所住所地以外的其他地方执业。这是由律师职业的委托性和服务性决定的。

2. 不得私自接受委托，私自向委托人收取费用或收受当事人的财物

《律师法》第四十条第一项规定，律师在执业活动中不得私自接受委托、收取费用，接受委托人的财物或者其他利益。该法第二十五条还规定，律师承办业务，由律师事务所统一接受委托，与委托人签订书面委托合同，按照国家规定向当事人统一收取费用并如实入账。如果允许律师私下接受委托，私下向委托人收取费用，接受委托人的财物或者其他利益，一方面会导致律师事务所对律师管理失控，难以保证办案质量，更难以遏制乱收费现象的发生，从而导致国家税款的流失；另一方面会增加当事人的负担，损害律师事务所以及律师的形象和声誉，影响律师行业的正常秩序和健康发展。

3. 必须依法纳税

《律师法》第二十五条第二款规定，律师事务所和律师应当依法纳税。这也是我国宪法第五十六条的明文规定，中国公民有依照法律纳税的义务。根据我国个人所得税法的规定，律师应当就其工资、薪金所得和劳务报酬缴纳个人所得税。

4. 必须加入所在地的地方律师协会，并履行律师协会章程规定的义务

《律师法》第四十五条规定，律师应当加入所在地的地方律师协会；律师协会会员按照律师协会章程，享有章程赋予的权利，履行章程规定的义务。

5. 曾担任法官、检察官的律师，从人民法院、人民检察院离任后两年内，不得担任诉讼代理人或者辩护人

这条规定是针对有特定身份的律师所施加的一定程度限制其执业自由的义务，主要是维护当事人的合法权益。许多国家对此作了类似规定。曾任法官、检察官的律师，由于以往的工作岗位往往与有关法院、检察院有着特定的联系，为了避免关系案、人情案的发生，也为了维护律师队伍的声誉，《律师法》第四十一条对此作出了明确规定。

6. 应当保守在执业活动中知悉的国家秘密和当事人的商业秘密，不得泄露当事人的隐私

《律师法》第三十八条明确规定律师负有保密的义务，这是由律师的职业特点所决定的，律师在从事业务活动过程中极有可能接触到某些国家机密、商业秘密和个人隐私。无论是出于维护国家利益的需要，还是出于维护当事人权利的需要，律师都必须保守其因履行职务而获得的秘密。需要强调的是，律师在委托代理关系结束后仍有保密的义务。需要注意的是，《刑事诉讼法》第四十六条规定："律师对在执业活动中知悉的委托人的有关情况和信息，有权予以保密。但是，律师在执业活动中知悉委托人或者其他人，准备或者正在实施危害国家安全、公共安全以及严重危害他人人身安全的犯罪的，应当及时向司法机关通报。"

7. 不得在同一案件中，为双方当事人担任代理人

《律师法》第三十九条规定："律师不得在同一案件中为双方当事人担任代理人，

不得代理与本人或者其近亲属有利益冲突的法律事务。"理由是：①同一案件中的双方当事人，正是由于利益冲突不能调和才发生争议，律师同时接受互有利害关系的双方当事人的委托，就很难保证不偏不倚地同时维护双方当事人的合法权益；②作为委托人的律师，应当忠实于委托人，不能做出有损于委托人利益的事情。

需要特别强调的是：律师在同一案件中，不论是在一审还是在二审均不得同时或先后为双方担任代理人。而且同一律师事务所的不同律师，也不得在同一案件中，为双方当事人担任代理人。①

8. 不得利用提供法律服务的便利牟取当事人争议的权益，或者接受对方当事人的财物或者其他利益，与对方当事人或者第三人恶意串通，侵害委托人的权益

对此，《律师法》第四十条第二、三项作了明确规定。因为律师是为了解决当事人争议而履行职务的，所以律师不应当介入当事人争议的权益之中，更不能将牟取当事人争议的权益作为从事代理活动的目的。如果律师为了谋取当事人争议的权益而提供法律服务，就不可避免地利用执业便利和通晓法律的优势，欺骗当事人，从而损害当事人的利益。

委托人之所以授权委托律师为其提供法律服务，是基于对律师的信任，所以律师应当尽职尽责，忠诚地为委托人提供法律服务。律师一旦接受与委托人有利益冲突的对方当事人的财物或者其他利益，往往就会背弃委托人的利益。所以，律师不得接受对方当事人的财务或者其他利益，更不能与对方当事人或者第三人恶意串通，侵害委托人的权益。

9. 律师接受委托后，无正当理由的，不得拒绝辩护或代理

《律师法》第三十二条第二款规定："律师接受委托后，无正当理由的，不得拒绝辩护或者代理，但是，委托事项违法、委托人利用律师提供的服务从事违法活动或者委托人故意隐瞒与案件有关的重要事实的，律师有权拒绝辩护或者代理。"

理由是：①律师与委托人的关系是一种契约关系，律师作为契约当事人一方，同样要受到"契约必须遵守"这一古老法则的约束，除非有法定事由的发生，否则，律师不得随意解除委托合同。②随意拒绝辩护将直接损害委托人的合法权益。一般情况下，委托人或其近亲属受到司法机关的刑事指控后，需要律师提供辩护，律师接受委托后要做很多事情，而且必须在法定期限内完成，从时间上讲不是很宽裕。如果律师随意拒绝辩护或代理，迫使委托人更换辩护人或代理人，就会影响辩护或代理的效率，直接损害委托人的权益。

10. 不得违反规定会见法官、检察官、仲裁员以及其他有关工作人员，不得向法官、检察官、仲裁员以及其他有关工作人员行贿，介绍贿赂或者指使、诱导当事人行贿，或者以其他不正当方式影响法官、检察官、仲裁员以及其他有关工作人员依法办理案件

《律师法》第四十条第四、五项规定，律师在执业活动中不得违反规定会见法官、检察官、仲裁员以及其他有关工作人员，不得向法官、检察官、仲裁员以及其他有关

---

① 《律师职业道德和执业纪律规范》（2002 年 2 月 26 日中华全国律师协会修订，经司法部批转）第二十八条规定："律师不得在同一案件中为双方当事人担任代理。同一律师事务所不得代理诉讼案件的双方当事人，偏远地区只有一个律师事务所的除外。"

工作人员行贿，介绍贿赂或者指使、诱导当事人行贿，或者以其他不正当方式影响法官、检察官、仲裁员以及其他有关工作人员依法办理案件。作为法律工作者，律师应当依靠自己良好的专业技能和高尚的职业道德为当事人提供高质量的法律服务，而不是通过采用行贿、介绍贿赂等不正当手段去影响法官、检察官、仲裁员以及其他有关工作人员，从而达到委托人所期望的目的。

11. 不得故意提供虚假证据或者威胁、利诱他人提供虚假证据，妨碍对方当事人合法取得证据

《律师法》第四十条第六项规定："律师在执业活动中不得故意提供虚假证据或者威胁、利诱他人提供虚假证据，妨碍对方当事人合法取得证据。"律师违反该义务需要承担相应的法律责任。需要特别注意的是，该项义务与律师的调查取证权紧密相关。律师为了维护当事人的合法权益，需要调查取证来寻找对当事人有利的证据。但同时要注意证据的真实性，否则就可能要承担法律责任。我国《刑法》第三百零六条规定："在刑事诉讼中，辩护人、诉讼代理人毁灭、伪造证据，帮助当事人毁灭、伪造证据，威胁、引诱证人违背事实改变证言或者作伪证的，处3年以下有期徒刑或者拘役；情节严重的，处3年以上7年以下有期徒刑。辩护人、诉讼代理人提供、出示、引用的证人证言或者其他证据失实，不是有意伪造的，不属于伪造证据。"律师在调查取证过程中一定要十分谨慎，否则很可能涉嫌伪造证据罪。为了更好地保护自己，律师在刑事案件的调查取证中应注意：第一，询问证人最少由两名律师共同进行。第二，重要证据的收集，可以请公证机关对整个取证过程进行公证。

12. 不得扰乱法庭、仲裁庭秩序，干扰诉讼、仲裁活动的正常进行

《律师法》第四十条第八项规定："律师在执业活动中，不得扰乱法庭、仲裁庭秩序，干扰诉讼、仲裁活动的正常进行。"在庭审中，律师作为辩护人、代理人在享有辩论和辩护权利的同时，也负有遵守法庭、仲裁庭规则和纪律的义务，按照诉讼法、仲裁法的规定进行诉讼。

13. 必须按照国家规定承担法律援助义务

《律师法》第四十二条规定，律师、律师事务所应当按照国家规定履行法律援助义务，为受援人提供符合标准的法律服务，维护受援人的合法权益。

【引例分析】

律师在履行自己的职权过程中，如果权益受到侵害怎么办？律师在刑事诉讼中的合法权利如何得以保护呢？这两起案件虽然先后发生在不同的省市，但律师的遭遇却有着惊人的相似，法官的判断与做法也有着惊人的相似。判案的法官认为，案件中两名律师难以实现会见权，应该向检察机关反映，到人民法院提起行政诉讼不适当，因此驳回起诉。

《刑事诉讼法》第四十七条在维护律师依法履行自己的职责方面作出规定："辩护人、诉讼代理人认为公安机关、人民检察院、人民法院及其工作人员阻碍其依法行使诉讼权利的，有权向同级或者上一级人民检察院申诉或者控告。人民检察院对申诉或者控告应当及时进行审查，情况属实的，通知有关机关予以纠正。"

然而，向检察机关反映就能有效维护律师在刑事诉讼中的合法权利吗？从现有的法律规定来看，尽管法律规定了检察机关有权对公安机关在刑事诉讼中的行为进行法

律监督，但是除了对涉嫌职务犯罪的行为进行立案侦查以外，其他的监督措施都是非强制性的，一般只能提出检察建议，是否纠正很大程度上取决于公安机关的自觉。更为重要的是检察机关作为参加诉讼的控方，基于自身的角色和成功打击犯罪的需要，往往很难去自觉维护作为对手的辩方律师的合法权利。

那么，是否应将该类案件作为行政诉讼案件来对待呢？有学者并不主张将公安机关未能及时安排律师会见刑事诉讼当事人等行为列为行政诉讼的受案范围，作为行政诉讼案件来处理。因为，行政诉讼毕竟只是事后的监督，相对于刑事诉讼中犯罪嫌疑人及其律师权利保护的迫切性来说，这种事后监督很难取得好的效果。即使胜诉，律师及犯罪嫌疑人的权利受到的侵害也难以弥补，律师维护当事人合法权益的目的根本无法实现。

理想的制度设计应当是让中立的法官及时介入刑事审判前的有关程序中，负责受理公安机关、检察机关在刑事诉讼中从刑事案件的立案后到判决生效前整个阶段中对于犯罪嫌疑人及律师的权利的侵害。只要律师有证据证明其权利受到侵害向人民法院提出保护的请求，人民法院经过简易程序的审理，即可作出裁定强制公安机关、检察机关停止侵害行为或履行其法定的义务。

在刑事审判前由中立的法官及时介入刑事诉讼，以保护犯罪嫌疑人及其律师的权利，制约国家公权力的滥用，在西方法治国家早已是传统，并成为他们法治建设不可或缺的一个重要组成部分。与此形成鲜明对比的是，我们国家的法官在刑事诉讼审判前的程序无权介入，在保护犯罪嫌疑人及其律师权利和制约国家公权力的滥用上无所作为，这不能不说是我们刑事诉讼乃至于法治建设中的一大缺陷。我们期待着此案的审理能够让立法者清醒地认识到法官及时介入审前程序的重要性，早日健全我国的法制。

【思考与练习】

1. 在法庭审理阶段，律师有哪些权利？
2. 律师在执业活动中应当履行哪些法定义务？
3. 如何看待和行使律师的调查取证权？

【拓展阅读】

在英国，律师在犯罪嫌疑人羁押阶段有权随时会见当事人，且时间没有限制。其任务是保护疑犯的法律权利，并帮助犯罪嫌疑人主张这些法律权利。律师享有与当事人秘密交流的权利，不得泄露当事人的秘密。律师的执业特权从属于委托人，他所提供的法律建议具有私密性。犯罪嫌疑人接受讯问时律师有权在场；为了咨询律师以获得进一步的法律意见，疑犯有权要求中止讯问的进行。对于警察因案情需要而决定进行的辨认和鉴定程序以及对被告人起诉的决定，律师有权提出意见。

项目二 律师收费

【引例】

北京市民李先生 2008 年 7 月因被许某故意伤害，便到段律师所在的律师事务所咨询。之后，他依照段律师的要求，与许某达成调解协议，并委托段律师为代理人，在法院起诉许某。李先生说，在诉讼过程中，段律师收取业务费 3 000 元后不开发票；不尽代理义务，不去派出所取证；还错误指导他与许某达成调解协议，导致他败诉。他要求段律师返还业务费 3 000 元，并赔偿损失 3 100 元。

开庭时，段律师答辩称，他已尽到了代理的义务，李先生败诉是基于证据原因。而作为第三人出庭的段律师所在的律师事务所表示，段律师接受李先生委托一事，该所事先不知情，段律师所收费用未交至该所，且该所无业务费这一收费规定。对此，段律师没有反驳。

北京市丰台区人民法院认为，我国《律师法》明文规定，律师在执业过程中不得私自接受委托、收取费用。段律师私自向李先生收取业务费违反法律强制性规定，应予返还。但李先生主张段律师赔偿损失，证据不足，法院不予支持。故法院一审判决律师私自收费违反规定，应将 3 000 元退还委托人。

问题：法院的判决是否正确？为什么？

【基本原理】

一、律师收费的依据

律师事务所作为专为当事人提供法律服务的中介机构，根据市场经济的规律，律师向委托人提供法律服务，理所当然要向委托人收取一定的费用，维持律师事务所的正常运转和发展壮大。根据《律师法》的规定，律师承办业务，应当由其所在的律师事务所统一接受当事人的委托，以律师事务所的名义与委托人签订书面委托合同，按照国家规定统一收取费用并如实入账，即所谓"统一委托，统一收费"制度。律师不得私自收案、收费。

目前我国律师收费的主要依据是《律师服务收费管理办法》（国家发展改革委员会、司法部 2006 年 4 月 13 日联合发布），各省、自治区、直辖市人民政府价格主管部门会同同级司法行政部门，制定律师服务收费管理的具体实施办法。

二、律师收费的管理

1. 收费范围

律师收费由律师服务费和其他费用两部分构成。

律师服务费是律师办案的报酬，律师事务所依法提供下列法律服务，应按规定的收费标准向委托人收取服务费：①代理民事诉讼案件；②代理行政诉讼案件；③代理国家赔偿案件；④为刑事案件犯罪嫌疑人提供法律咨询、代理申诉和控告、申请取保候审，担任被告人的辩护人或自诉人、被害人的诉讼代理人；⑤代理各类诉讼案件的申诉；⑥代理仲裁；⑦担任法律顾问；⑧提供其他法律服务。

其他费用是指律师为委托人提供法律服务过程中所发生的费用，包括代委托人支付的费用，根据《律师服务收费管理办法》第十九条的规定，律师事务所在提供法律服务过程中代委托人支付的诉讼费、仲裁费、鉴定费、公证费和查档费，不属于律师服务费，由委托人另行支付。此外，异地办案差旅费也由委托人根据收费票据另行支付。

2. 收费方式

律师服务费根据不同的服务内容，采取政府指导价与市场调节价相结合，计件收费、按标的额比例收费和计时收费以及风险代理收费的方式。

（1）政府指导价与市场调节价。

根据《律师服务收费管理办法》的相关规定，上述前五项法律服务的收费实行政府指导价。政府指导价的基准价和浮动幅度由各省、自治区、直辖市人民政府价格主管部门会同同级司法行政部门制定。政府制定律师服务收费，应当广泛听取社会各方面意见，必要时可以实行听证。政府制定的律师服务收费应当充分考虑当地经济发展水平、社会承受能力和律师业的长远发展，收费标准按照补偿律师服务社会平均成本，加合理利润与法定税金确定。

根据《律师服务收费管理办法》的相关规定，其他法律服务的收费实行市场调节价。实行市场调节的律师服务收费，由律师事务所与委托人协商确定。律师事务所与委托人协商律师服务收费应当考虑以下主要因素：①耗费的工作时间；②法律事务的难易程度；③委托人的承受能力；④律师可能承担的风险和责任；⑤律师的社会信誉和工作水平等。

（2）计件收费、按标的额比例收费和计时收费。

根据《律师服务收费管理办法》第十条的规定，计件收费一般适用于不涉及财产关系的法律事务，按标的额比例收费适用于涉及财产关系的法律事务，计时收费可适用于全部法律事务。

（3）风险代理收费。

律师风险代理收费是指委托人不必先支付律师服务费用，待法律事务成功后，委托人从所得财物或利益中按照事先约定的比例支付报酬，如果败诉则无须支付。这种收费方式在国外也叫做胜诉酬金或者附条件收费，是一种符合市场经济规律的高效、合理的收费方式，目前在国际上比较流行。《律师服务收费管理办法》对风险代理收费的范围和数额有限制。主要有：

《律师服务收费管理办法》第十一条规定："办理涉及财产关系的民事案件时，委托人被告知政府指导价后仍要求实行风险代理的，律师事务所可以实行风险代理收费，但下列情形除外：①婚姻、继承案件；②请求给予社会保险待遇或者最低生活保障待遇的；③请求给付赡养费、抚养费、扶养费、抚恤金、救济金、工伤赔偿的；④请求支付劳动报酬的等。

《律师服务收费管理办法》第十二条规定："禁止刑事诉讼案件、行政诉讼案件、国家赔偿案件以及群体性诉讼案件实行风险代理收费。"

《律师服务收费管理办法》第十三条规定："实行风险代理收费，律师事务所应当与委托人签订风险代理收费合同，约定双方应承担的风险责任、收费方式、收费数额或比例。实行风险代理收费，最高收费金额不得高于收费合同约定标的额的 30%。"

3. 律师服务费的收取与退还

（1）服务费的收取。律师事务所向委托人收取律师服务费，可在确定委托关系后预收全部或部分费用，也可以与委托人协商约定分期收取。委托人提前交纳律师服务费确有困难的，双方可以协商由律师事务所现行垫支全部费用，事后再向委托人收取。

（2）服务费的退还。一般情况下，根据律师事务所与委托人签订的委托代理合同，如果没有特别约定，即使是败诉或者自行和解，服务费是不退还的。但是，如果发生下列情况，则应全部或部分退还所收费用：①委托人因律师有过错而提出终止委托关系的；②律师事务所因委托人过错或委托人的要求超出合理范围而终止委托关系的，应当根据承办该项法律事务的实际发生的费用进行退还；③律师事务所无故终止委托关系的，应当全部退还已收取的费用，给委托人造成损失的，还应予以赔偿。

4. 律师服务费的减免

如发生下列情况之一：①因公受伤请求赔偿的（责任事故除外）；②请求赡养、抚养、扶养而生活确有困难的；③请求劳动保险金、救济金的；④其他特殊情况无力支付律师服务费的。律师事务所应当按照法律援助条例的有关规定，减收或者免收律师服务费。

【引例分析】

本案中人民法院的判决是正确的。根据律师法的规定，律师承办业务，应当由所在的律师事务所统一接受当事人的委托，以律师事务所的名义与委托人签订书面委托合同，按照国家规定统一收取费用并如实入账，即所谓"统一委托，统一收费"制度。律师不得私自收费。

【思考与练习】

1. 我国现行律师收费方式主要有哪几种？
2. 哪些情况下应当减免律师服务费？

【拓展阅读】

律师希望在提供法律服务之后获得更多的收益，当事人则希望以尽可能低的代价获得高质量的法律服务，在律师行业管理部门受理的当事人的各种投诉当中，相当一部分是关于律师收费问题的，律师服务收费在实践中频繁发生纠纷，使得律师服务收费纠纷问题逐渐成为阻碍律师业进一步发展的"瓶颈"之一。究其原因，不难发现，我国律师制度对于律师服务收费纠纷，一直没有建立起一套明确的纠纷解决机制。2006 年 12 月 1 日实施的《律师服务收费管理办法》第三十条规定："因律师服务收费发生争议的，律师事务所应当与委托人协商解决。协商不成的，可以提请律师事务所所在地的律师协会、司法行政部门和价格主管部门调解处理，也可以申请仲裁或者向人民法院提起诉讼。"它对律师服务收费纠纷作出了原则性的规定，并明确规定了五种争议解决途径。据此，中华全国律师协会制定《律师协会律师服务收费争议调解规则》对调解解决律师服务收费纠纷作出了一系列规定。

单元四
律师执业风险及防范

【知识目标】

了解律师执业存在的各种类型的风险及其成因，在对各类执业风险加以识别的基础上掌握合法的防范途径与措施。

【能力目标】

在实践中可以正确识别律师执业风险的具体原因，运用各种法律和政策对律师执业时发生的风险加以排除或降至最低，遵守执业规范以尽可能避免律师执业风险。

【内容结构图】

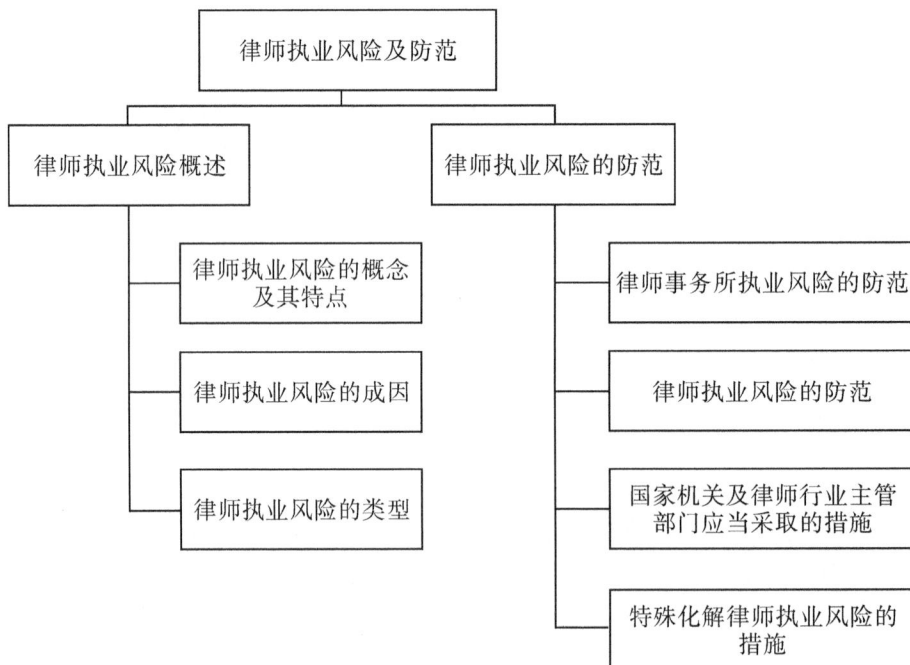

项目一 律师执业风险概述

【引例】

2001 年 7 月，河北三河燕化公司（以下简称"燕化公司"）拟与北京金晟房地产开发有限公司（以下简称"金晟公司"）合作开发某住宅小区项目。为了查清对方底细，燕化公司聘请北京嘉华律师事务所作为法律顾问展开调查。嘉华律师事务所审查后作出结论：项目确实在金晟公司名下。燕化公司遂向金晟公司支付了 1 亿元项目转让费，买下该住宅小区项目，同时向嘉华律师事务所支付了 100 万元律师费。然而 8 个月后，燕化公司却发现金晟公司原先并不是该住宅小区项目所有人，燕化公司拱手交出的 1 亿元被人骗走了！

受骗的燕化公司认为嘉华律师事务所的律师在法律服务工作中敷衍了事，造成巨额损失，已构成严重违约。由于嘉华律师事务所在 2002 年 3 月向北京市司法局主动申请注销，燕化公司一纸诉状将原嘉华律师事务所的 3 名合伙人告上法庭，要求返还律师费 100 万元并赔偿经济损失 900 万元。法院最终支持了原告三河燕化公司的诉求，认定嘉华律师事务所提供法律服务时存在重大过错，履行"委托协议"义务不符合约定，对燕化公司支付 1 000 万元定金的经济损失应承担赔偿的违约责任。考虑到燕化公司自身也有失察之责，法院判决 3 名合伙人共同赔偿燕化公司 800 万元，并返还 100 万元律师费。[1]

问题：本案中，嘉华律师事务所 3 名合伙人的赔偿责任是如何造成的？律师执业也会有风险吗？

【基本原理】

一、律师执业风险的概念及其特点

所谓风险，是指在各种事物发生、发展过程中客观存在的一种潜在的危险或灾难。一般看来，风险应当具有客观性、危害性、不特定性等几个主要特点。律师执业风险，就是指律师在具体的执业过程中，随时可能发生而又难为人事先预料的，并能产生相应后果的潜在危险或隐患。

律师执业风险有它自身的特征。这些特征表现为以下几点：

（1）风险的关联性：律师的执业风险的发生形式一般表现为两种，其一是人员上的关联，即每一风险的发生都与诉讼参与人密切相关；其二是利益上的关联，这种利益既包括合法利益，亦包括非法利益，即每一风险的发生必然与某种利益密切相关。

（2）风险发生的范围性：根据相关法律的规定及司法实践，在伪证，妨害证据，泄露国家机密、商业秘密，行贿，介绍贿赂，泄露当事人隐私，渎职，欺诈等方面是律师执业风险的多发区。

单元四 律师执业风险及防范

---

[1] 人民网：http://www.people.com.cn/GB/news/37454/37461/3072002.html.

（3）风险损害结果的直接性：此类风险直接损害的是律师的人身、财产、名誉人格等权利。

（4）风险事后处理的间接性：这一点是相对于国家司法人员来讲的，国家司法人员发生工作风险后，可以利用职权主动处理，而律师则不能。

二、律师执业风险的成因

律师的执业风险是伴随着律师执业的产生而产生的，其成因是复杂多样的。归纳起来，有客观原因和主观原因，它们从不同的方面制约着律师执业的风险性。

（一）客观原因

1. 社会方面的原因

众所周知，新中国民主与法制建设的发展正处在一个初级阶段，目前中国的社会文化基础仍然无法全面摆脱千年的封建传统意识及文化的影响。其表现就是一部分领导干部轻视律师的作用，许多职能部门（主要是指行政执法部门）对律师的偏见不可能完全避免，甚至对有些律师正常履行职责、维护群众利益的行为视为与政府作对，这就有碍于律师地位得到重视和提高。而且，中国的老百姓都习惯于传统文化中"有理走遍天下"的观念，他们把维护其合法权益的希望寄托在"清官"——即政府的领导干部，有时候也包括法官的身上，但不是律师。他们对律师的职能作用根本不了解，甚至误解或曲解，认为律师是"搅理的"、"搅浑水"，把律师在执业中维护司法公正的职能一笔抹消。律师权利是公民权利的延伸，不尊重律师的作用和权利实际上是没有很好地理解法治社会的精神。

2. 立法方面的原因

这一点在《刑法》、《刑事诉讼法》中的表现尤为突出。《刑法》第三百零六条规定："在刑事诉讼中，辩护人、诉讼代理人毁灭、伪造证据，帮助当事人毁灭、伪造证据，威胁、引诱证人违背事实改变证言或者作伪证的，处 3 年以下有期徒刑或者拘役；情节严重的，处 3 年以上 7 年以下有期徒刑。辩护人、诉讼代理人提供、出示、引用的证人证言或者其他证据失实，不是有意伪造的，不属于伪造证据。"《刑事诉讼法》第四十二条规定："辩护人或者其他任何人，不得帮助犯罪嫌疑人、被告人隐匿、毁灭、伪造证据或者串供，不得威胁、引诱证人作伪证以及进行其他干扰司法机关诉讼活动的行为。违反前款规定的，应当依法追究法律责任，辩护人涉嫌犯罪的，应当由办理辩护人所承办案件的侦查机关以外的侦查机关办理。辩护人是律师的，应当及时通知其所在的律师事务所或者所属的律师协会。"

此外，《律师法》中对律师执业的授权性的规范只有几条，而涉及律师法律责任的义务性、禁止性条款却占了一半以上，其中载明"律师必须、律师不得、律师应当"字样的条款有二十四款；暗含律师"必须、应当、不得"意思的条款有十五款，很明显，律师权利与义务产生了失衡。

3. 执法方面的原因

现阶段我国律师制度中保护律师合法权益的机构是司法行政机关和律师协会，但上述机关、协会对律师保护的范围性及可操作性是十分有限的。问题的真正解决仍不得不依赖于其他执法部门尤其是公、检、法机关。这就是说当律师执业风险发生后，律师合法权益的处理、补偿往往是间接的。公、检、法机关处理起来又往往不如保护国家司法、执法人员权益那样有效与直接，这就降低了损害律师合法权益的违法成本，加大了律师职业风险发生的概率。

（二）主观原因

律师队伍整体的职业道德水准确实处于一种不容乐观的状况。律师私自收费、私自接受委托、同行互相贬损、竞相压价、收了钱不服务以及服务质量低劣；有的年轻律师容易拿当事人当自家人，在彼此出现矛盾时全无主动权；还有的是因律师行为瑕疵，如接案时的大包大揽、牛皮破天，结果事与愿违，导致与政法机关及当事人、中间人的关系处理不善等。更有甚者，有些律师放弃原则，成为当事人的附庸，甚至成为当事人违法行为的参谋。虽然执业律师中大多数人通过辛勤劳动与付出在努力地去树立律师业在社会公众中的良好形象，但是确有一部分律师出于各种原因对权势卑躬屈膝，对钱财唯利是图，丧失了律师职业道德甚至人格尊严，以自身优势和所掌握的法律知识去规避法律，把个人利益、个人享受放在本位而不惜违反法律甚至犯罪。

律师自身缺乏自我尊重，职业道德的丧失进一步损害律师业的公众形象。律师队伍这种道德状况对于尚处于幼稚阶段的中国律师业来讲是十分不利的，直接影响律师的整体形象，直接影响律师地位的提高，是律师执业存在风险的重要原因。

三、律师执业风险的类型

律师执业风险按不同的标准可以有多种分类，按参与诉讼的范围，可分为刑事诉讼执业风险、民事诉讼执业风险、行政诉讼执业风险、非诉讼业务执业风险；按风险损害的直接权益，可分为权利风险、人身风险、人格风险、财产风险、名誉风险等。笔者认为，以责任承担的类型为主，并辅以律师自身技术特点对律师执业风险进行深入分类比较明确，主要可分为如下五类：

（一）律师在刑事责任方面的风险

律师在刑事责任方面的风险是指律师在刑事辩护以及参与刑事诉讼活动过程中，因律师的特殊地位、特殊职责所导致的人身自由风险。律师在参与刑事诉讼活动过程中，触犯《刑法》第三百零六条规定时，构成辩护人、诉讼代理人毁灭证据、伪造证据、妨害作证罪；触犯《刑法》第三百一十条规定时，构成包庇罪；触犯《刑法》第三百九十八条规定时，构成泄露国家秘密罪。据统计，自1996年以来，全国已经有300多名律师因刑事辩护被司法机关以各种原由"绳之以法"。特别是《刑法》第三百零六条和《刑事诉讼法》第四十二条，已经成为悬在中国律师头顶上的两把"达摩克利斯之剑"。

（二）律师在民事责任方面的风险

律师在民事责任方面的风险是指律师在民事、商事业务办理过程中，因自身行为给委托人、相对利益人以及其他相关人利益造成损失而应承担相应经济赔偿责任的风险。对此，《律师法》第四十九条及《民法通则》第六十六条、第六十七条均有相应的规定。此外，律师从事诉讼及非诉讼业务过程中，如律师在从事企业设立、变更、改制、重组及证券业务过程中，因严重不负责任或业务水平原因造成委托人或相对利益人损失；律师参与企业的经营管理决策、对外投资决策过程中，因给企业出具了错误的调查分析报告或提供了错误的决策意见，因泄露商业秘密、遗失重要证据使当事人丧失胜诉的权利或机会等都有可能导致赔偿风险。可以说，律师在民事、商事方面的经济赔偿风险最难把握。

（三）律师在行政责任（行业管理）方面的风险

律师在行政责任（行业管理）方面的风险是指律师在接受司法行政机关管理和律师协会行业自律过程中所面临的被行政制裁或行业处罚的风险。《律师法》第四十九条规定，律师因故意犯罪而被追究刑事责任的，由省、自治区、直辖市人民政府司法行政部门吊销律师执业证书，同时根据《律师法》第九条规定终生不能恢复；律师有《律师法》第四十四条规定的情形，由省、自治区、直辖市以及设区的市人民政府司法行政部门给予警告，情节严重的，给予停止执业3个月以上1年以下的处罚；有违法所得的，没收违法所得。但更为严重的是，《律师法》及相关法律中却没有规定吊销律师执业证书的相关程序，客观上造成司法行政机关吊销律师执业证书的行为任意性极大，既没有相应的制约和监督机制，又存在剥夺了有关人员就此行为申诉的权利的制度漏洞，这成了律师在行业管理和行业自律中面临的一种非常现实的风险。

（四）律师在人身、财产安全方面的风险

该风险主要是民间的势力对律师人身安全带来的危险，这种危险既可来自对方当事人，也可来自律师自己的委托人——有时候自己的委托人输了官司会抱怨律师，对方的当事人输了官司也会记恨律师。当事人因对案件处理结果不满，迁怒于所委托律师并对律师造成人身伤害的事件并不罕见，办案律师被对方当事人非法拘禁的报道也时有耳闻。

律师在具体的执业过程中，不管是参与哪一种类型的诉讼，不管多么以事实为根据，以法律为准绳，也不可避免地要结怨于某些当事人。如在刑事诉讼中，在被告人与被害人及其亲友切身利益对立的情况下，律师首当其冲地成为矛盾的焦点。律师的工作稍有不慎或情绪冲动，都有可能成为被伤害的对象和被攻击的目标。律师应善于利用司法机关在办案过程中的权威性，以请求的形式提出对案件的主张和意见，让司法机关依职权作出决定或结论，以避免给自己引来人身伤害。

（五）律师在信誉方面的风险

律师的信誉来自律师的品格、学识水平、敬业精神和服务态度的综合，具有律师职业道德和遵守律师执业纪律是成为讲求信誉的律师的先决条件。律师的信誉能够影响律师更高层次发展；其信誉风险表现方式就是信任度的降低，出现信任危机，并导致恶性循环。律师"口碑"是律师的信誉与财富所在，社会舆论对律师业及律师个人的评价无疑会对律师行业及律师本人产生重要影响，而来自司法机关及其他国家机关以及对公众有着重要影响力的媒体的作用更是不言而喻。

造成律师信誉风险的原因是多方面的，诸如律师自身服务态度生硬粗暴、法律知识欠缺或滞后、庭审经验匮乏和生疏、不遵守律师执业道德和纪律、违法执法、执业中畏惧权势、不仗义执言、高收费轻服务、不尽责等都极易造成信誉风险。但是，司法机关、执法机关中的个别工作人员，与律师的意见不一致时，可能会通过贬低律师人格、损毁律师声誉，甚至动用国家权力对律师进行惩罚而降低律师信誉。案件的当事人或其他诉讼参与人，常常在律师的发言及意见触及其自身利益之时，也可能无论自己是否有错误，当他们的不合法的利益不能实现时，便将"罪过"全部归在律师身上。比如某律师事务所在办理一起经济纠纷案件时因委托方提供虚假证据而使案件败

诉，委托方却认为是律师未尽全力，因此向律师事务所要求退还代理费。承办律师依据代理协议不予退还。委托人则到处散布该律师"黑"、"坑人"等不实之词，造成该所业务受到一定程度的影响。

实践中，还有诸多律师执业风险需要明确，这主要来源于律师行业内部竞争时不同律师事务所、不同律师因为业务领域拓展时不可避免的对客户资源的争夺；律师及其家人、亲戚、朋友等在日常生活中与一些国家机关，尤其是司法机关、公安机关及其工作人员在各方面进行交往以至于产生冲突时，这些机关和工作人员也有可能利用职权对律师采取一些不利措施。

【引例分析】

本案中，北京嘉华律师事务所接受河北三河燕化公司委托，就某住宅小区项目进行尽职调查并发表意见，因律师出具法律意见审查不细致，导致由于未能查清该项目规划文件失效等法律问题，导致委托人1亿元被骗，被法院判令该所全体合伙人赔偿当事人损失800万元和退还100万元高额律师费。

在普通人看来，律师行业的高收入令人羡慕，但律师业的高风险却往往不为人所知。这800万元的"天价"赔偿令不少律师业业内人士感到"震惊"。在过去，因遗失重要证据、泄露商业秘密、超越代理权限，律师被委托人告上法庭的事情偶有发生。但通常案子的标的额只有几万元或十几万元，判赔上百万的案子凤毛麟角。法律人士分析认为，如今，律师在以法治为主要特征的市场经济中的作用越来越大，相应的执业风险也越来越高。在现代企业中，律师提供的专业调查分析和专业判断已成为企业决策的前提和重要依据。如果律师的工作过程或者工作结论出现错误，就可能面临高额赔偿的风险。

具备扎实的法律专业知识和技能以及较高的职业道德素质是律师的基本功，也是律师防范执业风险的最有效手段。其实，金晟公司设置的这样的骗局并非天衣无缝，只是嘉华律师事务所在专业事项上没有做到尽职尽责。按照法律规定，从事房地产开发时，首先要取得用于房地产开发的土地使用权；而房地产开发企业也要按照资质等级承担开发项目。但是，嘉华律师事务所恰恰没有对该住宅小区项目的土地使用权和金晟公司是否具有资质等级进行审查，依据的相关部门的审批文件竟然只是失效的北京市计委批复，这样就认定金晟公司拥有该住宅小区项目所有权。显然，除了有的单位和个人利用职权、资源或者直接采用暴力等手段去伤害律师个人及其所在的律师事务所的权利和权益之外，很多律师或者他们所在的律师事务所承担了不应该发生的民事责任、行政责任甚至刑事责任的主要原因是律师在执业过程中没有很好地利用法律与政策的规定保护好自己，没有培养良好的工作习惯，甚至违反职业道德和执业纪律而造成的后果。

【思考与练习】

1. 律师执业风险能否控制在一个很小的范围之内？为争取这种可能性，在对当前我国律师执业风险状况进行分析的基础上，作一个多层次的原因归纳总结。

2. 律师执业风险的类型中，信誉风险是对律师执业活动的负面影响最为久远的。你身边有无不顾信誉风险、见利忘义的律师？他们在执业活动中的表现是怎么样的？

【拓展阅读】

"达摩克利斯之剑"
——评《刑法》第三百零六条

根据中华全国律师协会的统计，从1995年至2001年，地方各级律师协会上报到全国律师协会的"律师维权案件"共有153件，其中涉及辩护律师受到刑事追诉的案件共有76件。其中，辩护律师因为被指控伪造证据或者"教唆"、"引诱"违背事实改变证言或者作伪证的案件共有30件。《刑法》第三百零六条给辩护律师一个无形的枷锁：一旦辩护律师收集到对控方不利的证据时，就有可能被侦查机关或者检察机关依据该罪名予以羁押甚至起诉。除此之外，"包庇罪"、"玩忽职守罪"等也很有可能落在律师身上，使得律师在执业过程中不得不小心翼翼，宁可不去调查取证也不愿冒"触雷"的危险，所以有的律师称之为悬在律师头上的"达摩克利斯之剑"。《南方人物周刊》2011年第30期的文章《刑辩之困》描述道："《刑法》第三百零六条款，让越来越多刑事辩护律师遭遇来自侦查与公诉机关的职业困扰，一批律师因之身陷囹圄，越来越多的业界精英弃绝而去，刑辩率屡创新低，已伤及司法公正与基本人权。"

项目二　律师执业风险的防范

【引例】

江西大华律师事务所律师贺某因举报江西省莲花县法院原院长李某，被江西省萍乡市两级法院以诽谤罪判处有期徒刑一年，此案至今令法学界关注。

1992年起，贺某陆续向法院、检察院、纪检、监察、人大等部门反映莲花县法院及李某在办案中有徇私舞弊、枉法追诉、枉法裁判、非法拘禁、伪造司法文书等违法行为的情况。到了1995年10月，莲花县法院公开作出不准贺某在该院出庭的决定。

据此，贺某再以书面形式向中纪委、中组部、最高法院、最高检察院、全国人大等机构投诉。没想到很多信件落到了李某手里。李某认定这些信都是贺某所写，以县法院名义要求进行文检，结果证实了李某的怀疑。李某将举报信和笔迹鉴定书交到莲花县检察院。检察院审查后，认为贺某未构成诽谤罪。李某于1996年4月12日向萍乡市中级法院自诉贺某诽谤。萍乡中院指定该市安源区法院审理此案。1998年12月9日，安源区法院宣判贺某犯诽谤罪，判处有期徒刑一年，赔偿精神损失费7 000元。贺草、李某均提出上诉。1999年1月29日，萍乡中院开庭审理后维持一审判决，驳回贺某反诉，撤销了7 000元精神损失费。1999年12月7日贺某刑满释放。2000年3月10日，他到最高法院继续申诉。3月24日，全国律师协会邀请法学专家对此案论证，结论是判贺某犯有诽谤罪证据不足，应重新审理。①

问题：律师如何防范自己的执业风险？

---

① 王进.署名举报你敢吗［N］.北京青年报，2000－07－07.

【基本原理】

一、律师事务所执业风险的防范

律师提供法律服务必须以律师事务所的名义,法律禁止律师以个人名义执业,因此,律师的执业行为就是律师事务所的执业行为。律师事务所对律师的执业行为缺乏有效的管理与监督,律师在执业过程中出现失误,也会导致律师事务所产生执业风险。律师事务所执业风险的产生,大多是由于律师事务所的管理机制不健全或疏于管理所致,因此律师事务所应当依照《律师法》和有关法律、法规、规章及行业规范,规范律师事务所的制度建设,建立健全执业管理和其他各项内部管理制度,强化工作程序的科学管理,加强对本所律师执业行为的监督,这是杜绝、减少律师执业风险的有效途径。

(一) 建立科学有效的收案、收费审查、管理制度

建立科学有效的收案、收费审查、管理制度,是杜绝律师违规收费、利益冲突事项产生的有效方式。律师事务所应当建立利益冲突审查、收案审批、收费审查、收费登记的顺序审查、登记制度,保证案件的受理、收费,保证律师的派遣均在律师事务所的有效监控之下,以杜绝此程序中律师执业风险的产生。

(二) 严格律师事务所的公章管理制度

严格律师事务所的公章管理制度,律师出庭函、调查函等诉讼、调查文书在盖章、出具前,应要求律师填妥相关内容,经核对确属已受理案件后,再行登记、盖章、出具。

对于律师出具的律师函、调查报告等重要法律文书,须设立有效的审查程序,建立承办重大疑难案件的集体研究和请示报告制度,部门主任认为内容简单、无争议的法律文书可由其签字确认后登记盖章出具,部门主任认为较为复杂、存有争议的法律文书须提交集体讨论并由所主任审查确认后,方可登记、盖章、出具,以防范律师私自收案、工作失误等执业风险的发生。

(三) 制定科学规范的法律文书

律师事务所的法律服务合同往往被认定为《合同法》规定的格式条款,作对律师有所不利的解释;而且,因律师所一方具有远超委托人的法律知识和经验,一旦合同出现任何对律师有所不利的疏漏,往往被推定为律师所的真实意思表示。因此,一份不完善的合同绝对是律师所执业风险的催化剂,完善合同条款对律师所至关重要。如律师事务所的《委托代理合同》、《法律顾问合同》、《证据交接清单》、《送达法律文书回证》等法律文书,对于明确律师事务所与当事人的权利义务关系具有非常重要的意义,根据具体业务性质不同,律师事务所应当根据自身的业务特点,制定出内容全面、条款通俗易懂、权利义务约定公平的格式文书,这样既避免了因约定不明、责任不明产生的执业风险,又展示了律师事务所的执业水平与能力,易于取得当事人的信任。

(四) 加强对律师职业道德、执业纪律的教育和监督

律师事务所应当注重律师职业道德、执业纪律的教育,对律师在执业活动中遵守法律、法规、规章,遵守职业道德和执业纪律的情况进行监督。当委托人与律师发生矛盾时,律师事务所应当建立投诉查处制度,及时查处、纠正本所律师在执业活动中

的违法违规行为，调处在执业中与委托人之间的纠纷，使律师与委托人的矛盾在所内化解，将风险消灭于萌芽之中。律师事务所应对律师的故意违规、违法行为制定严厉的制裁措施，律师事务所虽然无权对违规的律师进行停业、没收违法所得之类的行政处罚，但作为律师执业机构，它有权对属下律师进行警告、记过、解除聘用合同之类的人事处分，使律师自觉形成依法职业、遵章守纪的良好执业习惯。律师事务所认为需要对被投诉律师给予行政处罚或者行业惩戒的，应当及时向所在地县级司法行政机关或者律师协会报告。此外，律师事务所应当组织开展业务学习和经验交流活动，为律师参加业务培训和继续教育提供条件，提高律师的业务素质和执业能力。

（五）完善律师执业保险制度

律师事务所通过投保律师执业保险或设立执业风险基金，增加律师事务所的抗风险能力，促进律师业的发展。

二、律师执业风险的防范

（一）律师在行业管理和行业自律中的风险防范措施

（1）律师执业时首先要遵守法律和行业自律的规则。《律师执业行为规范》第五条规定："律师应当忠于宪法、法律，恪守律师职业道德和执业纪律。"实践中，受利益驱动，不少律师往往就忽视了触犯法律规定而带来的风险。因此《律师法》、《律师执业行为规范》等规范均规定："律师不得同时在两个或两个以上的律师事务所执业，在法律服务所执业视为在律师事务所执业；律师执业期间，不得以非律师身份从事法律服务活动；曾经担任法官、检察官的律师，在离任后两年内不得担任诉讼代理人，或者担任其任职期间承办过的案件的代理人或者辩护人。"

（2）律师不得为建立委托关系而对委托人进行误导，不得向委托人作虚假承诺；接受委托后，也不得违背事实和法律规定向委托人作虚假承诺；律师在代理案件之前及代理过程中，不得向当事人夸耀或者宣称自己与司法机关、仲裁机构有关人员具有亲朋、同学、师生等关系；不得利用这种关系影响案件的办理；律师不得以非法手段了解案情，不得误导当事人的诉讼行为。

（3）律师不得明示或暗示办案人员为其介绍仲裁、代理、辩护等业务；律师不得向法官、检察官、警官、仲裁员以及其他相关工作人员请客送礼或者行贿；也不得指使、诱导当事人向上述人员请客送礼或者行贿；律师不得向司法机关或者有关部门提供虚假资料；也不得协助当事人向上述机关、部门提供明知为虚假的资料；律师不得泄露委托人的商业秘密、个人隐私以及其他与代理委托人有关的信息；律师不得超越代理权限；未经委托人书面认可，不得变更诉讼请求的范围，不得从事与代理的法律事务无关的活动。

（4）律师行使代理权，应尽可能征询委托人的意见，即使已取得特别授权的，在涉及委托人重大利益和事项时，应尽可能征询委托人意见，并以书面形式备案；律师在接受委托后，不得无故不按时出庭；律师与当事人签订委托协议时，委托事项应当明确具体，特别注意明确授权内容、委托期限及诉讼阶段，避免出现歧义。

（5）当事人、法定代理人委托他人代为诉讼，必须向人民法院提交由委托人签名或盖章的授权委托书；律师应注意加强与当事人的沟通，避免因沟通不畅，造成当事人误解或曲解。律师应注意制作必要的工作记录，对重要谈话应制作谈话笔录存档备查。

（6）律师在执业过程中，为防范因不慎丢失委托人的重要证据而引发纠纷，应特别注意尽可能只保留证据复印件，必须保留证据原件的，应妥善保管。《律师执业行为规范》第三十九条规定："律师应谨慎保管委托人或当事人提供的证据原件、原物、音像资料底版以及其他材料。"在可行的情况下，应当及时将证据原件交还当事人保管；为避免律师与当事人之间因代领法律文书、未及时交接或保管不善而导致纠纷，律师应特别注意在履行代理职务的不同阶段，及时与当事人办理相关法律文书交接手续，并应做到手续齐备；律师在办理委托事项过程中，不能接受或迁就委托人各种形式的违法或不当要求。

（7）律师在执业过程中，不得提供虚假信息或者夸大自己的专业能力，不得贬低同行的专业能力和水平，不得以提供或者承诺提供回扣等方式承揽业务，不得以明显低于同业收费水平竞争某项法律业务；律师承办法律事务时，应当根据《律师服务收费程序规则》的规定，按照合法、公开、公平、协商一致的原则收取费用。收费合同应当包括下列内容：收费项目、收费方式和标准、收费数额（比例）、付款和结算方式、争议解决途径等；诉讼代理费的收取可以按照服务项目、阶段和时间协商约定收取，对可能出现退费的事由，应有明确具体的约定。

（8）律师不得假借办案人员名义或者以联络、酬谢办案人员为由，向当事人索取财物或者谋取其他利益；律师不得违反律师服务收费管理规定或者收费合同约定，向委托人索要规定或者约定之外的费用或者财物；律师事务所不得采用不正当的收费方式招揽业务，不得以任何方式和名目给委托人回扣或者向中介人支付介绍费。

（9）律师不得在同一案件中，为双方当事人或者与委托人有利益冲突的第三人担任代理人或者辩护人；律师不得在两个或者两个以上有利害关系的案件中，分别为有利益冲突的当事人担任代理人、辩护人；律师在担任法律顾问期间，不得为顾问单位的对方当事人或者其他与顾问单位有利益冲突的当事人担任代理人、辩护人；律师不得在与委托人解除委托关系后在同一案件中担任有利益冲突的他方当事人的代理人；律师在未征得委托人同意的情况下，不得接受对方当事人办理其他法律事务的委托，但办结委托事项后除外。

（10）律师及其所在的律师事务所应建立一套对客户的定期回访制度，与客户及时联系，了解客户意见，积极协调客户与经办律师之间可能或业已产生的矛盾。这样使得一旦客户提出异议，律师事务所就能够在内部予以先期的有效处理，力争将投诉的可能性降到最低程度。

（11）《律师法》第四十四、四十九条规定中的省、自治区、直辖市人民政府司法行政部门可以暂停律师执业、吊销律师执业证书的行为，应属于《行政处罚法》第八条规定的行政处罚范畴，且属于《行政处罚法》第四十二条规定的当事人有权要求进行听证的行政处罚行为。律师及其所在的律师事务所应争取听证，这样可以避免因没有相关程序性规定而导致处罚的任意性，又可以为下一步进行行政复议乃至行政诉讼打下坚实的基础。

以上要求不是可有可无的自我约束，而是目前我国有关监督律师执业活动和惩戒律师违法行为的法律规定和行业规则的主要内容。

（二）律师在刑事案件中的风险防范措施

如前所述，律师承办刑事案件，若稍有不慎，可能会令自身面临巨大的承担刑事责任的风险。有鉴于此，律师在办理刑事案件中不仅应当依法按章办事，而且还要注意办案方式和细节，以防范其带来的风险。

（1）在审查起诉和审判阶段，为避免风险，律师应尽量不采取直接调查取证的行为，而采用法律规定的其他手段和方法获得证据。我国《刑法》第三百零六条和《刑事诉讼法》第四十二条中均规定，律师不得引诱证人违背事实改变证言或者作伪证。但在司法实践中，何为"引诱"并没有明确的衡量标准，因此经常被司法机关进行扩大性适用，给律师执业活动带来巨大的风险隐患。所以，律师在办理刑事案件过程中，应尽量避免在非庭审场合直接接触证人，而应申请侦查机关或人民法院调取证据，通知证人出庭。首先，律师在办理刑事案件过程中，可以根据《刑事诉讼法》第三十九条的规定，辩护人认为在侦查、审查起诉期间公安机关、人民检察院收集的证明犯罪嫌疑人、被告人无罪或者罪轻的证据材料未提交的，有权申请人民检察院、人民法院调取。其次，待案件进入审判阶段后，根据《刑事诉讼法》第一百九十二条的规定，在法庭审理过程中，当事人和辩护人、诉讼代理人有权申请通知新的证人到庭，调取新的物证，申请重新鉴定或者勘验。上述两种做法，一方面有效地避免了律师在办理刑事案件过程中的取证风险，另一方面又达到了为犯罪嫌疑人、被告人提供法律帮助的目的。

（2）辩护律师只有经过人民检察院或人民法院许可，并且经被害人或者其近亲属、被害人提供的证人同意，才可以向他们收集本案有关的材料；律师在调查取证时，必须至少由两人进行；在调查取证过程中，应当尽可能邀请与案件当事人无利害关系的人在场；对于重要证据，取证时可由公证员在场监督，对取证行为的真实性、合法性出证，既增强证据效力，又回避了执业风险。

律师调查取证时，应当向证人单独取证，不得向多个证人同时取证；律师应当根据《刑事诉讼法》第一百二十三条的规定，询问证人，应当告知他应当如实地提供证据、证言及有意作伪证或者隐匿罪证要负的法律责任。律师调查取证时，所有调查材料中均应有律师对被调查人要求如实提供证言和被调查人同意接受调查的记载，证人应当在其认可的证言上逐页签名，涂改的地方应有证人补正的笔迹；如有证据需在开庭时质证，应提前向人民法院确认提交证据的期限；律师应尽量避免在非庭审场合直接接触证人。

（3）律师在会见犯罪嫌疑人、被告人时，要严格遵守监所管理规定，危害国家安全犯罪案件、恐怖活动犯罪案件、重大贿赂犯罪的共同犯罪案件，在侦查期间辩护律师会见犯罪嫌疑人，应当经侦查机关许可。不得带犯罪嫌疑人、被告人亲属或者非律师一同会见；未经看守机关同意，不得为犯罪嫌疑人、被告人及其家属传递任何物品；不得将通信工具借给犯罪嫌疑人、被告人使用；未经允许，不得拍照、摄像；律师在会见犯罪嫌疑人、被告人时，应注意监所安全、保护自身安全以及防止在押犯罪嫌疑人、被告人脱逃、自杀。律师在执业活动中知悉委托人或者其他人，准备或者正在实施危害国家安全、公共安全以及严重危害他人人身安全的犯罪的，应当及时向司法机关通报。

（4）律师在会见犯罪嫌疑人、被告人时，应在了解案情和提供咨询时正面了解，正面回答，不得威胁、引诱、欺骗犯罪嫌疑人、被告人违背事实改变陈述；不得为犯罪嫌疑人、被告人串供提供方便，也不得以诱导、暗示的方法使犯罪嫌疑人、被告人翻供。律师应对案情保密，不得泄露案件秘密；应妥善保管会见犯罪嫌疑人、被告人所做的笔录。

（5）律师尽可能不为犯罪嫌疑人、被告人做保证人；承办案件期间，律师不得在非工作期间、非工作场所，会见承办案件的侦查、检察、审判人员；如有证据需要在法庭质证的，应在开庭前3日提交该证据。

（三）律师在民事、商事业务中的风险防范措施

对于民事、商事业务中的风险，律师可以通过以下流程加以防范：

1. 收案审查

在业务受理之前，律师和律师事务所就应当对拟受理业务在受理之后风险产生的可能性大小、可能产生的风险和基本的风险防范措施作出评估和判断。

2. 充分告之风险

司法实践中，许多律师与客户发生纠纷都是由于在收案和办理业务过程中没有充分、及时地告之客户所托业务的性质和法律后果，或者已经告之客户但没有相关证据证明而产生的。鉴于这种情况，律师在办理业务过程中必须充分、及时并以书面形式告之客户有关事项的性质和法律后果，不论所接的案件是否为诉讼案件，都要向委托人明示该案子的具体的法律风险，必要时让客户在《风险告知书》上签字。

3. 集体分析讨论

律师对难以把握或在处理上有不同看法的问题，应当利用集体的智慧，集思广益进行分析讨论，并对可能产生的风险提出解决方案。

4. 对出具结论性法律意见进行复核

将结论性法律意见在律师事务所内部进行复核，是防范风险的重要手段之一。

5. 加强卷宗档案管理

评判律师工作是否存在过错、应在多大程度上承担过错责任，档案是最重要的依据。《律师执业行为规范》（中华全国律师协会2009年12月修订）第三十八条规定："律师应当建立律师业务档案，保存完整的工作记录。"尤其是重要文件的交接记录，律师所应将律师的工作记录留存于案卷之中，存档备查。

6. 律师办理民商事案件的风险防范提示

律师办理民事、商事案件时不仅要遵守法律和相关部门的要求，以及当事人的合法请求，更需要注意下列办理案件的方式和细节，作为自我保护的第一道防线。

（1）必须审查诉讼时效；必须审查起诉条件；对委托人咨询应谨慎解答，反复核实当事人所作陈述或者要求当事人提供详细具体的事实资料；对委托人要求代理律师明示案件结果意见时，只能根据委托人提供的事实陈述和证据，结合相关法规提出分析意见。

（2）书写起诉状时应注意如审查被告主体资格、告知当事人未提出的诉讼请求等；应告知当事人在法定期限内不提交证据的后果。

（3）对于从委托人处收取的证据材料（含原件、原物）均应制作笔录，并由委托人签名；代委托人向人民法院递交的证据材料（含原件、原物），应当请人民法院出具签收凭证；对其提交的证据材料逐一分类编号，对证据材料的来源、证明对象和内容作简要说明，签名盖章，注明提交日期，并依照对方当事人人数提交副本；应当注意需审计、评估、鉴定的证据的可靠性和提交期限；应注意新证据的提交方式和日期；

应注意申请财产保全的时间；应告知财产保全风险；应注意财产保全的标的。

（4）在尽职调查时，应特别注意在同一财产上设置多种担保物权的情况；应注意办理抵押物法定登记手续时手续和材料的完整；应特别注意担保物权的行使不得逾期；当事人向人民法院提交的授权委托书，应在开庭审理前送交人民法院；应注意授权委托书的"全权代理"的后果。

上述内容仅仅是民事案件办理的部分风险防范提示，以及商事案件承办时风险防范措施最为基础性的部分，对于商事案件中的房地产开发、物业销售、资产并购与重组、企业破产、银行法律业务、知识产权法律业务等还有更为特别和具体的操作流程要求及其对应的风险防范措施。

（四）律师在人身、财产安全方面的风险防范措施

律师执业时所面临的社会各阶层所处的生活层面各不相同，加之目前社会上对律师行业及律师执业的误解和利益冲突的不可避免性，律师在人身、财产安全方面的风险层出不穷。对于各式各样、数目繁多的执业风险，律师对自己的人身、财产方面的安全保障应有如下一些基本的措施应对：

（1）加强自身执业的专业性，熟悉业务流程，谨慎而又精心为客户服务，并做好与客户的沟通工作。这是防范律师人身、财产安全风险的前提和基础。

（2）在法庭上，《律师执业行为规范》第七十一条规定："在开庭审理过程中，律师应当尊重法庭、仲裁庭。"律师切忌拿检察官和法官的失误做文章，如果检察官与法官的失误对案件结果不构成影响，要包容而不是计较，更不应拿这些失误来说事。相反，在行使自己的权利和表达主张时，侧面提醒检察官或法官，或悄悄弥补检察官或法官的失误，这更能体现一名律师的水准和风范。《律师执业行为规范》第七十一条："律师在法庭或仲裁庭发言时应当举止庄重、大方，用词文明、得体。"

（3）在法庭外，《律师执业行为规范》第六十八条规定："律师在办案过程中，不得与所承办案件有关的司法、仲裁人员私下接触。"第六十九条规定："律师不得贿赂司法机关和仲裁机构人员，不得以许诺回报或者提供其他利益（包括物质利益和非物质形态的利益）等方式，与承办案件的司法、仲裁人员进行交易。律师不得介绍贿赂或者指使、诱导当事人行贿。"律师要注意与公检法机关的工作人员交往时，从语言到行为方式要对他们表示尊重，无论他们是否对律师行业和律师个人存有偏见，不可以利益作为交往的基础，也不可以自身是维护法律的斗士身份自居而与他们进行针尖对麦芒式的斗争，只需做到不卑不亢即可。

（4）办案出差时尽量与另外一个同事或朋友一起，保持相互联络，必要时随时报警。

（五）律师在信誉方面的风险防范措施

律师就执业活动而言，只要自己接受当事人委托开展法律服务，信誉风险便相伴而生。一次成功或失败的代理、辩护，就在其信誉风险的总量中增或减一分。律师执业不可能只选择定然胜诉的案件，他只得在经年不断的执业活动中谨慎行事，主要通过对社会、法律的理解积累经验，建立一套自我防范的机制对信誉风险进行控制。不过，从另外一个角度去思考，律师还必须主要从如下两个方面注意自己在律师信誉风险评估和处置过程中的问题：

（1）不要采取挑讼的方式，煽动当事人不计胜败将对方起诉到法院。因为这种做法本身就已潜藏着较大的风险。律师确实是通过收取代理费等报酬维持和发展，但是如果仅以利益作为自己行事的一切指标而没有分析包括信誉风险等这些潜在成本、隐含成本的话，日积月累之后信誉风险爆发的可能性就非常大了。而且这也不符合律师为客户服务的一个最主要的原则——诚信原则。律师应当从当事人利益最大化原则出发为其进行精确的分析，并避免自己的信誉风险。即使当事人因听从律师利益最大化分析结论放弃了诉讼，表面上看起来律师似乎失去了收取费用的机会，但从长远来看，这实际上为该律师争取到了潜在的客户。

（2）慎重风险代理。风险代理在国外称作"胜诉收费"。一般说来，承办案件的律师事务所的胜诉律师费为胜诉后总赔偿额的某个比例或某一比例段。赔偿额越高，律师事务所收取的费用比例就越高。发达国家的律师"胜诉收费"方式已被证明是行之有效的。在我国律师收费日趋市场化的大背景下，"胜诉收费"（我国律师习称之为"风险代理"）的收费方式将会被更多的当事人和更多的律师事务所接受。不过对于"胜诉收费"应慎重对待。因为案件的或胜诉或败诉将直接关涉到律师事务所和律师的信誉。不能在面对巨大的但只是可能的律师费时，仅以"利"字当头而不对案件的性质、发展走向等进行细致的把握和分析。若草率订立胜诉协议而终究未获胜诉，不仅律师费因之前的协议规定而分文不得，更重要的是律师事务所和律师的信誉将会严重受损。在有把握的情况下接受风险代理时，律师可以与当事人签订包含收取一部分不高的"劳务费"内容的"代理合同"，并规定该项"劳务费"的费用数额与胜诉酬金呈反比例变化。其实，这种类型的合同已属"风险代理"合同，但其履行的前提是以律师能否为当事人争取胜诉为目标，这样就弱化了案件胜败的观念，无疑为律师的信誉风险之防范起到了一定作用。

三、国家机关及律师行业主管部门应当采取的措施

对于律师执业风险的发生，仅凭律师事务所和律师个人的能力是难以防范和制止的。国家机关及律师行业主管部门应当主动采取措施，建立律师执业风险预防和处理机制。

（一）完善有关律师执业的基本立法和行业立法

国家立法机关应完善有关律师执业的基本立法和行业立法，革除针对律师的法律歧视性条款，健全律师维权体系。秉承律师是维护公平和正义、推进民主与法制建设的法律人士的理念，进一步修订《律师法》、《刑法》、《刑事诉讼法》等有关基本的律师权利和义务法律，完善律师执业的行业法律，最终建立律师职业风险的国家保障。

（二）增加律师参政议政机会，建立律师进入立法、司法、行政体系的准入制度

修改后的律师法、法官法和检察官法作出了统一司法考试的法律规定，为一个法律职业共同体的形成奠定了基础。律师作为具有现代法学素养的职业群体，以其专业性、社会性的职业优势更能够担当传播法律文化，重塑中国公民的权利意识与法治精神之重任。将品质优秀，具有行政管理和决策能力的律师推选进入立法、司法、行政体系，能够实现"依法治国"的目标，加快司法体制的改革。

（三）健全律师维权组织，加强律师自律性教育和管理

各级司法行政部门应充分利用现有的法律赋予律师协会等维权组织进行维权所必需的权利，切实保障律师执业的良好环境。在对律师行业进行指导与监督的过程中，

不断加强律师遵守职业道德和执业纪律教育。因为律师遵守职业道德和执业纪律就是对自身最好的保护，就是防范执业风险的最有效手段。遵守律师职业道德和执业纪律，不仅可以直接维护律师的合法权益，而且可以为律师与当事人间的冲突的有效解决奠定坚实的基础。

（四）建立和完善律师执业责任保险制度

为了保护客户的利益，为了实践律师职业道德中关于谨慎执业的要求，购买律师执业责任保险已成为世界各国律师界的通行作法。开展律师执业责任保险对律师业、保险业及整个市场经济的发展都是极为有利的。国家司法行政主管部门已将推行律师执业责任保险提到议事日程上来，有些省、市也已率先开展这方面的尝试。但是由于我国保险业对律师执业责任险种规定十分单一，保险合同也并不能避免和排除律师执业的各类风险，因此在政策和法律允许的情况下，应根据实际情况，尽量丰富律师执业责任保险的内容和赔偿方式，或者购买国外保险机构针对律师职业风险而设立的相关险种，降低、回避律师执业风险。

四、特殊化解律师执业风险的措施

（一）律师执业责任保险

1998 年 12 月 18 日，上海市司法局选择了平安保险公司上海分公司作为保险人，组织全市律师事务所的四千余名注册执业律师投保了"律师执业责任保险"。平安保险公司上海分公司此次新推出的"律师执业责任保险"对保险责任、赔偿处理等作出了明确承诺：在保险期限内，凡被保险的注册执业律师，在中国境内（港、澳、台地区除外）以执业律师身份代表被保险人为委托人办理约定的诉讼或非讼诉律师业务时，由于过失行为，违反《中华人民共和国律师法》或律师委托合同的约定，致使委托人遭受经济损失，依法应由被保险人承担的经济赔偿责任，由平安保险公司上海分公司负责赔偿。这是中国境内首次推出"律师执业责任保险"。2002 年，司法部决定在全国范围内强制推行律师执业赔偿保险制度。时至今日，越来越多地区的司法行政部门要求所在地的律师协会为其律师会员投保"律师执业责任保险"。不过由于各保险公司对律师行业理解的偏差，导致"律师执业责任保险"的保险合同条款比较单一且不够灵活，无法真正适应律师执业风险的变化。

尤为重要的是，无论今后"律师执业责任保险"如何完善，律师事务所和律师个人均应注意，律师购买执业责任保险只是对律师执业过程中可能产生的经济赔偿风险进行防范，即该类责任保险能够起到代为赔付的作用。但是，认为投保了"律师执业责任保险"就可以高枕无忧的想法未免失之偏颇。况且这样的保险合同根本无法应付律师因违规、违法甚至犯罪而承担的行政责任和刑事责任。对此问题应作如下两个方面理解：

1. 律师执业责任保险合同的履行不能挽回律师的信誉损失

律师应当认识到，只要发生保险赔付，也就毫无疑问地证明了律师执业存在过错。保险赔付虽然减轻了经济风险形成的压力，却并未缓解律师的失职行为对本人和律师事务所形成的负面影响。年年投保，多年不赔才是律师投保的最佳效果。投保的作用是解除律师的部分后顾之忧。

2. 律师执业责任保险合同的履行通常只占律师应赔的部分数额

无论是什么形式的责任保险，保险公司与律师签订的都是商业保险合同，这就通常有赔付限额条款包含其中。保险公司根据商业原则，以格式条款的形式限定自身的赔付数额，附加种种理赔条件。而且，保险金额总是与保费的支付成正比。无论是律师协会、律师事务所还是律师个人，均须对可能发生的风险与现实的金钱成本作一番分析对比，这就更加决定了此类责任保险合同赔付金额的额度。更有甚者，保险公司会使用"除外条款"在某些情况下免除自己的赔付责任。这就进一步提醒了律师谨慎执业的必要性，不可依赖"律师执业责任保险"的签订和履行。

（二）律师执业风险基金

《中华人民共和国合伙企业法》（2006 年修订）第五十九条规定："特殊的普通合伙企业应当建立执业风险基金、办理职业保险。执业风险基金用于偿付合伙人执业活动造成的债务。执业风险基金应当单独立户管理。具体管理办法由国务院规定。"所谓执业风险基金，是指特殊的普通合伙企业（如律师事务所）为偿付合伙人在执业活动中因故意或者重大过失所造成的合伙企业债务而依法设立的替代性赔偿储备金。律师执业因过失而产生的对客户的赔偿责任，可以运用律师事务所内部已经设立并运行的执业风险基金所积累的财产去化解。目前这项制度没有全面在各律师事务所推行。一些建立、执行这项制度的律师事务所仍旧在探索律师执业风险基金的具体内容。执业风险基金的数目不会特别庞大——因为过多的积累在平时没有任何用处的情况下将会消耗律师事务所和律师个人的财力。因此，律师执业时仍应保持对执业风险的警惕而不可依赖执业风险基金的使用。

【引例分析】

法院是律师参与诉讼活动的场所，因此也往往是律师与法官的矛盾集散地。法官依照自己的办案规程进行操作，而律师为了极力维护当事人的合法权益，难免会与法官发生纠纷。律师作为公民权利的代言人，也是制约公共权力的重要力量。这种角色定位决定了律师天然具有某种"悲壮"色彩：律师注定要发出理性的不同声音，也注定律师要为这种声音付出代价。因此，在许多情况下，风口浪尖上的律师往往成为心胸狭隘的法官排挤、刁难的对象，一些法官甚至会对律师进行报复，比如限制其在该法院发展业务、不让看卷等。如本案中，律师贺某在为他人维权的同时，却变成被害者，从辩护席走上了被告席，自己为自己辩护。律师在执业过程中，所享有的只是一种请求权而没有任何决定权，面对庞大的国家公权力，律师的执业风险很大一部分来自司法机关及其他国家机关，甚至可能来自这些机关工作人员利用其职务影响的个人行为。因此，防范律师的执业风险，不仅需要律师事务所以及律师本人的努力，更要从制度层面的"顶层设计"来保障律师在执业中享有更多的权利，才能从根本上防范律师执业风险的发生。

【思考与练习】

1. 律师执业风险的防范措施主要有哪些？这些措施主要针对的是哪些风险来源？试想一下，面对突如其来的一些不可控风险，保持什么原则和方式可以将损失降到最低？

2. 你身边有没有一些律师，只是关注如何争取案源和收费，不去关心案件可能带来的风险或者视而不见？如果你要给他一些建议避免风险或者化解风险，你该怎么做？

【拓展阅读】

就像非洲羚羊一听到草丛当中有什么声响，它所有防范风险的神经就紧张起来，一旦看到狮子，它就可以逃之夭夭。律师在执业过程当中，应当树立风险第一的意识，知道风险与业务如影随形，无处不在。

笔者曾经办过一个房地产合作投资项目，当事人委托我们设计房地产投资项目的交易框架和起草相应法律文件，并多次强调必须依法进行。我带一位刚入职的新助理参加了会议，并安排她负责起草该项目的法律服务方案。

过了两天，助理向我递交了她起草的方案，我一看，顿时惊出一身冷汗。原来方案当中有这样一段话：

"贵方委托敝所办理题述项目的要求是：敝所保证贵方的合作项目完全合法。"我把助理叫进办公室问她："你当时是怎么想的？"她回答："我记得当时当事人是这样要求的，我们也答应啦。"我哑口无言。

不少初入门的律师或助理，虽然在书面上学过什么是执业风险，但在实践当中防范意识很薄弱，尤其是在书面写作上更甚，自己给自己埋下定时炸弹却茫然不知。

在目前中国公民法律意识普遍不高、法治环境尚未完善而律师本身政治地位不高的阶段，律师执业权利尚未能得到充分保障，风险就更高。律师在执业过程当中稍有不慎，就会陷入巨额索赔的困境甚至遭遇灭顶之灾。简单来说，事务所中某个合伙人的粗心大意，很可能导致整个事务所的所有合伙人倾家荡产。

为防范风险，最常见的就是在各种法律文书中设置大段的免责声明。以律师工作当中大量使用的通信和沟通工具——电子邮件为例，如果你在过去几年中曾经收到过来自美国律师事务所的电子邮件，你可能会注意到邮件结尾处增加了长长的免责声明。

在笔者看来，律师执业工作当中有如下风险点必须引起充分注意：

①决策风险。如制定诉讼请求、确定诉讼方案或起诉金额时候，应当充分征得当事人的同意。

②原件风险。尽量不要收取或保管原件。否则一旦丢失原件，你就将陷入万劫不复的境地。

③伪证风险。注意不要调查取证、不要代交证据、尽量不要提交律师调查笔录，或在其上特别标明免责条款。

④代表风险。尤其注意特别授权的全权代理时，不要轻易地承认对方陈述的事实或要求，不要未经当事人书面确认就与对方达成和解。

⑤说话风险。防止被对方录音，防止对方冒用委托人名义打电话询问办案策略和律师代理意见。

⑥签收风险。签收诉状、裁定书、判决书等，均会产生是否上诉等问题，最好要求当事人自己前往签署或者一同前往签署，不要轻易地签下自己的名字。

想想自己花了多少心血和精力，才获得律师牌？记住，没有人可以随时保护你，除了你自己。①

---

① 高云. 思维的笔迹：律师思维与写作技能（上）[M]. 北京：法律出版社，2009.

律师职业思维方式

【知识目标】

通过本单元的学习，使学生了解律师在其职业活动中是如何思考法律问题的。限于篇幅、课时及教学对象，本单元只介绍四种最重要的思维方式：证据思维、规范思维、程序思维和委托思维。

【能力目标】

通过本单元的学习，使学生在今后的法律学习和法律工作中自觉培养自己的法律职业思维，并能自觉运用本单元所掌握的四种思维方式去处理其所面临的各种法律问题。

【内容结构图】

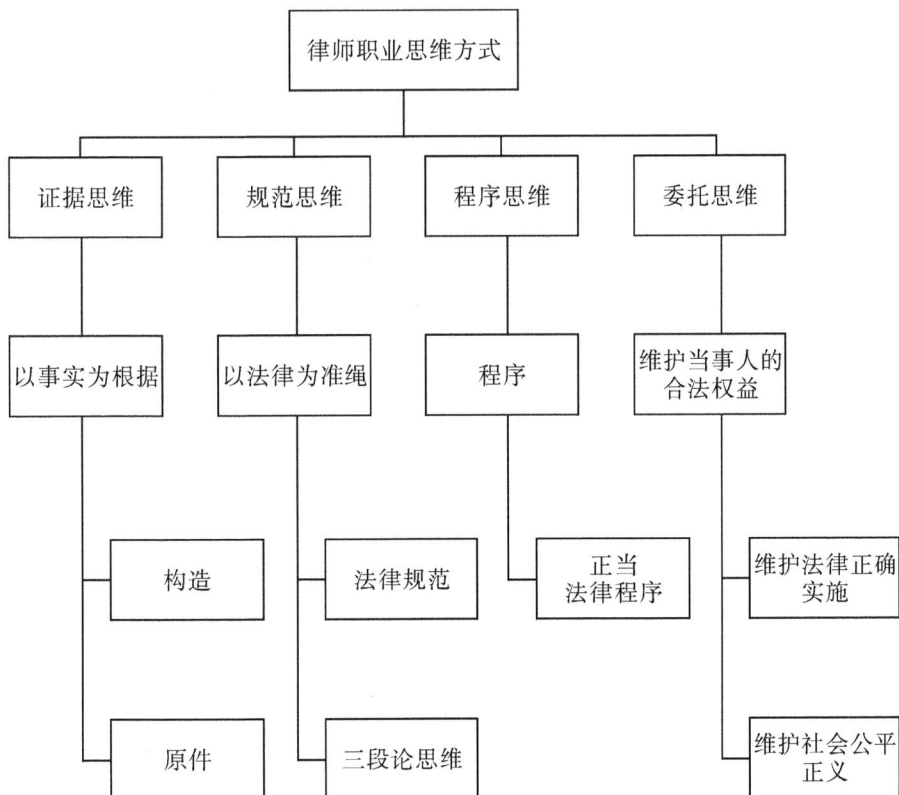

每一种职业都有属于自己独有的思维方式，正是这种独特的思维方式使一个职业具有自身鲜明的特色。而对一个职业工作者来说，不管他从事什么职业，也无论他掌握了该职业多少的专业知识，如果他始终都没有掌握该职业的独特的思维方式，那么他终究不能成为业内高手。专业知识会渐渐遗忘，专业知识会不断更新，但那特有的思维方式却是稳定的，并能与从业者相始终。著名法学家陈瑞华在《法律人的职业思维方式》中写道："从事法学研究的人都有一个经验：随着时间的流逝，对于过去所学过的很多法律知识，可能都渐渐淡忘了。……但是，自进入法律之门以来，我们通过学习各种具体的法律知识，逐渐掌握了一整套独特的概念、观念和逻辑推理方式。或许，对一些技术性的法律知识可能有所遗忘、有所忽略，但随着时间的推移，这套'法律人的思维方式'却在我们心中生根发芽、逐渐成长，成为我们认识这个世界的一种思维工具。'法律人的思维方式'犹如一束光线，从一个独特的角度照耀着我们的心灵，影响着我们对各种社会问题的看法，并帮助我们获取了越来越多的新知识和新理论，也使我们在看待同一问题时，与一般的'非法律人'有了更多的不同视角和见解。"①

诚哉斯言！正是法律人独有的思维方式使得法律这个职业充满魅力，正是这种独有的思维方式赋了法律职业人以特有的冷静和理性。律师职业作为一个国家法律职业的组成部分，其职业思维方式在该职业活动中自然占据着极重要的地位。律师职业与法官职业、检察官职业在思维方式上既有许多共同之处，也有许多不同之处，本单元对律师职业思维方式的归纳，既有与法官、检察官思维的共同之处，也有属于律师职业所独有之处。

限于篇幅、课时和教学对象，本单元只讲述律师职业思维最重要的四种思维方式。

项目一　证据思维

【引例】

1996年2月29日，北京科技大学下属的应用科学学院物理化学系学生田某在参加电磁学课程补考过程中，随身携带写有电磁学公式的纸条，中途去厕所时，纸条掉出，被监考老师发现。监考老师虽未发现田某有偷看纸条的行为，但还是按照考场纪律，当即停止了田某的考试。北京科技大学于当年3月5日按照学校颁发的《关于严格考试管理的紧急通知》（下称068号通知）第三条第五项关于"夹带者，包括写在手上等作弊行为者"的规定，认定田某的行为是考试作弊，并根据068号通知第一条"凡考试作弊者，一律按退学处理"的规定，决定对田某按退学处理，4月10日填发了学籍变动通知。但是，北京科技大学没有直接向田某宣布处分决定和送达变更学籍通知，也未给田某办理退学手续。田某继续在该校以在校大学生身份参加正常学习及学校组织的活动。其间，1996年3月，田某学生证丢失，未进行1995至1996学年第二学期的注册。同年9月，北京科技大学为田某补办了学生证。其后，北京科技大学每学年

①　陈瑞华. 法律人的思维方式（第二版）[M]. 北京：法律出版社，2011.3~4.

均收取田某缴纳的教育费，并为田某进行注册，发放大学生补助津贴，还安排田某参加了大学生毕业实习设计，并由论文指导教师领取了学校发放的毕业设计结业费。田某在校学习的4年中，成绩全部合格，通过了毕业实习、设计及论文答辩，获得优秀毕业论文及毕业总成绩全班第九名。

1998年6月，北京科技大学以田某不具有学籍为由，拒绝为其颁发毕业证，进而未向教育行政部门呈报毕业派遣资格表，也没有将田某列入授予学士学位资格名单内交本校的学位评定委员会审核。①

问题：作为原告田某的律师需要收集哪些证据？

【基本原理】

"以事实为根据"是一切法律活动的基本原则。律师作为以法律为职业者，其一切活动当然也必须以事实为根据。"事实"这个词人们经常运用，在一般意义上，我们对这个词的解释就是指事情的真相。通常人们很少在此争辩，但当这个词进入法律层面以后立刻就变得复杂起来了。为什么这么说呢？因为"昔日是不能恢复的，这一点就使得证实或证伪有关昔日的假说很难"②，但解决法律争议活动就是要证实或证伪"昔日的假说"——律师只能把委托人的首次陈述当作假说。律师对案件事实的认识并非来自于自己对所发生事件的亲历，其与案件事实的初次接触来自于委托人的陈述。然而，由于委托人的认识能力和委托人本身就是利害关系人的原因，律师不能因为这种"委托"就想当然相信其所陈述的为真实，这一点是律师千万要谨记的，尤其对一个初任律师来说更当警惕！另一方面，即使委托人陈述为真实，律师也无法将委托人的陈述当作案件事实直接加以运用，因为纠纷要在对方当事人和法官等参与人的参与下解决，而对方当事人与法官等参与人不可能接受没有证据支持的单方陈述，法律要求一切有关事实的陈述都必须有证据支持。因此，律师在听取委托人陈述后，便要竭尽所能去收集证据来证实或证伪委托人的陈述。证据思维是律师在法律活动中每一个环节都须牢记的。律师获得案件事实的方法乃是在听取委托人陈述的前提下，寻找能够支持委托人陈述和反对委托人陈述的证据，律师只能在其寻找到的证据之上"构造"案件"事实"。所以，律师在其法律活动中运用的"事实"并非是客观发生的事实"原件"，乃是律师"构造"出来的，当然，这里的"构造"无任何贬义，而且"构造"也不是任意的，乃是建立在证据的基础之上的。没有证据，就没有事实。

【引例分析】

面对田某的陈述，作为接受委托的律师该怎么办呢？首先，律师不能断然相信田某的陈述为真或为假，律师必须在田某陈述的引导下收集证据来证明田某的陈述。在本案中，如要证明田某的陈述为真，律师必须收集以下证据：

一、学生证

学生证能够证明田某为北京科技大学的学生。根据田某的陈述，其进校时发的学

---

① 本案例根据《最高人民法院公报》1999年第4期中的案例改写。

② ［美］理查德·A.波斯纳.法理学问题［M］.苏力译.北京：中国政法大学出版社，2002.256.

生证已于 1996 年 3 月丢失，所以这个学生证已无法获得。但 1996 年 3 月学校又为田某补发了学生证，因此这个补发的学生证就成了本案的重要证据。并且，因为学生证上有学校的注册印章，这些注册印章可以有效地证明田某一直拥有北京科技大学本科生学籍的事实。

二、田某在校获得的各种证书

这些证书包括：田某在北京科技大学读书期间获得的献血证、重修证、准考证、收据及收费票据、英语四级证书、计算机 BASIC 语言证书、实习单位证书、结业费发放证书等。这些证据能够证明田某一直在北京科技大学的管理下，以该校大学生的资格学习、考试和生活的相关事实。

三、学习成绩单

之所以要收集学习成绩单作为证据，是因为学习成绩单能够证明田某在该校学习的成绩。

四、就业推荐表

之所以要收集加盖北京科技大学主管部门印章的北京地区普通高校毕业生就业推荐表作为证据，是因为该证据能够证明北京科技大学已经承认田某具备应届毕业生的资格。

五、应用科学学院的相关证明

之所以要收集北京科技大学应用科学学院的证明，是因为需要该证明来证实田某已经通过了全部考试及论文答辩，其掌握的知识技能已具备了毕业生的资格，并且能够证明其所在学院已认为田某的学习成绩已经达到了申请学士学位的条件。

律师只有收集齐以上五个方面的证据，才能证明田某的陈述，才能"构造"出案件的事实。

【思考与练习】

分析法谚"在法庭上，只有证据，没有事实"，在课堂上开展证据与案件事实关系的讨论。

【拓展阅读】

年关将至，"讨薪难"成了不少打工族心中难以抹去的痛。深圳打工仔张林（化名）近日终于如释重负地坐上回家的火车，怀中揣着的，是历时两年讨回的近万元薪水。2009 年 2 月 19 日，张林来到宁波三星通讯设备有限公司深圳同乐分公司面试，应聘模具机床操作员，并当天通过面试。公司承诺每月底薪 1 400 元，加班费另计，这一薪酬标准高于他任职过的任何一家公司。进入新公司工作后，张林开始感到"这种工作在其他公司没有碰到过"。公司工作时间为正班 8 小时，加班 3 小时，中午 1 个人要看两台机器，抢班 1 小时，面对如此大的工作压力，张林觉得"机床不能停，忍忍就算了"。但 2009 年 4 月，拿到第一笔工资时他傻了眼——月薪仅 2 000 余元，光是加班工资也远不止这些。让张林第一次萌生"维权"念头的，是公司所在工业区免费发放的一本劳动法普及小册子。受启发后张林多次找到主管交涉工资和社保两个问题，但得到的答复几次都是"干得不错，下次就给多一点"。2009 年 11 月，公司终于把劳动合同交到张林手中，张林发现他拿到的合同第 6 页上，赫然填上了工资标准，基本工资 900 元，浮动工资 500 元，而第 6 页下面也不知被谁签上了他的名字。工资从 1 400 元"迫降"到 900 元，那么加班时薪也就由原来商议的每小时 8 元降至每小时 3.5 元。一次他和主管谈判，要求加薪至每月 3 000 元，但主管给出的一口价是每月 2 000 元，"那次谈崩了之后，我有了离职的想法"。张林没有像大多数打工仔一样愤然离去，而决定留在公司收集足够的证据。2010 年开始，他把一台弟弟淘汰的电脑搬到宿舍，上网查询各种法律知识，加入数十个律师 QQ 群，得到不少律师的帮助。不少律师建议张林，要做好取证工作，收集一切加班证据。2010 年新年，张林来到公司附近的电脑市场，花 600 多元购买了一部附带拍摄功能的手机，每天上下班打卡时，他就用这部手机拍下公司 OA 系统的考勤记录。"刚开始以为掌握十几份证据就够了，我就东找一个西找一个，后来想应该形成一个完整的证据链，我就计算了整个 3 月份的工资，慢慢累积起来。"收集证据达 100 多页后，张林觉得投诉的时机已经成熟。2010 年 6 月，他向公司递出了辞职信。2010 年 10 月，张林将宁波三星通讯设备有限公司深圳同乐分公司告上龙岗区劳动仲裁庭。整个仲裁过程也是一波多折。"因为材料准备不足，立案就跑了四趟。"不但奔波如此辛苦，而且对于仲裁程序的不熟悉和法律知识的欠缺还导致张林在证据呈交的关键环节出现重大失误。对于劳动合同的伪造签名，工作人员告知需要进行司法笔迹鉴定，却被张林拒绝，"我以为肉眼能看出来的就不用做，而且听说鉴定要 2 000 到 3 000 元，我觉得太贵"。更大的失误是，因为担心手上的证据全部拿出来，就"露了底牌"，张林未在第一时间呈交全部证据，而当公司拿出完整的考勤数据时，张林才匆匆补交证据，导致无法质证。2011 年 11 月，张林就讨薪一案上诉至龙岗区人民法院，这次他做了充足的准备，不仅请有资质的公司进行了劳动合同的笔迹鉴定，还向法院提交了 100 余页影像的考勤证据。2011 年 12 月 9 日，深圳龙岗区人民法院作出判决，原告劳动合同书第 6 页签名非原告本人所签，法院对被告提交的考勤明细表不予采信，被告应支付原告 2011 年加班工资差额 2 948 元，加班工资差额 25% 的经济补偿金 597 元，解除劳动合同的经济补偿金 3 377 元，年休假工资 165.5 元，鉴定费用 3 000 元。①

项目二 规范思维

【引例】

问题：在本单元项目一"证据思维"的引例中，田某一案会涉及哪些法条和法律规范？

---

① 戴晓晓，张国锋．深圳打工仔讨薪数千潜伏收集百页证据［N］．新快报，2012 - 01 - 11.

【基本原理】

律师是因为当事人之间的权利义务发生了纠纷（或可能发生纠纷）才介入案件的，因此律师的工作任务就是要在当事人之间的是非中作出一个自己的判断。而要判断就要有依据，律师判断的依据是什么呢？"以法律为准绳"自然是众所周知的答案。但这个答案对于律师来说实在是过于空疏、抽象了。立法机关制定的法律有成百上千部，一部法律也有成百上千条，而律师面对的具体案件使其必须从这浩繁的法条中寻找到适合自己需要的法律规范——是法律规范而不是法条。法律规范才是律师用来判断委托人诉求是否有理的依据。"每一个个案的解决都从找到可能适合这一案例的法律规范开始，也即从被认真地认为适合当前案件的法律规范开始，或者，从另一角度来看，这一开始阶段也是一个确定该具体案件属于某一法律规范适用范围（尽管还需要作进一步审查）的过程。"①

那么什么是法律规范呢？

法律规范不是法条，也不等于法条的简单相加。"从立法角度看，法律规范一般是指由国家机关制定或认可的行为规则的总称。"② 法律正是通过法律规范来调整人们的行为。

一般认为任何法律规范都有三个要素：假定、处理、制裁（有学者也称为假定、模式、后果），缺少任何一个要素都不能构成严密、完善的法律规范。

寻找到相应的法律规范只是实现律师判断当事人有无权利义务的第一步，法律规范只是为律师判断提供了大前提，接下来律师还要根据案件事实进行三段论的推理，并最终得到自己的判断，"法律的适用通常被认为属于逻辑上之三段论法的应用，亦即法律之一般的规定是大前提，将具体的生活事实通过涵摄过程，归属于法律构成要件底下，形成小前提，然后通过三段论的推论导出规范系争事实的法律效果"③，"因此，法律上的决定实际是一个寻找、界定并最终确定前提的思维过程与形式逻辑的思维过程共同作用的结果"④。

律师的委托人大体上可以分为两类，一类是认为自己的权利受到侵犯，请求律师帮助自己维护权利；另一类是被认为没有履行义务，请求律师帮助自己免除义务。在听取委托人陈述并确定了案件事实后，律师就要判断要求维护权利的请求是否有根据，要求免除义务的请求是否有道理。律师在作此判断时，不能根据自己的喜好，不能根据自己的是非观，律师要带着委托人的请求在众多的法律文本中寻求自己所需要的法律规范。对于保护权利的请求，律师要看有没有法律规范赋予委托人权利，如果没有法律规范赋予委托人权利，那么律师也没有办法帮助委托人实现其权利请求；对于免除义务的要求，律师也要在法律规范中寻求，看有没有法律规范要求其委托人承担相应的义务。律师的整个职业思维活动就是这样唯法律规范之马首是瞻，必须以法律规范为依据，全然接受法律规范的约束，并只能在法律规范所限定的范围中辗转腾挪。

---

① ［德］各佩利乌斯. 法学方法论［M］. 金振豹译. 北京：法律出版社，2009. 129～130.
② 陈金钊. 法理学［M］. 北京：北京大学出版社，2010. 69.
③ 黄茂荣. 法学方法与现代民法［M］. 北京：中国政法大学出版社，2007. 181.
④ ［德］各佩利乌斯. 法学方法论［M］. 金振豹译. 北京：法律出版社，2009. 125.

【引例分析】

律师接受田某委托，并根据所收集到的证据确定了案件事实后，接下来就要进行规范寻求和规范分析了。在本案中，律师首先要找到北京科技大学对田某作出退学处分决定所依据的规范及其逻辑思维过程，然后才能有针对性地确定自己的思维。

根据田某的陈述，律师找到了北京科技大学颁发的068号通知，该通知的第一条规定："凡考试作弊者，一律按退学处理"；第三条第五项规定："夹带者，包括写在手上等作弊行为者，一律按退学处理"；根据这两条规定，律师整理出北京科技大学对田某作出退学处分的规范是："夹带就是作弊，凡作弊一律按退学处理"，据此，律师归纳出北京科技大学处分田某的逻辑推理过程是：

大前提：考试中夹带属于作弊，作弊者按退学处理；

小前提：田某在考试中夹带，田某的行为属于作弊；

结　论：所以对田某处以退学处分。

在此基础上，田某的律师就可以决定自己的思维过程了：根据下位法不能违反上位法的法理，针对本案，律师要维护田某的利益，最理想的做法就是在北京科技大学的068号文件的上位法中找到对田某有利的法律规范，以此规范推翻北京科技大学用来处分田某的规范，然后再进行逻辑推理，从而得出对田某有利的结论。根据此思维的引导，律师找到了国家教育委员会（下称教委）于1990年1月20日发布的《普通高等学校学生管理规定》。教委的这个规定属于行政规章，其地位高于北京科技大学的068号文件，其十二条规定："凡擅自缺考或考试作弊者，该课程成绩以零分计，不准正常补考，如确有悔改表现的，经教务部门批准，在毕业前可给一次补考机会。考试作弊的，应予以纪律处分。"其二十九条规定了应予退学处罚的10种情形，但这10种情形中没有不遵守考场纪律或考试作弊应予退学的规定。律师找到了自己需要的法律规范："考试作弊者，该课成绩以零分计，不能给予退学处分。"这样律师就在这个规范的基础上进行了自己需要的逻辑推理：

大前提：考试作弊，该课程以零分计，但不能给予退学处分；

小前提：田某考试作弊；

结　论：所以，应当给予田某该课程零分，但不能给予其退学处分。

正是规范思维引导田某的律师找到了解决问题的关键。

【思考与练习】

讨论：在课堂上开展各种法律渊源间效力关系的讨论，每人寻找一个案例作相应分析。

【拓展阅读】

司法三段论是来源于逻辑学中的三段论概念，其基本的形式为：

（1）以法律规范（T）为大前提。

（2）以具体的案件事实（S）为小前提。

（3）根据逻辑三段论推导出结论，即判决。

这里有几个值得我们注意的地方，作为大前提的法律规范必须是一个完全的法条

（即包括假定与法律效果），作为小前提的案件事实，也并非客观现实的再现，而是经过证据证明的法律事实。司法三段论又被称为涵摄或包摄（subsumtion），涵摄是一个逻辑概念，指的是将外延较窄的概念划归到外延较宽的概念之下。涵摄关系可以理解为传统哲学中的概念与对象的关系，只要本质相同，则现象可以"涵摄"于概念之下。司法上的涵摄，指的是将具体的案件事实，置于法律规范的构成要件之下，并据此得出结论。

司法三段论是一种基本的法律推理模式，也是最基本的法律适用方法之一。但其本身并非完美无缺。首先，司法三段论无法解决事实与规范的对应问题。事实与规范两者并不存在外延的宽窄问题，我们不能简单认为具体的案件事实的外延必然窄于一般性的规范，两者毕竟是两个层面的问题，在这里司法三段论与逻辑学发生了断裂。其次，适用于司法三段论的大、小前提，实际上已经是经过了法律加工（如法律解释、证据证明）的过程，也就是说在判决之前，价值判断实际上已经开始。

项目三　程序思维

【引例】

问题：在本单元项目一"证据思维"的引例中，田某一案会牵涉哪些程序问题？

【基本原理】

"从法学角度来分析，程序是从事法律行为作出某种决定的过程、方式和关系。"[1] 程序在法治社会中备受推崇，法治社会要求一切的法律行为，尤其是国家公权力行为必须在程序中进行，正如韦德所言："程序不是次要的事情，随着政府权力持续不断地急剧增长，只有依靠程序公正，权力才可以让人能容忍。"[2] 法治社会中的人们相信，只有被程序驯服的法律行为才能真正造福于人。因此，在法治中备受推崇的法律程序当然不能仅仅是指一般的办事顺序，而是指"正当程序"。

"正当程序条款"首先于1354年出现在英王爱德华三世第《二十八号令第三章》，其中规定："不依正当法律程序，不得对任何人（无论其财产或社会地位如何）驱逐出境或住宅，不得逮捕、监禁、流放或者处以死刑。"1791年美国《宪法》第五条修正案正式规定"非经正当法律程序，不得剥夺任何人的生命、自由、财产"。"正当法律程序"在今天几乎与"法治"同语，国家一切权力的行使都难逃正当程序的评判。那么什么是"正当程序"呢？正当程序的内容极其丰富，其最基本的内容或要求是指"与程序结果有利害关系或者可能因该结果而蒙受不利影响的人，都有权参加该程序并得到提出有利于自己的主张和证据以及反驳对方提出之主张和证据的机会"。[3] 一切从事法律工作的人，其自身的行为必须为正当法律程序所约束，此外，必须总是戴上正

---

① 张文显. 法理学 [M]. 北京：法律出版社，2007. 261.

② ［英］威廉·韦德. 行政法 [M]. 徐炳等译. 北京：中国大百科全书出版社，1997. 93.

③ ［日］谷口平安. 程序的正义与诉讼 [M]. 王亚新，刘荣等译. 北京：中国政法大学出版社，1996. 12.

当法律程序的"眼镜"来审视其处理的一切法律事务。

【引例分析】

作为田某的律师，当其接受委托后，自觉地从正当法律程序的角度来审视北京科技大学对田某所做的处分，是其履行职责所必不可少的。在该案中，正是正当程序思维使律师找到了为田某辩护的突破口：因为北京科技大学没有直接向田某宣布处分决定和变更学籍通知，也就是说，北京科技大学在处分田某的过程中没有履行告知和听取申辩的义务，而这正是对正当法律程序的违反！此外，根据《最高人民法院公报》1999 年第 4 期公布的田某案件的判决书，在法庭上，被告北京科技大学提供了充分、确凿的证据来支持其行为的正当性。作为田某的律师如何面对这些充分、确凿的证据呢？"正当法律程序"仍然是有效的突破口。因为我国《行政诉讼法》第三十三条规定："在诉讼过程中，被告不得自行向原告和证人收集证据。"所以，要想在被告提供的充分、确凿的证据中撕开缺口，律师就应当抓住《行政诉讼法》第三十三条关于被告取证的正当程序的规定来审查被告所提供的证据。果然，律师发现被告提供的证据中，唐某等教师的证言、考试成绩单、1998 届学生毕业资格和学士学位审批表、学生登记卡、学生档案登记单、学校保卫处户口办公室书证、学籍变动通知单第四联和第五联、无机 94 班人数统计单等书证都是被告在诉讼过程中自行向证人收集的。这一发现使得这些证据都因违反程序规定而不被法院采用，从而为胜诉奠定了坚实的基础。

【思考与练习】

在课堂上开展律师职业与正当程序关系的讨论，每位同学选一个案例作相应分析。

【拓展阅读】

程序正义被视为"看得见的正义"，是西方的一种法律传统。这源于一句人所共知的法律格言："正义不仅应得到实现，而且要以人们看得见的方式加以实现。"（Justice must not only be done, but must be seen to be done.）用最通俗的语言解释，这句格言的意思是说，案件不仅要判得正确、公平，完全符合实体法的规定和精神，而且还应当使人感受到判决过程的公平性和合理性。换句话说，司法机构对一个案件的判决，即使非常公正、合理、合法，也还是不够的，要使裁判结论得到人们的普遍认可，裁判者必须确保判决过程符合公正、正义的要求。因此，所谓的"看得见的正义"，实质上就是指裁判过程（相对于裁判结果而言）的公平，法律程序（相对于实体结论而言）的正义。①

---

① 陈瑞华. 论法学研究方法［M］. 北京：北京大学出版社，2009.

项目四　委托思维

【引例】

问题：在本单元项目一"证据思维"的引例中，田某一案原、被告的律师的行为将会怎样受委托人利益影响？

【基本原理】

《律师法》第二条第一款称"本法所称律师，是指依法取得律师执业证书，接受委托或者指定，为当事人提供法律服务的执业人员"。可见，"委托"是律师之为律师的根本特点。这一特点决定了律师的职业活动不是为了解决自己遇到的法律问题，其职业活动的全部内容皆在维护委托人的利益。《律师法》第二条第二款规定了律师的三大任务："律师应当维护当事人合法权益，维护法律正确实施，维护社会公平和正义。"其中放在第一位的，就是"维护当事人合法权益"。此外，《律师职业道德和执业纪律规范》（下称《规范》）第五条规定"律师应诚实守信、勤勉尽责，尽职尽责地维护委托人的合法权益"；《规范》第二十四条规定"律师应当充分利用自己的专业知识和技能，尽心尽职地根据法律的规定完成委托事项，最大限度地维护委托人的合法权益"。从《律师法》和《规范》的上述规定中，我们清楚地看见，律师在其执业活动中的每一步都须仔细考量委托人的利益，委托人的利益构成了律师执业思维的制高点。当然，这不是说律师为了维护委托人的利益就可以不择手段，就可以为所欲为，上引《律师法》第二条第二款规定了律师的三大任务，其中后两项任务"维护法律正确实施，维护社会公平和正义"正构成了对律师维护委托人利益的制约，也就是说，律师不能采取有损法律的正确实施、有损社会公平和正义的手段来维护委托人的利益。

《律师法》第三条第二款规定"律师执业必须以事实为根据，以法律为准绳"，下面就从事实和法律两个方面来看看委托人利益是怎样影响律师的职业行为的。

一、在事实方面

律师是通过证据来构造案件事实的，但律师收集证据的立足点是自己委托人的利益，律师要不惜一切代价收集对自己委托人有利的证据，律师不需要收集有利于对方当事人的证据。

二、在法律方面

由于"以法律为准绳"的真正含义是以法律规范为准绳，而法律规范又不是现成地摆在某个地方等律师伸手去取的，因此，当律师面对具体案件时，他必须自己去寻找法律规范。立法机关制定的成百上千部法律中包含了成千上万个法条，而这些法条中又"隐藏"了成千上万个法律规范，委托人的利益诉求要求律师必须在全部有效的法律规范中寻找到对自己委托人最有利的那一个法律规范，并据此竭力争辩——是委托人利益决定了律师在众多法律规范中的取舍（更进一步说，委托人的利益还将决定律师对其寻找到的那个法律规范的解释）。

【引例分析】

一、原告律师的法律思维

在田某案中，作为原告田某的律师，要想胜诉，他必须寻找到法律规范来证明田某和被告北京科技大学之间构成行政法律关系，因为根据律师收集的证据，只有把两者之间的关系定性为行政法律关系，适用行政法原理和行政诉讼法的规定才能最有利于保护田某的利益（具体分析见本单元项目二）。

那么田某与被告之间能否构成行政法律关系呢？行政法律关系是指行政法律规范在对行政权力行使中产生的各种社会关系加以调整之后所形成的一种行政法上的权利义务关系。据此，如果要认定田某与被告之间构成行政法律关系，其关键在于确定被告北京科技大学是否是行政主体。按照我国行政法的一般理论，学校是否是行政主体并无明确答案（尤其是在田某案发生的时候，现行关于高校是否为行政主体的理论多是在田某案后才有的）。为此，从维护委托人利益出发，律师必须从现有法律中寻找法律根据来证明被告北京科技大学为行政主体。首先，田某的律师认为，被告北京科技大学与田某之间构成的关系不是平等的民事主体关系，而是一种管理与被管理的关系，两者之间的权利义务的内容也不是平等者之间的民事权利义务。《中华人民共和国教育法》（下称《教育法》）第二十一条规定："国家实行学业证书制度。经国家批准设立或者认可的学校及其他教育机构按照国家有关规定，颁发学历证书或者其他学业证书。"第二十二条规定："国家实行学位制度。学位授予单位依法对达到一定学术水平或者专业技术水平的人员授予相应的学位，颁发学位证。"被告因着这两条所享有的颁发学历证书和学位证书的权力当然是代表国家行使的行政权力，因此，其与原告之间在本案争议中形成的关系为行政法律关系当无疑义。可是《中华人民共和国行政诉讼法》（下称《行诉法》）第二十五条第一款规定："公民、法人或者其他组织直接向人民法院提起诉讼的，作出具体行政行为的行政机关是被告。"按该条款规定，行政诉讼的被告是行政机关，而北京科技大学显然不是行政机关。这样，律师还必须设法寻找到能够将北京科技大学归入行政诉讼被告的法律根据才能实现用行政诉讼来保护田某权利的目的。通过对上引《教育法》第二十一条、第二十二条进一步分析研究，并结合《中华人民共和国高等教育法》的相关规定，律师得出结论：高等学校所享有的颁发学历证书和学位证书的权力并非高等学校本身所固有的权力，乃是《教育法》所授予的权力，因此高等学校属于行政法上所讲的法律、法规授权的组织，而《行诉法》第二十五条第四款规定："由法律、法规授权的组织所作的具体行政行为，该组织是被告。"至此，田某的律师终于完成了将北京科技大学拉上行政诉讼被告位置的任务，而驱使律师如此煞费苦心的原因就是委托人田某的利益诉求。

二、被告律师的法律思维

作为本案被告北京科技大学委托的律师，从维护委托人利益的职业思维出发，他必须要在现行有效的全部法律规范中找到证据来证明其委托人与原告之间并不构成行政法律关系，其委托人并不属于《行诉法》所规定的被告范围，从而使其委托人免受行政诉讼之厄。那么，被告的律师是如何完成这艰巨的任务的呢？

首先，被告的律师认为，经国家批准设立或认可的一个组织按照国家规定作出某个行为，并不意味着这个组织就一定是在代表国家行使公权力，因为许多营利性组织（如企业）和非营利性组织（如村民委员会）的自主经营权力、自治权力都是法律、法规授予的；此外，公民诉讼权利的拥有、行使的条件和程序都是由法律明确授予的，难道能说这些企业、村民委员会及公民所行使的经营权、自治权、诉权都是国家公权力吗？显然不是！

其次，原被告之间不平等的管理与被管理的关系也不能证明两者之间构成行政法律关系，因为现代社会中企业与员工之间的关系已突破传统上被视为平等的契约关系，两者之间已显示出许多不平等的管理与被管理的关系，但我们不能据此认为两者之间就构成了行政法律关系，所以，因为原被告之间的不平等关系就认为两者之间构成行政法律关系是缺乏说服力的。

最后，《行诉法》第二十条第一款明确规定，"公民、法人或者其他组织直接向人民法院提起诉讼的，作出具体行政行为的行政机关是被告"，而北京科技大学显然不是行政机关，所以法院不能将北京科技大学作为行政诉讼的被告；退一步说，即使承认北京科技大学为行政机关，或者适用《行诉法》第二十五条第一款第四项，把北京科技大学视为"由法律、法规授权的组织"，并进一步把北京科技大学对田某的处分行为视为具体行政行为，法院也不能将此案作为行政诉讼来受理，因为《行诉法》第十二条第一款规定，"法院不受理公民、法人或者其他组织对下列事项提起的诉讼"，其中第（三）项就是"行政机关对行政工作人员的奖惩、任免等决定"，而本案中田某所受到的处分正属于该项范围，所以法院不能将此案作为行政案件受理。至此，被告的律师终于完成了将北京科技大学拉下行政诉讼被告位置的保卫战，而驱使律师如此煞费苦心的原因就是委托人北京科技大学的利益诉求。

【思考与练习】

在课堂上开展律师行为与委托人利益关系的讨论，每位同学寻找一个案例作相应分析。

【拓展阅读】

检察官与律师思维的差异在于检察官的思维模式标着"有罪"二字，而律师标的是"无罪"。检察官作为国家法律工作者和国家公权力的代言人，肩负着确保国家法律意志能够得到充分体现的义务，对于每一案件，为了对抗律师一方的抗辩，检察官往往会积极地挖掘当事人有罪或罪重等方面的事实。

而律师作为当事人的利益代言人，毫无选择地必须从有利于当事人胜诉的结论出发，积极分析和重新建构本案的事实，寻找法律的适用，组织事实和证据，为当事人找出无罪或罪轻的证据。在上海的"杨佳袭警"一案中的辩护律师，以被告辩护律师的身份，竟然轻言被告杨佳应当被判决极刑，招致了律师同行和社会各界的广泛质疑。

检察官偏重寻找有罪证据，而律师则偏重无罪。这种互相对抗的结果，有助于逐步还原事实真相，使案件审判结果达至双方满意的平衡。正如英国著名法官戴维林（Lord Devlin）指出的那样："两个带有偏见的寻找者从田地的两端开始寻找，比一个公正无私的寻找者从田地中间开始寻找更不可能漏掉什么东西。"①

---

① 高云. 思维的笔迹：律师思维与写作技能（上）[M]. 北京：法律出版社，2009.

律师参加民事案件工作实务

【知识目标】

掌握律师参加民事案件工作的工作原则、主要工作内容、工作规程和相关风险及注意事项，掌握律师代理参加民事诉讼一审程序、二审程序的流程。

【能力目标】

熟悉民事诉讼中代理律师的工作规程，准确理解和运用证据规则，能够根据案情需要调查收集证据，学会撰写民事起诉状、上诉状、答辩状、代理词，掌握参加法庭审理的工作方法和技巧。

【内容结构图】

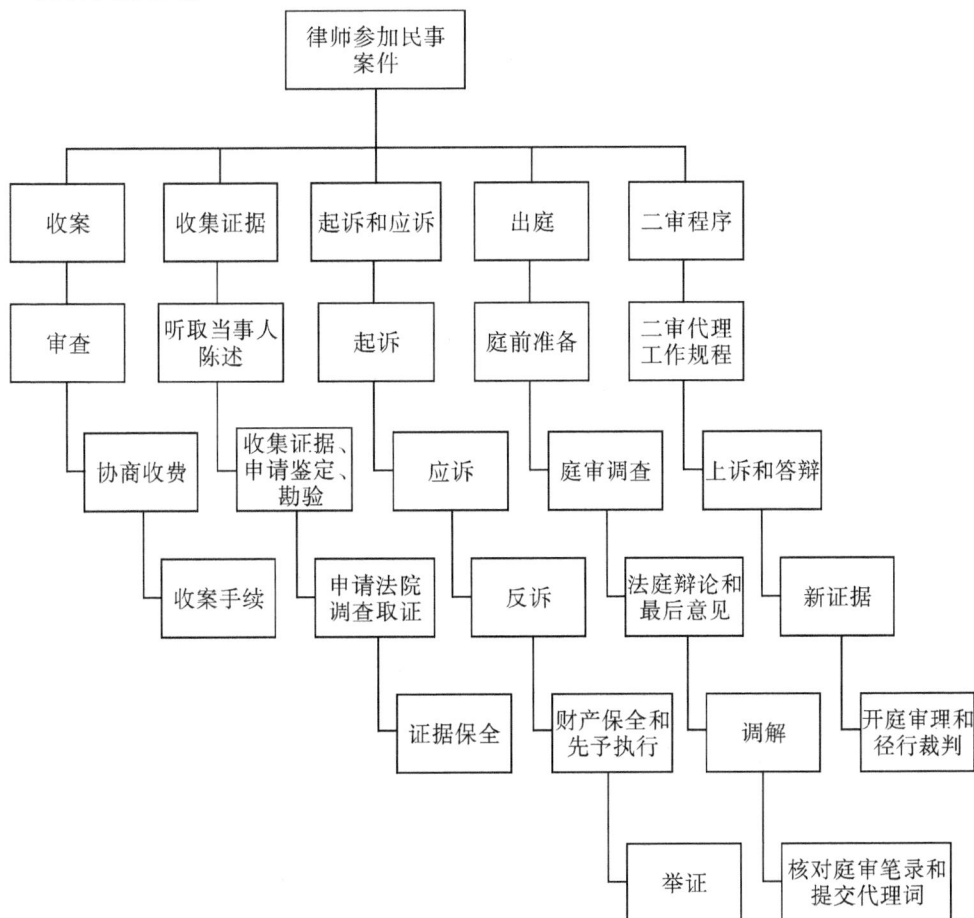

项目一　收　案

【引例】

某日中午，在一条南北走向的城市道路上，行人章某沿人行过街横道自东向西欲穿过马路到马路西侧的人行道，走至靠近道路西侧时，由于堵车，道路西侧停满了汽车，人行横道被车挡住，章某遂在机动车道顺着车龙自南向北行走以寻找穿过车龙的空隙。此时王某驾驶的处于停驶状态的五菱小汽车与前面同样处于停驶状态的金龙大客车之间的空隙较大，当章某欲从王某车前穿过时，王某的车突然快速起步，将章某顶着行驶直到撞上前面的金龙大客车才停下。整个过程王某未采取制动、减速或转向措施。事故造成章某重伤。王某在接受交警询问时称："前面车通之前我已经看过我车前无人，后来我与车内乘客说话，我起步时回头向后看，没有向前看，我以为车前仍然没有人。"后交警部门以章某未在人行道内行走，违反《中华人民共和国道路交通安全法》第六十一条"行人应当在人行道内行走，没有人行道的靠路边行走"是事故发生的原因；王某驾车未在确保安全的原则下通行，违反《中华人民共和国道路交通安全法》第二十二条第一款"机动车驾驶人应当遵守道路交通安全法律、法规的规定，按照操作规范安全驾驶、文明驾驶"是事故发生的原因，作出交通事故认定书，认定王某和章某各对事故承担同等责任。章某对事故责任认定不服，欲诉至法院请求撤销交通事故认定书，重新认定章某对事故无责任，并判令王某赔偿章某因事故所受到的全部损失。章某意欲聘请律师代理此案件。

问题：

1. 假如你是执业律师，章某有意委托你代理此案件，你在决定是否接受章某委托时应审查哪些问题？

2. 你应该建议章某如何主张重新认定事故责任并索赔？

【基本原理】

有数据显示，在近年全国执业律师所承办的各类诉讼业务中，民事案件所占比例往往高达70%。代理民事诉讼，是执业律师的最主要的也是最基本的业务。随着社会各方面的快速发展与进步、法律体系的不断完善、法官群体理论素质和当事人维权意识的不断提高，律师的民事诉讼业务所涉及的范围越来越宽广、所涉及的领域越来越专业，对律师所提供的民事诉讼代理法律服务的专业性、技巧性要求也越来越高，故此，全面掌握并娴熟运用民事诉讼实体法律和程序法律知识、掌握必要的诉讼技巧，并懂得在执业过程如何合理回避执业风险，是民事诉讼代理律师应当具备的执业技能，也是每一位执业律师应有的基本功。

一、律师参加民事诉讼的工作原则

民事诉讼是法院依法审理和解决平等主体之间的民事权益纠纷的诉讼活动，各方当事人诉讼地位平等、诉讼权利对等，诉讼程序必须严格遵守民事诉讼程序法律的规定，具有很强的时效性，如答辩期限、举证期限、上诉期限等均有严格规定，并且，各方法律关系错综复杂，诉讼过程的发展以及诉讼结果均具有不确定性，所以，律师在代理民事诉讼时应当遵循一些基本的工作原则，做到依法代理、有效代理、安全代理。

1. 依法执业，促进法律的公正实施

律师代理民事诉讼不同于公民身份的诉讼代理，代理律师也不是当事人的替身或传声筒。律师代理民事诉讼是《律师法》赋予律师的执业权利，律师依法执业，不受任何单位、个人非法干预。律师在代理民事诉讼的执业活动中享有多项法定权利：有权自主决定接受当事人的委托，有权依法解除委托关系，有权拒绝当事人的无理或非法要求，有权调查取证，有权查阅案卷材料和出席法庭审理……律师应当依法、充分行使执业权利，运用法律专业知识在民事诉讼中为当事人提供法律上的专业帮助，并对法庭审理的合法性和公正性进行监督，促进法律的公正实施，使律师制度真正成为民主审判的柱石。

2. 恪守职责，为当事人争取最大利益

民事诉讼当事人聘请代理律师是为了获得专业法律帮助，以求获得诉讼结果的利益最大化，因而，根据事实和法律，依法为当事人争取最大利益，是代理律师的职责所在。代理律师应当从当事人利益的角度出发，审时度势，分析正确的诉讼方向，为当事人提供专业性的意见、建议，以供其作出诉与不诉、提出何种诉讼请求等的合理决定，律师不应该从自己利益出发而作出怂恿诉讼、敷衍应付、恶意串通损害当事人利益等有违职责的行为。不同的律师对于法律规定和法律对具体案件的适用会有各自不同的见解，不同的律师其诉讼技巧也会有所不同，我们不能强求代理律师的代理效果达到某种标准或质量等级，但是，恪守职责，为当事人争取最大利益应该作为民事诉讼代理律师的基本工作准则。

3. 勤勉尽责，回避执业风险

相对来说，民事诉讼代理律师的执业风险远远小于刑事辩护律师，但是，其执业活动过程也仍然可能出现各种风险，比如：无法实现对当事人作出的关于诉讼结果的承诺，与当事人发生纠纷；或因为工作失误而错过某些诉讼行为的期限，招致当事人索赔；或为了胜诉而唆使甚至帮助当事人制造伪证，招致法律责任。中华全国律师协会颁布的《律师执业行为规范》也明确规定："律师不得向委托人就法律服务结果或者诉讼结果作出虚假承诺。"民事诉讼的结果并不取决于代理律师，律师即使能够预见诉讼结果，也没有必要就诉讼结果对当事人作出承诺，依法办事，勤勉尽责，是民事代理律师回避执业风险的正确途径。任何一个律师，无论其执业能力高低，都应该认真办案，熟悉案情，对证据收集不懈怠，对案件进展及时跟进，妥善管理案卷材料，避免失误，回避执业风险。

二、收案

在民事诉讼代理业务中，通常的收案方式是由律师代表所在的律师事务所与当事人协商订立委托代理合同并亲自代理案件，也有的律师事务所是由事务所统一收案后指派律师担任代理人。无论哪一种方式，收案时都应当由负责收案的律师对当事人的委托事项进行审查，衡量和判断是否可以、要不要收案，协商确定律师代理费用，并

办理订立委托代理合同、签订授权委托书等收案手续。

（一）收案审查

律师收案时应当审查的事项包括：

1. 当事人委托的事项是否符合民事诉讼起诉条件

如果当事人拟作为原告提起民事诉讼，律师应当审查其委托事项是否符合下列起诉条件：

（1）当事人是否是与本案有直接利害关系的公民、法人和其他组织。

（2）有无明确的被告。

（3）是否有具体的诉讼请求和事实、理由。

（4）是否属于人民法院受理民事诉讼的范围。

（5）是否属于重复诉讼或依法在一定期限内不得起诉的案件。如判决不准离婚和调解和好的离婚案件，判决、调解维持收养关系的案件，没有新情况、新理由，当事人在六个月内又要起诉的。

（6）是否超过诉讼时效。超过诉讼时效的案件虽然不属于不符合民事诉讼起诉条件的情形，但法院受理之后，经审查无时效中止、中断、延长事由的，就会判决驳回诉讼请求，所以，律师发现案件已经超过诉讼时效并且无时效中止、中断、延长事由的，宜建议当事人放弃起诉。

（7）是否属于依法必须经过非诉程序处理的案件。如劳动争议、人事争议案件依法必须先行申请劳动、人事争议仲裁，对仲裁结果不服才可以在法定期限内提起民事诉讼。遇此类案件，律师可将其作为非诉讼法律事务受理。

（8）当事人是否具备诉讼权利能力和诉讼行为能力。当事人必须符合《民事诉讼法》关于诉讼当事人的规定，才具备诉讼权利能力，才能以自己的名义提起民事诉讼，收案律师应当依法确定当事人。当事人如果是无民事行为能力人或限制民事行为能力人，则不具备诉讼行为能力，应由其法定代理人代为诉讼，也应由其法定代理人与律师事务所签订委托代理合同。

（9）涉外案件是否归中国法院管辖。根据我国《民事诉讼法》的规定，我国法院对涉外民事诉讼案件的管辖有一般地域管辖、特殊地域管辖、协议管辖、专属管辖等类型，律师受理涉外民事诉讼代理业务，首先应当根据案件的被告所在地、诉讼与中国法院的密切联系、当事人之间有无管辖协议、是否属于专属中国法院管辖案件等因素判断中国法院对案件有无管辖权、当事人对中国法院的选择是否符合《民事诉讼法》关于级别管辖和专属管辖的规定。

如果当事人是民事诉讼案件的被告或第三人，则只需审查当事人是否收到了人民法院送达的起诉状副本，如是，即可收案。

2. 当事人委托的事项是否存在诉讼外解决的途径和可能

通过诉讼解决民事纠纷往往会使纠纷双方的关系彻底破裂，诉讼对于当事人来说也费时、费力、费金钱，律师在接案之时，如果发现当事人有和解的可能，应当主动向当事人提出和解的途径和建议，促使当事人和解息讼，而不应该为了扩大业务量而挑词架讼，成为"讼棍"。

3. 当事人的诉讼请求是否合理合法

如果当事人的诉讼请求缺乏必要的证据和法律支持，人民法院可能不予受理的，或者当事人的诉讼请求是明显违法的，律师不宜接受其委托，宜劝说当事人变更诉讼请求，或先委托律师进行调查取证，待取得证据后再办理委托代理手续。

4. 当事人与律师事务所、代理律师是否存在利益冲突

律师或律师事务所与当事人存在利益冲突的情形通常有两种：一是代理律师本人或其近亲属、律师事务所与当事人之间存在利益冲突；二是同一代理律师代理利益冲突的双方当事人或同一律师事务所的不同律师代理利益冲突的双方当事人。前者属于直接利益冲突，后者属于间接利益冲突。不管是哪一种情形，都可能损害当事人的利益。《律师法》规定："律师不得在同一案件中为双方当事人担任代理人，不得代理与本人或者其近亲属有利益冲突的法律事务。"所以，律师与当事人之间存在前述直接利益冲突的情形时，应当立即与当事人说明情况，不接受委托，或推荐本律师事务所的其他律师担任代理人；当出现双方代理的情形时，代理律师应当只保留在先形成的代理关系，不接受在后拟进行的委托，也可在获得当事人利益冲突豁免后推荐本律师事务所的其他律师代理；至于同一律师事务所的不同律师代理利益冲突的双方当事人，并不违反法律的强制性规定，只要当事人仍然信任代理律师，律师可以在取得当事人的利益冲突豁免之后继续代理，当然，两个代理着利益冲突双方当事人的律师应当对案件信息各自保密。

代理律师应当要求当事人向律师事务所出具书面形式的利益冲突豁免函，明确表明当事人知悉存在利益冲突情形仍然选择继续委托该律师代理，并接受代理后果。

（二）协商收费

1. 收费依据

律师事务所承办民事诉讼代理业务，按照国家规定向当事人收取费用。律师事务所必须遵循公开公平、自愿有偿、诚实信用的原则，在国家、地方政府相关规定许可的范围内与当事人平等协商，双方自愿确定收费。目前，规范律师服务收费的规范性文件主要是国家发展改革委和司法部于 2006 年 4 月 13 日发布、自 2006 年 12 月 1 日起执行的《律师服务收费管理办法》，以及各省、自治区、直辖市人民政府价格主管部门会同同级司法行政部门制定的具体实施办法，如广东省物价局、司法厅制定的《律师服务收费管理实施办法》。

2. 收费方式

（1）按政府指导价收费。

按规定，律师提供民事诉讼代理法律服务属于实行政府指导价的事项。律师服务政府指导价有三种收费方式，分别是计件收费、按标的额比例收费和计时收费方式，计件收费一般适用于不涉及财产关系的法律事务；按标的额比例收费适用于涉及财产关系的法律事务；计时收费可适用于全部法律事务。律师民事诉讼代理业务通常采用的收费方式是按标的额比例收费和计件收费，具体收费标准、浮动幅度由各省、自治区、直辖市政府价格主管部门和司法行政部门指导，律师事务所应在规定的基准价及浮动幅度内与委托人协商确定具体收费。

律师事务所在提供法律服务过程中代委托人支付的诉讼费、鉴定费、公证费和查档费等，不属于律师服务费，由委托人另行支付。

（2）风险代理收费。

风险代理收费是指律师事务所在接受委托时，只收取基础费用，其余服务报酬由

律师事务所与委托人就委托事项应实现的目标、效果和支付律师服务费的时间、比例、条件等先行约定，达到约定条件的，按约定支付费用；不能实现约定条件的，不再支付任何费用。

风险代理收费这种曾有争议的收费方式现已得到司法行政部门的肯定。办理涉及财产关系的民事案件时，委托人被告知政府指导价后仍要求实行风险代理的，律师事务所可以实行风险代理收费，但下列情形除外：婚姻、继承案件；请求给予社会保险待遇或者最低生活保障待遇的案件；请求给付赡养费、抚养费、扶恤金、救济金、工伤赔偿的案件；请求支付劳动报酬的案件。国家禁止群体性诉讼案件实行风险代理收费。

实行风险代理收费，律师事务所应当与委托人签订风险代理收费合同，约定双方应承担的风险责任、收费方式、收费数额或比例。实行风险代理收费，最高收费金额不得高于收费合同约定标的额的30%。

3. 协商收费应当考虑的因素

律师事务所与委托人协商律师服务收费时应当考虑以下主要因素：耗费的工作时间；法律事务的难易程度；委托人的承受能力；律师可能承担的风险和责任；律师的社会信誉和工作水平等。

律师事务所不得以明显低于成本的收费进行不正当竞争。

4. 收费主体

律师法律服务的收费主体是律师事务所，律师承办业务，其律师服务费、代委托人支付的费用和异地办案差旅费均应当由律师事务所统一收取，律师不得私自向委托人收取任何费用。

（三）收案手续

民事诉讼代理律师收案必须制作三份文书：委托代理合同、授权委托书和律师事务所函。

1. 委托代理合同

委托代理合同是律师事务所与当事人之间约定成立委托代理关系并约定双方的具体权利义务的协议。委托代理合同的双方当事人是委托人和律师事务所，经办律师不作为合同当事人，仅在合同中约定其被律师事务所指派而作为诉讼代理人。律师事务所与委托人签订委托代理合同时应当审查当事人的主体资格并留存证明其主体资格的材料。律师事务所接受集团诉讼案件的，应当与其代表人办理委托手续；无民事行为能力、限制民事行为能力的当事人要求委托律师的，应当与其法定代理人办理委托手续；接受涉外合同或者涉外财产权益纠纷的当事人委托的，应当审查其有无选择中华人民共和国人民法院的管辖、是否符合《民事诉讼法》关于级别管辖和专属管辖的规定。

委托代理合同通常采用律师事务所拟定的格式合同，合同内容一般包括：合同双方当事人的姓名、名称和住址；案由；律师事务所指派参加诉讼的律师姓名；律师的代理范围、代理内容、代理权限、代理期限；律师代理费用及交费期限；双方的权利义务等。律师应当在签约前向当事人解释合同条款的含义。委托代理合同一式两份，合同双方当事人各执一份。

2. 授权委托书

（1）授权委托书的内容及份数。

授权委托书是当事人授予律师代理权的法律文件，是律师代理民事诉讼的依据，法院根据授权委托书判断律师有无诉讼代理权和代理律师的代理权限。授权委托书的内容一般包括：委托人的姓名、名称和住址；受委托人的姓名、职业和执业机构；代理权限等。

委托人签署授权委托书须一式三份，一份交受理案件的法院，一份交承办律师附卷存档，一份交委托人留存。

（2）一般授权与特别授权。

签署授权委托书是当事人的单方法律行为。当事人对代理律师的授权可分为一般授权和特别授权。依照《民事诉讼法》的规定，诉讼代理人代为承认、放弃、变更诉讼请求，进行和解，提起反诉或者上诉，必须有委托人的特别授权。授予代理律师前述特别事项代理权的授权为特别授权，余者为一般授权。委托人给予代理律师特别授权时，必须逐项列明，如果授权委托书仅写"特别授权"而无列明上述特别授权事项，视为未授予律师上述权限。

此外，离婚案件有诉讼代理人的，本人除不能表达意志的以外，仍应出庭；确因特殊情况无法出庭的，必须向人民法院提交书面意见。

（3）涉外案件授权委托书的特殊要求。

《民事诉讼法》规定："侨居在国外的中华人民共和国公民从国外寄交或者托交的授权委托书，必须经中华人民共和国驻该国的使领馆证明；没有使领馆的，由与中华人民共和国有外交关系的第三国驻该国的使领馆证明，再转由中华人民共和国驻该第三国使领馆证明，或者由当地的爱国华侨团体证明。"

在中华人民共和国领域内没有住所的外国人、无国籍人、外国企业和组织委托中华人民共和国律师或者其他人代理诉讼，从中华人民共和国领域外寄交或者托交的授权委托书，应当经所在国公证机关证明，并经中华人民共和国驻该国使领馆认证，或者履行中华人民共和国与该所在国订立的有关条约中规定的证明手续后，才具有效力。

如果当事人在中国境内签署授权委托书，则要便利得多。法院通常做法是：外国自然人在人民法院办案人员面前签署授权委托书，和外国法人、其他组织的法定代表人或者负责人代表该法人、其他组织在人民法院办案人员面前签署的授权委托书无须办理公证、认证或者其他证明手续，但必须出示自然人身份证明和入境证明，外国法人、其他组织的法定代表人或者负责人还必须提供该法人或者其他组织出具的能够证明其有权签署授权委托书的证明文件，且该证明文件必须办理公证、认证或者其他证明手续。外国自然人在我国境内签署的授权委托书，经我国公证机关公证，证明该委托书是在我国境内签署的，无须在其所在国再办理公证、认证或者其他证明手续。外国法人、其他组织的法定代表人或者负责人代表该法人、其他组织在我国境内签署的授权委托书，经我国公证机关公证，证明该委托书是在我国境内签署，且该法定代表人或者负责人向人民法院提供了外国法人、其他组织出具的办理了公证、认证或者其他证明手续的能够证明其有权签署授权委托书的证明文件的，该授权委托书无须在外国当事人的所在国办理公证、认证或者其他证明手续。

香港特别行政区、澳门特别行政区、台湾地区的当事人在香港、澳门、台湾签署的授权委托书分别须经中华人民共和国司法部指定的香港律师、澳门特别行政区的公证机构、台湾地区的公证机构公证。

香港特别行政区、澳门特别行政区、台湾地区的当事人也可在人民法院办案人员面前签署授权委托书，无须公证。或者，在内地签署授权委托书，经内地公证机关公证即可。

3. 律师事务所函

律师事务所函是律师事务所出具给受案法院，用以告知代理律师的合法代理身份的法律文书，受案法院据此确认律师是受律师事务所指派参加诉讼，具备合法代理资格。律师事务所函是格式文件，其主要内容包括主送法院、本律师事务所对本案的编号、案由、审级、委托人、代理律师姓名等。

律师事务所函由律师事务所送交受案法院。

【引例分析】

前述引例，律师在收案时应当作出判断的问题主要有：本案民事诉讼的被告应当是谁？章某在索赔之诉中能否向法院提出撤销交通事故认定书并重新认定事故责任的诉讼请求？所以，律师首先应当按民事诉讼代理案件收案通常的审查项目进行审查：审查章某的身份、王某的身份信息、交通事故认定书的内容，还应当审查肇事小汽车的车主以及司机王某与车主之间的关系，以确定被告。

另外，《道路交通安全法》规定交通事故认定书可作为处理交通事故的证据。对法院而言，交通事故认定书具有证据效力，在当事人因交通事故损害而提起的损害赔偿民事诉讼案件中，法院有权决定是否采信该证据。但是，章某拟在索赔民事诉讼中提出撤销交通事故认定书、重新认定事故责任的诉讼请求，显然不符合法律规定，这不是民事诉讼所能解决的问题。对于章某的重新认定事故责任的请求，律师应当建议其依照公安部《道路交通事故处理程序规定》自道路交通事故认定书送达之日起3日内、在提起索赔民事诉讼之前向上一级公安机关交通管理部门提出书面复核申请，请求上一级公安机关交通管理部门作出复核结论，责令原办案单位重新调查、认定，在复核、重新认定结果出来后，章某才据以提起索赔之诉；或者，建议章某在索赔民事诉讼中举证证明自己无责任、王某应负全责，请求法院不采信交通事故认定书。

【思考与练习】

1. 律师决定是否接受民事诉讼原告方的诉讼代理委托时，应当审查哪些事项？

2. 律师接受香港居民的委托担任其诉讼代理人在中国内地进行民事诉讼，应当如何办理委托手续？

【拓展阅读】

风险代理制度分析

风险代理将委托人和律师的利益高度结合在一起，"一损俱损，一荣俱荣"。律师的工作热情来自原告诉讼回报的最大化，其对风险的态度更接近于委托人对风险的态度。因此，按照这种逻辑，收取风险代理费的律师应当能成为委托人利益的积极维护者。从风险转移角度看，风险代理费为委托人提供了资助，并将绝大多数的损失风险转移给了附条件收费的律师，与此同时律师也有实现委托人利益的积极性。与固定收费和按小时收费制度相比，缺少资金的人可以利用可能获得的经济利益来雇佣律师，从而明显增加了委托人诉诸司法制度的机会。换言之，风险代理费是"穷人进入法院大门的钥匙"。从这种意义上说，风险代理费制度发挥着替代诉讼费用援助制度的作用。这些优点为风险代理收费方式能够被公众所接受奠定了心理和经济基础。此外，风险代理的风险转移特点，使得律师对于承办的案件的价值性要审慎地加以评估，这样，收取风险代理费的律师成了法院守门人，与按小时收费制度相比，前途无望的案件不可能借律师之手进入法院。

但是像按小时收费一样，风险代理费也有利与弊，也存在许多严重的道德问题。风险代理中对风险的评估能力存在不平衡问题，在确定风险代理费方式是否比按小时收费更为有利时，律师通常要考虑以下因素：所附条件发生的可能性、这种条件什么时候会发生、取得赔偿的可能性、该业务所需要的工作量以及律师能够取得赔偿的百分比数量。前四个因素要求律师进行预测，这些预测又决定了第五个因素。例如，所附条件发生的可能性越小，则律师所求的百分比可能性就越大。从对这些因素的预测来看，由于委托人缺乏进行诉讼的经济能力，并且缺乏对诉讼风险的理解能力，律师比委托人更有经验，律师可以利用其对风险和费用的专业评估能力夸大风险系数，欺瞒委托人。这就是经济学上所讲的信息不对称问题，这使得律师在与委托人就附条件收费协议进行谈判的时候，处于更为有利的地位。①

项目二　收集证据

【引例】

2009 年 5 月 22 日，大路镇三江村养殖户黄某因其喂养的桂花鱼出现鱼病，在大路镇个体经营户潘某经营的鱼之乐渔具店购买了 15 包署名为福建漳州科凯水产药业公司生产、批文号为闽兽药字〔2007〕X113396 的虫必净鱼药，价格共 75 元。黄某于当日将上述鱼药中的 10 包投入其承包的养殖桂花鱼的鱼塘，第二天，黄某所喂养的桂花鱼大量死亡。黄某立即向福建省兽药饲料监督所了解虫必净鱼药情况，该所 2007 年度没有核查福建漳州科凯水产药业公司所申报的兽药产品批准文号，福建漳州科凯水产药业公司生产的虫必净产品于 2008 年获得批准文号为闽兽药字〔2008〕X113353。黄某怀疑桂花鱼死亡是因使用鱼药所致，决定就桂花鱼死亡的损失提起诉讼依法索赔，并在 2009 年 5 月 24 日向律师咨询起诉的证据准备工作。

问题：假设你是为黄某提供法律咨询的执业律师，你应当建议黄某在起诉前收集哪些方面的证据？

【基本原理】

民事诉讼采取"谁主张，谁举证"的举证责任原则，当事人对自己提出的主张，

① 王进喜. 风险代理制度有待完善 [N]. 法制日报，2006 – 01 – 25.

有责任提供证据。没有证据或者证据不足以证明当事人的事实主张的，由负有举证责任的当事人承担不利后果。所以，收集证据是民事诉讼代理律师的重要的基础性工作，对证据的有目的的收集和审查判断也是律师必须具备的专门技能之一。

依照《民事诉讼法》的规定，民事诉讼证据有下列几种：书证、物证、视听资料、证人证言、当事人的陈述、鉴定结论、勘验笔录。民事诉讼代理律师收集证据的一般做法是先听取当事人陈述，再根据当事人的陈述判断必须证明的对象和应当收集的证据，逐步深入做好证据收集工作。

一、听取当事人陈述

当事人关于案件事实的陈述，属于民事诉讼证据的一种，法院可以审查确定是否将当事人的陈述作为认定事实的根据。律师听取当事人的陈述，既是要据此掌握案件事实，也要审查判断当事人的陈述是否适合作为呈上法庭的证据。

当事人出于维护自己的利益、争取有利的诉讼结果的心理，会尽力陈述自己所知悉和记忆的显示自己有理的事实，但同时，当事人也会尽量隐瞒对自己不利的事实，有时甚至会夸大、编造对自己有利的事实，又或者，当事人由于法律知识的欠缺，会作出不利于自己的陈述。代理律师在听取当事人陈述时，要去芜存菁、去伪存真，做到：①尽量听取全面、真实的陈述，以求全面掌握案件事实，并准备证据去支持当事人对案件事实的确认性陈述和当事人否认对方主张的否认性陈述；②提醒当事人不要捏造事实，不要做虚假陈述，以免承担不利的法律后果；③谨慎审查当事人的承认性陈述，慎重对待当事人的对己方不利事实的自认。

【知识链接】

承认性陈述：指一方当事人对他方所主张的不利于自己的事实承认其为真实的意思表示。

诉讼过程中，一方当事人对另一方当事人陈述的案件事实明确表示承认的，另一方当事人无须举证。但涉及身份关系的案件除外。

对一方当事人陈述的事实，另一方当事人既未表示承认也未否认，经审判人员充分说明并询问后，其仍不明确表示肯定或者否定的，视为对该项事实的承认。

代理律师在听取当事人陈述时，发现当事人的陈述包含自认的内容的，要对当事人释明自认的法律后果，提醒当事人慎重决定。

代理律师对当事人的陈述应当采取制作笔录的方式收集。

二、收集证据，申请鉴定、勘验

除当事人自认外，民事诉讼的案件事实还要靠其他各种证据来证明。代理律师在收集证据时应当根据每一种证据类型的特点，针对待证事实，采取合法的方法进行证据收集，以满足证据规则对证据的合法性、真实性、关联性的要求。

1. 书证的收集

书证是指以文字、符号、图形等所记载的内容或表达的思想来证明案件事实的证据，如协议书、借条、公司章程、财务报表等。

对书证的收集和审查应当注意：

（1）书证的制作人及其制作该书证的资格。

代理律师应当审查书证的实际制作人是谁，与书证上载明的制作人是否一致，书证的签名、盖章是否真实，制作书证的主体是否具备相应的资格，如在合同书上签名盖章的主体是否具备缔约资格、出具证明书或承诺书的主体是否有权作出该证明或承诺等，这些问题关系到书证是否具备证明力。

（2）书证的内容。

代理律师应当审查书证的内容所表述的含义及其是否表达了制作人的真实意思，准确理解书证的真实内容，以判断该书证与待证事实的关联性，同时，还应当审查书证有无伪造、变造的痕迹，其内容是否经过修改。

（3）书证有无经过公证。

经过公证的书证，其证明力强于其他书证。根据《民事诉讼法》的规定，除有相反证据足以推翻的公证证明外，经过法定程序公证证明的法律行为、法律事实和文书，人民法院应当作为认定事实的根据。

向法庭提交的书证应当尽可能提交原件。提交外文书证，必须附有中文译本。

2. 物证的收集

物证是指以其存在的形状、质量、规格、特征等来证明案件事实的证据，如买卖双方留存的标的物样品、商标侵权案件中的假冒他人注册商标的产品实物等。

对物证的收集和审查应当注意：①物证来源是否可靠；②物证是否伪造；③物证的取得方法是否合法。

物证有原物与派生物之分，原物直接来源于案件事实本身，并以其自己存在的外形、重量、规格、损坏程度等特征来证明案件事实，原物对于案件事实的证明力一般大于派生物，因此，收集物证要贯彻原物优先的原则，向法庭提交物证应当尽可能提交原物。收集原物时，对于不便移动、保存的原物或无法提取的物品，要进行封存、拍照。物证的照片，包括拍照现场方位照片、物证全貌照片、物证重点部位照片，凡能说明案件性质、反映案件特点、表明物证来源等的重点部位，都应一一拍照。

在诉讼实践中，通常采取勘验、鉴定、公证等方式对物证以及获取物证的过程加以固定。例如，在商标侵权诉讼中，可以对从被告处购买到假冒他人注册商标产品的过程和由此买到的假冒他人注册商标产品进行公证，并对买到的假冒他人注册商标产品进行鉴定，以加强证据效力。

3. 视听资料的收集

视听资料是指利用录音、录像、电子计算机储存的资料和数据等来证明案件事实的证据。

利用视听资料可以证明案件事实的原始状态，还原事实过程，但视听资料也容易被裁剪、被篡改，所以，对视听资料的认证标准不同于其他证据，视听资料通常不能单独作为认定事实的依据。《民事诉讼法》第六十九条规定："人民法院对视听资料，应当辨别真伪，并结合本案的其他证据，审查确定能否作为认定事实的根据。"《最高人民法院关于民事诉讼证据的若干规定》也规定："存有疑点的视听资料不能单独作为认定案件事实的依据。"

对视听资料的收集审查应当注意：

（1）视听资料的来源是否可靠。

公安、司法等专门机关所制作的视听资料，其来源的可靠性较少受到质疑，但对于其他主体所制作的视听资料，则应当进一步审查其制作条件、制作环境，以确认其来源的可靠性。

（2）视听资料的收集程序是否合法。

对于专门机关收集的视听资料，应当审查其是否按照法定程序实施了规范的收集行为、是否依法履行了必要的审批手续；对于一般民事主体为了维护自身利益所收集的视听资料，法律并未规定其收集程序，但依照《最高人民法院关于民事诉讼证据的若干规定》第六十八条的规定，"以侵害他人合法权益或者违反法律禁止性规定的方法取得的证据，不能作为认定案件事实的依据"，视听资料的取得方法不得侵犯他人的合法权益或违反法律的强制性规定。例如：以侵犯公民的隐私权的方法或侵犯权利人的商业秘密的方法所取得的视听资料，不能作为认定案件事实的依据；而根据"公共场合无隐私"原则，一般而言，未经当事人同意而私自录制其在公共场合的言行所形成的视听资料，可以作为证据使用。

（3）视听资料的内容是否真实。

视听资料易于伪造和篡改，故对视听资料应当特别注意审查其内容的真实性和完整性，剔除被裁减、被篡改的视听资料，必要时还应当借助专家对视听资料是否被修改，收集手段是否正确、合法提出权威意见，为审查证据提供科学依据。

对于易遭破坏、毁灭或人为篡改的视听资料，如电子邮件等，应当及时通过公证机构取证，并制作出公证文书，或者申请法院进行证据保全，以固定证据并加强其证明力。

4. 证人证言的调查取得

证人是指知晓案件事实并应当事人的要求和法院的传唤到法庭作证的人。证人就案件事实向法院所作的陈述称为证人证言。

《民事诉讼法》第七十条规定："凡是知道案件情况的单位和个人，都有义务出庭作证。"但是，由于法律并未规定证人强制出庭的义务，也未规定证人无正当理由拒不出庭的法律责任，诉讼实践中证人不愿意或不能出庭作证的情形屡有发生。证人确有困难不能出庭的，经人民法院许可，可以提交书面证言。为此，代理律师调查取得证人证言有其现实意义。

律师收集证人证言的基本方法是制作调查笔录或由证人自书证言。在询问证人、制作调查笔录时，应当注意：

（1）询问证人过程通常应当有两名律师（其中一人可以是律师助理）在场，并须事先说明身份。

（2）核实证人身份并征得其同意作证，不能正确表达意志的人，不能作证，对未成年人证人取证，应当经其监护人同意并争取其在场。

（3）告知证人如实作证，不得诱导证人或教唆证人作伪证，不得对证人的陈述断章取义。

（4）要由证人在调查笔录上签名确认。

针对证人不愿出庭或不能出庭的情形，律师可以采取其他的补救办法，如：申请公证机构对证人书面证言的形成过程进行公证，以证明书面证言制作人的身份和制作过程的自愿性、真实性；通过双向视听传输技术手段让未能到庭的证人视频作证等。这些做法，有利于增强未到庭证人的证言的可信度。

5. 申请鉴定

在民事诉讼中，对于某些专门性问题，如笔迹、伤残等级等，需要由鉴定人进行鉴定。鉴定人是指接受聘请或指派，凭借自己的专门知识对案件中的疑难问题进行科学研究并作出具有法律效力结论的人。鉴定人运用专业知识、专门技术对案件中的专门性问题进行分析、鉴别、判断后得出的结论，称为鉴定结论。鉴定结论是民事诉讼证据的一种。

（1）鉴定的启动方式。

鉴定的启动有三种方式：当事人单方委托鉴定、双方共同委托鉴定和法院指定鉴定机构鉴定。当事人单方委托鉴定得到的鉴定结论往往不被对方当事人认可，所以，代理律师最好能够事先评估单方委托鉴定在具体案件中的证据价值，选取适当的启动鉴定方式。

当事人申请鉴定经人民法院同意后，由双方当事人协商确定有鉴定资格的鉴定机构和鉴定人；协商不成，由人民法院指定。

（2）申请鉴定的时间。

对于申请鉴定，特别需要注意的是，根据《最高人民法院关于民事诉讼证据的若干规定》，当事人申请鉴定，应当在举证期限内提出。

（3）重新鉴定。

当事人对于对方当事人自行委托有关部门作出的鉴定结论有证据足以反驳而不认可的，可以申请重新鉴定；当事人对人民法院委托的鉴定部门作出的鉴定结论有异议，提出证据证明存在鉴定依据不足、鉴定程序违法等情形的，可以依法申请重新鉴定。

6. 申请勘验

勘验，是指人民法院审判人员在诉讼过程中，为了查明一定的事实，对与案件争议有关的现场、物品或物体亲自进行或指定有关人员进行查验、拍照、测量的行为。对于查验的情况与结果制成的笔录叫勘验笔录。勘验笔录是法定的证据形式之一。

在民事诉讼过程中，人民法院可以依职权直接进行勘验，也可以根据当事人的申请进行勘验。所以，对于需要进行勘验的案件有关现场、物品，代理律师应当建议当事人提出勘验申请。

三、申请法院调查取证

民事诉讼当事人除自己收集证据外，如果因客观原因不能自行收集证据，在诉讼过程还可以依法申请人民法院调查收集证据。

1. 申请法院调查取证的证据范围

依照《最高人民法院关于民事诉讼证据的若干规定》第十七条，符合下列三个条件之一的，当事人及其诉讼代理人可以申请人民法院调查收集证据：一是申请调查收集的证据属于国家有关部门保存并须人民法院依职权调取的档案材料；二是涉及国家秘密、商业秘密、个人隐私的材料；三是当事人及其诉讼代理人确因客观原因不能自行收集的其他材料。

2. 申请法院调查取证的程序

当事人及其诉讼代理人申请人民法院调查收集证据，应当提交书面申请。申请书应当载明被调查人的姓名或者单位名称、住所地等基本情况，以及所要调查收集的证据的内容、需要由人民法院调查收集证据的原因及其要证明的事实。

3. 申请法院调查取证的期限

当事人及其诉讼代理人申请人民法院调查收集证据，不得迟于举证期限届满前7日。

4. 申请法院调查取证的复议程序

人民法院对当事人及其诉讼代理人的调查取证申请不予准许的，应当向当事人或其诉讼代理人送达通知书。当事人及其诉讼代理人可以在收到通知书的次日起3日内向受理申请的人民法院书面申请复议一次。人民法院应当在收到复议申请之日起5日内作出答复。

四、证据保全

证据保全，是指人民法院在起诉前或在对证据进行调查前，依据申请人的申请或当事人的请求，以及依职权对可能灭失或今后难以取得的证据，予以固定和保存的行为。

1. 证据保全的方式

民事诉讼证据保全有两种方式：一种是诉前证据保全，是指起诉前由申请人向人民法院申请对证据进行保全的行为。我国《民事诉讼法》并未明确规定诉前证据保全，但《商标法》、《著作权法》等专门法律规定了诉前证据保全制度。另一种是诉讼证据保全，就是在民事诉讼中人民法院依据当事人的请求或者依职权对证据采取的固定和保存行为。《民事诉讼法》第七十四条规定："在证据可能灭失或者以后难以取得的情况下，诉讼参加人可以向人民法院申请保全证据，人民法院也可以主动采取保全措施。"

2. 申请证据保全的期限

根据法律、司法解释的规定可以申请诉前证据保全的，申请人可以在起诉前向法院提出诉前证据保全申请，但是，申请人在法院采取保全措施后的法定期限内不起诉的，法院将解除保全措施。

当事人依据《民事诉讼法》第七十四条的规定向法院申请诉讼证据保全，不得迟于举证期限届满前7日。

【引例分析】

前述引例，黄某怀疑桂花鱼死亡是因使用鱼药所致，决定起诉索赔，依照《产品质量法》的规定，黄某可以选择向鱼药的生产者或销售者索赔。但是，就现有证据看，该鱼药很可能是假冒厂名、假冒批文的产品，无充分证据证明福建漳州科凯水产药业公司是该鱼药的生产者。同时，如果在诉讼中鱼之乐渔具店的潘某不承认，黄某没有证据证明潘某是鱼药的销售者，且黄某也没有证据证明鱼药是否存在质量缺陷能够致鱼死亡以及实际经济损失的数额。所以，律师应当建议黄某在起诉前取得证明潘某是鱼药的销售者的证据，比如找合适理由要求潘某补开购买15包虫无踪鱼药的收款收据，并且，找公正独立的第三方清点桂花鱼损失数量，取得损害后果的证据，对于鱼药是否存在能够致鱼死亡的质量缺陷，可以委托鉴定人取得鉴定结论，也可以在起诉之后、在举证期限之内向法院申请鉴定。

【思考与练习】

1. 某软件公司发现某模具厂未经其授权在工厂内部多台电脑上安装使用其软件进行生产经营活动，涉嫌侵犯其计算机软件著作权，欲委托律师代理提起侵权诉讼，请问代理律师应当建议其如何进行起诉前的证据收集？

2. 在民事诉讼中，当事人申请法院调查取证应当具备哪些条件？

【拓展阅读】

电子证据

1. 电子证据的形式

凡是表现为电子形式的、能够证明案件事实的证据都是电子证据。目前常见的电子证据包括计算机软件、BBS 记录、BLOG 记录、计算机网页、电子邮件、数码照片等。[①]

2. 电子证据的定性

电子证据应归为目前证据分类中的何类证据？现阶段，对此问题存在多种不同观点。第一种观点是将电子证据视为书证，理由是，电子数据一般是转换为书面材料后被采用的，故与书证相同；第二种观点是将电子证据归入视听资料，因为电子数据的原始状态是借助视听终端设备表现出来，而且其储存（写入）方式与传统视听资料的制作更加接近；第三种观点是认为电子证据是一种有别于传统证据分类中的任何一类证据的新型证据，需要另行立法来配套，因为电子证据表现为电子形式，不能简单归为实物形式、书面形式、言词形式；第四种观点是按照电子数据在具体个案中的不同证明作用，逐一划归各自的传统领域，比如电子邮件的文本部分就是一种书证，而电子录制的数码音像可定为视听资料。

3. 电子邮件等电子证据的审查与保全

由于电子证据易被删改、伪造，法院在审查电子证据的证据能力时，需要结合电子证据的技术特征及其他相关证据审查电子证据的真实性、合法性、关联性及其证明力。如对于电子邮件主要注意审查以下问题：①查明发件人的真实身份，即发件人与案件的当事人或其他有关人员是否为同一人。②查明电子邮件的内容（正文及附件）的真实性。首先审查分析电子邮件的源代码，源代码中载有发出邮件的服务器 IP 地址和发出时间、发件人的邮箱地址和随机 ID、收件人的服务器 IP 地址和收到时间等内容，其中发件人的邮箱地址、收件人的邮箱地址和随机 ID 都是事先在收发邮件的软件中已设定的数据，不受当事人主观意志左右，法院对这些内容一般可予认定，但邮件载明的发件时间是发件人所使用的电脑上的时间，电脑时间可以人为改动，故该发件

---

① 《北京市高级人民法院关于知识产权民事诉讼证据适用若干问题的解答》（2007 年 2 月 26 日通过）。

时间一般不能认定为发件的准确时间,仅可作参考。由于电子邮件在转化为可读状态的过程中易被删改,法院审查电子邮件载明的正文及附件的真实性,须综合发件人、收件人、网络服务商提供的资料,委托有关机构鉴定,审查有无删改的蛛丝马迹,并结合案件的其他证据进行审查,看其他证据能否印证电子邮件的内容,进行综合认证,否则,单一的电子邮件很难成为定案的依据。如果贸易中,当事人通过独立的中介机构如电子认证中心等转存数据,进行数据交换,则这类中介提供的电子数据具有较高的证据效力,一般可以单独作为定案的依据。鉴于目前立法尚待完善,司法经验不足,贸易商可以通过合同约定来成功解决电子证据原件、书面形式与可靠性标准等问题,当前民间合同途径无疑是解决电子数据证据效力问题的最佳方案。

现在习惯于用网络传递信息的人,尤其是参与电子商务的人一般在发出邮件后还会将邮件保存在自己的邮箱中备查,法院对电子证据进行保全,可以先责令被申请人(发件人)打开其电子邮箱,法院执行人员可以对其邮箱进行搜索,根据当事人提供证据的基本特征(时间、内容等)查找发件人发出的有关邮件,查到后便随即下载并打印,并由发件人当场辨认及书面确认。对于非文档类的电子数据(如多媒体视听资料),因其不能纸面转换,最好采用一次性只读光盘(CD-ROM)来烧制,保证取证不被篡改,绝对固定证据,烧制完成后可以当场播放一次,由申请人、被申请人等查看并书面确认后封存光盘,封条由被申请人等当事人及法院执行人员共同签名,质证时光盘在法庭上用多媒体播放设备播放。①

项目三 起诉和应诉

【引例】

2010年11月12日22时许,张某骑自行车在某市河东区平山路被同向行驶的一辆轻型厢式货车刮擦倒地,张某受伤,轻型厢式货车未停车而直接驶离现场,后经交警部门调查取证,认定事故发生之时赣A×××56号厢式货车经过事故路段,怀疑赣A×××56号车是肇事车,将车暂扣。因不能确定赣A×××56号车是否与张某发生接触,2010年12月10日,交警部门对此次事故作出了"无法认定本起事故责任"的《道路交通事故认定书》。事故造成张某交通事故三级伤残。赣A×××56号厢式货车登记车主为河东区益香饼业有限公司。事故发生之时,赣A×××56号车由益香公司司机李某驾驶送货。赣A×××56号车由某财产保险公司承保机动车交通事故责任强制保险,并由该财产保险公司承保第三者责任险。现张某拟委托律师起诉索赔。

问题:如果你是张某的代理律师,应当建议张某向哪一法院提起诉讼?应当将谁列为被告?应当提出哪些诉讼请求?

【基本原理】

起诉启动民事诉讼一审程序。在起诉阶段,代理律师除了帮助当事人确定管辖法

---

① 摘自广东法院网(www.gdcourts.gov.cn)民事诉讼栏目"电子证据的定性、审查与保全"。

院、选择适当的被告、撰写民事起诉状、提起诉讼，还应当帮助当事人确定是否申请诉前财产保全或诉讼财产保全、是否申请先予执行。

一、起诉

（一）确定管辖法院

《民事诉讼法》对民事案件的管辖规定了多种情形，既有法定管辖，又有可供当事人协议或选择的余地，原告方的代理律师应当分析利弊，在法律许可的情况下为当事人确定合法、合适的管辖法院。

代理律师确定管辖法院应当从以下三方面进行分析、审查，依法确定：

（1）当事人之间有无协议管辖的约定及其效力。协议管辖只适用于合同纠纷；当事人选择协议管辖必须以书面形式，口头协议无效；协议管辖只能在被告住所地、合同履行地、合同签订地、原告住所地、标的物所在地的人民法院之中约定管辖法院；协议管辖不得违反级别管辖和专属管辖的规定。如果当事人之间存在有效的管辖协议，应当按协议确定管辖法院。

（2）是否属于专属管辖。因不动产纠纷、港口作业纠纷、继承遗产纠纷而提起的诉讼，其管辖权的确定一律适用法律的规定，由《民事诉讼法》所规定的法院专属管辖，当事人无权协议管辖，也不适用一般地域管辖和特殊地域管辖。

（3）是否属于特殊地域管辖。特殊地域管辖是以诉讼标的物所在地或者引起民事法律关系发生、变更、消灭的法律事实所在地为标准确定的管辖。《民事诉讼法》规定了特殊地域管辖的九种情形，同时，这些特殊地域管辖的情形并不排斥一般地域管辖的适用。也就是说，上述特殊情形的法定管辖，允许按当事人住所地确定的一般地域管辖和按法律事实所在地、诉讼标的物所在地确定的特殊地域管辖进行共同管辖，使多个人民法院对同一案件都有管辖权，两者之间实际上为一种选择适用的关系，而具体选择向哪一个法院起诉，则完全取决于原告的意愿。原告方的代理律师应当帮助当事人权衡利弊，充分行使选择权，确定合适的管辖法院。

如果案件不属于上述三方面情形，则是一般地域管辖，以法院辖区与当事人的隶属关系为标准来确定管辖，通常按"原告就被告"原则由被告所在地法院管辖，有《民事诉讼法》所规定的例外情形则实行"被告就原告"，管辖权归原告所在地法院。

（二）选择适格的被告

对被告的选择不仅涉及合法性，还关系到当事人的诉讼主张能否得到支持、诉讼目的能否达到，所以，代理律师应当综合分析法律关系、当事人所拥有的证据、可供选择的被告的履行判决能力等情况，为原告选择适格、适当的被告。

1. 适格被告的程序要求

《民事诉讼法》对被告的要求是"明确"。被告"明确"的具体要求是姓名或名称的一致性，即：被告是自然人的，其姓名必须与其户籍登记资料一致；被告是组织的，其名称必须与其工商登记资料或其他登记管理机构的登记资料一致。

如果有关部门不准许当事人自行查询其他当事人的住址信息，代理律师可以向法院申请查询。

2. 适格被告的实体要求

法院立案并不考虑被告在实体权利义务上是否适格，但原告的代理律师在起诉时却不能不考虑所选择的被告是否是应当向原告履行义务、承担责任的主体，否则，选错被告必然败诉。在有多个责任主体可被选为被告的案件，选好被告则有利于原告诉讼目的的实现。

在实体方面，确定适格的被告主要考虑以下因素：一是法律规定，应当准确分析案件中存在的法律关系，依照法律规定找出对应的责任人；二是掌握的证据材料，应当选择现有的证据能够证实的法律关系作为诉讼的依据；三是可选被告履行判决的能力，应当选择有履行能力的被告，以免"赢了官司拿不到钱"。例如，在产品侵权纠纷案件中，法律规定受害人可以选择缺陷产品的生产者或者销售者索赔，代理律师应当分析当事人所拥有的证据能否证明谁是生产者或销售者、两者谁更有履行能力，从而作出对原告最有利的选择。

（三）确定合理的诉讼请求

诉讼请求是原告通过诉讼所要主张的具体权利，提出什么诉讼请求应当由原告决定，但是，由于当事人在确定诉讼请求时往往存在法律知识和理性的欠缺，代理律师应当给当事人提供专业帮助，协助当事人确定合法、合理的诉讼请求。

确定合理的诉讼请求应当考虑下列因素：第一，当事人的要求。原告提起诉讼就是想通过司法途径实现自己的要求，所以，如无明显的不合法或不合理情形，诉讼请求应该依当事人的要求确定。第二，法律的限制。诉讼请求不应当违反法律的限制性规定，否则难以得到支持，比如法律对某些责任规定了承担责任的方式或责任范围，原告就应当在这些责任方式和责任范围之内确定诉讼请求。第三，证据材料。应当考虑具体的诉讼请求所对应的举证责任，根据当事人能够掌握的证据材料来确定具有实现可能性的诉讼请求。

（四）撰写起诉状

民事起诉状是民事案件的原告人向人民法院陈述自己的合法权益被侵害的事实、阐明起诉理由、提出具体诉讼请求并请求法院依法裁判支持其诉讼请求的诉讼法律文书。

民事起诉状应当载明以下事项：

（1）标题为"民事起诉状"。

（2）当事人的基本情况。

包括当事人的姓名、性别、年龄、民族、职业、工作单位和住所，当事人为无民事行为能力人或限制民事行为能力人的，写明其法定代理人的基本情况及其与当事人的关系；法人或者其他组织的名称、住所和法定代表人或者主要负责人的姓名、职务。

（3）诉讼请求和所根据的事实与理由。

诉讼请求必须明确具体，应当列明原告对被告提出的有关民事权益方面的全部具体要求，列明具体项目和金额。在一些给付之诉中，因为自立案到执行终结往往会有一个较长的诉讼期间，利息、实际损失等赔偿数额也随之不断扩大，为最大限度地维护原告权益，在具体诉讼请求中，可以依照一定的计算标准附加提出一个变量的请求。比如，将利息损失请求一项写成：请求被告支付原告利息多少元及自某年某月某日起至实际付款之日止的每日万分之几的利息及罚息等损失。

事实与理由部分是民事起诉状的核心内容，是请求法院裁决纠纷支持原告诉讼请求的重要依据。在事实部分，应当写明原、被告之间民事法律关系存在的事实、双方纠纷的由来和发展、双方争执的民事权益的内容和焦点。在理由部分，应当根据事实和法律，就双方发生争议的权益性质、危害后果以及被告应当承担的民事责任加以阐述和论证，阐明原告方所主张的事实的真实性和所提出的诉讼请求的合理合法性，明确提出权益请求的主张。

（4）证据和证据来源、证人姓名和住所。

证据和证人名单可以附在民事起诉状主文之后，也可以以证据清单、证人名单形式单独成文。

（5）受诉人民法院的名称、原告签名或盖章、起诉日期。

二、应诉

被告方收到起诉状副本和法院应诉通知后，应当积极应诉，及时答辩。应诉答辩阶段，被告的代理律师应当注意审查下列两方面问题，针对原告的起诉撰写并提交答辩状。

（一）审查有无仲裁协议

对于平等主体之间的合同纠纷和其他财产纠纷，依照法律的规定，当事人可以自由选择仲裁或诉讼。但是，仲裁和诉讼是相互排斥的，同一纠纷只能"或裁或审"，选择了仲裁就不得再向法院诉讼，选择了诉讼就不得申请仲裁。当事人在书面合同中订有仲裁条款，或者在发生纠纷后达成书面仲裁协议，并且不存在仲裁条款、仲裁协议无效、失效或者内容不明确无法执行的情形的，人民法院对该纠纷无管辖权。

如果原告起诉时未声明有仲裁协议，被告有权在首次开庭前提交仲裁协议并提出管辖异议，法院将对仲裁协议的效力进行认定，仲裁协议有效的，驳回原告的起诉；仲裁协议无效的，驳回被告的管辖异议，进入实体审理程序。但是，需要特别注意的是：如果被告应诉答辩或者在首次开庭前未对人民法院受理该案提出异议，视为其放弃仲裁协议，法院有管辖权，继续审理。

【法条链接】

《最高人民法院关于适用〈中华人民共和国民事诉讼法〉若干问题的意见》第一百四十八条：当事人一方向人民法院起诉时未声明有仲裁协议，人民法院受理后，对方当事人又应诉答辩的，视为该人民法院有管辖权。

被告的代理律师在代理被告应诉答辩之前，应当向被告了解双方当事人之间是否存在仲裁条款、仲裁协议，并审查仲裁条款和仲裁协议所选择的仲裁机构是否存在、选择裁决的事项是否超越仲裁机构权限、仲裁条款和仲裁协议是否存在无效、失效或者内容不明确无法执行的情形，如果认定当事人之间存在合法有效的仲裁协议，则应当协助当事人提出管辖权异议，或依当事人意志放弃仲裁协议，应诉答辩。

（二）确定是否提出管辖权异议

在人民法院受理案件之后，当事人有权就受案法院的地域管辖权或级别管辖权提出管辖异议，主张该人民法院对本案无管辖权。

在诉讼实践中，原告方可能因为对管辖法律规定的理解不正确而向无管辖权的法院提起诉讼，还可能出于自身不合理利益的考虑而故意规避法律对管辖权的规定，例如：将不是被告的人虚列为被告，使案件规避真正被告所在地法院的管辖，使得没有法律上关联的法院取得案件的管辖权。所以，被告应当注重管辖异议权利的行使，维护自身的合法权益。

依照《民事诉讼法》的规定，当事人对管辖权有异议的，应当在提交答辩状期间提出。被告的代理律师应当根据法律规定审查受案法院有无管辖权，审查原告是否存在故意规避管辖法律规定的情形，在法律规定的期限之内，代理被告提出管辖异议。

（三）撰写答辩状

答辩是民事诉讼被告方的重要诉讼权利，被告有权答辩，也有权放弃答辩，但诉讼实践表明，放弃答辩通常不是明智的选择。被告的代理律师应当协助被告充分行使答辩权利，为被告撰写答辩状，在法定的答辩期限之内提出答辩。

民事答辩状是民事案件的被告人收到原告的起诉状副本后，在法定的期限内，针对原告在诉状中提出的诉讼请求以及所依据的事实和理由，进行回答和辩驳的法律文书。

民事答辩状应当载明以下事项：

（1）标题为"民事答辩状"。

（2）答辩人的基本情况。包括答辩人的姓名、性别、年龄、民族、职业、工作单位和住所，答辩人为无民事行为能力人或限制民事行为能力人的，写明其法定代理人的基本情况及其与答辩人的关系；答辩人为法人或者其他组织的，列明名称、住所和法定代表人或者主要负责人的姓名、职务。

（3）案件编号和案由。写明针对何案件进行答辩。

（4）答辩的主张和理由。这是答辩状的核心内容，应针对起诉状中与事实不符、证据不足、缺乏法律依据的内容逐一进行辩驳，写明否认原告的哪些诉讼请求及其理由，并对本案的处理明确提出自己的主张。通常从以下几方面进行答辩：一是就事实部分进行答辩，要列举证据分析证明原告所主张的事实不成立；二是就法律适用进行答辩，要据理反驳，论述原告的起诉在程序方面或实体方面法律适用的错误；三是提出答辩主张，要明确否认原告的全部或部分诉讼请求，并提出对本案处理的主张。

（5）证据和证据来源、证人姓名和住所。证据和证人名单可以附在民事答辩状主文之后，也可以以证据清单、证人名单形式单独成文。

（6）致送人民法院的名称、答辩人签名或盖章、答辩日期。

三、反诉

反诉是指在已经开始的民事诉讼中，本诉的被告以本诉的原告为被告，向审理本诉的人民法院提起的与本诉具有牵连性的独立的反请求。

被告提起反诉可以抵消、动摇或吞并本诉原告的诉讼请求，被告的代理律师应当积极协助被告行使反诉权利。

提起反诉的条件是：①反诉只能由被告向原告提起；②反诉必须向受理本诉的法院提起；③反诉的请求和事实理由与本诉具有牵连性，存在着法律上的联系，否则就要另行起诉，不能合并审理；④反诉应在举证期限内提出。虽然《民事诉讼法》对反诉的提出时限未作具体规定，但依照《最高人民法院关于民事诉讼证据的若干规定》，当事人提起反诉的，应当在举证期限届满前提出。

四、财产保全和先予执行

（一）财产保全

财产保全，是指遇到有关的财产可能被转移、隐匿、毁灭等情形，从而可能造成对利害关系人权益的损害或可能使将来的判决难以执行或不能执行时，根据利害关系人或当事人的申请或人民法院的决定，而对有关财产采取保护措施的法律制度。在有必要的情况下，代理律师应当选择适当的时机，代理当事人申请财产保全。

财产保全分为诉前财产保全和诉讼财产保全。

1. 诉前财产保全

诉前财产保全是在起诉前因情况紧急，不立即采取保全措施将会使利害关系人的合法权益遭受难以弥补的损害，法院批准利害关系人的申请所采取的财产保全措施。

申请诉前财产保全应当注意下列问题：一是提出诉前财产保全的前提条件是利害关系人的合法权益面临紧急情况，使争议的财产权益或利害关系人的相对方持有的财产出现转移、隐匿或灭失的现实可能，并且具有迫切性，不立即采取保全措施将会受到难以弥补的损害；二是诉前财产保全由申请人向财产所在地的人民法院申请，在法院采取诉前财产保全后，申请人起诉的，可以向采取诉前财产保全的人民法院或者其他有管辖权的人民法院提起；三是申请人应当提供担保，担保必须与所保全的财产相适应，不能小于所保全的财产，不提供担保的，法院驳回申请。

法院裁定采取诉前财产保全措施后，申请人必须在法定期限内提起民事诉讼。申请人在法院采取保全措施后 15 日内不起诉的，法院将解除财产保全。

2. 诉讼财产保全

诉讼财产保全是在诉讼过程中，为了保证法院的判决能顺利执行，法院根据当事人的申请或在必要时依职权对有关财产采取保护措施的制度。

申请诉讼财产保全应当注意下列问题：一是提出诉讼财产保全的前提条件是在诉讼过程中，一方当事人可能实施某种行为，或可能发生其他原因，将使法院作出的判决不能执行或者难以执行；二是诉讼财产保全只能由案件当事人向受诉人民法院提出，非受诉人民法院不得受理申请，采取保全措施；三是法院采取诉讼财产保全措施，可以责令申请人提供担保，申请人不提供担保的，法院将驳回申请。

3. 申请财产保全的风险及其避免

申请财产保全的风险在于：申请有错误的，申请人应当赔偿被申请人因财产保全所遭受的损失。因此，代理律师在决定是否提起财产保全申请时，应当向当事人充分释明，慎重为之，并注意下列问题以尽量避免损失：一是案件必须有给付的内容，财产保全主要适用于给付之诉，单纯的确认之诉或变更之诉，判决不具有给付内容，根本不会发生判决不能执行或难以执行的危险，无须采取财产保全措施，但是在确认之诉或变更之诉中兼有给付之诉内容的，可以适用诉讼财产保全措施；二是财产保全的申请必须限于诉讼请求的范围，或者与本案有关的财物，申请保全的财物的价值不应超过诉讼请求的金额；三是如果发现财产保全措施不当或保全的条件已经发生变化，应当主动申请撤销财产保全措施，防止不必要的损失。

（二）先予执行

先予执行是指在民事案件的审理过程中，因一方当事人生产或生活上的迫切需要，法院根据其申请而在判决作出之前裁定对方当事人给付申请人一定的财物，或者立即实施或停止某种行为，并立即执行的措施。

可以申请先予执行的案件包括：追索赡养费、扶养费、抚育费、抚恤金、医疗费用的；追索劳动报酬的；因情况紧急需要先予执行的。

先予执行应当符合下列条件：第一，当事人提出申请；第二，当事人之间权利义务关系明确，不先予执行将严重影响申请人的生活或者生产经营；第三，被申请人有履行能力。

申请人提出先予执行申请，法院可以责令申请人提供担保，申请人不提供担保的，法院将驳回申请。申请人败诉的，应当赔偿被申请人因先予执行遭受的财产损失。

当事人对先予执行的裁定不服，不得提起上诉，但可以向作出裁定的法院申请复议一次，复议期间不停止裁定的执行。

五、举证

原告起诉、被告应诉之后，双方当事人都必须在法院的举证通知书确定的举证期限之内进行举证，以证明自己的主张。代理律师在举证中的主要工作包括：

1. 及时提出各项申请

依照《最高人民法院关于民事诉讼证据的若干规定》，当事人申请鉴定，应当在举证期限内提出；申请人民法院调查收集证据，不得迟于举证期限届满前7日；申请保全证据，不得迟于举证期限届满前7日；申请证人出庭作证，应当在举证期限届满10日前提出，并经人民法院许可。代理律师应当熟悉这些规定，及时提出各项申请，避免因疏忽而造成工作失误，给当事人带来损失，招致执业风险。

2. 提交证据清单及证据

将众多的证据按合理的顺序进行排列，以方便法官了解证据、熟悉案情，是一项能够充分体现代理律师专业水准的工作。代理律师应当根据人们的认识规律，将所要提交的证据分类排列，并编制证据清单，附在证据之前，准确、有条理地表达自己的观点。证据清单要列明证据名称、份数和页码，写明证据内容，即对每项证据的主要内容作简要概括，还应当列出证据的证明对象，即简要描述每项证据所要证明的事实或观点。

3. 庭前证据交换

依照《最高人民法院关于民事诉讼证据的若干规定》，经当事人申请，人民法院可以组织当事人在开庭审理前交换证据；人民法院对于证据较多或者复杂疑难的案件，也可以组织当事人在答辩期届满后、开庭审理前交换证据。庭前证据交换仅仅是开庭审理前的准备工作，并非庭审质证，也非开庭审理，其目的是固定证据，确定双方当事人争议的主要问题。通过庭前证据交换，审判人员对当事人无异议的事实、证据记录在卷，对有异议的证据，按照需要证明的事实分类记录在卷，并记载异议的理由，从而提高诉讼效率。

【引例分析】

前述引例，张某提起道路交通事故人身损害赔偿纠纷诉讼，应当向事故发生地或被告住所地人民法院起诉，本案事故发生地和被告住所地均在某市河东区，张某应向河东区人民法院提起诉讼。

本案应当将李某、益香公司、某财产保险公司列为被告：因道路交通事故应由事故责任者承担责任，李某是交通事故肇事司机，应列为被告；又因李某是益香公司雇员，其在从事雇佣活动中致人损害的，雇主应当承担赔偿责任，应当列益香公司为被告；《道路交通安全法》第七十六条规定："机动车发生交通事故造成人身伤亡、财产损失的，由保险公司在机动车第三者责任强制保险责任限额范围内予以赔偿。"为肇事汽车承保机动车交通事故责任强制保险的某财产保险公司应当被列为被告。

律师应当建议张某提出下列诉讼请求：①判决李某对本次交通事故承担全部责任；②判令三被告共同赔偿张某因事故所受的各项损失（包括医疗费、住院伙食补贴、营养费、误工费、护理费、伤残鉴定费、伤残赔偿金、交通费、精神损害抚慰金等），其中，被告某财产保险公司在机动车第三者责任强制保险责任限额范围内承担赔偿责任，超过部分由另两被告承担；③被告承担本案诉讼费用。

【思考与练习】

1. 代理律师建议民事诉讼当事人申请财产保全时应当注意什么？

2. 合同纠纷的双方当事人订有仲裁协议，一方提起民事诉讼，被告方的代理律师在向委托人提出要否答辩的建议时应当注意什么？

【拓展阅读】

本诉与反诉的牵连性

反诉与本诉必须具有牵连关系，是大陆法系国家普遍的立法例，如《法国民事诉讼法典》第七十条规定："反诉或追加之诉，仅在其与本诉请求有足够联系时，始予受理。"但是，什么是牵连关系，以及怎样确定或者衡量是否存在牵连关系，各国立法上均未加以规定。我国现行《民事诉讼法》对于反诉与本诉的牵连关系也没有作规定，使得司法实践中较难把握这一问题，学界对此问题的观点也各有不同。

有学者认为：本诉与反诉的牵连性，应当指的是反诉与本诉的诉讼请求（或诉讼标的）或者诉讼理由（或攻击、防御方法）存在着法律上或者事实上的牵连关系。所谓与本诉请求有关联是指双方的请求是关于同一权利或法律关系的情形。例如，在本诉中原告要求交付已购之物，而被告的反诉是要求支付价金；或者原告要求确认所有权，而被告要求确认自己对同一物有所有权。反诉请求与本诉中的防御方法相关联是指反诉请求与本诉请求的防御方法是关于同一权利或法律关系的情形。例如，在原告要求交付某物的本诉中，被告作为其防御方法主张对该物的质权并拒绝交付，同时提出要求原告偿还担保债权的反诉；或者对于原告的金钱支付请求，被告主张在对等额度内用反对债权进行抵消，同时又提出要求支付余额的反诉等。

而有学者认为不应当要求反诉必须和本诉具有牵连关系，并提出了以下理由：第一，从反诉制度的起源和确立之初来看，并不要求反诉与本诉必须有牵连关系。反诉的诉讼请求只要能够同本诉的诉讼请求相抵消，被告就可以提起反诉，当时法院承认反诉的最初目的，乃是求得原告、被告双方当事人之间的公平。第二，从世界各国来看，要求反诉必须与本诉具有关联性的国家主要是大陆法系国家，但在英美法系国家，做法却相反，从国际潮流来看，不要求反诉必须与本诉有"关联"的趋势越来越强。

项目四 出 庭

【引例】

李某是启明学校三年 1 班学生，由于父母忙于经营饮食店，对李某疏于管教，李某逐渐沉涵电子游戏，常常不完成老师布置的作业，学习成绩差，各科任老师特别是班主任何老师多次对其留校单独辅导，但收效甚微。2005 年 12 月 3 日上午，由于李某又不交作业，班主任何老师当着全班同学的面惩罚李某，要求李某自己打自己 10 个耳光，李某照做，致脸颊红肿。放学后，李某的同学将此事告知李某父母，在父母追问下，李某告诉父母自己被自己打得耳鸣、头晕。李某父母立刻联系报社记者采访，并带同记者到启明学校讨说法，报纸以大篇幅报道此事并引起社会公众广泛关注讨论。学校领导及何老师向李某及其父母解释，后又带着慰问金、慰问品到李某家上门道歉，李某父母继续请记者进行跟踪报道。李某父母要求启明学校赔偿 100 万元，以李某名义向法院提起索赔之诉。开庭之时，记者隐瞒其身份到法庭旁听。

问题：如果你是本案被告启明学校的诉讼代理人，在法庭调查和庭审辩论中应当将哪些问题作为调查和辩论的重点？

【基本原理】

参加法庭审理是律师民事诉讼代理工作的核心环节。在出席法庭之前，代理律师应当做好阅卷、确定代理大纲、准备代理词等准备工作，打有备之战；在庭审过程中，代理律师应当充分行使权利，充分运用证据和法律，据理力争，维护当事人的合法权益。律师代理离婚案件，必须有委托人共同出庭。

一、庭前准备

（一）阅卷

查阅法庭案卷是《民事诉讼法》和《律师法》赋予律师的权利，无论案件是否经过了证据交换，代理律师都有权根据需要查阅案卷。

律师阅卷应当做好摘抄、复印，对于涉及争议焦点、案情疑点和程序合法性的材料应当加以重点关注，对于证据交换记录、庭审笔录应当尽量全面复印或抄录。

（二）准备代理大纲和代理词

1. 代理大纲

代理大纲是代理律师对庭审过程自己的代理工作的总体计划，包括对诉讼请求、答辩主张和证据材料的梳理归纳，对庭审调查拟提问题和拟作应答的准备安排，以及对辩论观点、推进层次和技巧运用的预先设计。代理大纲不是必须的诉讼文书，但是，准备好代理大纲不失为一个良好的职业习惯。

2. 代理词

代理词是代理律师向法庭提交的表明代理律师对案件的代理意见的法律文书。代理词由代理律师在法庭辩论阶段发表，并在庭后提交法庭入卷。

代理词的格式和内容并无统一标准。通常，代理词由序言、正文和结束语三部分构成。序言写明代理律师代理权的来源、接受委托后的工作情况，并表明代理人对本案的基本看法。正文要全面、深入分析阐述当事人所主张的事实的真实性、当事人诉讼请求的合理合法性，其写法通常是分为事实认定和法律适用两部分分别论述、逐层推进。结束语主要是归纳总结代理意见，向法庭提出本案的处理意见和要求。撰写代理词，应当做到观点明确，条理层次分明，事实根据和法律依据充分，分析透彻入理，语言准确严谨。

代理词通常由代理律师在庭前拟好，庭后根据庭审情况加以整理、补充，在法院要求的时间内提交至法院。

二、庭审调查

在开庭准备阶段，代理律师应当关注合议庭组成人员，征求当事人意见，代理当事人行使申请回避的权利。

在法庭调查阶段，代理律师应当代理当事人陈述诉讼请求或答辩意见，进行举证和质证，回答法庭询问，向其他当事人发问，查清案情。

（一）诉讼请求和答辩意见的陈述

法庭调查首先由原告陈述自己的诉讼请求和事实理由。依照最高人民法院《关于民事诉讼证据的若干规定》，当事人增加、变更诉讼请求的，应当在举证期限届满前提出，庭审时原告如要增加、变更诉讼请求，只能另案起诉。

无论被告是否在答辩期限内提交了答辩状，开庭时被告都有权陈述答辩意见。

原、被告的代理律师各自可以代理当事人陈述。陈述时应当做到观点明确，简明扼要，方便法官归纳事实争议的焦点或法庭调查重点。

（二）举证质证

法庭调查主要依靠举证质证来查明案件事实。

1. 举证

代理律师应当按照证据清单有序举证，当庭说明每一份证据的证据内容、证明对象，做到有条不紊，没有遗漏。当事人的举证以在庭审中的举证为准，所以，对于庭前提交的证据材料，如果认为对其证明力有疑问，甚至认为该证据可能有利于对方的，在庭审时应当将其从证据清单中撤出，不作为证据提交。

2. 质证

质证是在庭审过程中，诉讼当事人就法庭上出示的证据材料提出质疑，以对其真实性、关联性及合法性作出判断的诉讼行为。当事人通过质证，否定对方所举证据的真实性、关联性或合法性，从而否定其证据效力。代理律师对对方提出的每一份证据都应该认真质证，质证时，要抽丝剥茧，仔细甄别，针对对方证据存在的错误和漏洞，分析评价其真实性、关联性或合法性的欠缺，否定其证据效力。

（三）发问和申请重新鉴定、勘验、补充证据

法庭调查过程中，经审判长许可，律师可以向证人、鉴定人及其他当事人发问。律师应就与本案有关的问题发问，发问受到审判长制止时，律师应尊重法庭的决定，改变问题或者发问方式，或表明发问的重要性和关联性。针对其他当事人、诉讼代理人威逼性发问、诱导性发问、带前提的发问和与本案无关的发问，律师有权提出反对

意见。反对意见被法庭驳回后，可提请法庭将律师的反对意见记录在案。

在法庭调查过程中，律师有权申请重新鉴定、勘验，要求补充证据，必要时可以申请延期审理。

三、法庭辩论和最后意见

（一）法庭辩论

法庭辩论，是民事诉讼双方当事人及其诉讼代理人行使自己的辩论权，在法庭上就有争议的事实和法律问题进行辩驳和论证，阐述自己的主张和理由，反驳对方的主张和理由的庭审活动。

律师的辩论发言，应紧紧围绕争议焦点或者法庭调查的重点进行。从事实、证据、法律等不同方面进行分析，阐明观点，陈述理由。律师发表代理意见应当重事实，讲道理，应有良好的文化修养和风度，尊重对方的人格，不得讽刺、挖苦、谩骂、嘲笑对方，不得攻击合议庭成员。

在法庭辩论之前，法官通常会根据事实调查的结果归纳辩论焦点，代理律师也可以就辩论焦点提出建议。法庭辩论应当围绕辩论焦点进行，其基本辩论方式通常有证据之辩、法律之辩、程序之辩几种。证据之辩围绕具体证据和证据规则展开，着重阐述某些证据应否被采信；法律之辩围绕案件的法律适用进行辩论，分析案件的性质，指出案件事实应当适用的法律并阐明理由；程序之辩主要针对案件审理过程的程序合法性进行质疑，争取程序利益，从而为实体权利的实现提供保障。这些辩论方式不能割裂，应当根据具体案件的需要而有所侧重、综合运用。

在法庭辩论过程中，律师发现案件某些事实未查清的，可以申请恢复法庭调查。在庭审过程中，发现审判程序违法，律师应当指出，并要求立即纠正，以维护当事人和代理人的诉讼权利。

（二）最后意见

向法庭陈述最后意见是当事人和代理律师的重要权利。最后意见包括对案件事实的意见，也包括对适用法律的意见，陈述最后意见应当以概括性的语言重申自己的主张，突出强调表明主要观点，言简意赅。

四、调解

《民事诉讼法》第八十五条规定："人民法院审理民事案件，根据当事人自愿的原则，在事实清楚的基础上，分清是非，进行调解。"

调解涉及对当事人的实体权利的处分，律师应当在代理权限内参与调解、和解，未经特别授权，不能对委托人实体权利进行处分。

律师代为签收调解书，应有委托人的书面授权，否则，不能签收。

五、核对庭审笔录，提交代理词

在法庭审理的全过程，法院书记员会做庭审笔录。庭审笔录是合议庭合议案件所依据的主要材料，也是二审或再审时审查一审过程的主要依据，各方当事人和代理人的主张、观点都以庭审笔录为准，所以，代理律师应当十分重视庭审笔录。在庭审结束之后，代理律师应当认真仔细地核对庭审笔录，特别是核对庭审笔录中对自己以及自己的委托人所述内容的记录，发现错漏应当当场申请书记员补正，以求庭审笔录完整、准确地记录自己的陈述内容，防止对己方有利内容的漏记，防止错记对己方不利的内容，维护委托人的利益，防范因庭审笔录出现代理律师的陈述对委托人不利的记载、委托人向代理律师追究责任的执业风险。

庭审结束后，代理律师应当及时整理代理词，在法院要求的时间内提交法院。

【引例分析】

前述引例，被告启明学校的职员何老师身为教师却体罚学生，是违法行为，侵犯了学生的人身权，应当承担法律责任，何老师是在执行职务中致学生损害，应由被告启明学校承担民事责任，所以，在庭审中，被告启明学校的代理律师不应存侥幸心理而回避、否认侵权事实，在法庭调查和法庭辩论时，为尽可能减轻校方责任，应当将调查和辩论的重点放在以下各点：第一，李某身体和精神受损害的程度，辩明李某的身体和精神并未因此事件受到严重伤害；第二，事件发生后被告启明学校的态度和做法，辩明被告已经以适当的方式承担责任；第三，李某父母请报社记者对事件进行连续报道的事实，提请法院不受舆论压力的影响，依法办案，实现司法公正。

【思考与练习】

1. 庭审质证应当围绕证据的哪些问题进行质疑、说明与辩驳？
2. 庭审中，未经特别授权的代理律师承认了对方当事人主张的事实，直接导致了对对方诉讼请求的承认，该代理律师的承认是否视为委托其代理的当事人的承认？

【拓展阅读】

2009 年 7 月 10 日上午，昆明某律师事务所何律师到澄江县法院代理一起土地使用权转让纠纷。原、被告双方当事人到齐后，法官宣布开庭。被告方代理人何律师当庭提出："审判长，本案原告涉及夫妻共同财产，应当把原告的妻子追加进入本案参加诉讼，我们 15 天前向法庭申请要求追加诉讼当事人，法庭的意见是什么？"审判法官洪某说："不用追加了，我现在口头告诉你。"何律师说："审判长，不同意追加原告妻子为当事人，是不是遗漏了当事人，程序上存在问题。"洪某随即回答："你的意见可以在法庭辩论时阐述观点，现在不用说了。"庭审结束后，法官叫原、被告双方当事人在庭审笔录上签字。何律师拿过笔录一看，书记员没有把何律师主要观点记录下来，何律师要求把"法官口头不同意追加当事人"的观点补在笔录上。洪某说："不准动笔录，有什么意见可以另外提交书面意见。"何律师说："笔录是记载整个庭审的过程，如果不加上，我就不签字。"何律师在笔录上补充："我要求对庭审笔录进行补正，但未获准许，被告代理人拒绝签字。"并写下自己的名字。何律师说："这下惹怒了洪法官，他当时质问'你算什么东西，法院的笔录是你可以在上面随便乱写的吗？'"随即，洪法官命令书记员叫来两名法警，将何律师带到法院篮球场，右手铐在篮球架上 40 多分钟。事件发生后，云南省律师协会有关人员赶赴澄江县法院了解情况，澄江县法院副院长代表法院向省律师协会表示歉意，并向何律师道歉。7 月 16 日，云南省高级人民法院发布通报称，澄江县法院 7 月 14 日已提请澄江县人大常委会撤销了洪某的澄江县人民法院审判员、审判委员会委员、民事审判一庭庭长职务，同时决定将其清除出法官队伍。[①]

项目五　二审程序

【引例】

甲公司生产"金凤"牌毛衣，是"金凤"注册商标的商标权人，2010 年 12 月 12 日，甲公司向人民法院诉称乙公司销售假冒"金凤"牌毛衣，请求判令乙公司停止销售假冒注册商标商品的行为，并赔偿甲公司的损失。甲公司在一审诉讼时主张其"金凤"商标于 2009 年被某名牌商标促进委员会评定为"年度十大品牌"，提交了年度十大品牌评定证书，以此证明其"金凤"商标具有很高价值，其主张的赔偿数额有事实根据。乙公司对某名牌商标促进委员会的主体资格和评定资格提出质疑，法院允许甲公司庭后 15 日内提交证明某名牌商标促进委员会主体资格和评定资格的证据，甲公司未提交。二审程序中，甲公司提交了 2010 年 1 月某协会评定"金凤"牌毛衣为"消费者喜爱十大品牌"的获奖证书，以此证明其"金凤"商标的价值。

问题：假设你是乙公司的二审诉讼代理人，应当如何应对甲公司在二审程序中提交的"消费者喜爱十大品牌"获奖证书这一证据？

【基本原理】

106

一、二审代理工作规程

律师代理二审民事诉讼，其主要工作包括：

1. 收案并办理委托手续

民事诉讼一审与二审是各自独立的诉讼程序，一审代理律师并不当然取得二审诉讼代理权，律师在二审程序中的代理权同样必须由当事人授权得到。律师事务所接受二审诉讼当事人委托的手续与一审相同。

上诉人的代理律师可以在一审诉讼结束后、当事人决定上诉之时即接受委托，此时，如果当事人未向法院提起上诉，律师应当注意审查当事人的上诉期，上诉期届满则不应接受委托；被上诉人的代理律师应当在被上诉人接到上诉状副本之后接受委托。

2. 代写民事上诉状或被上诉答辩状

律师可以根据二审当事人的请求，代其书写民事上诉状或被上诉答辩状，并在法定期限内提交法院。

3. 提醒上诉人交纳二审诉讼费用

依照《最高人民法院关于适用〈诉讼费用交纳办法〉的通知》，当事人逾期不按照《诉讼费用交纳办法》的规定交纳案件受理费或者申请费并且没有提出司法救助申请，或者申请司法救助未获批准，在人民法院指定期限内仍未交纳案件受理费或者申请费的，由人民法院依法按照当事人自动撤诉或者撤回申请处理。上诉人的代理律师

---

① 云南网：http：//www.yunnan.cn；中国新闻网：http：//www.chinanews.com.

要及时提醒当事人依照法院的通知交纳二审诉讼费用，并取得收据。

4. 及时提交委托代理文书

由于二审诉讼法院可能不开庭而只进行书面审理，代理律师不宜像一审代理一样等到开庭才提交委托代理文书，而应当在接受委托后及时主动向法庭提交授权委托书、律师事务所函等委托代理文书，以免错过二审诉讼程序。

5. 阅卷

二审代理律师，特别是没有参加一审诉讼的律师担任二审代理人，应及时到法院查阅案卷，并复制、抄录有关案卷资料，特别是一审庭审记录和证据材料，必要时应与一审律师取得联系，尽可能地全面了解一审情况。

律师在查阅一审案卷时，可对以下几方面作重点审查：第一，一审认定事实是否清楚、完整，有无前后矛盾。第二，一审证据是否充分、确凿，有无未经质证的证据作为判决裁定的依据；有无不该采信的证据采信了，该采信的却没采信；证据相互之间有无矛盾。第三，一审认定的事实与判决、裁定的结果是否具备必然的逻辑联系。第四，一审适用法律是否得当，适用的法律条文与案件性质、主要事实是否一致，有无适用已经废止的行政法规、地方性法规及司法解释。第五，一审程序有无影响案件正确判决的违法情况。

通过阅卷，代理律师发现对当事人在一审中已提出的诉讼请求或反诉请求，原审法院未作审理判决的，或判决结果超出诉讼请求范围的，应当代当事人请求二审法院调解或发回重审。

6. 提交新证据

二审代理律师应根据一审情况，及时做好证据补救工作，尽量收集并提交支持本方主张、反驳对方主张的新证据。对新证据的认定将在后文述及。

7. 代理当事人行使申请回避权

8. 参加法庭审理或接受法院询问、提交书面代理词

9. 根据当事人的授权参加调解

二审案件可以调解、和解。

根据法律规定，有些案件二审法院不能径行作出实体判决，但可以通过调解解决当事人的实体权利纠纷，如：对当事人在一审中已经提出的诉讼请求，原审人民法院未作审理、判决的，第二审人民法院可以根据当事人自愿的原则进行调解，调解不成的，发回重审；必须参加诉讼的当事人在一审中未参加诉讼，第二审人民法院可以根据当事人自愿的原则予以调解，调解不成的，发回重审；在第二审程序中，原审原告增加独立的诉讼请求或原审被告提出反诉的，第二审人民法院可以根据当事人自愿的原则就新增加的诉讼请求或反诉进行调解，调解不成的，告知当事人另行起诉；一审判决不准离婚的案件，上诉后，第二审人民法院认为应当判决离婚的，可以根据当事人自愿的原则，与子女抚养、财产问题一并调解，调解不成的，发回重审。对于这些案件，代理律师应当建议二审法院调解，并在维护委托人利益的前提下，尽力促成调解，以节约诉讼成本，减少讼累。

代理律师应当根据当事人的特别授权，签署调解及和解协议。

二、上诉和答辩

（一）民事上诉状

民事上诉状是民事诉讼当事人不服一审法院裁判而于法定期限内向二审法院提交的请求依法全部或部分撤销、变更原审裁判的法律文书。

律师代写上诉状，首先应当解读一审判决，从其事实认定、法律适用和程序的合法性几方面进行分析，发现一审判决的错误所在，然后根据当事人的上诉请求、针对一审判决的错误撰写上诉状。

上诉状的格式为：

（1）标题为"民事上诉状"。

（2）当事人的基本情况。

列明上诉人、被上诉人、其他当事人的基本情况，用括号注明上诉人、被上诉人的一审诉讼地位，其他当事人依原审诉讼地位列明。

（3）原审人民法院名称、案件的编号和案由。

按案件的一审案号写明对何案件提起上诉。

（4）上诉请求和上诉理由。

二审法院仅对上诉请求的有关事实和适用法律进行审查，除原判确有错误的情形以外，当事人没有提出请求的，二审法院不予审查。所以，代理律师应当注意全面、准确地表达当事人的上诉请求，避免遗漏。上诉请求也不能补充或变更一审诉讼请求。

上诉理由部分应当分析一审判决在事实认定、法律适用和诉讼程序方面的错误，阐述自己上诉请求的合法性与合理性，请求得到二审法院支持。

（5）致送法院的名称、上诉人签名或盖章、上诉日期。

（二）被上诉答辩状

被上诉答辩状是被上诉人针对上诉状的上诉请求和理由进行回答和辩驳的法律文书。撰写被上诉答辩状应当分析上诉人的上诉请求及其理由的不合理、不合法之处，表述自己对一审判决的看法，明确提出自己的答辩主张，如请求二审法院维持一审判决，并阐明自己答辩主张的合法性。

被上诉答辩状的常见格式及写作要求与一审答辩状大致相同。

三、新证据

二审诉讼，当事人有权提交新的证据。

《最高人民法院关于民事诉讼证据的若干规定》第四十一条第二项规定："二审程序中的新的证据包括：一审庭审结束后新发现的证据；当事人在一审举证期限届满前申请人民法院调查取证未获准许，二审法院经审查认为应当准许并依当事人申请调取的证据。"对于"一审庭审结束后新发现的证据"，通常理解为一审庭审结束后才产生的证据，而非一审庭审结束前已经存在的证据，如果要提交一审庭审结束前已经存在的证据，举证方的代理律师应当证明的确是因客观原因未能及时提交，并证明不采纳此证据可能导致裁判明显不公，争取法院采信；对于在一审诉讼中申请法院调取而未获准许的证据，代理律师宜再次向二审法院提出调查取证申请。

《最高人民法院关于民事诉讼证据的若干规定》第四十三条第二款规定："当事人

经人民法院准许延期举证，但因客观原因未能在准许的期限内提供，且不审理该证据可能导致裁判明显不公的，其提供的证据可视为新的证据。"对于此类逾期的核心证据，举证方的代理律师应当据理力争。

在二审程序中提供新的证据，应当在二审开庭前或者开庭审理时提出；二审不需要开庭审理的，应当在人民法院指定的期限内提出。

四、开庭审理和径行裁判

二审法院对上诉案件，将组成合议庭，开庭审理。但是，经过阅卷和调查，询问当事人，在事实核对清楚后，合议庭认为不需要开庭审理的，也可以径行判决、裁定。

二审案件开庭审理的，代理律师参加庭审的规则与一审相同。

二审案件不开庭审理的，代理律师应当及时提交书面代理词。

径行裁判适用于事实清楚的二审案件。如果二审期间发现新的重要证据，或者有理由说明作为一审判决所依据的主要证据不能成立，又或者出现其他可能直接影响案件结果的情况，代理律师可以建议二审法院开庭审理。

【引例分析】

引例中，甲公司提交的某协会评定"金凤"牌毛衣为"消费者喜爱十大品牌"的获奖证书已经于 2010 年 1 月为甲公司所取得，该证书不是甲公司在一审庭审结束后新发现的证据，也不是甲公司在一审举证期限届满前申请人民法院调查取证未获准许而在二审程序申请法院调取的证据，所以，不属于二审程序中可以提出的新证据，而是逾期提交的证据，作为乙公司的代理律师，应当根据《最高人民法院关于民事诉讼证据的若干规定》主张该证据逾期提交，应当不予质证。

【思考与练习】

1. 民事诉讼二审程序中，原审被告可否提出反诉？
2. 二审程序中的新证据包括哪些？

【拓展阅读】

上诉案件的审理范围

针对上诉案件的审理范围，理论界和实务界展开了激烈的讨论。概括起来，主要有以下几种观点：

（1）按照《民事诉讼法》第一百五十一条之规定，二审法院只能就当事人上诉请求的内容予以审查、判决，非上诉部分不应干预。这是由民事诉讼不告不理的特点所决定的。

（2）《民事诉讼法》第一百五十一条的规定只能是对二审法院审查范围的限制，但这种限制并不具有绝对的含义。上诉法院如果发现一审对非上诉部分的审理存在重大错误，应区别对待，非上诉部分如果属于当事人有权自由处分的事项，二审应不予审理，若非上诉部分的审理违反法律，危害国家、集体及社会利益的，二审应予以纠正。否则，既不能做到对一审错误的及时纠正，也不利于执行"两便原则"。

（3）二审法院如果发现一审法院对非上诉部分审理有错误，应本着"有错必纠"

的原则予以纠正，不应受当事人上诉请求范围的限制。

项目六　实　训

【情景设计】

2011年9月，家住广州市白云区的居民李某到明珠律师事务所向律师咨询，李某陈述的案件事实如下：李某曾经营房屋租赁生意，与时任广州君利投资咨询有限公司负责人的刘某相识。刘某多次帮助李某成功办理贷款，因此双方相熟，刘某住广州市天河区。刘某帮他人贷款时，有时会因垫资而产生资金周转困难。2007年10月30日，刘某以资金紧张为由向李某借款人民币45万元，当天刘某写下收条，载明："今收到李某人民币肆拾伍万元整（现金）。"2009年2月24日，刘某补立欠条："今收到李某人民币肆拾伍万元整。"2008年5月1日，刘某又向李某借款25万元，刘某立欠条一张，载明："今收到李某人民币贰拾伍万元整。"同日，刘某立收条一张，载明："今收到李某人民币贰拾伍万元整（现金）。"2008年10月5日，李某用自有的本市机场路某号房屋作抵押，向戴某借款55万元后再转借给刘某，刘某立欠条一张，载明："今欠李某人民币伍拾伍万元整。"该款由戴某银行账户转账到刘某账户。2011年起，李某向刘某催款，刘某回避，李某无法找到刘某。李某将机场路某号房屋卖出，卖房款中的55万元转入戴某账户，用以偿还向戴某借款55万元。该机场路某号房屋系李某出资购买，但借用了李某侄女李某环的名字登记。李某将该房屋卖给林某，双方订有房屋买卖合同。李某欲起诉追讨三笔借款共125万元。李某向律师出示了刘某亲笔所写并签名的三张欠条和两张收条。

【工作任务】

任务一：请你以律师身份为李某提供法律咨询，判断能否接受李某的委托代理其进行本案民事诉讼，并就本案的被告、起诉时机、管辖法院、诉讼请求等向李某提供法律意见。

任务二：请你作为李某的代理律师列出该案所要准备的证据清单，并提出取证方案。

任务三：请你为李某拟写民事起诉状。

【训练方法】

将全班学生分成4个小组，每个小组内部进行讨论，形成本组意见，然后4个小组之间进行交流，互相借鉴，再由各小组完成书面材料，交指导老师点评指导。

步骤一：各小组内部讨论，小组成员分工合作，将法律意见、证据清单、取证方案形成书面材料，并写出民事起诉状。

步骤二：4个小组之间讨论，每个小组将本小组意见和形成该意见的理由向全班作介绍，展示本小组的书面材料，与其他小组进行讨论、交流。

步骤三：各小组借鉴其他小组的优胜之处，对本小组的法律意见、证据清单、取证方案和民事起诉状进行修改、完善，交指导老师点评指导。

【考核标准】

1. 能审查判断当事人的委托事项是否符合律师民事诉讼代理业务的收案条件，能准确选择、判断本案的被告、管辖法院，并能提出合理的诉讼请求。

2. 能分析出本案原告需证明的事实，并能针对待证事实、根据案情列出原告能够举证的证据清单。

3. 制作的民事起诉状格式正确，内容完备，表述清楚。

单元 六 律师参加民事案件工作实务

律师参加行政案件工作实务

【知识目标】

了解律师在行政案件中的工作业务范围；理解律师的行政非诉讼工作业务的工作规程；掌握律师行政诉讼代理业务的基本要求。

【能力目标】

理解和熟悉律师在行政案件中的业务规程，并能够进行各种业务操作。

【内容结构图】

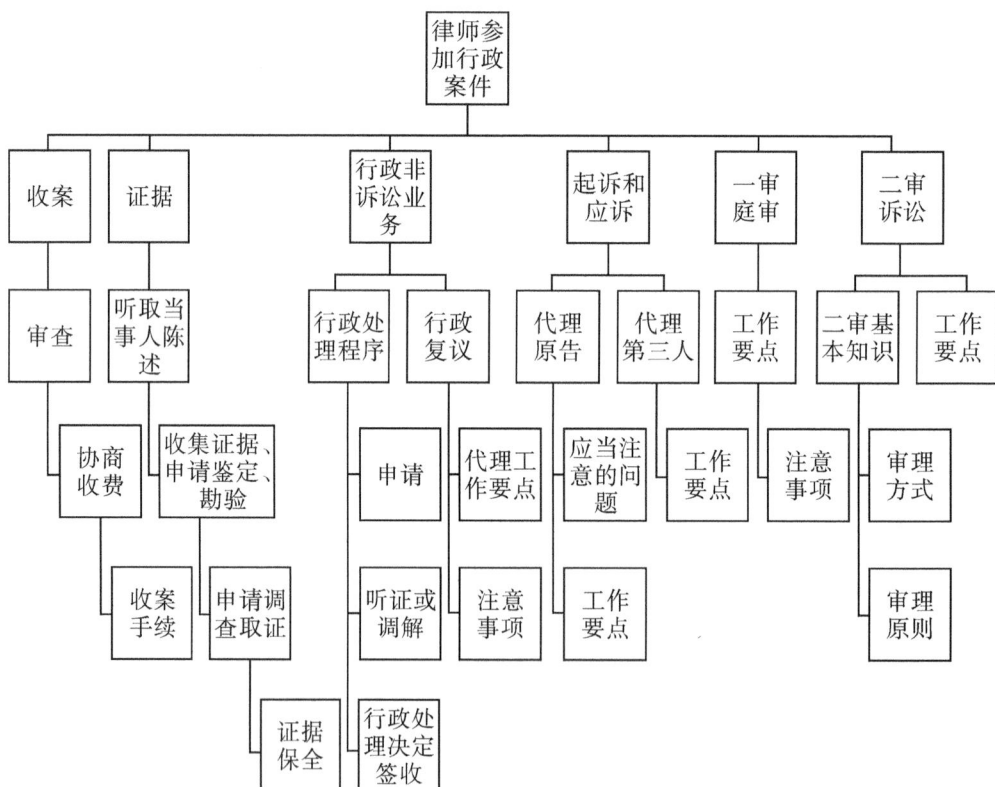

项目一　收　案

【引例】

杨某于 1999 年 9 月考取 Z 大学地球与环境科学学院城市与资源规划系地理科学专业。2001 年 7 月 3 日杨某在参加地球与环境科学学院城市与资源规划系地理科学专业"城市地理"的期末考试中作弊。2003 年 6 月 24 日，杨某修读完教学计划规定的全部课程并取得毕业证书。Z 大学因杨某考试作弊行为在杨某毕业时没有授予其学士学位。杨某不服，希望聘请律师通过法律途径要求 Z 大学授予其学士学位。

问题：

1. 假如你是执业律师，杨某有意委托你代理此案件，你在决定是否接受委托时应审查哪些问题？

2. 你应该建议杨某如何主张其权利？

【基本原理】

行政案件以是否受行政诉讼法调整为标准，可以划分为行政诉讼案件和行政非诉讼案件，律师参与行政案件工作相应地也可以划分为行政诉讼业务和行政非诉讼业务。代理行政案件业务，也是执业律师非常重要的一类业务。随着社会发展，法律不断完善，人们"公民"意识觉醒，当事人维权意识越来越深入人心，行政案件业务量大幅攀升，范围也越来越广，对律师提供法律服务的质量要求也越来越高。因此，熟悉律师代理行政案件的业务范围，理解并掌握律师代理行政诉讼业务的基本要领，是执业律师的基本要求。

一、律师办理行政案件的工作原则

（一）依法执业，维护法律的正确实施

根据我国律师法及相关法律规定，律师有权接受当事人的委托，依据行政法律规范，从事行政诉讼、行政复议、行政赔偿以及行政许可、行政听证、行政裁决等其他行政案件的代理业务，为社会提供法律服务。律师代理行政案件，应当坚持以事实为依据、以法律为准绳，遵守宪法、法律，维护当事人的合法权益和法律的正确实施。

（二）诚信尽职，维护委托人的合法权益

律师承办行政案件，应当诚实守信、审慎及时、勤勉尽责，恪守律师职业道德和执业纪律，以为委托人争取最大利益为己任，积极维护委托人的合法权益。

（三）保守国家秘密、商业秘密和个人隐私

律师在代理行政案件中，应当保守在执业活动中知悉的国家秘密、商业秘密及个人隐私。

（四）独立执业，不受非法干涉

律师办理行政案件，依法独立执业，不受行政机关、其他组织和个人的干涉。

二、收案

根据律师法，律师承办行政案件，由律师事务所统一接受委托，律师事务所应当与委托人签订书面委托合同，明确委托代理事项。律师不得私自接受委托。律师收案一般分为以下三个程序：

（一）收案审查

如果是原告委托，律师收案应当审查的主要事项包括：

1. 当事人委托的事项是否属于可诉的行政行为

（1）可诉的行政行为应当是在行政诉讼的受案范围之内。

《行政诉讼法》第十一条规定："人民法院受理公民、法人和其他组织对下列具体行政行为不服提起的诉讼：①对拘留、罚款、吊销许可证和执照、责令停产停业、没收财物等行政处罚不服的；②对限制人身自由或者对财产的查封、扣押、冻结等行政强制措施不服的；③认为行政机关侵犯法律规定的经营自主权的；④认为符合法定条件申请行政机关颁发许可证和执照，行政机关拒绝颁发或者不予答复的；⑤申请行政机关履行保护人身权、财产权的法定职责，行政机关拒绝履行或者不予答复的；⑥认为行政机关没有依法发给抚恤金的；⑦认为行政机关违法要求履行义务的；⑧认为行政机关侵犯其他人身权、财产权的。除前款规定外，人民法院受理法律、法规规定可以提起诉讼的其他行政案件。"

《行政诉讼法》第十二条规定："人民法院不受理公民、法人或者其他组织对下列事项提起的诉讼：①国防、外交等国家行为；②行政法规、规章或者行政机关制定、发布的具有普遍约束力的决定、命令；③行政机关对行政机关工作人员的奖惩、任免等决定；④法律规定由行政机关最终裁决的具体行政行为。"

《最高人民法院关于执行〈中华人民共和国行政诉讼法〉若干问题的解释》第一条进一步明确和细化行政诉讼的受案范围：

"公民、法人或者其他组织对具有国家行政职权的机关和组织及其工作人员的行政行为不服，依法提起诉讼的，属于人民法院行政诉讼的受案范围。

公民、法人或者其他组织对下列行为不服提起诉讼的，不属于人民法院行政诉讼的受案范围：①《行政诉讼法》第十二条规定的行为；②公安、国家安全等机关依照《刑事诉讼法》的明确授权实施的行为；③调解行为以及法律规定的仲裁行为；④不具有强制力的行政指导行为；⑤驳回当事人对行政行为提起申诉的重复处理行为；⑥对公民、法人或者其他组织权利义务不产生实际影响的行为。"

（2）可诉的行政行为应当是已经完成的行政行为。

可诉的行政行为必须具备行政行为的构成要件。行政行为应当具备以下构成要件：行政职能的存在和行政权的实际应用；行政行为法律效果的存在和行政机关表示行为的存在。

未完成的行政行为，不具备行政行为的构成要件，不属于可诉的行政行为。

【示例】

某外商投资企业在进出口产品中，始终享受海关核定的免税待遇。在享受免税待遇两年后，该企业了解到海关总署正在考虑取消他们的免税待遇，并且向有关海关发出了指令，要求几个地方海关取消给该外商投资企业的免税待遇，但各个地方海关尚未作出任何决定。该企业找到律师，希望能够对海关总署的决定提起行政诉讼。律师建议，海关总署的行为不是针对企业作出的，对企业不具备约束力。最终企业的税收优惠待遇问题，需要由地方海关的行为来决定。企业听从律师劝告，没有采取法律行动，而地方海关一直没有取消其免税待遇。

（3）可诉的行政行为应当对相对人有实际的影响。

《行政诉讼法》第二条规定："公民、法人或者其他组织认为行政机关和行政机关工作人员的具体行政行为侵犯其合法权益，有权依照本法向人民法院提起行政诉讼。"

《最高人民法院关于执行〈中华人民共和国行政诉讼法〉若干问题的解释》第十二条规定："与具体行政行为有法律上利害关系的公民、法人或者其他组织对该行为不服的，可以依法提起行政诉讼。"

根据上述法律及司法解释，不是任何人都有权对行政机关的具体行政行为提起行政诉讼，而只有与具体行政行为有利害关系的人，为了自己的利益，才可以提起行政诉讼。

一般认为，有下列情形之一的公民、法人或者其他组织，可以认定为"与具体行政行为有利害关系"，具有原告的诉讼主体资格：①具有国家行政职权的机关和组织及其工作人员的行政行为对其权利义务产生实际影响的；②与具体行政行为有法律上利害关系的；③被诉的具体行政行为涉及其相邻权或者公平竞争权的；④与被诉的行政复议决定有法律上利害关系或者在复议程序中被追加为第三人的；⑤要求主管行政机关依法追究加害人法律责任的；⑥与撤销或变更具体行政行为有法律上利害关系的。

【示例】

原告：增城市某山庄业主委员会

被告：增城市城市规划局

第三人：广州某山庄房地产有限公司

2007年3月份，某山庄业主发现第三人广州某山庄房地产有限公司在小区内兴建建筑物，而业主发现第三人广州某山庄房地产有限公司的建设与原规划严重不符；认为第三人广州某山庄房地产有限公司擅自变更规划、违章建设，并向其提出异议。在交涉未果的情况下，于2007年10月委托律师处理。2007年11月5日，广东某律师事务所以第三人擅自变更规划、违章建设为由致函广州市城市规划局及被告要求依法查处。2007年12月5日，广州市城市规划局以穗规信〔2007〕139号《关于群众投诉违法建设的转办函》移交给被告处理。2008年1月3日，被告告知原告，其已在2007年8月13日根据第三人广州某山庄房地产有限公司的申请，作出《关于广州某山庄房地产有限公司调整修建性详细规划的批复》，同意第三人广州某山庄房地产有限公司将原规划的别墅配套设施变更为高层建筑；原告方知道被告作出批准第三人广州某山庄房地产有限公司变更规划的具体行政行为。原告认为，被告作出该批复程序严重违法，依据不足，依法应当予以撤销。为此，原告起诉至增城市人民法院，要求法院撤销被告2007年8月13日作出的《关于广州某山庄房地产有限公司调整修建性详细规划的批复》。

增城市人民法院经审理，认为根据最高人民法院《关于执行〈中华人民共和国行政诉讼法〉若干问题的解释》第十二条的规定，"与具体行政行为有法律上利害关系的公民、法人或者其他组织对该行为不服的，可以依法提起行政诉讼"，即与具体行政行为无法律上利害关系的公民、法人或者其他组织对该行为不服的，无权提起行政诉讼。本案原告是基于物业管理活动的需要而产生，依法只能从事与物业管理有关的活动。国务院《物业管理条例》第二条规定："本条例所称物业管理，是指业主通过选聘物业服务企业，由业主和物业服务企业按照物业服务合同约定，对房屋及配套的设施设备和相关场地进行维修、养护、管理，维护物业管理区域内的环境卫生和相关秩序的活动。"本案原告所诉被告作出同意第三人广州某山庄房地产有限公司申请某山庄修建性详细规划批复的具体行政行为不属于物业管理活动和范畴，因此，原告与被告作出同意第三人广州某山庄房地产有限公司申请某山庄修建性详细规划批复行为之间不存在法律上的利害关系。本案原告并不是涉案房地产规划变更中的权利主体，其作为上述小区业主大会的执行机构，直接代替业主主张涉案房地产规划变更中的权利，缺乏法律依据，根据前述司法解释及条例的规定，本案原告不具有原告的主体资格。在审理期间，法院发现原告主体资格不适格后，先后分别通知原告及其代理律师，要求变更本案原告，原告坚持不予变更。直至庭审前一天下午增城市某山庄业主等7人才向法院递交参加诉讼申请书，请求作为本案原告参与诉讼。法院认为该7名业主参加诉讼申请的形式和时限不符合法律规定，只能列为本案第三人参加诉讼。据此，增城市人民法院裁定：驳回原告增城市某山庄业主委员会的起诉。原告不服，上诉至广州市中级人民法院。广州市中级人民法院经过审理后，作出裁定：驳回上诉，维持原裁定。

116

2. 诉讼请求是否正确合理

根据《行政诉讼法》的规定，以诉讼请求作为标准，行政诉讼可以分为：撤销之诉、确认之诉、责令履行法定职责之诉、变更之诉和赔偿之诉。

当事人在行政诉讼中，应当提出正确的诉讼请求。否则，诉讼请求不正确，如超出法院行政审判权限范围的，将被驳回起诉；或者诉讼请求相互矛盾，也会导致败诉。

3. 是否在法定期限内起诉

根据行政诉讼法及最高人民法院的司法解释，行政诉讼的起诉期限如下：

（1）公民、法人或者其他组织直接向人民法院提起诉讼的，应当在知道作出具体行政行为之日起3个月内提出；行政机关作出具体行政行为时，未告知公民、法人或者其他组织诉权或者起诉期限的，起诉期限从公民、法人或者其他组织知道或者应当知道诉权或者起诉期限之日起计算，但从知道或者应当知道具体行政行为内容之日起最长不得超过两年。

（2）经过行政复议的案件，当事人不服复议决定的，可以在收到复议决定书之日起15日内向人民法院提起诉讼。

（3）公民、法人或者其他组织申请行政机关履行法定职责，行政机关在接到申请之日起60日内不履行的，公民、法人或者其他组织向人民法院提起诉讼，人民法院应当依法受理。法律、法规和其他规范性文件对行政机关履行职责的期限另有规定的，从其规定。但是公民、法人或者其他组织在紧急情况下请求保护人身权、财产权的则不受上述限制。

如果是其他当事人委托，则主要考虑以下几种情况：

（1）接受行政程序申请人的委托，则主要审查是否属于行政处理或者行政复议范围，是否在复议期限内。当事人持有听证通知书、行政复议受理通知书的，即可收案。

（2）接受被告或第三人的委托，应当在人民法院向被告或第三人送达起诉状副本后或持有应诉通知书、听证通知书，或者第三人申请参加诉讼时办理委托手续。

（3）接受上诉人、被上诉人或其他当事人的委托担任二审代理人的，应当审查案件是否在上诉期内。如已超过上诉期限，不应接受委托。

（4）接受再审案件当事人的委托，应当审查当事人是否在判决、裁定发生法律效力两年后提出申请再审。

（5）当事人就行政损害赔偿要求委托律师的，则应当审查：

①对于单独提起的行政赔偿案件，应审查赔偿请求人是否已向行政赔偿义务机关提出赔偿请求。

②是否可以在申请行政复议或者提出行政诉讼时一并提出。

③是否超过法定起诉期限。

4. 利益冲突审查

《律师法》第三十九条规定："律师不得在同一案件中为双方当事人担任代理人，不得代理与本人或者其近亲属有利益冲突的法律事务。"据此，律师在收案审查时，应当注意利益冲突排查，当发现已接受同一行政案件的相对方委托，或者该委托事项与律师本人或者其近亲属存在利益冲突时，应当拒绝接受委托。另外，根据中华全国律师协会制定的《律师执业行为规范》，在行政诉讼中，也不允许同一律师事务所的不同律师同时担任争议双方当事人的代理人，或者本所或其工作人员为一方当事人，不允许本所其他律师担任对方当事人的代理人。

（二）协商收费

1. 收费依据

除法律援助案件外，律师事务所接受委托承办行政案件代理业务，按照国家规定向当事人收取费用。律师服务收费应当遵循公开、公正、诚实信用及公平竞争、自愿有偿、委托人付费的原则，在政府许可的范围内由律师事务所与当事人协商确定。目前调整与规范律师服务收费的法律依据就是2006年4月13日国家发展和改革委员会与司法部联合发布的《律师服务收费管理办法》，以及各省价格主管部门制定的律师服务收费具体实施办法，如《广东省律师服务收费管理实施办法》。

2. 计费方式

律师提供行政诉讼代理法律服务收费实行政府指导价，采取计件收费、按标的额比例收费和计时收费这三种收费方式。计件收费一般适用于不涉及财产关系的法律事务；按标的额比例收费适用于涉及财产关系的法律事务；计时收费可适用于全部法律事务。律师服务计时收费在我国尚不多见，律师行政诉讼代理业务通常采取按标的额比例收费和计件收费，具体收费标准、浮动幅度由各省、自治区、直辖市政府价格主管部门和司法行政部门指导，律师事务所应在规定的基准价及浮动幅度内与委托人协商确定具体收费。

律师事务所在提供法律服务过程中代委托人支付的诉讼费、鉴定费、公证费和查档费等，不属于律师服务费，由委托人另行支付。

需要注意的是，目前在我国禁止行政诉讼案件、国家赔偿案件以及群体性诉讼案件实行风险代理收费。

3. 收费主体及协商收费应当考虑的因素

律师法律服务的收费主体是律师事务所，律师不得私自向委托人收取任何费用。律师事务所与委托人协商律师服务收费时应当考虑以下主要因素：耗费的工作时间；法律事务的难易程度；委托人的承受能力；律师可能承担的风险和责任；律师的社会信誉和工作水平等。根据《律师执业行为规范》规定，律师事务所不得以明显低于成本的收费进行不正当竞争。

（三）委托手续办理

行政案件的委托手续主要体现为：委托代理合同、授权委托书和律师事务所函。

1. 订立委托代理合同

行政委托代理合同与民事委托代理合同一样，是律师事务所与委托人之间约定成立委托代理关系并约定双方的具体权利义务的协议。委托代理合同的双方当事人是委托人和律师事务所，经办律师不是合同当事人，其在合同中是约定被指派的案件代理人。律师事务所与委托人签订委托代理合同时应当审查当事人的主体资格并留存证明其主体资格的材料。

行政委托代理合同通常也采用律师事务所拟定的格式合同，合同内容与民事委托代理合同别无二致。律师应当在签约前向当事人解释合同条款的含义。委托代理合同一式三份，合同双方当事人各执一份，经办律师留存一份。

2. 签署授权委托书

授权委托书是委托人授予律师代理权的法律文件。授权委托书的内容一般包括：委托人的姓名、名称和住址，受委托人的姓名、职业和执业机构、代理权限等。授权委托书是律师从事行政案件代理的依据，律师在参与行政案件办理的过程中，包括调查取证、开庭等活动均应当出示当事人签署的授权委托书。故此，委托人签署授权委托书最好一式多份，以备不时之需。

委托书授予律师的代理权限分为一般授权与特别授权。需要注意的是，如果当事人是特别授权，则应当具体明确授予哪些特别事项代理权，如明确记载授予代为承认、变更、放弃请求，进行和解，提起反诉或者上诉等。否则，仅仅是写有"特别授权"而无列明特别授权事项的，则视为未授予律师上述权限。

涉外案件的授权委托书也有特殊要求，该特殊要求与民事授权委托书的要求一样，请参照民事授权委托书的相关规定办理。

3. 律师事务所函

律师事务所函是律师事务所出具给办案机关，告知代理律师的合法代理身份的法律文书，办案机关据此确认律师是受律师事务所指派参加行政案件，具备合法代理资格。律师事务所函是格式文件，其主要内容包括主送法院、本律师事务所对本案的编号、案由、审级、委托人、代理律师姓名等。律师事务所函由经办律师送交办案机关。

【引例分析】

前述引例，律师在收案时应当考虑解决以下几个问题：

首先，本案 Z 大学不颁发学士学位证书的行为是否属于可诉的行政行为？

本案中，Z大学可以制定校纪校规，维持正常的教学秩序，培养学生良好的生活和学习作风，这属于Z大学行使教育权的职责。但学士学位是用以证明获得者学习成绩优良，并较好地掌握本门学科的基础理论。因此，国家对学士学位的授权机构资格有明确的规定，法律对获得学士学位的条件和程序也作了明确规定。《行政诉讼法》第二条规定："公民、法人或者其他组织认为行政机关和行政机关工作人员的具体行政行为侵犯其合法权益，有权提起诉讼。"Z大学虽然不是行政机关，但根据《教育法》第二十八条第一款（五）项规定，其有权对受教育者颁发相应的学业证书。Z大学作为授予学士学位的机构，对本校本科毕业生授予学士学位属于履行法律授予的法定职责。由此可见，对是否授予学士学位是Z大学按照法律授予的职责对特定的人和特定的事作出的行政行为。杨某认为Z大学不授予其学士学位的行为影响其就业等权益，要求Z大学履行授予学士学位的职责，依法属于行政诉讼范围。

其次，Z大学是否应当履行对杨某的毕业成绩、毕业鉴定等材料进行审核，以决定是否授予杨某学士学位？

国家实行学位制度。学位授予单位应当依法对达到一定学术水平或专业技术水平的人员授予相应的学位，颁发学位证书。《中华人民共和国学位条例》第四条规定："高等学校本科毕业生，成绩优良，达到规定学术水平者，授予学士学位。"《中华人民共和国学位条例暂行实施办法》第三条规定："高等学校本科生完成教学计划的各项要求，经审核准予毕业，其课程学习和毕业论文的成绩，表明确已较好地掌握本门学科的基础理论、专门知识和基本技能，并具有从事科学研究工作或担负专门技术工作的初步能力的，授予学士学位。"第四条规定："授予学士学位的高等学校，应当由系逐个审核本科毕业生的成绩和毕业鉴定材料，对符合本暂行办法第三条及有关规定的，可向学校学位评定委员会提名，列入学士学位获得者的名单。"第五条规定："学士学位获得者的名单，经授予学士学位的高等学校授予学士学位。"杨某考试合格，由Z大学录取后，即享有该校的学籍，成为该校的本科生，取得了在该校学习的资格，杨某在校期间已学完教学计划规定的全部课程，考试合格。Z大学准予杨某毕业，并颁发毕业证书。杨某毕业后，按照《中华人民共和国学位条例》第四条规定，可以授予学士学位。Z大学作为国家授权的学士学位的授予机构，应当依照《中华人民共和国学位条例暂行实施办法》第四条、第五条规定的程序，组织有关人员对杨某的毕业成绩、毕业鉴定等材料进行审核，以决定是否授予杨某学士学位。

再次，Z大学能否以杨某考试作弊为由取消其学士学位授予资格？

国家教育部门发布的《普通高等学校学生管理规定》第十二条规定："凡擅自缺考和考试作弊者，该课程成绩以0分计，不准正常补考，如确实有悔改表现的，经教务部门批准，在毕业前可给一次补考机会。考试作弊的，应予以纪律处分。"该规章没有规定对考试作弊者可以取消授予学士学位的资格。Z大学制定的《Z大学全日制本、专科学生学籍管理办法》第十二条"学生考试作弊……不得授予学士学位"的规定，明显重于上述规章的规定，属于与上述规章相抵触，应属无效。Z大学认定杨某作弊，适用该管理办法作出取消授予杨某学士学位资格的处理决定，属于适用法律依据错误。

最后，本案是否属于复议前置案件？

根据《行政复议法》，本案不属于应当复议前置的争议，在当事人也未提起行政复议的情况下，本案可以通过法院诉讼，直接起诉Z大学，要求法院判令Z大学重新对杨某的学士学位资格进行审核，并授予学士学位。

综合分析以上几个问题后，律师决定接受杨某委托，并通过诉讼帮杨某打赢了官司，法院判令 Z 大学在判决生效之日起 60 日内召集本校学位评定委员会对杨某的学士学位资格进行审核。

【思考与练习】

1. 律师参与行政案件的业务范围有哪些？
2. 律师决定是否接受行政诉讼原告方的诉讼代理委托时，应当审查哪些事项？

【拓展阅读】

1990 年 10 月 1 日，《行政诉讼法》实施，开启了"民可以告官"的时代，在监督行政机关依法行政，维护公民、法人和其他组织合法权益方面，发挥了很好的作用。22 年来，该法一直未作出过修改，但实践中暴露出来的一些问题表明，该法的修改早已迫在眉睫。最大问题是，根据现行《行政诉讼法》的规定，公民、法人或者其他组织对行政机关制定、发布的具有普遍约束力的决定、命令不服提起诉讼的，人民法院不予受理。即法院只能对具体行政行为进行审查，而对一些层级较低且与法律、法规相抵触的规章、其他规范性文件等抽象行政行为，法院无权进行审查。因为抽象行政行为不能起诉，各地五花八门的红头文件、会议纪要、实施意见通知等规范性文件"堂而皇之"地侵犯公民、法人权益，公民、法人却不能通过诉讼维护自己的权益。虽然有人大监督、上级政府监督，但正如常言所说，人大的监督太远，上级政府监督太软。而且，这种规定与 WTO 法律文件对司法审查的要求也不协调。中国政法大学副校长、中国法学会行政法学研究会副会长马怀德透露，《行政诉讼法》修改的研究几年前就启动了，多数人主张把抽象行政行为纳入受案范围，以遏制某些基层地方政府，一些部门利用抽象行政行为损害相对人权益的情形，也可以约束和规范行政权力，防止滥用。但马怀德不赞成把行政法规、部门规章和地方政府规章纳入行政诉讼，他认为这不太可行。但除了行政法规、行政规章和地方政府规章外，其他所有行政机关不管以什么形式实施的，只要对相对人利益产生了影响，对公共利益产生了损害的行为，都应该接受司法监督，纳入行政诉讼受案范围。对于应受理而法院不受理的，马怀德指出，原告可以找检察机关，检察机关可以通过法律监督的职能提出检察建议，要求法院受理案件。还有专家建议，可以考虑改革法院审判体制，提高行政案件的审级；允许原告选择原、被告所在地以外的第三地法院管辖；甚至借鉴大陆法系国家的经验，设立相对独立的行政法院等方案。专家们认为，中国的特殊国情是行政机关的权力较大，而公民、法人和社会团体处于"弱势"地位，《行政诉讼法》修改应该充分看到中国行政诉讼的难度，充分强调原告的诉讼权利，并赋予行政机关更多的诉讼义务，使行政诉讼法真正成为一部"刚"法。①

---

① 马守敏，邹守宏. 三大诉讼法大修剑指焦点和难点［N］. 人民法院报，2011 - 06 - 25.

项目二　收集证据

【引例】

位于广州市天河区天河东路 A 街某号 1006 房原是尹某的产业。2009 年 12 月 29 日林某向尹某购买了该房产，并取得广州市国土资源和房屋管理局核发的粤房地权证穗字第 09××××××71 号《房地产权证》。2011 年 1 月 25 日林某与第三人吴某签订购买该房产的买卖合同。双方持《房屋买卖合同》、身份证、粤房地权证穗字第 09×××××71 号《房地产权证》等资料向广州市国土资源和房屋管理局申请办理该房产的产权变更登记手续，该局以 2011 登记 09003053 号登记受理。在审查期间，广州市国土资源和房屋管理局于 2011 年 1 月 27 日收到龙华法院的龙执字〔2011〕1144 号通知，龙华法院在通知中将尹某名下的上述房产已被该院于 2009 年 6 月 16 日以〔2007〕龙民二初字第 473-3 号协助执行通知书及裁定书查封的事实告知广州市国土资源和房屋管理局，并指出广州市国土资源和房屋管理局是在该院查封的情况下将房产转移给林某的。龙华法院认为，尹某是明显的转移财产、逃避债务，要求广州市国土资源和房屋管理局立即纠正错误，协助该院执行龙民二初字〔2007〕473-3 号裁定书及协助执行通知书。鉴于上述情况，广州市国土资源和房屋管理局于当天根据《广州市城镇房地产登记办法》第十九条第一款第（十）项规定，作出不予登记决定。另，2011 年 3 月 14 日广州市国土资源和房屋管理局认为尹某通过隐瞒房屋被查封的真实情况，非法办理过户登记手续，导致该房产在查封状态下被转移，遂作出穗国房法字〔2011〕15 号行政处理决定，撤销该房产的 2009 交登 9019995 号的全部房产登记事项的决定，即撤销该房产从第三人尹某名下转移到林某名下的登记。

林某认为广州市国土资源和房屋管理局的决定没有事实根据和法律依据，遂决定提起行政诉讼，要求撤销广州市国土资源和房屋管理局的两份决定，并于 2011 年 3 月 20 日向律师咨询起诉的证据准备工作。

问题：作为执业律师，你建议林某在起诉前应当收集哪些方面的证据？

【基本原理】

《行政诉讼法》第三十二条规定："被告对作出的具体行政行为负有举证责任，应当提供作出该具体行政行为的证据和所依据的规范性文件。"此即被告对行政行为的合法性承担举证责任原则；同时，《行政诉讼法》第三十三条还规定："在诉讼过程中，被告不得自行向原告和证人收集证据。"前述法律规定体现的是行政机关"先取证，后裁决"的执法要求，也是"谁主张，谁举证"原则在行政诉讼中的具体体现。

当然，在行政诉讼中，被告承担举证责任也不是无限的，被告仅对被诉具体行政行为的合法性承担举证责任。在其他情况下，根据"谁主张，谁举证"原则，原告不能免除举证责任。并且，举证责任制度也不排除不承担举证责任的一方当事人提供证据的权利。因此，在行政诉讼中，律师无论代理原告还是代理被告，为切实维护当事人的利益，都应当按照各项证据规则，收集到符合法定形式要求的证据，并在法定期限内向法庭提供。

根据《行政诉讼法》第三十一条的规定，行政诉讼证据的法定形式有以下七种，分别是：书证；物证；视听资料；证人证言；当事人的陈述；鉴定结论；勘验笔录、现场笔录。律师在行政诉讼中收集证据的工作步骤和程序，一般包括以下几个方面：

一、听取当事人陈述

听取当事人的陈述，是律师了解案件事实的第一步。无论律师代理的是政府机关还是行政相对人，是原告还是被告，最先都是通过当事人的陈述来了解案件事实，查阅现有证据材料，为进一步调查和收集证据做准备的。

当事人出于趋利避害的心理，往往会只说对自己有利的事实，而刻意隐瞒对自己不利的事实，故此，律师在接待当事人、听取当事人的陈述时，应当注意结合相关证据进行判断，引导当事人对案件事实进行客观陈述，以便律师掌握全部案件事实真相，并据此去准备组织全案证据材料。

当事人对案件事实的陈述，是法定行政诉讼证据形式的一种。根据《最高人民法院关于行政诉讼证据若干问题的规定》，在庭审中一方当事人对另一方当事人陈述的案件事实明确表示认可的，人民法院可以对该事实予以认定，但有相反证据足以推翻的除外。因此，律师应当在庭前与当事人进行充分沟通，并对当事人释明自认陈述的法律后果。

律师接待当事人时，对当事人的陈述最好制作笔录，以便作为证据。

二、收集证据，申请鉴定、勘验

"打官司，就是打证据"，证据是决定案件胜负成败的关键。因此，律师代理行政案件，收集并提供证据是非常重要的一项工作。律师收集、提供证据应当依法围绕证据的三性，即合法性、真实性、关联性来进行。

（一）书证的收集和提供

书证是指以文字、符号、图形等所记载的内容或表达的思想来证明案件事实的证据，如会计账册、财务报表、询问笔录等。

对书证的收集和提供应当注意：

（1）收集、提供书证的原件，原本、正本和副本都属于原件。提供原件确有困难的，可以提供与原件核对无误的复印件、照片、节录本。

（2）收集提供由有关部门保管的书证原件的复制件、影印件或者抄录件的，应当注明出处，经该部门核对无异后加盖其印章。

（3）提供报表、图纸、会计账册、专业技术资料、科技文献等书证的，应当附有说明材料。

（4）被告提供的被诉具体行政行为所依据的询问、陈述、谈话笔录，应当有行政执法人员、被询问人、陈述人、谈话人签名或者盖章。

（5）注意审查书证是否是国家机关及其他部门制作的公文文书，或者档案材料，是否经过公证或者登记。

根据最高法院司法解释，国家机关及其他职能部门依职权制作的公文文书优于其他书证，档案材料以及经过公证或者登记的书证优于其他书证、视听资料和证人证言。

（二）物证的收集和提供

物证是指以其存在的形状、质量、规格、特征等来证明案件事实的证据。

对物证的收集和提供应当注意：

（1）收集和提供原物，提供原物确有困难的，可以提供与原物核对无误的复制件或者证明该物证的照片、录像等其他证据。

（2）原物为数量较多的种类物的，收集和提供其中的一部分即可。

（三）视听资料的收集和提供

视听资料是指利用录音、录像、电子计算机储存的资料和数据等来证明案件事实的证据。对视听资料的收集和提供应当注意：

（1）应当收集和提供有关资料的原始载体。提供原始载体确有困难的，可以提供复制件。

（2）注明制作方法、制作时间、制作人和证明对象等。

（3）声音资料应当附有该声音内容的文字记录。

（四）证人证言的收集和提供

证人是指除当事人以外了解案件情况并向法院作证的人。证人就其知晓的案件事实向法院所作的陈述称为证人证言。

根据《最高人民法院关于行政诉讼证据若干问题的规定》，证人都有出庭作证的义务。但因特殊原因无法出庭的，当事人可以提交书面证言。

收集和提供证人证言应当注意：①写明证人的姓名、年龄、性别、职业、住址等基本情况。②有证人的签名。不能签名的，应当以盖章等方式证明。③注明出具日期。④附有居民身份证复印件等证明证人身份的文件。

（五）申请重新鉴定

当事人在行政诉讼中可能发生争议的专门性问题需要由专业人士解决，如质量是否合格等，就需要鉴定。鉴定人运用专业知识、专门技术对案件中的专门性问题进行分析、鉴别、判断后作出的结论，称为鉴定结论。鉴定结论也属于行政诉讼证据的一种。

根据"先取证，后裁决"的原则，行政诉讼中的被告通常在行政程序中就已采用了鉴定结论。在行政诉讼中，被告应当依法向法院提供其在行政程序中采信的鉴定结论。原告或者第三人有证据或者有理由表明被告据以认定案件事实的鉴定结论可能有错误的，在举证期限内可以书面申请重新鉴定。

另外，当事人对人民法院委托的鉴定部门作出的鉴定结论有异议，并且提出证据证明存在鉴定部门或者鉴定人不具有相应资质、鉴定程序严重违法、鉴定结论明显依据不足等情形的，也可以申请重新鉴定。

（六）申请勘验

在行政诉讼中，人民法院可以依当事人申请或者依职权勘验现场。勘验现场时，当事人或其成年家属应当到场。审判人员应当制作勘验笔录。勘验笔录也是行政诉讼证据的一种。

当事人对勘验结论有异议的，可以在举证期限内申请重新勘验。

三、申请法院调查取证

（一）申请调查取证的主体

行政诉讼与民事诉讼不同，根据"先取证，后裁决"的原则，被告行政机关在诉讼过程中不得再向原告和证人收集证据。因此，一般情况下，在行政诉讼中，只有原告或者第三人才可以向人民法院申请调取证据。

（二）申请法院调查取证的证据范围

根据《最高人民法院关于行政诉讼证据若干问题的规定》第二十三条，原告或者第三人不能自行收集，但能够提供确切线索的，可以申请人民法院调取下列证据：

（1）由国家有关部门保存而须人民法院调取的证据材料。

（2）涉及国家秘密、商业秘密、个人隐私的证据材料。

（3）确因客观原因不能自行收集的其他证据材料。

特别需要注意的是，为保证行政程序"先取证，后裁决"原则的落实，该司法解释明确限定：人民法院不得为证明被诉具体行政行为的合法性，调取被告在作出具体行政行为时未收集的证据。

（三）申请法院调查取证的程序

当事人申请人民法院调查收集证据，应当在举证期限内提交调取证据申请书。

调取证据申请书应当写明下列内容：

（1）证据持有人的姓名或者名称、住址等基本情况。

（2）拟调取证据的内容。

（3）申请调取证据的原因及其要证明的案件事实。

人民法院对当事人调取证据的申请，经审查认为不符合调取证据条件的，应当向当事人或者其诉讼代理人送达通知书，说明不准许调取的理由。当事人及其诉讼代理人可以在收到通知书的次日起3日内向受理申请的人民法院书面申请复议一次。人民法院应当在收到复议申请之日起5日内作出答复。

四、证据保全

与民事诉讼一样，行政诉讼当事人也可以申请证据保全。

当事人在行政诉讼中申请证据保全的，应当在举证期限届满前以书面形式提出，并说明证据的名称和地点、保全的内容和范围、申请保全的理由等事项。

当事人申请保全证据的，人民法院可以要求其提供相应的担保。

【引例分析】

前述引例，林某要求起诉广州市国土资源和房屋管理局，撤销该局的行政处理决定。根据《行政诉讼法》，林某对广州市国土资源和房屋管理局的决定可以依法提起行政诉讼。行政诉讼是以合法性审查为原则的，被告对其行政处理决定应当承担举证责任，但不排除原告举证的权利及特定情况下的举证责任。原告为取得胜诉结果，应当积极收集证据。代理本案的律师应当收集以下证据：①行政处理决定的原件；②到房地产查册部门去查询涉案房屋的查封登记记录以及尹某与林某的房屋交易登记记录，查证到底涉案房屋在尹某转让给林某期间有无被查封；③林某对涉案房屋的产权证原件；④查实尹某有无签收过法院签发的对涉案房屋的查封裁定书，查证涉案房屋到底有无被法院查封，因为根据民事诉讼法，查封裁定应当送达当事人才生效；⑤林某与第三人申请房屋交易过户的递件手续，证明林某与第三人交易递件手续齐全；⑥有可能的话，尽量申请到广州市国土资源和房屋管理局去查阅并复制本案的案卷，查实被告作出的处理决定是否事实清楚，证据充分。

【思考与练习】

1. 律师代理原告提起行政诉讼前，应当如何收集证据？
2. 在行政诉讼中，当事人申请法院调查取证有哪些限制？

【拓展阅读】

为什么由被告负举证责任

《行政诉讼法》第三十二条规定："被告对作出的具体行政行为负有举证责任……"从而在立法上明确了作为被告的行政机关应当提供证据证明被诉具体行政行为的合法性。当被告不提供或者不能提供证据证明具体行政行为合法时，则由被告承担败诉的后果。原告方并不因为举不出证据证明具体行政行为的违法性而败诉，行政诉讼的举证责任具有特定性，是一种单方责任。

行政诉讼举证责任的确立直接源于《行政诉讼法》的明文规定，其背后蕴涵着深厚的法理基础：

（1）被告负举证责任是依法行政原则的应有内涵。依法行政原则要求行政机关行使行政职权必须依据法律、符合法律，不得与法律相抵触。行政机关作出行政行为不仅要依据实体法，而且要依据程序法，即行政行为必须符合法定程序。行政行为符合法定程序的一个最基本规则是"先取证，后裁决"，即行政机关在作出裁决之前，应当充分收集证据，然后根据事实，对照法律作出裁决。因此，当行政机关作出的行政行为被诉至法院时，应当能够有充分的证据证明其合法性。这是被告承担行政诉讼举证责任的基础。

（2）被告比原告具有举证优势。在行政程序中，行政机关处于主动地位，一般情况下，依其单方面意思表示即能引起行政法律关系的发生、变更或消灭。由于行政法律关系中双方当事人地位的不同，原告无法或者很难收集到证据，即使收集到，也可能难以保全；在一些特定情况下，原告甚至几乎没有举证能力。相对于原告而言，具备专业知识和技术条件的行政机关则具有更优越、更现实、更充分的举证能力。因此，从举证难易方面来考虑，由被告负举证责任公允、合理。

（3）由被告负举证责任是"谁主张谁举证"这一原则在行政诉讼领域的特殊体现。从形式上来看，原告似乎处于主张者的位置，它主张的是某一特定具体行政行为的违法性。但从事物的内在规定性来看，"违法性"是对"合法性"的否定。合法性属于积极事实，违法性属于消极事实。积极事实是肯定自身而否定外在的一切事实，范围较小，容易记明；消极事实是否定自身而肯定外在的一切事实，范围较大，难以证明。从公平原则和揭示案件事实真相的理想要求的角度出发，立法者通常规定，对于一物两面的事实，由主张积极事实的当事人负担举证责任。把行政诉讼程序和先前的行政程序联系起来看，提出积极事实，主张具体行政行为具有合法性的正是作出该行为的被告行政机关，被告行政机关当然应该提出证据负责证明其主张的成立。

（4）由被告负举证责任，有立法政策上的考量和行政导向方面的意义。从法律设置举证责任的目的来看，主要是为了解决当案件事实处于真伪不明状态时，法院应当如何作出裁判的问题，即解决这种真伪不明状态引起的不利诉讼结果的归属问题。当案件真伪不明时，诉讼不能就此无限期拖延下去，法院仍然需要适用法律对案件作出裁判。

法院的审判活动不仅是一种查明案件事实真相的认识活动，更是一种选择和实现法律价值的过程。行政诉讼要解决的问题是具体行政行为是否合法，从行政诉讼的立法目的即保护行政相对人的合法权益出发，摆在立法者面前的唯一合理的选择是设置被诉具体行政行为违法推定原则：当行政机关的具体行政行为被诉至法院时，法律推定被诉具体行政行为是违法的，除非行政机关能够反证推翻推定事实（具体行政行为违法）；当行政机关不提供或不能提供证据证明具体行政行为合法而使该案事实处于真伪不明状态时，法院只能判决行政机关承担败诉的后果。由被告承担举证责任，有利于督促行政机关依法行政，促使其严格遵守"先取证，后裁决"的程序规则，以充分实现行政诉讼法的立法目的。①

项目三　律师参与行政非诉讼业务

【引例】

广州市萝岗区联和街 A 经济合作社因与广州市萝岗区萝岗街 B 社区第一、第二、第三经济合作社就位于广州科学城内被征用的 20 亩土地的所有权发生争议，向广州市萝岗区人民政府提出确权申请，请求确认该 20 亩土地为其所有。

问题：本案涉及律师代理行政处理程序案件的法律要求及工作要点有哪些？

【基本原理】

行政非诉讼业务，就是除了诉讼以外的行政法律业务，主要是行政处理程序以及行政复议程序，律师参与最多的也就是行政处理和行政复议业务。

行政处理程序就是行政机关依法作出具体行政行为的程序。从法律上划分，行政处理主要有行政许可和行政处罚两种类型。

一、行政处理的申请

除了行政处罚可以由行政机关主动作出以外，行政许可及其他行政处理一般均是由申请人提出行政申请，行政机关经过审查后，认为符合受理条件，才正式立案受理。

作为申请人的代理律师，在代为向行政机关提出申请之前，必须事先了解清楚案件事实情况，弄清楚是否属于行政处理受理范围，然后收集整理证据材料，草拟行政

---

① 李帅. 行政诉讼证据问题探微［EB/OL］. http：//www. chinacourt. org/html/article/200809/16/321578. shtml，2011－04－18.

处理申请书。申请书应当包括下列内容：①申请人和被申请人的基本情况；②请求事项、事实和理由，包括最初发生争议的时间、起因、争议的焦点、主要分歧、争议标的细致范围及面积等。

行政处理申请应当向有管辖权的行政机关提出。

二、听证或者调解

1. 行政听证业务

行政听证是《行政许可法》、《行政处罚法》规定的一项法定程序，要求行政机关在规定情形下，在作出行政许可或者行政处罚之前必须举行听证，听取当事人的陈述和意见。

（1）行政处罚中的听证代理。

根据《行政处罚法》第四十二条的规定，行政机关作出责令停产停业、吊销许可证或者执照、较大数额罚款等行政处罚决定之前，应当告知当事人有要求举行听证的权利；当事人要求听证的，行政机关应当组织听证。当事人不承担行政机关组织听证的费用。

同时，根据《行政处罚法》的规定，当事人可以亲自参加听证，也可以委托一至二人代理。律师代理行政处罚中的听证工作主要有：

①代为处理听证程序事宜。根据《行政处罚法》的规定，行政机关在作出行政处罚之前，应当告知当事人作出行政处罚决定的事实、理由及依据，并告知当事人依法享有的权利。当事人要求听证的，应当在行政机关告知后3日内提出。据此，律师应当协助当事人在3天时间内确定是否申请听证，如需要听证，律师应当协助当事人在规定时间内提出申请。行政机关应当在听证的7日前，通知当事人举行听证的时间、地点。律师要协助当事人做好听证准备工作，难以做好准备的，可以建议协助当事人提出延期听证的申请。

②向当事人了解案件的事实情况，收集和审查相关证据。

③准备在听证会上要提交的证据和证据目录、证据说明。

④律师协助当事人提出的证据应当是反驳、推翻、质疑行政机关证据和拟认定事实的证据。

⑤判断、论证行政机关适用的法律是否正确。行政机关作出行政处罚决定必须有法律依据。没有法律依据或者不遵守法定程序的，行政处罚无效。据此，律师应当注意审查以下几个方面：第一，行政机关有无处罚权。《行政处罚法》规定，国务院或者经国务院授权的省、自治区、直辖市人民政府可以决定一个行政机关行使有关行政机关的行政处罚权，但限制人身自由行政处罚权只能由公安机关行使。法律、法规授权的具有管理公共事务职能的组织可以在法定授权范围内实施行政处罚。第二，行政处罚的法律依据是否合法。根据行政处罚法的规定，除法律、行政法规、地方性法规及行政规章可以设定行政处罚以外，其他规范性文件不得设定行政处罚。同时，法律、法规和规章对设定行政处罚的权限内容也有明确的限制和划分。第三，行政机关适用的法律依据是否准确。

⑥出席听证会，代理当事人申辩和质证。

⑦听证会结束后，可以进一步补充证据。

（2）行政许可中的听证代理。

《行政许可法》第四十六条规定："法律、法规、规章规定实施行政许可应当听证的事项，或者行政机关认为需要听证的其他涉及公共利益的重大行政许可事项，行政机关应当向社会公告，并举行听证。"

根据《行政许可法》的规定，申请人、利害关系人在被告知听证之日起5日内提出听证申请的，行政机关应当在20日内组织听证。

行政许可的听证程序如下：

①行政机关在举行听证的7日前将举行听证的时间、地点通知申请人、利害关系人，必要时予以公告。

②听证应当公开举行。

③行政机关应当指定审查该行政许可申请的工作人员以外的人员为听证主持人，申请人、利害关系人认为主持人与该行政许可事项有直接利害关系的，有权申请要求其回避。

④举行听证时，审查行政许可申请的工作人员应当提供审查意见的证据、理由，申请人、利害关系人可以提出证据，并进行申辩和质证。

⑤听证应当制作笔录，听证笔录应当交听证参加人确认无误后签字或者盖章。

行政机关应当根据听证笔录，作出行政许可决定。

2. 行政调解业务

在行政处理程序中，特别是在土地权属争议中，行政调解是国家行政机关处理行政纠纷的一种方法。国家行政机关根据法律规定，对属于国家行政机关职权管辖范围内的行政纠纷，通过耐心的说服教育，使纠纷的双方当事人互相谅解，在平等协商的基础上达成一致协议，从而合理地、彻底地解决纠纷矛盾。

律师取得当事人的授权，也可以代理当事人全程参与调解。行政机关作出行政处理决定后，会向当事人送达，律师作为代理人可以代为签收。特别需要提出的是，律师签收行政处理决定书后，应当及时向当事人汇报，并与当事人商量是否申请行政复议或直接向法院提起行政诉讼，注意必须在法定期限内提出。

3. 行政复议业务

行政复议是公民、法人或者其他组织对行政主体作出的具体行政行为不服，认为行政主体的具体行政行为侵犯了其合法权益，依法向法定的行政复议机关提出复议申请，行政复议机关依法对该具体行政行为进行合法性、适当性审查，并作出行政复议决定的行政行为。它是公民、法人或其他组织通过行政救济途径解决行政争议的一种方法。

律师依法可以代理公民、法人或者其他组织参与行政复议。

行政复议原则上采取书面审查的方式进行。律师的代理工作相对较为简单，其代理工作主要有：

（1）起草行政复议申请书，向有管辖权的行政机关提出行政复议申请；《行政复议法》规定的行政复议申请的期限为60天，自公民、法人或者其他组织知道该具体行政行为之日起计算，法律另有规定的除外。公民、法人或者其他组织认为行政机关的具体行政行为所依据的规定（包括国务院部门的规定、县级以上地方各级人民政府及其工作部门的规定、乡镇人民政府的规定）不合法，在对具体行政行为申请行政复议时，可以一并向行政复议机关提出审查申请。

（2）对被申请人即作出具体行政行为的行政机关提供的证据材料进行认真审查，并提出书面质证意见。

（3）收集和提供有关证据。

【法条链接】

《中华人民共和国行政复议法》第六条："有下列情形之一的，公民、法人或者其他组织可以依照本法申请行政复议：（一）对行政机关作出的警告、罚款、没收违法所得、没收非法财物、责令停产停业、暂扣或者吊销许可证、暂扣或者吊销执照、行政拘留等行政处罚决定不服的；（二）对行政机关作出的限制人身自由或者查封、扣押、冻结财产等行政强制措施决定不服的；（三）对行政机关作出的有关许可证、执照、资质证、资格证等证书变更、中止、撤销的决定不服的；（四）对行政机关作出的关于确认土地、矿藏、水流、森林、山岭、草原、荒地、滩涂、海域等自然资源的所有权或者使用权的决定不服的；（五）认为行政机关侵犯合法的经营自主权的；（六）认为行政机关变更或者废止农业承包合同，侵犯其合法权益的；（七）认为行政机关违法集资、征收财物、摊派费用或者违法要求履行其他义务的；（八）认为符合法定条件，申请行政机关颁发许可证、执照、资质证、资格证等证书，或者申请行政机关审批、登记有关事项，行政机关没有依法办理的；（九）申请行政机关履行保护人身权利、财产权利、受教育权利的法定职责，行政机关没有依法履行的；（十）申请行政机关依法发放抚恤金、社会保险金或者最低生活保障费，行政机关没有依法发放的；（十一）认为行政机关的其他具体行政行为侵犯其合法权益的。"

【引例分析】

A 经济合作社聘请律师代理此案，律师收集整理好证据材料后，代为向广州市萝岗区人民政府提出行政处理申请，要求确认争议的 20 亩土地所有权归其所有。B 社区第一、第二、第三经济合作社也依法进行答辩，萝岗区人民政府经组织双方质证和辩论，并数次调解未果，作出行政处理决定：争议的 20 亩土地权属确认为广州市萝岗区联和街 A 经济合作社所有。

B 社区第一、第二、第三经济合作社收到广州市萝岗区人民政府的行政处理决定后，认为该处理决定认定事实不清、证据不足，适用法律错误，也聘请律师，要求推翻该处理决定。律师进而认真分析论证，在法定期限内依法向广州市人民政府提出行政复议申请。广州市人民政府经过书面审查，作出复议决定：维持萝岗区人民政府的行政处理决定。

【思考与练习】

1. 如何代理申请土地确权？
2. 律师如何代理提出行政复议申请？

【拓展阅读】

当前大量社会矛盾纠纷特别是行政争议游离于法定渠道之外，人民群众"信访不信法"等现象多发。"这既有法定渠道不畅、公信力不彰等原因，也有行政复议受案范围过窄，一些争议无法进入复议程序的因素。"

经过对实务部门和理论界研究成果的梳理，国务院法制办将对六方面问题加以重点研究：

一是准确界定"具体行政行为"，避免征地批复等"模糊"行为游离于监督之外。

二是"红头文件"、法规规章等抽象行政行为纳入复议范围的可行性。

三是是否将人事处理决定、上级下达的指示命令等内部行政行为纳入复议范围。

四是是否将医院、学校、村委会、行业协会等组织管理公共事务职能的行为纳入受案范围。

五是对交通事故、火灾事故、安全生产事故等责任认定是否受理予以研究。

六是如何加大对百姓反映强烈的行政不作为的行政复议救济力度。[①]

项目四　律师在行政诉讼中代理原告和第三人

【引例】

广州市萝岗区萝岗街 B 社区第一、第二、第三经济合作社收到广州市人民政府的行政复议决定书后，仍然不服，委托律师诉诸法院，要求撤销广州市两级政府的行政决定。律师详细研究案情后，再次收集整理材料，草拟好起诉状，在法定期限内依法向广州市萝岗区人民法院提起行政诉讼。

问题：本案至此正式从非诉讼转入诉讼阶段，从此开启行政诉讼程序。本案涉及律师如何在行政诉讼中代理原告及第三人的法律问题？

【基本原理】

一、律师在行政诉讼中代理原告

（一）调查、收集和提供证据

根据《最高人民法院关于行政诉讼证据若干问题的规定》第四条、第五条的规定，原告向人民法院起诉时，应当提供其符合起诉条件的相应的证据材料；在起诉被告不作为的案件中，除特定情形外，原告应当提供其在行政程序中曾经提出申请的证据材料；在行政赔偿诉讼中，原告应当对被诉具体行政行为造成损害的事实提供证据。

（1）律师在代为提起诉讼之前，应当先到行政机关查阅案卷材料，收集复制相关的证据材料。

（2）收集好证据后，应当及时整理准备提交法院的证据材料。在准备证据中，应当注意证据要具备法定形式，注意证据的关联性、真实性和合法性，围绕证明具体行政行为是否具有合法性进行准备。

[①] 陈菲，裘立华．我国研究扩大"民告官"受理范围"状告无门"或将扭转［EB/OL］．http：//www.people.com.cn/h/2011/0707/c25408-1-24711490.html，2011-07-07．

（3）应当按照法院的要求提供符合规范形式的证据材料，在证据材料的首页一般应当附上一份证据清单，并根据对方当事人人数提供一式数份的证据材料。

（二）代为草拟、提交法律文书

1. 行政起诉状

在草拟行政起诉状中，应当特别注意以下几个要素：

（1）确定行政诉讼适格原告。原告不适格，将招致法院驳回起诉。

（2）确定行政诉讼适格被告。被告不适格，也会导致法院裁定不予受理或者驳回起诉。

（3）提出正确的诉讼请求。诉讼请求不正确，会导致案件败诉。

（4）确定准确的管辖法院。避免向不具有管辖权的法院提起诉讼。

2. 停止执行申请书

在行政诉讼中，原告可以向法院申请停止执行被诉的具体行政行为。停止执行申请书的内容应当包括：申请人和被申请人的基本情况，申请停止执行的请求，申请停止执行的事实、理由及依据。

3. 调取证据申请书

在原告无法自行收集证据的情况下，符合法定的人民法院调取证据的范围的，律师应当及时提出调取证据申请书。

4. 证人出庭作证申请书

根据最高人民法院的司法解释，在行政诉讼中，凡是知道案件事实的人，除非特定情况，都有出庭作证的义务。当事人申请证人出庭作证的，应当在举证期限届满前提出。故此，律师应当在举证期限内递交证人出庭作证申请书。

（三）代理立案、出庭参与庭审

1. 代理立案

代理立案一般应当提供以下材料：①证明原告身份的材料；②行政起诉状；③证据材料及证据清单，根据对方当事人人数各提供一式一份证据及清单；④授权委托书及律师所函。

根据《最高人民法院关于执行〈中华人民共和国行政诉讼法〉若干问题的解释》第三十二条规定，人民法院应当组成合议庭对原告的起诉进行审查。符合起诉条件的，应当在7日内立案；不符合起诉条件的，应当在7日内裁定不予受理。7日内不能决定是否受理的，应当先予受理；受理后经审查不符合起诉条件的，裁定驳回起诉。受诉人民法院在7日内既不立案，又不作出裁定的，起诉人可以向上一级人民法院申诉或者起诉。上一级人民法院认为符合受理条件的，应予受理；受理后可以移交或者指定下级人民法院审理，也可以自行审理。

2. 出庭参与庭审

（1）律师出庭前，应当做好充分准备，熟悉案件事实和证据材料，准备好庭审代理方案，切忌打无准备之仗。

（2）遵守庭审程序，服从法庭指挥。一般庭审程序如下：原告宣读起诉状→被告宣读答辩意见→被告举证、原告质证→原告举证、被告质证→法庭询问→法庭辩论→最后陈述。

二、律师在行政诉讼中代理第三人

《行政诉讼法》第二十七条规定："同提起诉讼的具体行政行为有利害关系的其他公民、法人或者其他组织，可以作为第三人申请参加诉讼，或者由人民法院通知参加诉讼。"

根据行政诉讼法及最高人民法院的司法解释，行政诉讼第三人主要有以下两类：

（1）应当追加被告而原告不同意追加的，人民法院应当通知未被追加的被告以第三人的身份参加诉讼。

（2）行政机关的同一具体行政行为涉及两个以上利害关系人，其中一部分利害关系人对具体行政行为不服提起诉讼，人民法院应当通知没有起诉的其他利害关系人作为第三人参加诉讼。

律师代理第三人的主要工作如下：

（1）迅速了解案情，熟悉原、被告的主张及证据材料。

（2）了解第三人的主张及其与案件的利害关系。

（3）根据第三人的类型，确定具体代理方案。

（4）代为草拟陈述意见，在规定期限内提交证据材料。

（5）出庭参与诉讼，进行举证、质证并发表代理意见。

（6）第三人不服一审判决，律师可以代为上诉。

【思考与练习】

1. 律师代理原告提起行政诉讼应当准备哪些材料？
2. 律师担任第三人诉讼代理人，应当怎样为当事人争取权益？

【拓展阅读】

简单行政案可在程序上简化

2011年4月29日，最高人民法院首试行政诉讼简易程序，"民告官"案45分钟宣判，令这一改革从试水之初就颇让人期待。我国《行政诉讼法》对行政案件只规定了普通程序，并没有简易程序。此次《行政诉讼法》修改提上议程之时，这项改革会否体现在立法修改中也就更值得关注。《法制日报》记者在采访中获悉，黄浦法院作为全国行政诉讼简易程序试点法院之一，专门制定了《关于审理行政案件适用行政诉讼简易程序的标准（试行）》。2011年4月18日以来，该院共审结6件当事人自愿选择适用独任制简易程序审理的行政案件，这些案件审理天数最短为17天，平均审理33天，较去年该院行政案件平均审理天数缩短了15天，审判工作效率明显提高。"行政案件数量连续多年保持持续增长的态势，有相当一部分案件事实清楚，法律关系简单，可在程序上予以简化，以提高司法效率，节省司法资源。"在王艳姬看来，行政诉讼简易程序亟待法律化。①

---

① 袁定波. 行政诉讼不适用调解名存实亡亟待废除［EB/OL］. http://www.people.com.cn/h/2011/0701/c25408-3286935406.html, 2011-07-01.

项目五　律师在行政诉讼中代理被告

【引例】

广州市萝岗区萝岗街 B 社区第一、第二、第三经济合作社因广州市萝岗区人民政府和广州市人民政府先后作出行政处理决定和行政复议决定，将其与广州市萝岗区联和街 A 经济合作社争议的 20 亩土地所有权确认归广州市萝岗区联和街 A 经济合作社所有后，向广州市萝岗区人民法院提起行政诉讼，要求撤销广州市两级政府的行政决定。被告广州市萝岗区人民政府，也聘请律师作为代理人，参与本案诉讼。

问题：如果你是本案被告的代理人，你将如何应诉？

【基本原理】

《行政诉讼法》第四十三条规定："人民法院应当在立案之日起 5 日内，将起诉状副本发送被告。被告应当在收到起诉状副本之日起 10 日内向人民法院提交作出具体行政行为的有关材料，并提出答辩状。人民法院应当在收到答辩状之日起 5 日内，将答辩状副本发送原告。被告不提交答辩状的，不影响人民法院审理。"

根据《行政诉讼法》第二十九条规定，律师可以担任被告代理人，参与行政诉讼。

律师作为被告代理人，主要工作要点如下：

1. 准确提出答辩意见

律师接受被告委托后，应当及时了解案情，查阅全部案卷材料，根据相关的法律法规，草拟答辩状，准确提出答辩意见。答辩状内容应当包括：

①具体行政行为认定事实是否清楚，证据是否确凿；

②具体行政行为适用法律是否正确；

③具体行政行为是否符合法定程序；

④原告提出的诉讼请求及理由是否成立。

2. 收集、整理并提交相应的法律依据及证据材料

《行政诉讼法》第三十二条规定："被告对作出的具体行政行为负有举证责任，应当提供作出该具体行政行为的证据和所依据的规范性文件。"据此，律师应当及时整理好案件证据及法律依据，在举证期限内连同答辩状一并提交法院。

律师提供的证据应当注意以下几个方面：

（1）应当重点提供具体行政行为作出之前所取得的证据。

根据最高人民法院的司法解释，被告及其诉讼代理人在作出具体行政行为后自行收集的证据不能作为认定被诉具体行政行为合法的根据。

但是也并非被告在作出具体行政行为之后，就绝对不能收集证据。《最高人民法院关于执行〈中华人民共和国行政诉讼法〉若干问题的解释》第二十八条规定："有下列情形之一的，被告经人民法院准许可以补充相关的证据：①被告在作出具体行政行为时已经收集证据，但因不可抗力等正当理由不能提供的；②原告或者第三人在诉讼过程中，提出了其在被告实施行政行为过程中没有提出的反驳理由或者证据的。"

（2）应当提供被告作出具体行政行为的事实证据和程序证据。

此项举证目的在于证明被告作出的具体行政行为，认定事实清楚、证据确凿充分，并且程序合法。

（3）应当提供被告作出具体行政行为所适用的法律、法规和其他规范性文件。

（4）应当提供证明被告作出具体行政行为属于其职权范围和是否滥用职权的证据。

3. 出庭应诉，发表代理意见

（1）重视举证、质证。

①举证、质证交叉进行，一证一质，充分体现辩论式庭审；

②应当对质证的证据的证明力展开充分的辩论；

③充分利用法律赋予的权利，申请法院要求证人出庭作证；

④应当充分重视原告的质证意见。

（2）参与法庭辩论，发表代理意见。

在辩论阶段，律师主要应当围绕当事人争议的焦点问题进行陈述，发表意见。

4. 庭审结束后，及时向法庭提交代理词

【引例分析】

被告广州市萝岗区人民政府在收到原告的起诉状副本后，其律师在法定期限内提出了答辩状，并提交了《土地权属争议处理决定书》的证据、依据和其他有关材料。庭审如期进行，在法庭上，原、被告及第三人在法庭主持下，依法有序地进行举证、质证，各方就本案事实及法律适用充分发表各自的辩论意见。庭审后，被告代理律师也及时提交代理意见。

广州市萝岗区人民法院经过审理后，认为：本案争议地在被征用前原系农村集体林地，被告应当适用《中华人民共和国森林法》及相关法律、法规对争议地权属作出处理决定。而被告适用《中华人民共和国土地管理法》以及《土地权属争议调查处理办法》对争议地作出确权处理，属于适用法律不当。原告起诉认为被告适用法律错误的理由成立。本院予以采纳。本案争议地于 2005 年经国务院批准被依法征收为国有建设用地，并于 2007 年被划拨为萝岗区中心医院项目用地。因此，争议地的所有权已依法由农村集体所有转为国家所有。被告于 2006 年 5 月受理第三人提出的对争议地的确权申请，在未查清争议地的权属性质的情况下，于 2008 年作出《土地权属争议处理决定书》，仍将争议地权属确认为第三人所有，显属不当，依法应予以撤销。据此，法院认定被告针对第三人申请确权作出的《土地权属争议处理决定书》认定事实不清、主要证据不足，适用法律错误，依法应予以撤销。判决：①撤销被告广州市萝岗区人民政府于 2008 年 5 月 23 日作出的穗萝府〔2008〕11 号《土地权属争议处理决定书》；②被告广州市萝岗区人民政府于本判决生效之日起 6 个月内对第三人广州市萝岗区联和街 A 经济合作社提出的确权申请重新作出具体行政行为。

【思考与练习】

1. 律师代理被告应当向法庭提供哪些证据材料？

2. 律师代理被告应当如何提出答辩及辩论意见？

行政诉讼中能否适用调解

为了避免行政机关因行政诉讼而与相对人协商、从而随意处分、让渡公权力损害公共利益的情况出现，《行政诉讼法》规定了在行政诉讼中不适用调解。但是，这一规定既不利于司法实践中关于行政纠纷的处理，也不符合处理涉及 WTO 规则纠纷的要求。据了解，《行政诉讼法》虽然规定不适用调解，但不调解原则并不排斥当事人自行和解。"通过协调和解可以有效地缓解行政机关与相对人的矛盾和对立冲突，更能彻底化解行政纠纷争议。"变"持久战"、"消耗战"为"案结事了"，行政案件和解撤诉有着至关重要的作用。2008 年 1 月 26 日，最高人民法院专门出台司法解释明确行政案件和解撤诉制度。至此，全国各级法院以和解手段解决行政争议的意识已经形成，逐步摒弃了行政案件不能调解结案的思想。因此，专家们认为，应当尽快确立行政诉讼的调解制度。

项目六 律师代理行政诉讼二审业务

【引例】

广州市萝岗区萝岗街 B 社区第一、第二、第三经济合作社诉广州市萝岗区人民政府土地行政管理一案，一审判决后，被告广州市萝岗区人民政府和第三人广州市萝岗区联和街 A 经济合作社均不服，向广州市中级人民法院提起上诉，认为：一审判决认定事实错误，适用法律不当。要求撤销一审判决，维持被告作出的处理决定。

问题：如果你是本案被告的代理人，你将如何上诉？

【基本原理】

《行政诉讼法》第五十八条规定："当事人不服人民法院第一审判决的，有权在判决书送达之日起 15 日内向上一级人民法院提起上诉。当事人不服人民法院第一审裁定的，有权在裁定书送达之日起 10 日内向上一级人民法院提起上诉。逾期不提起上诉的，人民法院的第一审判决或者裁定发生法律效力。"

一、二审程序的审理方式

1. 书面审理

《行政诉讼法》第五十九条规定："人民法院对上诉案件，认为事实清楚的，可以实行书面审理。"

2. 开庭审理

根据《最高人民法院关于执行〈中华人民共和国行政诉讼法〉若干问题的解释》第六十七条规定，在下列两种情况下，二审法院应当开庭审理：①当事人对原审人民法院认定的事实有争议；②第二审人民法院认为原审人民法院认定事实不清楚的。

二、审理原则

1. 全面审查原则

《最高人民法院关于执行〈中华人民共和国行政诉讼法〉若干问题的解释》第六十七条第一款规定:"第二审人民法院审理上诉案件,应当对原审人民法院的裁判和被诉具体行政行为是否合法进行全面审查。"

2. 限制新证据提供原则

(1) 根据《最高人民法院关于执行〈中华人民共和国行政诉讼法〉若干问题的解释》第三十一条第三款规定,被告在二审过程中向法庭提交在一审过程中没有提交的证据,不能作为二审法院撤销或者变更一审判决的根据。

(2)《最高人民法院关于行政诉讼证据若干问题的规定》第七条第二款规定:"原告或者第三人在第一审程序中无正当事由未提供而在第二审程序中提供的证据,人民法院不与接纳。"

三、律师代理行政诉讼二审业务的工作要点

(1) 律师可以根据当事人的请求,代其书写上诉状或答辩状。

(2) 没有参加一审诉讼的律师担任二审代理人的,应当及时到人民法院查阅案卷,并复制或摘录案卷材料。必要时可与一审律师取得联系,全面了解一审情况。

(3) 律师在查阅一审案卷时,既要审核被诉具体行政行为是否合法的有关证据材料和依据,还要对一审人民法院的审判活动及其作出的判决或裁定从以下几方面进行审核:①案件是否属于人民法院的受案范围。②一审人民法院所列当事人是否正确,有无遗漏。③一审人民法院的审判程序是否合法。④一审认定事实是否清楚、完整,有无前后矛盾。⑤一审裁判的证据是否充分、确凿,有无未经质证的证据作为判决或裁定的依据;有无不宜采信的证据采信了,宜采信的却没采信;证据相互之间有无矛盾。⑥一审认定的事实与判决或裁定的结果是否具备必然的逻辑联系。⑦一审适用法律、法规是否正确。⑧一审判决有无加重对原告的处罚;有无应变更显失公正的行政处罚而未变更的;有无应移送刑事处理而未移送的。

(4) 当事人对一审人民法院认定的事实有争议的,律师应当要求二审人民法院依法开庭审理。

(5) 二审案件开庭审理的,律师参加庭审的规范与一审相同。二审案件不开庭审理的,律师应当及时提交书面代理词。

(6) 对人民法院依法应当向有关行政机关发司法建议书而未发的,律师可向二审人民法院提出;人民法院仍未采纳的,律师可向人民法院提出书面的律师意见书。

(7) 参加二审宣判,签收法律文书。

【引例分析】

二审广州市中级人民法院对本案公开开庭审理,上诉人广州市萝岗区人民政府和广州市萝岗区联和街A经济合作社在法庭上,强烈要求撤销一审判决,维持上诉人广州市萝岗区人民政府作出的《土地权属争议处理决定书》,被上诉人广州市萝岗区萝岗街B社区第一、第二、第三经济合作社答辩同意一审判决。法庭经审理,确认一审法

院查明事实清楚，且有相应的证据证实。

法庭认为：由于广州市萝岗区人民政府在 2006 年 5 月受理本案的土地争议确权申请时，涉案的土地已经国务院批准征收为国有建设用地。因此涉案土地的所有权已属国有，不能再确认为集体所有，故广州市萝岗区人民政府的决定中确认为广州市萝岗区联和街 A 经济合作社集体所有，显属不当，依法应予撤销。广州市萝岗区人民政府应当重新对双方的争议作出处理。另，《中华人民共和国土地管理法》第十一条第四款规定："确认林地、草原的所有权或者使用权，确认水面、滩涂的养殖使用权，分别依照《中华人民共和国森林法》、《中华人民共和国草原法》和《中华人民共和国渔业法》的有关规定办理。"本案争议地原属于农村集体林地，广州市萝岗区人民政府处理时应当依照上述法律、法规作出处理决定。广州市萝岗区人民政府在处理时却适用了《中华人民共和国土地管理法》以及《土地权属争议调查处理办法》，属于适用法律不当。原审判决查明事实清楚，适用法律正确，应予以维持。据此，判决：驳回上诉，维持原判。

【思考与练习】

1. 律师代写上诉状，应当从哪几方面寻求突破点？
2. 二审庭审，作为代理人应当如何发表代理意见？

【拓展阅读】

行政诉讼采用二审还是三审

司法实践中，基层法院易受到行政权力的干扰。许多学者建议应当撤销基层法院行政庭。目前有三种方案：一是保留现在的体制，仍然是由法院中的行政审判庭审理，实行三审制；二是考虑到现在基层法院收案量不多，可以将行政诉讼案件的管辖再提高到一定的级别，即集中在中级法院以上审理，而将基层法院的行政庭撤销；三是建立专门的行政法院，以保障审判的独立性。

项目七 实 训

【情景设计】

出生于 1986 年的鹰潭市民赵 C 在出生登记及申领第一代居民证时，其"赵 C"之名均获通过。2008 年 2 月，在申领第二代居民身份证时，因为名字中出现符号"C"，月湖区公安分局拒绝向赵 C 发放第二代居民身份证，要求其更改名字，赵 C 拒绝，认为公安部门侵犯了自己的姓名决定权，遂向月湖区法院提起诉讼。

【工作任务】

任务一：确定可能适用的法律渊源及相关文本。
任务二：寻找相关法律规范。
任务三：在众多相关法律规范中确定适合自己需用的法律规范。

任务四：了解行政法上的"信赖保护原则"和"比例原则"的知识内涵。

任务五：了解姓名权的相关法律知识。

任务六：确定管辖法院和被告。

任务七：准备行政起诉状和答辩状。

【训练方法】

参训学生分为 3 组：法官组、原告代理律师组、被告代理律师组。

步骤一：原、被告律师按照工作任务内容各自准备，形成书面材料。其中，任务六由原告准备，任务七分别由原、被告各自准备，任务一至五双方律师皆需准备。

步骤二：按模拟法庭程序进行。

步骤一和步骤二构成完整的一轮实训，整个案件实训分为三轮，每一组分别担任三个角色，故有三轮。

【考核标准】

1. 能够找到 3 个以上法律渊源及相关法律文本。

2. 能够在相关的法律文本中寻找到适合自己当事人的法律规范。

3. 熟悉行政诉讼法的基本知识。

4. 能够运用"信赖保护原则"和"比例原则"来分析本案。

律师参加刑事案件工作实务

【知识目标】

掌握律师在刑事辩护中的工作流程；掌握律师在刑事代理中的工作流程。

【能力目标】

能够写作各种与刑事辩护和代理有关的法律文书，能够独立办理各种刑事案件。

【内容结构图】

```
                      律师的刑事辩护
                       与刑事代理
        ┌──────────────────┴──────────────────┐
      刑事辩护                                刑事代理
  ┌────┬────┬────┬────┬────┐         ┌────┬────┬────┬────┐
 一审  一审  二审  审判  律师        公诉  刑事  刑事  刑事
 之前  程序  程序  监督  在自        案件  自诉  附带  申诉
 的律  中的  中的  程序  诉案        的律  案件  民事  案件
 师辩  律师  律师  中的  件中        师代  的律  诉讼  的律
 护工  辩护  辩护  律师  的辩        理工  师代  案件  师代
 作流  工作  工作  辩护  护工        作流  理工  的律  理工
 程    流程  流程  工作  作流        程    作流  师代  作流
             程    流程  程               程    理工  程
                                               作流
                                               程
```

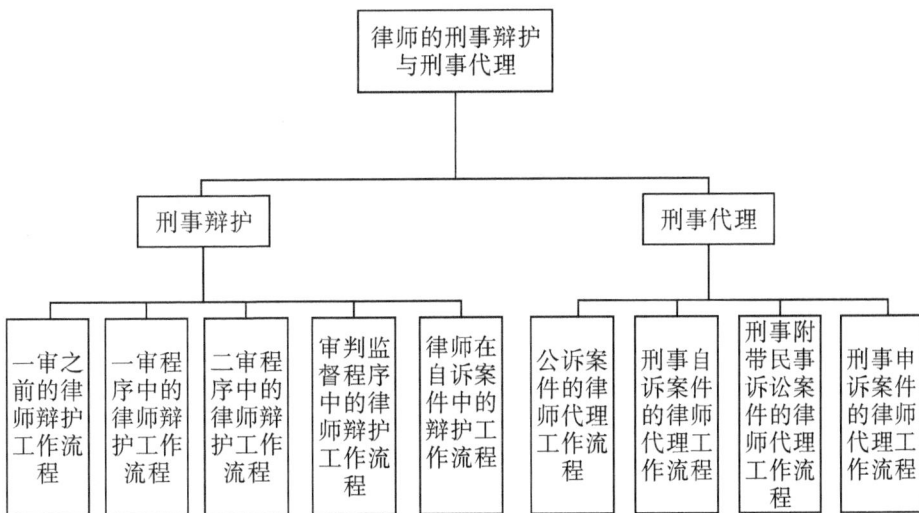

项目一　一审之前的律师辩护工作流程

【引例】

被告人马某，22 岁，云南某大学生命科学学院生物技术专业学生。检察机关指控，2004 年 2 月 13 日至 15 日被告人马某用事先准备好的铁锤，采用击打被害人头部的办法，先后 4 次分别将 4 名同班同学杀害。2004 年 4 月 5 日，昆明市人民检察院依法对马某以故意杀人罪向昆明市中级人民法院提起公诉。在庭审中，公诉人向法院出示了大量的书证、物证及证人证言、鉴定报告等证据，马某的指定辩护律师出庭辩护。控辩双方进行了举证质证，并展开了辩论。被告人马某的辩护律师提出，被告人的作案动机仅因打牌纠纷而产生有待查明，申请法庭对被告人的精神状态重新进行司法精神机构的鉴定，还对马某具有自首的情节提出辩护意见。辩护律师独立开展辩护工作，保障了被告人最根本的合法权益。

问题：本案律师的辩护属于哪一种类刑的辩护？律师在刑事诉讼中的地位和作用是什么？

【基本原理】

有犯罪就有刑事辩护，有刑事辩护就需要有律师。被告人有权获得辩护是世界各国通行的诉讼原则，我国《宪法》和《刑事诉讼法》对此都作了明确规定。

刑事辩护是现代刑事诉讼赖以生存和发展的职能之一，也是刑事被告人享有的最基本、最关键的诉讼权利。刑事辩护是指在刑事诉讼中，犯罪嫌疑人、被告人及其辩护人依据事实和法律，反驳控诉，提出证据证明被告人无罪、罪轻或减轻、免除刑事责任的材料和意见，维护被告人合法权益的诉讼行为。刑事诉讼中的律师辩护，是指律师基于犯罪嫌疑人、被告人或者被告人亲属的委托，根据事实和法律反驳控诉人对被告提出的控诉的部分或者全部，以说明被告人无罪、罪轻或者减轻、免除其刑事责任的诉讼活动。

一、律师刑事辩护的种类

在刑事诉讼中，犯罪嫌疑人、被告人可以通过两种方式行使辩护权：一是自己行使辩护权；二是委托他人代为辩护。两种方式可以同时进行。在刑事诉讼中，律师具有丰富的法律专业知识和辩护经验，在辩护活动过程中既接受职业道德约束，又能积极履行辩护职责，因此律师担任辩护人比其他公民担任辩护人具有优越性。

《律师法》第二十八条第三款规定：律师可以接受犯罪嫌疑人、被告人的委托或者人民法院的指定，担任辩护人。律师担任犯罪嫌疑人、被告人的辩护人，有委托辩护和指定辩护两种情形。

（一）委托辩护

委托辩护指犯罪嫌疑人或者被告人为维护其合法权益，依法委托律师或者其他公民协助进行辩护。委托辩护是最常见的一种辩护形式，可以分为以下三种情形：

第一种，自诉案件中的被告人有权随时委托辩护人。自诉案件的被告人一旦知道自己被告发到人民法院以后，即可委托辩护人。人民法院自受理自诉案件之日起3日以内，应当告知被告人有权委托辩护人。

第二种，公诉案件中的犯罪嫌疑人，自被侦查机关第一次讯问或者采取强制措施之日起，有权委托辩护人。根据《刑事诉讼法》第三十三条的规定，犯罪嫌疑人自被侦查机关第一次讯问或者采取强制措施之日起，有权委托辩护人；在侦查期间，只能委托律师作为辩护人。被告人有权随时委托辩护人。此外，为了保障犯罪嫌疑人有效行使诉讼权利，《刑事诉讼法》还规定了人民检察院自收到移送审查起诉的案件材料之日起3日以内，应当告知犯罪嫌疑人有权委托辩护人。

第三种，人民检察院直接受理的案件，自被检察机关第一次讯问或者采取强制措施之日起，犯罪嫌疑人有权委托辩护人。

如果犯罪嫌疑人、被告人在押期间要求委托辩护人的，人民法院、人民检察院和公安机关应当及时转达其要求。犯罪嫌疑人、被告人在押的，也可以由其监护人、近亲属代为委托辩护人。

（二）指定辩护

指定辩护是指在刑事案件中的审判阶段，遇有法定情形时，人民法院指定辩护人为被告人进行辩护，维护其合法权益。我国刑事诉讼中的指定辩护只适用于刑事案件的审判阶段。人民法院指定的辩护人，只能是依法承担法律援助义务的律师。依据《刑事诉讼法》第三十四条的规定，我国的指定辩护适用于以下四种情形：

（1）公诉人出庭公诉的案件。被告人因经济困难或者其他原因没有委托辩护人的，人民法院可以指定承担法律援助义务的律师为其提供辩护。对此类案件法律没有强制性的规定，即没有委托辩护人的，人民法院可以为其指定辩护人，也可以不为其指定辩护人。如果没有辩护人的，由被告人自行辩护。

（2）犯罪嫌疑人、被告人因经济困难或者其他原因没有委托辩护人的，本人及其近亲属可以向法律援助机构提出申请。对符合法律援助条件的，法律援助机构应当指派律师为其提供辩护。

（3）犯罪嫌疑人、被告人是盲、聋、哑人，或者是尚未完全丧失辨认或者控制自己行为能力的精神病人，没有委托辩护人的，人民法院、人民检察院和公安机关应当通知法律援助机构指派律师为其提供辩护。上述被告人由于生理障碍，不能充分行使辩护权以维护自己的合法权益，法院应当指定律师协助其行使辩护权。

（4）犯罪嫌疑人、被告人可能被判处无期徒刑、死刑，没有委托辩护人的，人民法院、人民检察院和公安机关应当通知法律援助机构指派律师为其提供辩护。

此外，根据最高人民法院、司法部《关于刑事法律援助工作的联合通知》第四条的规定，人民法院对于指定辩护作了进一步的规定。被告人没有委托辩护人而具有下列情形之一的，人民法院可为其指定辩护人：①符合当地政府规定的经济困难标准的；②本人确无经济来源，其家庭经济状况无法查明的；③本人确无经济来源，其家属经多次劝说仍不愿为其承担辩护律师费用的；④共同犯罪案件中，其他被告人已委托辩护人的；⑤具有外国国籍的；⑥案件有重大社会影响的；⑦人民法院认为起诉意见和移送的案件证据材料可能影响正确定罪量刑的。

【知识链接】

司法实践中，人民法院为符合条件的被告人指定了辩护律师后，被告人自己没有委托律师，也不同意人民法院指定的律师为其辩护，而坚持自己进行辩护的，根据最高人民法院《关于执行〈中华人民共和国刑事诉讼法〉若干问题的解释》第三十八条的规定，应当根据案件情况分别处理如下：被告人坚持自己行使辩护权，拒绝人民法院指定的辩护人为其辩护的，人民法院应当准许，并记录在案；被告人具有本解释第三十六条规定情形之一，拒绝人民法院指定的辩护人为其辩护，有正当理由的，人民法院应当准许，但被告人需另行委托辩护人，或者人民法院应当为其另行指定辩护人。

二、辩护律师在刑事诉讼中的地位

在我国，律师接受被告人的委托或者人民法院的指定，作为被告人的辩护人参加刑事诉讼，以诉讼参与人的身份进行诉讼活动，体现在诉讼地位上，具有独立的诉讼地位。

1. 辩护律师不是独立的诉讼主体，但在诉讼中拥有独立的诉讼地位[①]

我国《刑事诉讼法》规定的刑事诉讼主体是指侦查机关、检察机关、人民法院、自诉人、犯罪嫌疑人或被告人。律师是经国家授权为社会提供法律服务的执业人员，既不代表国家参与诉讼，也不是以自己的名义参与诉讼，与诉讼后果没有任何利害关系。律师作为辩护人参与刑事诉讼，是基于犯罪嫌疑人、被告人的委托，既没有完整的主体权利，也不承担特定的义务，故不成其为诉讼主体。辩护律师依法履行辩护职责，不受犯罪嫌疑人、被告人的观点影响和意志的约束；不受公诉人和审判人员意志的约束。辩护律师与出庭公诉的检察人员的诉讼地位是平等的，并依法履行各自的诉讼职能；不受司法机关和其他部门或任何个人的非法干涉。

2. 人民法院有义务维护辩护律师在刑事诉讼中的独立诉讼地位

辩护律师在刑事诉讼中担任辩护人，享有法律规定的特殊权利，根据事实和法律为被告进行辩护，形成独立的辩护意见，不受被告人左右。其提出的正确辩护意见有助于人民法院查明案件事实和作出公正裁判，同时，在案件审理过程中，控辩双方的辩论以及相互质证，有利于人民法院最终作出符合案件事实和法律规定的裁判。因此，《刑事诉讼法》规定，人民法院有义务保障辩护律师依法履行职责。

三、律师在刑事辩护中的权利和义务

1. 律师在刑事辩护中的权利

律师担任辩护人参加刑事诉讼，根据《刑事诉讼法》、《律师法》及其他有关规定，主要享有的诉讼权利是：

（1）依法独立执业。辩护律师根据事实和法律，依法独立进行辩护，维护犯罪嫌疑人、被告人的合法权益。不受人民法院、人民检察院和其他机关、团体或者个人的非法干预。律师在执业活动中的人身权利不受侵犯。

（2）收集与本案有关的材料。《律师法》第三十五条规定，受委托的律师根据案情的需要，可以申请人民检察院、人民法院收集、调取证据或者申请人民法院通知证人出庭作证；律师自行调查取证的，凭律师执业证书和律师事务所证明，可以向有关单位或者个人调查与承办法律事务有关的情况。

（3）查阅与本案有关的材料。《律师法》第三十四条规定，律师自审查起诉之日起有权查阅、摘抄和复制与案件有关的所有案卷材料，人民检察院和人民法院对辩护律师的阅卷权应提供必要的方便。

（4）辩护律师有权同自己承办案件中的犯罪嫌疑人会见和通信。根据《刑事诉讼法》第三十七条的规定，辩护律师可以同在押的犯罪嫌疑人会见和通信。《律师法》第三十二条规定，犯罪嫌疑人被侦查机关第一次讯问或者采取强制措施之日起，受委托

① 田平安. 律师、公证与仲裁教程 [M]. 北京：法律出版社，2002. 185.

的律师凭律师执业证书、律师事务所证明和委托书或者法律援助公函，有权会见犯罪嫌疑人、被告人并了解有关案件情况。律师会见犯罪嫌疑人、被告人不被监听。①

（5）出席法庭参加诉讼。律师出席法庭参加诉讼的权利具体包括：①人民法院至迟应当在开庭3日前将开庭通知书送达律师，不得使用传票传唤律师。②出示证据的权利。《刑事诉讼法》第一百九十条规定，辩护人应当向法庭出示物证，让当事人辨认。③质证权和辩论权。在法庭审理过程中，经审判长许可，辩护律师有权向证人、鉴定人和被告人发问，有权向法庭申请新的证人到庭，调取新证据，申请重新鉴定或勘验；辩护律师有权对当庭宣读的证人证言笔录、鉴定结论等证据材料发表意见；辩护人可以同公诉人、被害人等就案件事实、证据和法律及量刑的适用进行辩论。

（6）拒绝辩护权。拒绝辩护权，是指辩护律师在特定情况下有拒绝为被告人继续辩护的权利。《律师法》第二十九条规定：委托事项违法，委托人利用律师提供的服务从事违法活动或者委托人隐瞒事实的，律师有权拒绝辩护。因此律师的拒绝辩护有严格的法定条件，只有符合条件的，拒绝辩护才能成立。辩护律师接受委托以后，无正当理由的，不得拒绝辩护。

（7）其他诉讼权利。具体包括：①代行上诉权。经被告人同意，辩护人可以对第一审尚未发生法律效力的判决或者裁定提出上诉。②要求解除强制措施权。对于人民法院、人民检察院或者公安机关采取强制措施超过法定期限的，辩护人有权要求解除强制措施。③代理犯罪嫌疑人、被告人提出申诉。经犯罪嫌疑人、被告人授权，律师可以代理其申诉案件。

2. 律师在刑事辩护中的义务

律师在享受权利的同时，必须承担相应的义务。律师必须承担的主要义务包括：

（1）维护被告人的合法权益。辩护律师进行辩护时，应当根据事实和法律，提出证明犯罪嫌疑人、被告人无罪、罪轻或者减轻、免除其刑事责任的材料和意见，维护犯罪嫌疑人、被告人的合法权益。

（2）正当执业。辩护律师不得私自接受委托和收费。不得在办案中行贿，不得违反规定会见法官、检察官。在接到人民法院的开庭时间、地点的通知后，应准时到庭并依法执行辩护职能。

（3）提供辩护服务。辩护律师在接受犯罪嫌疑人、被告人的委托或者人民法院指定担任辩护人后，无正当理由，不得拒绝辩护。不得帮助犯罪嫌疑人、被告人隐匿、毁灭、伪造证据或者串供，不得威胁、引诱证人改变证言或者作伪证以及进行其他干扰司法机关诉讼活动的行为。

（4）遵守法庭规则和纪律。辩护律师应严格遵守法庭规则和秩序，严格遵守和执行法律规定的诉讼程序，不得干扰法庭秩序，干扰诉讼的正常进行。

（5）保密的义务。辩护律师对于在执业活动中知悉的国家秘密、当事人的商业机密和当事人的个人隐私，应当予以保密。《律师法》第三十八条除了规定"律师应当保守在执业活动中知悉的国家秘密、商业秘密，不得泄露当事人的隐私"外，还特别规定"律师对在执业活动中知悉的委托人和其他人不愿泄露的情况和信息，应当予以保密"。

---

① 刘健. 中华人民共和国律师法释义 [M]. 北京：中国法制出版社，2007.132.

四、律师在侦查阶段、审查起诉阶段的工作流程

一般而言，根据提起追诉的主体不同，可以将刑事案件分为公诉案件和自诉案件两类。具体包括公诉案件的一、二审程序阶段、再审阶段及自诉案件阶段，律师在各阶段的具体工作流程都不相同。以下介绍律师在侦查阶段、审查起诉阶段的工作流程：

（一）侦查阶段的律师工作流程

侦查阶段的律师工作，是指在刑事公诉案件的侦查阶段，律师接受犯罪嫌疑人的委托为其提供法律咨询，代理申诉、控告，申请取保候审等活动。在犯罪嫌疑人被侦查机关第一次讯问后或者采取强制措施之日起，犯罪嫌疑人有权委托辩护人。在侦查期间，只能委托律师作为辩护人。如果犯罪嫌疑人在押的，也可以由其监护人、近亲属代为委托辩护人。

1. 接受委托

《刑事诉讼法》第三十二条规定："犯罪嫌疑人、被告人除自己行使辩护权以外，还可以委托一至二人作为辩护人。"第三十三条规定，犯罪嫌疑人"在侦查期间，只能委托律师作为辩护人"。"犯罪嫌疑人、被告人在押期间要求委托辩护人的，人民法院、人民检察院和公安机关应当及时转达其要求。""犯罪嫌疑人、被告人在押的，也可以由其监护人、近亲属代为委托辩护人。"因此，犯罪嫌疑人除自己行使辩护权以外，侦查阶段在押的，有权委托监护人、近亲属代为委托辩护人。侦查机关在第一次讯问犯罪嫌疑人或者对犯罪嫌疑人采取强制措施的时候，应当告知犯罪嫌疑人有权委托辩护人。在侦查期间，犯罪嫌疑人只能委托律师作为辩护人。因此，律师事务所与委托人应签署《授权委托书》和《辩护合同》，律师事务所给承办律师开具信函，由律师交办案机关，开展辩护工作。

2. 与侦查机关联系

承办律师接受委托后，应及时与侦查机关联系，向其提交《授权委托书》、律师事务所信函，并出示律师执业证。及时提出会见犯罪嫌疑人申请的具体要求。

《刑事诉讼法》第三十七条第二款规定："辩护律师持律师执业证书、律师事务所证明和委托书或者法律援助公函要求会见在押的犯罪嫌疑人、被告人的，看守所应当及时安排会见，至迟不得超过48小时。"此项规定，为辩护律师行使会见权提供了有力保障。

【法条链接】

《六部委关于刑事诉讼法实施中若干问题的规定》第十一条：涉及国家秘密的案件，律师会见在押的犯罪嫌疑人，应当经侦查机关批准。对于不涉及国家秘密的案件，律师会见犯罪嫌疑人不需要经过批准。不能以侦查过程需要保密作为涉及国家秘密的案件不予批准。律师提出会见犯罪嫌疑人的，应当在四十八小时内安排会见，对于组织、领导、参加黑社会性质组织罪，组织、领导、参加恐怖活动组织罪，或者走私犯罪、毒品犯罪、贪污贿赂犯罪等重大复杂的两人以上的共同犯罪案件，律师提出会见犯罪嫌疑人的，应当在5日内安排会见。

3. 会见犯罪嫌疑人

《刑事诉讼法》第三十七条第三款规定："危害国家安全犯罪、恐怖活动犯罪、特别重大贿赂犯罪案件，在侦查期间辩护律师会见在押的犯罪嫌疑人，应当经侦查机关许可。上述案件，侦查机关应当事先通知看守所。"辩护律师在会见上述犯罪嫌疑人时，应向侦查机关提出会见申请，侦查机关在审查相关资质后，应根据案件具体情况作出许可与否的决定。未经侦查机关许可，看守所有权拒绝会见。

除非涉及国家机密的案件，律师会见犯罪嫌疑人律师不需要经过批准。律师提出会见犯罪嫌疑人的，侦查机关应当在48小时内安排会见。律师还可根据案件情况和需要，决定会见在押犯罪嫌疑人的时间和次数。律师会见在押的犯罪嫌疑人时，应首先征询其对于聘请律师的意见。犯罪嫌疑人表示同意的，应要求其在《授权委托书》上签字确认；表示不同意的，应要求其书面表明意见。律师会见犯罪嫌疑人时，可以向其了解有关案件的情况，提供法律咨询，为犯罪嫌疑人提供法律帮助。

4. 为犯罪嫌疑人申请取保候审

律师认为在押的犯罪嫌疑人符合法律条件的，可以为其申请取保候审。在押的犯罪嫌疑人或者其法定代理人、近亲属要求律师为犯罪嫌疑人申请取保候审，承办律师认为符合法定条件的，可以代为申请取保候审。《刑事诉讼法》第六十五条规定，人民法院、人民检察院和公安机关对于有下列情形之一的犯罪嫌疑人、被告人，可以取保候审：①可能判处管制、拘役或者独立适用附加刑的；②可能判处有期徒刑以上刑罚，采取取保候审不致发生社会危险性的；③患有严重疾病、生活不能自理，怀孕或者正在哺乳自己婴儿的妇女，采取取保候审不致发生社会危险性的；④羁押期限届满，案件尚未办结，需要采取取保候审措施的。律师为犯罪嫌疑人申请取保候审时，应向有关机关提交申请书，律师为在押的犯罪嫌疑人申请取保候审后，应当要求侦查机关在3日内作出同意或者不同意的答复。对于不同意取保候审的，律师有权要求其说明不同意的理由。

5. 代理申诉和控告

律师根据向侦查机关了解到的犯罪嫌疑人涉嫌的罪名，以及和犯罪嫌疑人会见时了解到的案情，若认为嫌疑人的行为不构成犯罪，或者属于《刑事诉讼法》第十五条规定的不追究刑事责任的情况，或者侦查机关确定的罪名不适当，律师可以代理嫌疑人向有关机关申诉理由，要求予以纠正。律师发现侦查机关有侵犯犯罪嫌疑人人身权利、诉讼权利或其他合法权益；或者发现有管辖不当、非法搜查、扣押及其他违反法律规定情况的，可以代理犯罪嫌疑人向有关部门提出控告。对于人民法院、人民检察院或者公安机关采取强制措施超过法定期限的，有权要求解除强制措施。

此外，必须注意辩护律师在侦查阶段会见时不能向犯罪嫌疑人核实有关证据。《刑事诉讼法》第三十七条第四款明确规定，辩护律师"自案件移送审查起诉之日起，可以向犯罪嫌疑人、被告人核实有关证据"。由此可见，辩护律师在侦查阶段，虽然在会见犯罪嫌疑人过程中"可以了解案件有关情况"，但不能向犯罪嫌疑人核实有关证据。实际上，侦查阶段的辩护律师没有阅卷权，不掌握有关证据情况，也不具备核实证据的条件。只有在案件移送审查起诉之后，辩护律师才具备核实证据的条件。

(二) 审查起诉阶段的律师工作流程

1. 接受委托

公诉案件自犯罪嫌疑人被侦查机关第一次讯问或者采取强制措施之日起，有权委托辩护人。律师事务所应与委托人签署《委托辩护合同》和《授权委托书》，律师事务所给承办律师开具律师事务所信函。

2. 与公诉机关联系

承办律师接受委托后，应及时与公诉机关取得联系，向其提交《授权委托书》、律师事务所信函，并出示律师执业证。辩护律师有权查阅、摘抄、复制本案的诉讼文书、技术性鉴定材料。了解案情、掌握有关案件材料，是履行辩护职能的基础。诉讼文书包括立案决定书、提请批准逮捕书、批准逮捕决定书、逮捕证、搜查证、起诉意见书、采取逮捕以外的强制措施决定书及其他司法文书。技术性鉴定材料包括法医鉴定、司法精神病鉴定、物证技术鉴定等由有鉴定资格的人员对人身、物品及其他有关证据材料进行鉴定所形成的记载鉴定情况和鉴定结论的文书。

3. 会见和通信

在审查起诉阶段，辩护律师会见犯罪嫌疑人无须经过检察机关批准，可以随时会见。辩护律师应持律师事务所会见在押犯罪嫌疑人的专用介绍信和律师执业证书，并到看守所办理相关手续。辩护律师会见犯罪嫌疑人的目的在于亲自听取犯罪嫌疑人对指控罪名的意见，询问、查找有关能证明犯罪嫌疑人无罪、罪轻或减轻，或免除其刑事责任的材料和意见，给犯罪嫌疑人提供法律上的帮助。辩护律师也可以与犯罪嫌疑人通信，但内容应与本案有关。

4. 为犯罪嫌疑人申请取保候审

律师认为在押的犯罪嫌疑人符合取保候审条件的，可以为其申请取保候审。在押的犯罪嫌疑人或者其法定代理人、近亲属要求律师为犯罪嫌疑人申请取保候审，承办律师认为符合法定条件的，可以代为申请取保候审。律师为犯罪嫌疑人申请取保候审的，应向有关机关提交申请书。申请书应写明申请事实、理由及保证方式，并注明律师事务所名称、律师姓名、通信地址及联系方法等。律师为在押的犯罪嫌疑人申请取保候审后，应当要求公诉机关在 7 日内作出同意或者不同意的答复。对于不同意取保候审的，律师有权要求其说明不同意的理由，并可以提出复议或向有关部门反映。

5. 代理申诉和控告

律师了解案情后，认为犯罪嫌疑人不构成犯罪、涉嫌罪名不当，或者有《刑事诉讼法》第十五条所规定的不追究刑事责任情况的，可以代理犯罪嫌疑人向有关机关提出申诉，要求予以纠正。律师发现侦查机关有侵犯犯罪嫌疑人人身权利、诉讼权利或其他合法权益，或者发现有管辖不当、非法搜查、扣押及其他违反法律规定情况的，可以代理犯罪嫌疑人向有关部门提出控告。

6. 调查和收集案件有关材料

调查取证是辩护律师执行辩护业务的一项法定权利，也是查明案件事实真相的重要手段。辩护律师应当在查阅诉讼文书、技术性鉴定材料和会见犯罪嫌疑人的基础上，找出疑点，积极调查取证，提出有充分根据的辩护意见。《刑事诉讼法》第四十一条规定，辩护律师经证人或者其他有关单位和个人同意，可以向他们收集与本案有关的材料，也可以申请人民检察院、人民法院收集、调取证据，或者申请人民法院通知证人出庭作证。辩护律师经人民检察院或者人民法院许可，并且经被害人或者其近亲属、被害人提供的证人同意，可以向他们收集与本案有关的材料。

7. 提出辩护意见

律师担任辩护人，可根据《刑事诉讼法》第一百九十三条的规定，向人民检察院提出关于本案的辩护意见。人民检察院作出不起诉决定，被不起诉人不服，要求申诉的，辩护律师可以在被不起诉人收到不起诉决定书后，代为提起申诉。

【引例分析】

本案律师的辩护属于指定辩护。律师接受人民法院的指定，作为被告人的辩护人参加刑事诉讼，以诉讼参与人的身份进行诉讼活动，具有独立的诉讼地位，人民法院保障辩护律师依法履行职责。

【思考与练习】

1. 律师辩护有何诉讼职能和诉讼地位？
2. 我国法律规定辩护律师享有哪些诉讼权利并承担哪些诉讼义务？

【拓展阅读】

2012 年 3 月 14 日通过的《刑事诉讼法》关于律师的辩护权方面，与之前的《刑事诉讼法》比较，进行了以下修改：①明确侦查阶段律师的辩护人身份。②扩大法律援助范围。适用阶段由审判延伸至侦查、起诉；应当指定法律援助的案件从死刑扩展到无期徒刑；对于因经济困难等原因没有委托辩护人的，经申请符合条件的，也应当提供法律援助。③完善会见制度。除危害国家安全犯罪案件、恐怖活动犯罪案件、重大贿赂犯罪的共同犯罪案件外，辩护律师凭"三证"即可会见；会见时不被监听。④完善阅卷权。辩护律师自审查起诉之时起，可以查阅、摘抄和复制本案所指控的犯罪事实的材料。同时规定辩护人收集的有关犯罪嫌疑人、被告人不在犯罪现场、未达到刑事责任年龄、属于不负刑事责任的精神病人的证据，应当及时告知公安机关和检察院。⑤完善申请调查取证权。辩护人认为在侦查、审查起诉过程中公安机关、检察院收集的证明犯罪嫌疑人、被告人无罪或者罪轻的证据材料未提交的，可以申请调取。⑥修改第三十八条。被追究责任的主体改为"辩护律师或者其他任何人"；删除"改变证言"的规定。⑦规定辩护律师职业保密义务。上述规定不仅吸收了《律师法》中的许多内容，而且还有一些新的突破。这些都将有效破解司法实践中辩护难的问题。但是，对于第三十八条的修改似尚不足以有力保证律师被无辜追究刑事责任。①

单元 八 律师参加刑事案件工作实务

---

① 陈光中. 刑诉法修改中的几个重点问题［N］. 人民法院报，2011－08－24.

项目二　一审程序中的律师辩护工作流程

【引例】

检察机关以被告人李某在聚众斗殴过程中持械致人重伤而转化为故意伤害，以涉嫌故意伤害罪向某市人民法院提起公诉。被告人的辩护律师认为本案的起因是由于被告人与被害人因为琐事而发生争执，被害人打了被告人，被告人怀恨在心而找人报复。被告人李某有持械情节，没有故意伤害的故意，对被告人李某的行为应仍定性为聚众斗殴，而不转化为故意伤害罪。

问题：一审程序中辩护律师的作用是什么？

【基本原理】

一审程序中的律师辩护，是指在刑事诉讼第一审程序中，被告人自行或委托律师以及司法机关为其指定辩护人进行辩护。一审程序中的律师辩护工作流程主要有：

一、接受委托，担任辩护人

律师接受委托后，应注意审查该案是否属于受案法院管辖，发现管辖不当的，应及时提出书面管辖异议。

二、庭前准备工作

（1）辩护律师接受委托后，应及时与法院承办法官取得联系，向其提交《授权委托书》、律师事务所信函，并出示律师执业证。

（2）辩护律师有权查阅、摘抄、复制本案所指控的犯罪事实的证据材料包括：起诉书、证据目录、证人名单和主要证据的复印件或者照片等。

（3）会见、通信并提供法律帮助。在审判阶段，辩护律师会见被告人无须经过批准，可以随时会见。辩护律师可以与被告人进行通信。律师可以向被告人介绍法庭审理程序，告知被告人在庭审中的诉讼权利、义务及应注意的事项。

（4）为被告人申请取保候审。律师认为在押的被告人符合法定条件的，可以为其申请取保候审。在押的被告人或者其法定代理人、近亲属要求律师为被告人申请取保候审，承办律师认为符合法定条件的，可以代为申请取保候审。对于不同意取保候审的，律师有权要求其说明不同意的理由，并可以提出复议。

（5）调查和收集与案件有关的材料。辩护律师根据法律的规定向被害人或者其近亲属、被害人提供的证人收集与案件有关的材料，向其他证人或者单位收集与案件有关的材料。辩护律师在调查、收集案件材料时，可以录音、录像。辩护律师认为必要时，也可以申请人民检察院收集、调取证据。

（6）出庭准备。律师申请人民法院通知证人、鉴定人、勘验检查笔录制作人出庭作证的，应制作上述人员名单，并说明拟证明的事实，在开庭前提交人民法院。律师对于拟当庭宣读、出示的证据，应制作目录并说明所要证明的事实，在开庭前提交人民法院。

三、参与庭审

律师在庭审中可以对控诉方的证据发表质证意见；对鉴定人、证人、被告人可以发问；律师提出辩护意见应针对控诉方的指控，从事实是否清楚、证据是否确实充分、适用法律是否准确无误、诉讼程序是否合法等不同方面进行分析论证，并提出关于案件定罪量刑的意见和理由。法庭审判阶段是刑事诉讼中最基本的、具有决定意义的诉讼阶段。审判阶段将对被告人是否实施了犯罪行为、实施何种犯罪行为、犯罪情节轻重、是否判处刑罚以及处以什么样的刑罚，依法作出判决。

（1）听取公诉人宣读的起诉书，注意起诉书中指控的罪名、事实是否与起诉书副本一致，听取人民检察院在公诉意见书中提出的量刑建议。

（2）法庭调查阶段的辩护工作。法庭调查是法庭审理的中心环节，这一阶段法庭要在公诉人、当事人以及其他诉讼参与人的参加下，对案件的事实情节进行全面调查核实。辩护律师在此阶段的主要任务是查清有利于被告人的事实情节，核实能够证明被告人无罪、罪轻、减轻或免除刑事责任的证据。在诉讼过程中，辩护律师可以提出量刑证据和意见，并说明理由。

（3）法庭辩论阶段的辩护工作。法庭辩论是辩护律师履行辩护职责最重要的阶段。辩护律师的任务是依据法庭调查中查证核实的证据和查明的案件事实，对被告人是否构成犯罪、犯罪的性质和情节提出全面的见解；对有罪的被告人应该适用的法律条款，向法庭提出建议。辩护律师要依据被告人的犯罪事实、性质、情节、社会危害程度，根据案件的特殊情况进行有针对性的量刑辩护。因此，辩护律师应认真听取公诉人、被害人的发言，以备答辩；听取被告人本人的陈述和辩护。并针对控诉方的指控，从事实是否清楚、证据是否确实充分、适用法律是否准确无误、诉讼程序是否合法等方面进行分析论证，并提出关于案件定罪量刑的意见和理由。辩护律师通过发表辩护词，全面阐述自己对本案认定事实、适用法律的基本观点，以维护被告人的合法权益。

此外，辩护律师要根据案件现实证据材料确定案件性质，如果能够确定被告人定罪理由成立，要耐心说服被告人认罪，争取积极的认罪、悔罪态度，积极对附带民事赔偿义务予以认可并承担，通过罪轻辩护进入量刑辩论程序。

【知识链接】

最高人民法院从 2009 年 6 月 1 日起，在全国法院开展量刑规范化试点工作，控辩双方将在定罪辩论结束后围绕量刑问题进行辩论，发表量刑建议或意见，并说明理由和依据。因此，辩护律师在量刑辩护中充分地运用辩护权。要依据被告人在具体犯罪中所具有的从重、从轻、减轻或者酌情情节，对照量刑幅度提出量刑辩护建议。如果公诉人提出的量刑建议明显高于量刑幅度，辩护人可以指出公诉人量刑建议存在的问题，并提出适格的刑期。

（4）休庭后的律师工作。休庭后，辩护律师应就当庭出示、宣读的证据及时与法庭办理交接手续。尽快整理书面辩护意见并及时提交法庭。一审判决后，律师可以会见被告人，听取其对判决书的意见，询问其是否上诉，并给予法律帮助。

【引例分析】

辩护律师的责任是根据事实和法律，提出被告人无罪、罪轻、减轻或者免除处罚的事实和材料，维护被告人的合法权益。本案辩护律师的辩护意见认为被告人的行为是否转化构成故意伤害应当从共同犯罪的主、客观两个方面进行认定，对于被害人重伤的后果只有在共同的故意和共同的行为下造成，共同犯罪人才对重伤后果承担责任。本案经过人民法院审理，最终法院支持了律师观点，判决被告人李某犯聚众斗殴罪，判处有期徒刑两年六个月。

【思考与练习】

1. 律师为犯罪嫌疑人提供哪些法律帮助？
2. 辩护律师在出庭前的准备工作有哪些？

【拓展阅读】

2012 年通过的《刑事诉讼法》关于一审程序方面，有如下重要修改：①扩大简易程序的适用范围。对于基层法院审理的案件，如果事实清楚、证据充分，被告人承认自己所犯罪行，对起诉书指控的犯罪事实和适用简易程序没有异议的，都可以适用简易程序。②改革证人出庭作证制度。证人证言对案件定罪量刑有重大影响，并且控辩双方有异议的，或者法院认为证人有必要出庭作证的，证人应当出庭作证；对于无正当理由拒绝出庭的可以强制出庭，但配偶、父母、子女除外；证人没有正当理由逃避出庭或者出庭后拒绝作证，情节严重的可以处以 10 日以下的拘留。③完善鉴定人出庭作证制度。鉴定人依法应当出庭而拒不出庭作证的，鉴定意见不得作为定案根据。④建立专家证人制度。控辩双方可以申请法庭通知有专门知识的人作为证人出庭，就鉴定人作出的鉴定意见提出意见。⑤完善审限制度。对于重大、复杂、疑难的公诉案件，在一般审理期限的基础上，还可延长两个月。上述规定显然有助于实现审判公正，提高审判效率，值得肯定，建立专家证人制度更是难得的创新。但是对于近亲属可以不强制到庭的规定与国际通行的亲属拒绝作证权相距甚远，颇有"犹抱琵琶半遮面"之感。①

项目三　二审程序中的律师辩护工作流程

【引例】

某年 1 月，被告人张某与被害人徐某经过网上认识并恋爱，同年 2 月两人开始同居生活。7 月，徐某之父亲出资让徐某经营建材厂，被告人张某在徐某的厂里上班，徐某负责张的吃住及零用钱。11 月 10 日，被告人张某在两人居住地徐某家里，拿走徐某的车钥匙并自行到徐某的汽车储物箱里取出徐的存折，并到某农商银行支行取走徐某

---

① 陈光中. 刑诉法修改中的几个重点问题［N］. 人民法院报，2011 - 08 - 24.

存折上的现金 99 980 元，随后，被告人张某将取款告知徐某，徐某要求张某立即退还，张某拒不退还，徐某遂向公安机关报案。经讯问，被告人张某如实供述了以上事实。公诉机关以被告人张某涉嫌盗窃罪为由向某县人民法院提起公诉。一审法院以盗窃罪判处被告人张某有期徒刑 10 年，并处罚金人民币 1 万元。被告不服一审判决，提出上诉，律师受张某之父委托，为其提供二审辩护。

问题：二审程序中律师辩护的作用是什么？

【基本原理】

二审程序，又称上诉审程序，是第二审法院根据上诉人的上诉或检察院的抗诉，就一审未生效的裁判所认定的事实和适用的法律进行重新审理的活动。二审程序被告人有权委托律师担任辩护人，被告人没有委托辩护人，如果符合法定条件的，人民法院应当为他指定律师担任辩护人，律师在二审程序中的辩护工作基本上可参照一审中的做法。

二审程序中的律师工作流程主要有：

一、接受委托，为上诉人代书上诉状，帮助被告人行使上诉权

律师代书上诉状时应注意上诉状必须具有针对性，只针对原审判决中的不当部分提出，并具有辩驳性和规范性。如果二审的提出是由于检察机关的抗诉，还要针对检察机关的抗诉意见提出上诉。

二、调查取证

律师可以围绕一审判决认定的事实和依据的证据，开展新的调查取证工作，包括会见被告、查阅卷宗材料等。

三、撰写辩护词、出庭辩护

二审审理的方式有两种：一种是开庭审理方式；另一种是调查询问方式。两种方式的辩护内容是有区别的，开庭审理方式辩护律师应出庭履行辩护职责，与一审相同；调查询问方式辩护律师的主要工作是通过书面的辩护词，充分、全面表达辩护意见。[①]因此，庭审程序中，辩护律师必须认真组织、撰写辩护词，出庭辩护，最大限度地维护委托人的合法权益。

【法条链接】

《刑事诉讼法》第二百二十三条：第二审人民法院对于下列案件，应当组成合议庭，开庭审理：（一）被告人、自诉人及其法定代理人对第一审认定的事实、证据提出异议，可能影响定罪量刑的上诉案件；（二）被告人被判处死刑的上诉案件；（三）人民检察院抗诉的案件；（四）其他应当开庭审理的案件。第二审人民法院决定不开庭审理的，应当讯问被告人，听取其他当事人、辩护人、诉讼代理人的意见。

---

① 胡志民. 律师制度与律师实务［M］. 上海：立信会计出版社，2006.217.

四、律师休庭后应整理辩护意见和证据，向法庭提交

委托人如果对二审法院判决、裁定不服，律师可以应委托人的要求，撰写《申诉状》提交有关部门。

【引例分析】

二审律师认为，被告人一贯表现良好，具有法定的减轻、从轻量刑的情节，并结合相关解释、量刑指导意见的规定，要求二审法院减轻其处罚，最终法院采纳了律师的辩护观点，判处被告人有期徒刑 3 年，缓刑 5 年，并处罚金人民币 1 万元。

【思考与练习】

律师如何提高庭审时辩护工作的质量？

【拓展阅读】

2012 年通过的《刑事诉讼法》关于二审程序方面，有如下重要修改：①明确规定二审开庭审理的情形和审理期限。应当开庭的案件包括：被告人、自诉人及其法定代理人对一审判决认定的事实、证据提出异议，二审法院认为可能影响定罪量刑的上诉案件；被告人被判处死刑的上诉案件；检察院抗诉的案件；二审法院认为应当开庭审理的其他案件。开庭审理的案件应在两个月内审结。②改革发回重审制度。对事实不清、证据不足的案件发回重审后，被告人提出上诉或者检察院提出抗诉，二审法院仍然认为事实不清、证据不足的，应当依法作出判决。应当说，此次修正对二审程序的改革力度不大，多数案件二审是否应当开庭完全取决于法院，对被告方的要求没有予以考虑，这种修改似需仔细思量。通过发回重审变相上诉加刑的通病也未得到有效解决。①

项目四 审判监督程序中的律师工作流程

审判监督程序，是已经发生法律效力的判决、裁定，在认定事实或者适用法律上确有错误时，人民法院依法提起并进行重新审理的一种特殊程序。《刑事诉讼法》第二百四十一条规定，当事人及其法定代理人、近亲属，对已经发生法律效力的判决、裁定，可以向人民法院或者人民检察院提出申诉。《律师法》第二十五条规定，律师可以接受委托代理对生效裁判的申诉，并接受委托在再审程序中担任辩护人。

人民法院按照审判监督程序重新审判的案件，应当另行组成合议庭进行。如果原来是第一审案件，应当依照第一审程序进行审判，所作的判决、裁定，可以上诉、抗诉；如果原来是第二审案件，或者是上级人民法院提审的案件，应当依照第二审程序进行审判，所作的判决、裁定，是终审的判决、裁定。

由此可见，重新审判的案件有可能是一审程序，也有可能是二审程序。因此，审判监督程序中的辩护律师工作流程与一、二审中的辩护律师工作流程大体相同。

① 陈光中. 刑诉法修改中的几个重点问题［N］. 人民法院报，2011 - 08 - 24.

【拓展阅读】

2012 年通过的《刑事诉讼法修正案》增设以下四种特别程序：第一，未成年人犯罪案件诉讼程序。规定办理未成年人犯罪案件的方针和原则；实行法律援助辩护制度；严格限制适用逮捕；建立讯问和审判时法定代理人或者其他成年人在场制度；建立附条件不起诉制度；建立犯罪记录封存制度等。第二，公诉案件的当事人和解程序。对于因民间纠纷引起的可能判处 3 年有期徒刑以下刑罚的案件或者除渎职犯罪以外的可能判处 7 年有期徒刑以下刑罚的过失犯罪案件，犯罪嫌疑人、被告人与被害人双方可以和解。第三，犯罪嫌疑人、被告人逃匿、死亡案件违法所得的没收程序。对于贪污贿赂犯罪、恐怖活动犯罪等重大犯罪案件，犯罪嫌疑人潜逃或者犯罪嫌疑人、被告人死亡，应当依法追缴其违法所得及其他涉案财产的，由中级法院审理裁定。第四，对实施暴力行为的精神病人的强制医疗程序。精神病人实施暴力行为危害公共安全或者致人死亡、重伤，经法定程序鉴定确认，依法不负刑事责任，有继续危害社会可能的，法院可以决定强制医疗。上述四种特别程序适应了社会的需要，属于填补空白的首创制度。但是当事人和解的案件范围似应再扩大一些。①

项目五　律师在自诉案件中的辩护工作流程

【引例】

A 与 B 曾是夫妻。B 在多家报刊任职。几年前两人因感情不和离婚，其后因子女抚养等问题，矛盾愈益加剧。A 在自己的博客上发表了一篇文章《他是一个……》，对 B 的一些采访活动作了追叙回顾，同时夹杂了一些带有个人色彩的评论，如"不择手段敛财"、"吃喝嫖赌俱全"、"流氓"、"骗子"等，此后，又陆续发表《我为何写〈他是一个……〉》等文章，通过个人日志等方式进一步对 B 的各种行为进行披露。B 在知道 A 的上述行为后向 A 所在地的法院提起刑事自诉，控告 A 构成诽谤罪，要求追究 A 的刑事责任。A 委托律师担任其辩护人，维护其合法权益。

问题：律师在自诉案件中如何开展辩护工作？

【基本原理】

律师担任自诉案件被告人的辩护人，是指律师接受自诉案件被告人的委托，担任被告人的辩护人，参加刑事诉讼。《刑事诉讼法》第三十三条规定：人民法院自受理自诉案件之日起 3 日以内，应当告知被告人有权委托辩护人。此外，自诉案件的被告人在诉讼过程中，可以对自诉人提起反诉。

律师在自诉案件中的辩护工作流程主要有：

（1）接受委托，与委托人签订委托辩护合同和授权委托书。

（2）审查证据材料，制作答辩状或者刑事反诉状并提交给人民法院。辩护律师接

---

① 陈光中.刑诉法修改中的几个重点问题［N］.人民法院报，2011－08－24.

受自诉案件被告人的委托后，应查阅案卷，告知被告人享有对自诉人提起反诉的权利，如果被告人要求辩护律师协助其提起反诉，辩护律师经审查符合反诉条件的，应当帮助被告人制作刑事反诉状，并且按照刑事诉讼的要求和方式向受理自诉案件的人民法院递交。

（3）会见被告。如被告被羁押的，可以申请取保候审。

（4）调查、收集有关证据。辩护律师应当根据被告提供的线索开展必要的调查工作，收集、整理与案件有关的证据，及时向人民法院提交。对自己不能取得的证据，可以向人民法院提出依法调取的申请。

（5）出庭辩护，发表辩护意见。律师在自诉案件中的辩护工作是根据事实和法律维护被告人的合法权益，与公诉案件被告人的辩护律师在刑事诉讼中享有同样的诉讼权利，履行同样的辩护职责。

（6）律师休庭后应整理辩护意见和证据，向法庭提交。被告人如果对一审法院判决、裁定不服，律师可以应被告的要求，撰写《上诉状》提交人民法院。

【引例分析】

诽谤罪，是指故意捏造并散布虚构的事实，足以贬损他人人格，破坏他人名誉，情节严重的行为。构成诽谤罪必须情节严重。本案律师认为，A 自由发表博客文章，所述基本属实，但因为措辞不当，发表了一些过激的言论，律师向法院提交的证据证明，文章的点击次数少，浏览量有限，并未发生严重后果。因此虽然 A 的文章过失损害了 B 的名誉，但因情节轻微，不能构成犯罪。最后，法院采纳了辩护律师的意见，宣告被告人 A 无罪。

【思考与练习】

律师在自诉案件中的辩护工作要点是什么？

【拓展阅读】

2012 年通过的《刑事诉讼法修正案》关于证据方面有以下重要修改：①完善证据的概念和种类。规定可以用于证明案件事实的材料都是证据；将"鉴定结论"改为"鉴定意见"；增加电子数据等证据类型。②确立非法证据排除规则。规定通过刑讯、体罚、虐待等非法方法收集的犯罪嫌疑人、被告人供述和采用暴力、威胁等非法方法收集的证人证言、被害人陈述应当排除；违反法律规定收集的严重影响司法公正的物证、书证也应当排除；明确规定非法证据排除的阶段、程序、证明责任和证明标准等。③规定不得强迫任何人证实自己有罪，并且对与此相关的第九十三条既保留"应当如实回答"的规定，又增加规定侦查人员在讯问时应当告知犯罪嫌疑人如实供述自己罪行可以从宽处理的法律规定。④规定举证责任分配。公诉案件中被告人有罪的举证责任由公诉机关承担，自诉案件中被告人有罪的举证责任由自诉人承担。⑤解释"证据确实、充分"的证明标准。将其具体规定为：定罪量刑的事实都有证据证明；据以定案的证据均经法定程序查证属实；综合全案证据，对所认定事实已排除合理怀疑。⑥建立证人保护制度和证人补偿制度。以上对证据制度的修改有一些亮点，特别是对非法证据排除的规定。但是也存在不足，如关于"应当如实回答"的规定，与不得强迫任何人证实自己有罪有直接冲突；对"排除合理怀疑"的解读和应用也将成为理论上和实践中的难题。①

项目六 公诉案件的律师代理工作流程

【引例】

2010年10月20日22时30分许，被告人药某驾驶小轿车从西安外国语大学长安校区返回市区途中，将前方在非机动车道上骑电动车同方向行驶的被害人张某撞倒。药某恐张某记住车牌号找其麻烦，即持尖刀在张某胸、腹、背等处捅刺数刀，将张某杀死。逃跑途中又撞伤二人。同月23日，药某在其父母陪同下到公安机关投案。为了维护被害人的合法权益，被害人的家属委托律师担任其代理律师参与案件的诉讼。

问题：

1. 本案被害人已经死亡，其家属能否委托律师参加诉讼？

2. 代理律师在本案中的作用是什么？

【基本原理】

刑事诉讼中的律师代理，是指律师在刑事诉讼中接受公诉案件被害人或其法定代理人、近亲属、自诉案件的自诉人及其法定代理人，附带民事诉讼的当事人及其法定代理人刑事申诉案件的委托，以被代理人的名义参加诉讼，向被代理人提供法律服务，由被代理人承担代理行为法律后果的一项法律制度。《刑事诉讼法》第四十四条规定，公诉案件的被害人及其法定代理人或者近亲属，附带民事诉讼的当事人及其法定代理人，自案件移送审查起诉之日起，有权委托诉讼代理人。自诉案件的自诉人及其法定代理人，附带民事诉讼的当事人及其法定代理人，有权随时委托诉讼代理人。

刑事诉讼是司法机关追究和惩罚犯罪的活动，案件的诉讼结局与自诉人、公诉案件的被害人、附带民事诉讼的当事人等有一定的利害关系。因此法律赋予他们一定的诉讼权利，律师代理他们参加诉讼，可以为被代理人提供法律帮助，有利于保护当事人的合法权益，保障诉讼权利行使的正当与合法，协助人民法院准确及时地查明案情，正确地处理案件，从而使刑事诉讼能够顺利进行。

根据法律规定，律师的刑事代理主要有以下几种：①公诉案件被害人的律师代理。②自诉案件的自诉人的律师代理。③刑事附带民事诉讼的当事人的律师代理。④刑事申诉人的律师代理。律师在各阶段的具体工作实务各不相同。

公诉案件中的律师代理，是指律师接受公诉案件被害人或其法定代理人、近亲属的委托担任被害人的代理人，为维护被害人的合法权益而进行的诉讼活动。

公诉案件的被害人作为诉讼当事人，与案件的处理结果有直接的利害关系。在实践中，有的被害人由于遭受犯罪行为的侵害，人身健康受到严重损伤或精神上受到强大刺激而无法出庭，或者被害人因法律知识的欠缺，在诉讼中不能有效维护自己的合

---

① 陈光中. 刑诉法修改中的几个重点问题［N］. 人民法院报，2011－08－24.

法权益。因此，需要诉讼代理人协助维护其合法权益。根据《刑事诉讼法》第四十四条的规定，公诉案件的被害人及其法定代理人或近亲属自案件移送审查起诉之日起，有权委托诉讼代理人。同时为了保证被害人知悉此权利，《刑事诉讼法》还规定人民检察院自收到移送审查起诉的案件材料之日起3日内应当告知被害人及其法定代理人或其近亲属有权委托诉讼代理人。

一、公诉案件代理律师的诉讼权利

公诉案件代理律师的权利由两部分构成：一部分是基于被害人的授权，代为行使被害人的诉讼权利；另一部分是根据《刑事诉讼法》、《律师法》规定的律师代理所享有的诉讼权利。

1. 诉讼代理人经被害人授权代理行使的诉讼权利

代理律师是以被害人的名义参与诉讼，其享有的诉讼权利必须是被代理人的授权范围之内的。其主要的诉讼权利包括：

（1）申请对审判人员、检察人员的回避的权利。

（2）对不起诉决定不服，有提出申诉和起诉的权利。

（3）对一审判决不服，有请求人民检察院提出抗诉的权利。

（4）对已经发生法律效力的判决、裁定，有提出申诉的权利等。

2. 法律规定的律师享有的诉讼权利

代理律师依法享有的诉讼权利主要包括：

（1）出庭权、阅卷权、调查取证权和法庭审理过程中诉讼权利。在法庭审理阶段，诉讼代理人与辩护人的诉讼权利是大体相同的。在法庭调查时，诉讼代理人有对未到庭的证人的证言笔录、鉴定人的鉴定结论、勘验笔录和其他作为证据的文书发表意见的权利。

（2）经审判长许可，诉讼代理人有向被告人、证人、鉴定人发问的权利。

（3）诉讼代理人有申请法庭通知新的证人到庭、调取新的物证、申请重新鉴定或者勘验的权利。

（4）在法庭辩论时，经审判长许可，诉讼代理人有对证据和案件情况发表意见并且与被告人、辩护人辩论的权利。

二、公诉案件律师代理的工作流程

1. 审查案件材料，办理委托代理手续

律师接受委托的，应当同被害人及其法定代理人或其近亲属签订委托代理合同，并由被代理人填写授权委托书，注明代理的权限并代写诉状。

2. 案件审查起诉阶段的代理律师的工作

审查起诉阶段是衔接侦查阶段与审判阶段的重要诉讼阶段。在此阶段中，检察机关要对公安机关移交的案件材料进行分析和判断，并在符合提起公诉的条件下向法院提起公诉。由于我国目前的刑事诉讼法没有赋予公诉案件被害人独立提起诉讼的权利，因此检察机关能否充分地行使指控犯罪的职责，直接影响到案件的处理结果。对此，被害人代理律师可以在一定程度上协助和监督公诉机关及时有效行使职权。在审查起

诉阶段，被害人代理律师的主要工作有以下几个方面：[1]

（1）在确认案件已经移交审查起诉后，应当及时与公诉机关的承办人取得联系，为全面参与审查起诉过程做好准备。

（2）案件移送到检察机关后，代理律师应尽早查阅、摘抄、复制案件的诉讼文书、技术性鉴定材料等。对材料从事实证据和法律适用等方面进行分析，以协助公诉机关做好审查起诉阶段的工作。

（3）对检察机关提供的材料和律师自己调查掌握的材料，起草书面意见表达自己对案件的观点和建议。对量刑意见提出意见，对公安机关的《起诉意见书》中认定的案件性质、适用法律如有异议的，代理律师应及时制作《律师意见书》，向公诉机关提出自己的意见和要求。

3. 庭审中的律师代理工作

法庭审理阶段对于被害人代理律师而言是最为重要的代理阶段。代理律师可以协助公诉机关对被告人进行控诉，揭示案件的事实真相，提出法律的适用意见，全力地维护被害人的合法权益。在此阶段，律师应当做好以下工作：

（1）及时申请阅卷。如果被害人因被告人的犯罪行为遭受财产损失的，应当告知被害人可以同时提起附带民事诉讼，在征得被害人的同意后，向法院提交《附带民事诉讼诉状》。

（2）分析起诉书，归纳其重点和要点。对于起诉书中没有涉及的内容，或者起诉书中事实认定和法律适用不妥甚至错误的地方，及时与检察机关的承办人员取得联系，争取取得一致的意见，并起草代理意见。

（3）在庭审中，维护审判的公正性。应当查明审判人员及有关人员有无回避的情况。对被告方提出的证据，应当从客观的角度依法进行质证和反驳；对自己掌握的证据，进行合理的说明，争取法庭采纳。对公诉机关的控诉作补充发言，使公诉方和被害人的意见得到最完整的反映，对被告人的量刑提出建议，充分维护被害人的合法权益。

4. 休庭后的律师工作

律师休庭后应整理代理意见和证据，向法庭提交。被害人如果对一审法院判决、裁定不服，代理律师可以应被害人的要求，撰写《刑事抗诉请求书》，请求人民检察院提起抗诉。

【引例分析】

被害人死亡的，其近亲属可以委托律师进行代理。律师作为被害人的诉讼代理人，应向委托人提供法律咨询和其他法律帮助。开庭前律师应向人民法院了解案件是否公开审理，如果案件涉及被害人隐私，可以要求人民法院不公开审理。有权对合议庭组成人员、书记员、公诉人、鉴定人员申请回避，在法庭审理过程中，代理律师依法指导、代理委托人行使诉讼权利。与公诉人互相配合，依法行使控诉职能。被害人及其法定代理人不服一审判决的，代理律师可协助或代理委托人，在收到判决书后5日内，请求人民检察院抗诉。

---

① 朱加宁. 律师担任刑事被害人代理人的若干问题思考 [EB/OL]. http：//www.9ask.cn，2010 - 06 - 04.

【思考与练习】

律师接受公诉案件被害人委托后的主要工作是什么？

【拓展阅读】

2012 年通过的《刑事诉讼法修正案》关于侦查程序方面有以下重要修改：第一，规定讯问录音录像制度。对于可能判处无期徒刑或者死刑的，应当全程录音或者录像。第二，规定拘留后 24 小时内应当将被拘留人送看守所羁押，讯问必须在看守所进行。第三，规定公安机关对于危害国家安全等严重犯罪案件可以使用技术侦查措施、秘密侦查、控制下交付等特殊侦查手段；检察院对于重大的贪污、贿赂案件以及利用职权实施的严重侵犯公民人身权利的重大犯罪案件可以使用技术侦查措施；对上述侦查手段的适用期限、审批手续、侦查机关的保密义务以及可以作为证据使用等内容作了规定。以上规定较好地实现了惩罚犯罪和保障人权的平衡。但是，全程录音或者录像的案件范围似应适当扩大；对于被非法特殊侦查的公民的救济手段应当加以规定。①

项目七 刑事自诉案件的律师代理工作流程

【引例】

2008 年 1 月，自诉人陈某经媒人介绍认识被告人林某，并按照农村习俗办了酒席，但一直未办理结婚登记。后自诉人陈某在某民政局调查发现被告人林某在 2004 年 3 月已经与一日本人登记结婚。自诉人陈某委托律师，要求法院以重婚罪追究被告人林某的刑事责任。

问题：陈某的委托律师该如何向法院起诉？

【基本原理】

自诉案件是指被害人及其法定代理人、近亲属向人民法院起诉，要求追究被告人的刑事责任，由人民法院直接受理的刑事案件。刑事自诉案件中的代理，是指在自诉案件中，律师接受自诉人及其法定代理人的委托，在委托人授权范围内，代理参加诉讼，以维护自诉人合法权益的诉讼代理制度。《刑事诉讼法》第四十四条规定，自诉案件的自诉人及其法定代理人，附带民事诉讼的当事人及其法定代理人，有权随时委托诉讼代理人。

一、律师作为自诉案件中的代理人的诉讼权利

律师作为自诉案件中的代理人，其诉讼权利包括：

（1）可以代自诉人向人民法院提起诉讼。纠正委托人无根据的起诉事实和无法律依据的诉讼主张。

---

① 陈光中．刑诉法修改中的几个重点问题［N］．人民法院报，2011－08－24.

（2）收集查阅与本案有关的材料。根据《律师法》第三十条第一款的规定，代理律师可以收集查阅与本案有关的材料，可以到法院查阅有关案卷材料，了解案情。

（3）出席法庭参加诉讼。人民法院开庭审理时，代理律师有权到庭履行职务；经自诉人授权，有权代委托人依法申请法庭组成人员等人员回避；经审判长许可，可以向被告人发问，可以申请审判长对证人、鉴定人发问或者经审判长许可直接发问；申请通知新的证人到庭，调取新的物证，申请重新鉴定或者勘验；法庭调查后，有权发言并且可以和被告辩论；有权代自诉人阅读审判笔录，如认为有遗漏或者错误，有权请求补充或者改正。

（4）对司法人员非法剥夺自诉人诉讼权利和人身侮辱等侵权行为，有权提出控告。

二、律师作为自诉案件中的代理人的诉讼义务

律师作为自诉案件中的代理人，其诉讼义务包括：

（1）依法出庭履行职务。按照人民法院的通知及时到庭履行义务，应严格遵守法庭的规则和秩序。

（2）协助自诉人负举证义务。

（3）对于人民法院已经生效的判决、裁定或者调解协议，代理律师有义务教育委托人遵守执行。

（4）执业中接触到的国家机密、商业秘密和个人隐私，应当严格保守秘密。

（5）履行《律师法》规定的其他义务。

由于自诉案件人民法院可以进行调解，自诉人在法院宣告判决前，可以同被告人自行和解或者撤回起诉。如果涉及处分自诉人的实体权利问题，代理律师如果没有委托人特别授权则无权代理。

三、刑事自诉案件的律师代理的工作流程

1. 接受委托，担任其诉讼代理人

刑事自诉案件的自诉人委托代理人时，一般是在法院未受理之前。在这种情况下，是否接受自诉人的委托，首先要认真听取委托人对案件的叙述，查看有关证据，分析被告人的行为是否构成犯罪，为被害人提供法律咨询。因此，律师在接受委托前，应审查案件是否符合法定的自诉案件范围和立案条件；帮助自诉人分析案情，确定被告人和管辖法院。律师还可以从专业的角度对被害人描述的案件事实进行分析，包括案件的性质、行为人是否应当承担刑事责任、承担何种刑事责任等。律师根据不同情况决定接受代理或者不接受代理，或者告知被害人到有管辖权的部门去控告或起诉。

2. 代写《刑事起诉状》

律师应该调查、了解有关案件的事实和证据，代写《刑事起诉状》。自诉人同时要求民事赔偿的，代理律师可协助其制作刑事附带民事起诉状。

3. 协助自诉人做好补充证据工作

人民法院对自诉案件进行审查后，要求自诉人补充证据或者撤回自诉的，律师应协助自诉人做好补充证据工作或与自诉人协商是否撤回自诉。人民法院对自诉案件不予受理的，律师可以代理自诉人向人民法院申请复议。人民法院决定开庭的，代理律师应做好开庭前的准备工作，对于自己无法取得的证据，可申请人民法院依法调查取证。

4. 担任自诉人被反诉的辩护人

在刑事自诉案件中，被告人提起反诉的，代理律师可以接受自诉人的委托，担任其被反诉辩护人，但是应办理相关委托手续。

5. 参加法庭审理

代理律师应出庭支持控告，参加法庭调查和辩论。法庭辩论结束后，可以根据委托人的授权参加法庭调解。在判决宣告前，应协助自诉人决定是否与被告人和解或者撤回自诉。如果自诉人不服地方各级人民法院的第一审判决和裁定，律师经自诉人同意，可以代为提出上诉。

【引例分析】

律师接受自诉人委托后，查阅相关案卷，在庭审阶段列举相关证据证实被告人林某在与他人婚姻存续期间又与自诉人以夫妻名义共同生活，已违反《刑法》规定的关于重婚罪的相关规定，应以重婚罪追究其刑事责任。后经双方多次调解，最后被告人林某退还婚约财产，自诉人撤诉。

【思考与练习】

情景：

被告人曹某（男）与被害人李某是夫妻。曹某长期与有夫之妇通奸，为了达到与李某离婚的目的，曹某经常殴打其妻李某。李某不堪忍受凌辱，喝毒药自杀。李某死后，其16岁的儿子曹某某委托律师作为诉讼代理人，到法院控告父亲构成对母亲的虐待罪，要求追究其刑事责任。法院认为：被害人已经死亡，本案已经没有自诉人，因此，委托是没有依据的，法院对本案不予受理。

请问：法院的做法正确吗？如果你作为曹某某的委托代理人，如何维护其合法权益？

【拓展阅读】

刑事自诉案件的类型

根据《中华人民共和国刑事诉讼法》第二百零四条和《最高人民法院关于执行〈中华人民共和国刑事诉讼法〉若干问题的解释》，人民法院直接受理的自诉案件包括：

（1）告诉才处理的案件：①侮辱、诽谤案；②暴力干涉婚姻自由案；③虐待案；④侵占案。

（2）人民检察院没有提起公诉，被害人有证据证明的轻微刑事案件：①故意伤害案；②非法侵入住宅案；③侵犯通信自由案；④重婚案；⑤遗弃案；⑥生产、销售伪劣商品案；⑦侵犯知识产权案；⑧属于刑法分则第四章、第五章规定的，对被告人可能判处3年有期徒刑以下刑罚的案件。

（3）被害人有证据证明对被告人侵犯自己人身、财产权利的行为应当依法追究刑事责任，而公安机关或者人民检察院已经作出不予追究的书面决定的案件。

项目八　刑事附带民事诉讼的律师代理工作流程

【引例】

被告人王某在深圳市宝安区某旅馆与被害人发生性关系后心生杀机，使用事先准备好的弹簧刀将被害人杀害。被告人王某先后在被害人胸部、腹部连捅数刀，并捂住被害人的嘴巴，向其颈部连割数刀，使被害人右颈总动脉断裂致失血性休克死亡。被害人家属委托律师作为刑事附带民事诉讼一案的诉讼代理人，请求法院判令被告人赔偿因被害人遇害所遭受的损失共人民币56万余元。

问题：作为刑事附带民事诉讼的律师，应该怎样开展代理工作？

【基本原理】

刑事附带民事诉讼的律师代理，是指律师接受自诉案件或者公诉案件中附带民事诉讼当事人及其法定代理人的委托，作为诉讼代理人，为维护附带民事诉讼当事人的合法权益而进行的诉讼活动。根据《刑事诉讼法》的规定，被害人由于被告人的犯罪行为而遭受物质损失的，在刑事诉讼中，有权提起附带民事诉讼，以恢复、弥补自己被犯罪行为侵害了的合法权益。附带民事诉讼的实质是在追究被告人刑事责任的同时，就同一犯罪行为追究被告人应当承担的民事责任，因此附带民事诉讼的代理实质上是民事代理。

《刑事诉讼法》第四十四条规定，公诉案件附带民事诉讼的当事人及其法定代理人，自案件移送审查起诉之日起，有权委托诉讼代理人。自诉案件附带民事诉讼的当事人及其法定代理人，有权随时委托诉讼代理人。人民检察院自收到移送审查起诉的案件材料之日起3日以内，应当告知附带民事诉讼当事人及其法定代理人有权委托诉讼代理人。人民法院自受理自诉案件之日起3日以内，应当告知附带民事诉讼的当事人及其法定代理人有权委托诉讼代理人。

一、律师担任附带民事诉讼原告人的诉讼代理人的工作流程

（1）审查证据材料。律师在接受附带民事诉讼原告及其法定代理人的委托之前，应审查提起附带民事诉讼前提的刑事诉讼是否已经提起，附带民事诉讼原告是否适格，附带民事诉讼的被告人是否正确等，并对附带民事诉讼的其他条件，如被害人的物质损失与被告人的犯罪行为之间是否存在因果关系等问题进行分析判断。

（2）接受委托。审查合格后，律师应与委托人签订问题代理合同，并代理委托人撰写附带民事起诉状，其基本内容包括：附带民事诉讼原告人、被告人的自然情况；具体诉讼请求；基本事实和理由；致送人民法院的名称和具状时间；并提交相关的证据材料。对人民法院决定不予立案的附带民事诉讼，可以建议委托人另行提起民事诉讼。

（3）指导、协助委托人收集证据，展开调查，申请鉴定。代理律师可以建议或协助委托人申请人民法院对被告人的财产予以扣押或查封。

（4）参加法庭审理，指导、协助或代理委托人行使诉讼权利。律师在庭审中经委托人授权可以对本案合议庭组成人员、书记员、公诉人、鉴定人和翻译人员提出回避申请；可以陈述案件事实；出示、宣读本方证据；申请法庭通知本方证人出庭作证；经审判长许可对被告人、证人、鉴定人发问；对对方证据提出异议；发表代理意见。如果有调解的可能，代理律师应指导委托人参加调解，准备调解方案。

（5）协助委托人上诉。委托人对于一审判决、裁定中附带民事诉讼部分不服的，代理律师应协助其提起上诉。附带民事诉讼进入二审程序后，律师可以接受附带民事诉讼原告人的委托，担任二审诉讼代理人，律师代理参加二审附带民事诉讼的，参照一审程序的相关规定办理。

二、律师担任附带民事诉讼被告人的诉讼代理人的工作流程

律师可以接受附带民事诉讼的被告人及其法定代理人的委托，在一审、二审程序中，担任诉讼代理人。刑事诉讼被告人的辩护律师也可接受委托，同时担任附带民事诉讼被告人的诉讼代理人。

（1）代理律师应帮助被告人撰写答辩状，进行调查、取证，申请鉴定，参加庭审，举证质证，进行辩论，发表代理意见。就附带民事诉讼被告人应否承担民事赔偿责任、如何承担民事赔偿责任提供法律帮助。其诉讼权利与附带民事诉讼原告人的律师相同。

（2）附带民事诉讼被告人对于一审判决附带民事诉讼部分不服的，代理律师应协助其提起民事诉讼。

三、律师在刑事附带民事诉讼代理中应当注意的问题

（1）代理附带民事诉讼，应当注意坚持原、被告平等的原则，平等地保护双方当事人合法的民事权益，保护当事人的合法权益。担任附带民事诉讼原告人代理人的律师，既要注意追究被告人的民事责任，要求其依法予以赔偿，又要注意追究被告人的刑事责任，使其受到应有的刑罚处罚。

（2）律师在民事诉讼中的代理，实质上是一种民事代理。由于其民事诉讼的性质，法院在审理时适用民事诉讼的原理和程序。如谁主张谁举证，法院可以调解等。由于附带民事诉讼中的代理在本质上属于民事代理，因此，关于诉讼代理人在附带民事诉讼中的权利、义务，可以参照民事诉讼代理的有关规定执行。①

（3）诉讼代理人应在授权范围内进行活动。附带民事诉讼中的代理分为一般代理和特别授权代理。特别授权代理，要在授权委托书中注明授权内容，如授权诉讼代理人代为承认、放弃或者变更诉讼请求，进行和解、调解等，并在委托协议书中注明。代理律师应在授权范围内进行活动，超越代理权限的行为是无效的。

【引例分析】

代理律师根据《最高人民法院关于审理人身损害赔偿案件适用法律若干问题的解释》的规定，因生命、健康、身体遭受侵害，赔偿权利人起诉请求赔偿义务人赔偿财产损失和精神损害的，人民法院应予受理。受害人死亡的，赔偿义务人除应当根据抢

---

① 陈光中．公证与律师制度［M］．北京：北京大学出版社，2000.268.

救治疗情况赔偿受害人遭受人身损害，因就医治疗支出的各项费用以及因误工减少的收入等相关费用外，还应当赔偿丧葬费、被扶养人生活费、死亡补偿费以及受害人亲属办理丧葬事宜支出的交通费、住宿费和误工损失等其他合理费用。

【思考与练习】

律师担任附带民事诉讼原告人的代理人前应该审查哪些内容？

【拓展阅读】

附带民事诉讼就其解决的问题而言，是物质损失赔偿问题，与民事诉讼中的损害赔偿一样，属于民事纠纷，但它和一般的民事诉讼又有区别，有着自己的特殊之处。这表现为两个方面：从实体上说，这种赔偿是由犯罪行为所引起的；从程序上说，它是在刑事诉讼的过程中提起的，通常由审判刑事案件的审判组织一并审判。其成立和解决都与刑事诉讼密不可分，因而是一种特殊的诉讼程序。正因为如此，解决附带民事诉讼问题时所依据的法律具有复合性特点：就实体法而言，对损害事实的认定，不仅要遵循刑法关于具体案件犯罪构成的规定，而且要受民事法律规范调整；就程序法而言，除刑事诉讼法有特殊规定的以外，应当适用民事诉讼法的规定，如诉讼原则、强制措施、证据、先行给付、诉讼保全、调解和解、撤诉反诉等，所以最高人民法院《关于执行〈中华人民共和国刑事诉讼法〉若干问题的解释》第一百条规定："人民法院审判附带民事诉讼案件，除适用刑法、刑事诉讼法外，还应当适用民法通则、民事诉讼法有关规定。"

项目九　刑事申诉案件的律师代理工作流程

【引例】

某年 8 月 17 日深夜，蔡某正在徐某的粥店工作。当晚，乐某和朋友来到了粥店吃夜宵。酒后同伴们没有付账即陆续离开了，喝醉酒的乐某最后一个离开，蔡某见状上前阻拦。乐某发动摩托车油门开出了几米。蔡某赶忙拉住其车尾，但乐某并未停车，而是继续前行，并拖了蔡某 10 多米。最后，因为摩托车速度太快，蔡某不得不放手。摩托车则在继续向前冲了一段路之后，因为避让迎面而来的出租车而摔倒在地，乐某头部着地摔成了重伤，蔡某和路人将其送进了医院，11 月 1 日，乐某死亡。在乐某重伤入院后，蔡某以"过失致人重伤罪"被判刑一年，刑满出狱后，蔡某认为自己无罪，委托律师对其案件进行申诉。

问题：刑事申诉案件的律师代理工作如何进行？

【基本原理】

刑事案件中的申诉是指当事人及其法定代理人、近亲属，对已经发生法律效力的判决、裁定，可以向人民法院或者人民检察院提出申诉，请求再次审理的诉讼活动。依据我国《刑事诉讼法》第二百四十一条的规定，当事人及其法定代理人、近亲属对已经发生法律效力的判决、裁定，可以向人民法院或者人民检察院提出申诉。律师有权接受委托人委托代为申诉。律师代为申诉，一方面可以利用其拥有的法律等业务知识及时帮助司法机关纠正其错误的裁判，更好地保护当事人的合法权益；另一方面，律师可以对当事人进行法制宣传和教育，减少无理缠诉。

刑事申诉案件的律师代理工作流程主要有：

（1）了解案情，建立委托代理关系。刑事案件的当事人不服人民法院已经生效判决、裁定，请求司法机关重新审理，应当有足够的证据证明已经生效的判决、裁定确有错误，否则很难达到申诉的目的。因此律师必须弄清案情，了解申诉的理由是否成立，对毫无理由的申诉应拒绝代理。

（2）调查、收集新的证据，确保申诉请求有足够的证据支持。律师接受委托后，应全面了解情况，进行必要的调查，以保证申诉请求有足够的证据支持。代理律师经过对有关证据的审查，确认刑事案件的当事人及其法定代理人、近亲属的申诉符合刑事诉讼法规定的下列情形之一的，应当向人民法院提出重新审判的请求：①有新的证据证明原判决、裁定认定的事实确有错误的；②据以定罪量刑的证据不确实、不充分或者证明案件事实的主要证据之间存在矛盾的；③原判决、裁定适用法律确有错误的；④审判人员在审理该案件的时候，有贪污受贿、徇私舞弊、枉法裁判行为的。

（3）制作刑事申诉状，提出明确的申诉请求，送交有关司法机关。代理律师接受委托后，应当帮助申诉人，并依据事实、证据和法律对申诉请求的合理性、合法性进行论证，明确表述不服生效判决、裁定的意见和申诉理由，并提出新的证据和证人名单。申诉状经申诉人签名或盖章后，送交有管辖权的有关机关。

（4）申诉被立案或者驳回后，代理关系结束。律师代理申诉人提出申诉后，人民法院立案再审的或者作出驳回申诉的答复时，代理关系即告结束。

【引例分析】

当事人对已经发生法律效力的判决、裁定，可以向人民法院或者人民检察院提出申诉，律师有权接受委托人委托代为申诉。经过律师努力，某市中级人民法院就此案进行了重审，并作出终审判决，判决认为没有直接证据证明蔡某拉了被害人乐某的衣服，因此蔡某不具备伤害乐某的故意，且乐某也存在过错，故蔡某不构成犯罪。

【思考与练习】

律师代理申诉案件应当注意哪些问题？

【拓展阅读】

量刑规范化改革是法治进步和时代发展的客观需要，是新时期人民群众的新要求、新期待，主要目的在于统一法律适用标准，规范裁量权，严格执行法律，准确裁量刑罚，确保办案质量，实现公平正义，维护社会稳定，促进社会和谐。推行这项改革，对于完善量刑制度和刑事诉讼制度，提高执法办案水平，促进社会主义法治建设，保障在全社会实现公平正义，具有十分重要的意义。最高人民法院于 2010 年 9 月 13 日发布《人民法院量刑指导意见（试行）》，对量刑的基本方法、常见量刑情节的适用、常见犯罪的量刑等内容作了原则性规定，要求各高级人民法院要结合当地实际，按照规范、实用、符合审判实际的原则要求，依法、科学、合理地进行细化，保证实施细则的规范性、实用性和可操作性。各级人民法院要以《量刑指导意见》为指导，统一法律适用标准，严格依法办案，确保量刑公正和均衡。《量刑指导意见》从 2010 年 10 月 1 日起在全国法院全面试行。

项目十 实 训

【情景设计】

被告人邵某伙同王某、朱某（均另案处理），经事先商量，携带匕首一把及胶布等作案工具，于 2010 年 10 月 8 日晚 10 时许在本市某区某路口，拦乘本市李某驾驶的桑塔纳出租车至本市某城乡结合部，邵某令李某停车后假装结账，随后三人均拿出匕首分别顶在李某颈部、腰部等处，采用封嘴、手按等手段，抢得李某手机 1 台（价值人民币 1 800 元）及人民币 500 多元，当李某反抗欲逃离时，被告人邵某及同伙在其腰部及左臂各刺一刀后逃离现场。

【工作任务】

任务一：如果被告人的家属委托你担任被告人邵某的辩护律师，请详细列出委托辩护的工作流程和归纳辩护要点。

任务二：如果被害人李某委托你担任其代理律师，请详细列出委托代理的工作流程和归纳代理意见。

【训练方法】

学生自由组合，4~8 名为一组，先在组内开展讨论，再与其他小组进行交流，小组代表发言，最后由授课教师点评。

步骤一：各小组将本组意见写成书面材料。

步骤二：每一小组推选 1~2 名代表发言，并可与其他小组展开讨论。

【考核标准】

1. 能熟练掌握律师在刑事辩护中的工作流程。
2. 能熟练掌握律师在刑事代理中的工作流程。
3. 能准确归纳案件的辩护要点和代理意见。

单元 八 律师参加刑事案件工作实务

律师参加人民调解工作实务

【知识目标】

掌握律师参加人民调解工作的工作原则、主要工作内容和工作规程，掌握律师担任调解员和律师代理各类型人民调解案件的流程和注意事项。

【能力目标】

熟悉人民调解工作中律师调解员和代理律师的工作规程，能够根据案情做好法律关系分析和调解方案设计，掌握参加人民调解的工作方法和技巧。

【内容结构图】

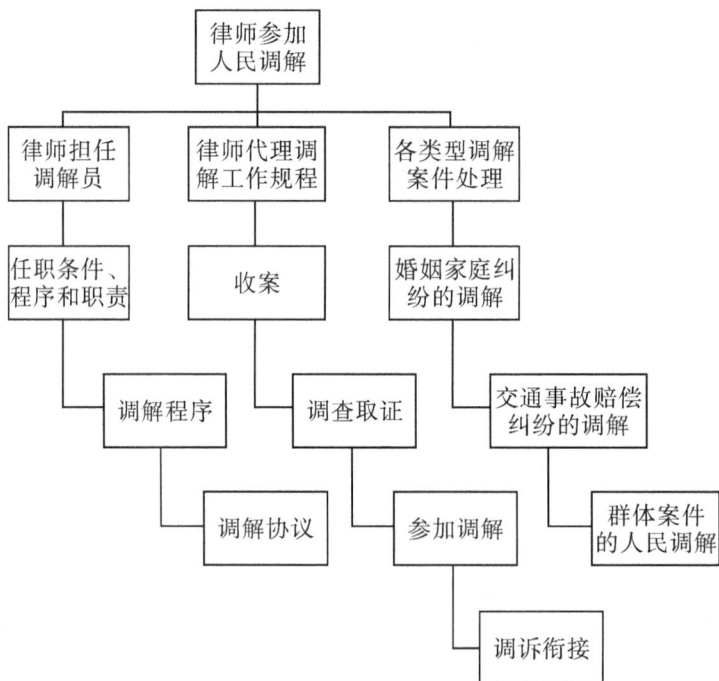

项目一 律师担任调解员

【引例】

郭某经营一间电讯店，谢某与郭某十几年前曾是同事，两人关系尚属可以。2010年12月13日下午，谢某到郭某的电讯店内以其朋友欲购买手机为由，要郭某携两部手机随其前往送货。到达目的地后，谢某谎称上楼送货收钱，从郭某手中骗走上述两部手机，价值11 200元，后郭某一直无法联系谢某。2011年1月13日，谢某委托其妻林某将两部手机退还郭某。2011年4月2日，谢某因该案涉嫌诈骗罪被刑事拘留。其后，经郭某与谢某同意，检察院将该案移交给某人民调解委员会进行调解。

问题：该案可否适用人民调解？

【基本原理】

一、人民调解概述

（一）人民调解

一直以来，我国有着运用民间调解化解社会矛盾的传统做法，被国际社会盛赞为"东方智慧"模式。21世纪以来，处于社会转型期的中国呈现出各种矛盾凸显叠加的局面，为了更好地化解社会矛盾，建设和谐社会，民间调解备受重视。2010年8月28日，全国人大常委会通过了《人民调解法》，自2011年1月1日起施行。

依照《人民调解法》的规定，人民调解，是指人民调解委员会通过说服、疏导等方法，促使当事人在平等协商基础上自愿达成调解协议，解决民间纠纷的活动。

人民调解不动用国家公权力，不同于行政调解、司法调解。人民调解委员会调解民间纠纷，不收取任何费用。

（二）人民调解委员会

人民调解委员会是依法设立的调解民间纠纷的群众性组织。

村民委员会、居民委员会设立人民调解委员会；企事业单位根据需要设立人民调解委员会；乡镇、街道以及社会团体或者其他组织根据需要可以设立人民调解委员会。

现在，全国各地已经设立了大量的人民调解委员会，既有村委会、居委会设立的人民调解委员会，也有企事业单位设立的人民调解委员会，还有区域性、行业性、专业性的人民调解委员会，有些人民调解委员会还向特定场所派驻人民调解工作室。如广东省设立了广东和谐医患纠纷人民调解委员会，调解医患纠纷；全面开展"人民调解进交警"工作，建立驻交警大队人民调解室，调解交通事故纠纷；向法院派驻人民调解工作室，进行诉讼外调解。

（三）人民调解员

人民调解员由人民调解委员会委员和人民调解委员会聘任的人员担任。

符合法定条件的律师可以被聘任为人民调解员。

二、律师担任人民调解员的任职条件、程序和职责

（一）任职条件

依照《人民调解法》的规定，人民调解员由公道正派、热心人民调解工作，并具有一定文化水平、政策水平和法律知识的成年公民担任。

律师担任人民调解员，也必须符合上述条件。

执业律师大都具备较为全面丰富的法律专业知识和办案经验，由律师担任人民调解员具有很大的优势，律师是备受欢迎的人民调解员人选。2011 年 5 月 12 日司法部发出的《关于加强行业性、专业性人民调解委员会建设的意见》中提出："要充分发挥退休法官、检察官、警官、律师、公证员等法律工作者以及相关领域专家、学者的专业优势，参与调解行业性、专业性矛盾纠纷，形成年龄知识结构合理、优势互补、专兼职相结合的人民调解员队伍，实现人民调解员队伍专业化、社会化。"

（二）任职程序

律师担任人民调解员属于兼职性质，由人民调解委员会聘任。

（三）职责和权利

律师担任人民调解员，与其他的人民调解员一样，负有法定的职责、义务，也享有法定的权利。

人民调解员必须依法调解。人民调解员在调解工作中有下列行为之一的，由其所在的人民调解委员会给予批评教育、责令改正，情节严重的，由推选或者聘任单位予以罢免或者解聘：偏袒一方当事人的；侮辱当事人的；索取、收受财物或者牟取其他不正当利益的；泄露当事人的个人隐私、商业秘密的。

人民调解员享有接受业务培训的权利，《人民调解法》规定："县级人民政府司法行政部门应当定期对人民调解员进行业务培训。"

对于人民调解员的经济补贴和因工伤残待遇，《人民调解法》规定："人民调解员从事调解工作，应当给予适当的误工补贴；因从事调解工作致伤致残，生活发生困难的，当地人民政府应当提供必要的医疗、生活救助；在人民调解工作岗位上牺牲的人民调解员，其配偶、子女按照国家规定享受抚恤和优待。"

三、调解程序

（一）受理案件

人民调解委员会受理案件的方式有三种：一是由当事人向人民调解委员会申请调解；二是人民调解委员会发现纠纷后主动调解；三是接收法院、公安机关等转介来的调解案件。基层人民法院、公安机关对适宜通过人民调解方式解决的纠纷，可以在受理前告知当事人向人民调解委员会申请调解。无论哪种案件来源方式，当事人一方明确拒绝调解的，不得调解。

（二）确定人民调解员

人民调解委员会根据调解纠纷的需要，可以指定一名或者数名人民调解员进行调解，也可以由当事人选择一名或者数名人民调解员进行调解。

人民调解员根据调解纠纷的需要，在征得当事人的同意后，可以邀请当事人的亲属、邻里、同事等参与调解，也可以邀请具有专门知识、特定经验的人员或者有关社

会组织的人员参与调解。

（三）主持调解

人民调解应当遵循的原则是：第一，在当事人自愿、平等的基础上进行调解；第二，不违背法律、法规和国家政策；第三，尊重当事人的权利，不得因调解而阻止当事人依法通过仲裁、行政、司法等途径维护自己的权利。

律师担任人民调解员调解民间纠纷，应当坚持原则，明法析理，主持公道。调解民间纠纷，应当及时、就地进行，防止矛盾激化。根据纠纷的不同情况，可以采取多种方式调解民间纠纷，充分听取当事人的陈述，讲解有关法律、法规和国家政策，耐心疏导，在当事人平等协商、互谅互让的基础上提出纠纷解决方案，帮助当事人自愿达成调解协议。

在调解纠纷过程中，发现纠纷有可能激化的，应当采取有针对性的预防措施；对有可能引起治安案件、刑事案件的纠纷，应当及时向当地公安机关或者其他有关部门报告。

调解不成的，应当终止调解，并依据有关法律、法规的规定，告知当事人可以依法通过仲裁、行政、司法等途径维护自己的权利。

律师担任人民调解员调解纠纷，还应当记录调解情况，将调解登记、调解工作记录、调解协议书等材料立卷向人民调解委员会归档。

四、调解协议

调解协议是经人民调解委员会调解之后纠纷双方当事人之间就纠纷的处理所达成的协议。经人民调解委员会调解达成调解协议的，可以制作调解协议书。当事人认为无须制作调解协议书的，可以采取口头协议方式，人民调解员应当记录协议内容。

（一）调解协议的内容

调解协议书可以载明下列事项：当事人的基本情况；纠纷的主要事实、争议事项以及各方当事人的责任；当事人达成调解协议的内容；履行的方式、期限。

（二）调解协议的效力

调解协议书自各方当事人签名、盖章或者按指印，人民调解员签名并加盖人民调解委员会印章之日起生效。口头调解协议自各方当事人达成协议之日起生效。

经人民调解委员会调解达成的调解协议，具有法律约束力，当事人应当按照约定履行。人民调解委员会对调解协议的履行情况进行监督，督促当事人履行约定的义务。经人民调解委员会调解达成调解协议后，当事人之间就调解协议的履行或者调解协议的内容发生争议的，一方当事人可以向人民法院提起诉讼。

（三）调解协议的司法确认

为了使人民调解具有更强的定纷止争功能，避免又调又审，节约司法资源，《人民调解法》确定了调解协议的司法确认制度，赋予经过司法确认的调解协议以强制执行力。

《人民调解法》第三十三条规定："经人民调解委员会调解达成调解协议后，双方当事人认为有必要的，可以自调解协议生效之日起30日内共同向人民法院申请司法确认，人民法院应当及时对调解协议进行审查，依法确认调解协议的效力。人民法院依法确认调解协议有效，一方当事人拒绝履行或者未全部履行的，对方当事人可以向人民法院申请强制执行。人民法院依法确认调解协议无效的，当事人可以通过人民调解方式变更原调解协议或者达成新的调解协议，也可以向人民法院提起诉讼。"

依照自 2011 年 3 月 30 日起施行的《最高人民法院关于人民调解协议司法确认程序的若干规定》，向人民法院申请确认调解协议应当注意下列问题：

1. 申请人

司法确认的申请人是调解协议的当事人。调解协议的当事人必须共同申请司法确认，任何一方不申请确认，人民法院均不受理。

2. 管辖法院

当事人申请确认调解协议的，由主持调解的人民调解委员会所在地基层人民法院或者它派出的法庭管辖；人民法院在立案前委派人民调解委员会调解并达成调解协议，当事人申请司法确认的，由委派的人民法院管辖。

3. 法院不予受理申请的情形

有下列情形之一的调解协议司法确认申请，人民法院不予受理：不属于人民法院受理民事案件的范围或者不属于接受申请的人民法院管辖的；确认身份关系的；确认收养关系的；确认婚姻关系的。

需要特别指出的是：除婚姻关系、身份关系确认案件以及其他依案件性质不能进行调解的民事案件外，人民法院对受理的第一审、第二审和再审民事案件，在答辩期满后、裁判作出前，或者在征得当事人各方同意后，在答辩期满前，经各方当事人同意，可以委托与当事人有特定关系或者与案件有一定联系的企业事业单位、社会团体或者其他组织，和具有专门知识、特定社会经验、与当事人有特定关系并有利于促成调解的个人对案件进行调解。此种调解是法院委托调解，不属于诉讼过程中由法院主持的司法调解，但也不同于人民调解委员会的调解，双方当事人有权请求法院根据协议内容出具民事调解书。法院委托调解达成调解协议后，人民法院应当按照《最高人民法院关于人民法院民事调解工作若干问题的规定》予以确认。

【引例分析】

引例中，谢某骗取手机的行为属于因同事之间纠纷引发的侵犯财产权案件，手机已经归还，是轻微刑事案件，可以适用刑事和解，由当事人自行达成和解协议或交由人民调解委员会进行调解，经调解达成由犯罪嫌疑人认罪悔过、被害人给予谅解宽恕的和解协议，经人民检察院审查认可，依法对犯罪嫌疑人从轻或者免除处罚。所以，该案可以适用人民调解。

【思考与练习】

律师担任人民调解员的任职条件是什么？

【拓展阅读】

专业解决医患纠纷的调解组织：广东和谐医患纠纷人民调解委员会

广东省和谐医患纠纷人民调解委员会是根据《人民调解法》经省司法厅同意设立的专业性人民调解组织，自 2011 年 6 月正式挂牌运行，计划两年内在全省 20 个地市（广州除外）设立分支机构。广东和谐医患纠纷人民调解委员会人员队伍技术专业化，现由一批人品好、能力强、素质高，具有高、中级技术职务的大专以上学历的离退休医务人员和政务工作者、律师等法律工作者组成第一批人民调解员组织，并建立了第一批由 200 多名各医学专业学科组成的医学咨询专家库和法律咨询专家库，今后还将进一步吸收离退休的法官、检察官和警官，以及其他医学、法律人士参加。调解员上岗前必须经过系统的专业化岗前培训，包括应掌握的法律法规政策、业务工作流程和规范性文件，必要的调解技能和知识等。

广东和谐医患纠纷人民调解委员会既不代表医疗机构，也不代表患方，而是独立于卫生行政部门、医疗机构、患者和保险公司的第三方人民调解组织。该组织在调解工作中充分发挥调解人员懂法律、懂医学、会析理、会疏导等优势，尊重法律，尊重事实，不偏听偏信，不主观臆断，不感情用事，不论是弱势的一方，还是强势的一方，都一视同仁，不偏袒任何一方，做到以理服人，积极化解医疗纠纷，维护医患双方的正当权益。对需要进行经济赔（补）偿数额较大，且医疗机构购买了医疗责任保险的案件，广东和谐医患纠纷人民调解委员会还主持召开有医学专家、法律专家和保险专家、保险公司、保险经纪公司及纠纷双方当事人 7 方代表参加的"医疗责任保险赔案评鉴会"，在充分听取当事人陈述后，对案件提出合理的赔偿意见，以求达成调解协议。双方达成调解协议后，5 个工作日内可完成赔（补）偿。[1]

项目二　律师代理调解工作规程

【引例】

女青年张某与男青年李某于 2003 年起在广州相识并同居，2004 年生下一女李某紫，2006 年李某转往上海发展，张某携女仍居广州，双方关系渐趋疏离，李某对张某母女的经济支持也时断时续。现因李某紫入学需要一笔较大数目的教育费用，张某趁李某到广州休假，要求其负担李某紫教育费用，李某不同意，双方发生纠纷。张某拟依照法律对李某提出主张，要求其承认与李某紫的父女关系，并定期支付对李某紫的抚养费。由于顾及各方的感受，张某和李某不想将纠纷诉至法院，拟共同申请所在社区的人民调解委员会对纠纷进行调解。

问题：该纠纷可否申请人民调解？如果经人民调解双方就李某与李某紫的关系和李某紫归谁带养以及抚养费承担达成调解协议并申请司法确认，该调解协议能否得到法院的司法确认？

【基本原理】

律师代理调解，是指律师事务所接受人民调解案件当事人的委托，指派律师以当事人的代理人的身份，参加调解。依照《律师法》第二十八条的规定，律师有权接受委托，参加调解活动。所以，参加调解是律师行使法定执业权利的执业活动。

---

[1]　摘自广东和谐医患纠纷人民调解委员会网站（http://www.yitiaowei.org）资料。

一、收案

（一）审查

律师在决定是否接受当事人的代理调解委托时，要对委托事项进行审查，主要审查当事人拟申请调解的纠纷是否适宜采取调解的方式解决、对方当事人是否已经同意进行调解或有无同意进行调解的可能性。

1. 纠纷是否适宜采取调解方式解决

由于人民调解并非公权力介入的解决纠纷方式，其主要目的在于运用非行政、非司法手段化解纠纷，所以，对于人民调解案件的受理范围法律并无限制。《人民调解法》并无规定人民调解委员会受理纠纷的类别或范围。司法部于 2002 年发布的《人民调解工作若干规定》对人民调解的受理范围的规定也仅仅是将一些必须有公权力介入或已经有公权力介入、不能适用调解的案件排除在受理范围之外，依照《人民调解工作若干规定》，人民调解委员会可以调解的民间纠纷，包括发生在公民与公民之间、公民与法人和其他社会组织之间涉及民事权利义务争议的各种纠纷；人民调解不得受理的纠纷范围是：法律、法规明确规定由有关部门管辖处理的；人民法院已经受理或正在进行审判的；一方当事人不同意调解的；已构成犯罪或构成违反治安管理处罚行为的；已经申请基层人民政府处理或处理完毕的。

需要特别指出的是：对于涉及身份关系、收养关系、婚姻关系的纠纷，可以通过人民调解方式消除矛盾、平息纷争。但是，由于只有拥有公权力的相关行政机关、审判机关才有权确认身份关系、收养关系、婚姻关系是否合法存在，民事主体对身份关系、收养关系、婚姻关系的确认不能产生法律效力，所以，涉及身份关系、收养关系、婚姻关系的人民调解所达成的调解协议，如果其内容涉及身份关系、收养关系、婚姻关系的确认，该调解协议将不能得到法院的司法确认。

律师在接受当事人委托之前，应当向当事人释明法律规定，根据法律和纠纷的具体情形判断当事人的纠纷是否适宜采取调解方式解决。

2. 纠纷当事人是否均同意或可能同意进行人民调解

人民调解不是解决民事纠纷的法定必选途径或必经程序，人民调解最基本的原则是当事人自愿原则，启动人民调解程序的必要条件是纠纷的各方当事人均愿意进行调解，如有任何一方当事人不同意调解，人民调解委员会将不受理该案件。

如果是委托人提出调解申请，又未确定对方当事人愿意调解的，律师宜暂缓接受代理调解委托。

（二）协商收费

依照《律师服务收费管理办法》，律师提供代理人民调解法律服务不属于必须实行政府指导价的业务，而属于实行市场调节价的业务，由律师事务所与委托人协商确定收费。

协商收费时应当考虑以下主要因素：耗费的工作时间；法律事务的难易程度；委托人的承受能力；律师可能承担的风险和责任；律师的社会信誉和工作水平等。

（三）收案手续

律师受理代理人民调解业务，应当办理收案手续，以确定与当事人之间的委托代理关系，并向人民调解委员会告知代理权的存在和代理权限的范围。人民调解代理业务收案时，必须签署的法律文件包括委托代理协议和授权委托书。委托代理协议由委托人和律师事务所签订，约定代理事项，指定承办律师，约定双方的权利义务。授权委托书由委托人向代理律师出具，由代理律师提交人民调解委员会，写明委托人对代理律师委托授权的权限。

二、调查取证

人民调解不同于民事诉讼，在调解过程中并不强调谁主张谁举证，也不要求严格的事实认定与一一对应的证据支持，没有规定严谨的举证质证程序，而是注重说理说情，寻求双方都能接受的处理结果。但是，这并不意味着人民调解不需要查清事实、不需要调查取证。《人民调解法》规定人民调解的原则之一是不违背法律、法规和国家政策，调解协议的内容不得违法，而要取得不违法的调解结果，当然必须查清基本事实，在基本事实清楚的基础上进行法律分析，明确应当适用的法律，分清各方当事人的权利义务和法律责任，才能够提出不违反法律的处理意见，才能够向当事人讲清讲透法与理，使当事人自愿达成调解协议。查清纠纷的基本事实离不开调查取证，代理律师应当发挥专业特长，勤勉尽职做好调查取证工作。

人民调解代理律师进行调查取证，还有更进一步的考虑。由于人民调解并非解决纠纷的终极途径，纠纷当事人最终仍然可能提起诉讼，而民事诉讼中当事人负有举证责任，民事诉讼程序对证据有严格的要求，所以，代理律师在人民调解过程注重调查取证，既是人民调解的需要，也是为可能发生的民事诉讼准备证据，在此阶段，由于当事人之间的关系并非势不两立，调查取证具有一定的便利性。人民调解代理律师进行调查取证是对委托人负责任的做法，也有利于取得委托人的信任，得到后续的诉讼代理业务。可以说，人民调解代理律师应当比人民调解员更加重视调查取证工作。

法律对人民调解案件的证据并无任何形式上或实体上的规定，由于人民调解案件达成的调解协议最终可能进入法院司法确认程序，调解不成功的案件也可能进入民事诉讼程序，所以，代理律师在调查取证时，应当按照民事诉讼证据的规定，尽量取得符合民事诉讼要求的证据，使证据形式合法、取证程序合法、证据真实可靠并且与案件事实具有关联性。

三、参加调解

（一）申请调解

律师可以代理当事人向人民调解委员会申请调解纠纷。

调解申请应当向纠纷当事人所在地（所在单位）或者纠纷发生地的人民调解委员会提出。道路交通事故损害赔偿纠纷、医疗纠纷等需要由行业性、专业性的人民调解委员会调解的，应当向纠纷发生地的行业性、专业性的人民调解委员会提出申请。

申请调解纠纷可以书面申请，也可以口头申请。

（二）参加调解

代理律师在参加调解的过程应当做到：

1. 代理当事人行使调解权利，履行调解义务

依照《人民调解法》的规定，当事人在人民调解活动中享有下列权利：选择或者接受人民调解员；接受调解、拒绝调解或者要求终止调解；要求调解公开进行或者不

公开进行；自主表达意愿、自愿达成调解协议。当事人在人民调解活动中履行下列义务：如实陈述纠纷事实；遵守调解现场秩序，尊重人民调解员；尊重对方当事人行使权利。

代理律师应当提醒或代理当事人行使权利，履行义务，比如，对于涉及当事人的隐私、商业秘密的纠纷，人民调解委员会安排公开调解的，代理律师应当及时代理当事人表示反对。

2. 坚持原则，明法析理，维护委托人的利益

对人民调解的结果，法律仅要求其"不违法"，无须像诉讼一样严格按照法律规定判定当事人应承担的责任，而是可以由当事人自由处分自己的民事权利，但是，人民调解也不应该是罔顾事实和法律地"和稀泥"，否则可能损害当事人的合法权益。当事人委托律师代理调解，很大程度上是希望律师从法律专业角度判断当事人依法可以得到的利益和依法应当承担的责任，再通过调解尽力争取利益，或放弃某些利益而平息纠纷。代理律师在人民调解活动中理应给委托人提供专业的法律服务，应当根据案件事实，分析法律关系，确定法律适用，明确当事人的权利义务，使委托人明白自己的权利、义务和责任，在此基础上让当事人自己决定权利的取舍。对于某些涉及重大利益或损害委托人权利的调解意见，代理律师应当坚持原则、据理力争，维护委托人的利益。

3. 平等协商，互谅互让，争取达成调解协议

人民调解的宗旨在于避免矛盾激化，尽快定纷止争，争取案结事了，代理律师应当尽力促成调解，在平等协商、互谅互让的基础上提出纠纷解决方案，建议委托人接受合理的调解方案，争取达成调解协议。

四、调诉衔接

民事诉讼是解决民事纠纷的终极途径，民事纠纷当事人均享有向法院提起诉讼的权利，人民调解并不限制民事纠纷当事人行使起诉权。如果经过人民调解但未能达成调解协议，当事人有权提起诉讼解决纠纷；如果经过人民调解达成了调解协议，当事人仍然有权就调解协议的履行或者调解协议的内容诉至法院。《人民调解法》规定："经人民调解委员会调解达成调解协议后，当事人之间就调解协议的履行或者调解协议的内容发生争议的，一方当事人可以向人民法院提起诉讼。""人民法院依法确认调解协议无效的，当事人可以通过人民调解方式变更原调解协议或者达成新的调解协议，也可以向人民法院提起诉讼。"

但是，如果当事人之间经人民调解达成调解协议并经过法院司法确认，由于司法确认也是法院行使审判权的司法行为，根据"一事不再审"原则，当事人不得再就调解协议提起诉讼。《人民调解法》规定："人民法院依法确认调解协议有效，一方当事人拒绝履行或者未全部履行的，对方当事人可以向人民法院申请强制执行。"

代理律师应当向委托人释明法律，在必要时建议当事人终止人民调解而提起诉讼，或在调解无果之后起诉，或就调解协议的履行或内容提起诉讼。

【引例分析】

导入案例中，当事人之间的纠纷是关于自然人民事权利义务的民间纠纷，并且不属于法律禁止人民调解的纠纷，张某和李某均同意进行人民调解，符合人民调解的受理条件，可以申请人民调解。

张某和李某可以以调解协议确认李某与李某紫的父女关系并约定李某紫的带养和抚养费承担，以此平息纠纷。但是，由于该调解协议涉及身份关系的确认，法院不能对该调解协议进行司法确认。李某与李某紫的父女关系并未因该调解协议而成为既判事实，将来在涉及李某与李某紫的抚养关系、赡养关系、继承关系的事项中，仍须由有关行政机关或法院对两者关系进行确认，该调解协议中关于确认李某与李某紫父女关系的内容只能作为证据使用。

【思考与练习】

1. 律师受理代理人民调解业务时，应当审查哪些问题？
2. 当事人对人民调解达成的调解协议内容发生争议，可否向法院提起民事诉讼？

【拓展阅读】

关于诉前联调

所谓诉前联调，就是当社会矛盾纠纷进入人民法院时，法院先引导当事人前往综治信访维稳中心或非诉讼调处机构进行调解，调解不成的，再进入法院诉前联调工作室，由法院联合公安、检察、司法、国土等部门联合调解。如果诉前调解成功，则矛盾化解，如果调解不成再立案审理。

2011 年，广东省在全省各区（县）级人民法院立案大厅增设诉前联调工作室，各种民、商纠纷案件须经过诉前联合调解，调解不成的再进入立案程序。诉前联调工作的开展主要集中在县一级，以人民法院为基础。诉前联调工作室由县一级综治办主任牵头，日常具体工作主要由法院工作人员负责，其他相关职能部门派员协助。人民法院在开展诉前联调时，根据个案需要，可由诉前调解工作室统筹协调，联合各方力量开展调解工作。各区（县）级法院的诉前联调工作室，对于来法院起诉的案件进行甄别分析，对于未经综治信访维稳中心或非诉调处机构调解的，可引导当事人向综治信访维稳中心或非诉调处机构申请调解；如果当事人执意进入诉讼程序的，可以在人民法院进行诉前联调。对于有些当事人未经任何形式调解的，基层法院可以适当不予立案。对于调解不成的纠纷，符合立案条件的，人民法院要及时立案，并尽快排期审理。通过诉前调解机制达成的调解协议，最后可由法院予以司法确认。诉前联调可以整合社会资源、降低和节约纠纷解决成本、提高纠纷化解的及时性与实效性。①

项目三 各类型调解案件处理

【引例】

1988 年，33 岁的陈某嫁给 40 岁的孙某（前妻亡故独自抚养一子），孙某按当地风

---

① 摘自广东法院网（http：//www.gdcourts.gov.cn）资料。

俗摆婚宴请客，以夫妻名义居住于孙某与其前妻共同建造的下洼里 53 号房屋内，但双方未办理结婚登记手续，无生育子女。孙某之子长期在外省工作，孙某于 2005 年去世，陈某仍居住在下洼里 53 号。现某房地产开发公司要拆迁该房屋建商业中心，孙某之子与陈某因房屋拆迁补偿款的归属发生纠纷，孙某之子以陈某与孙某未登记结婚且陈某户籍不在下洼里 53 号为由，主张房屋拆迁补偿款归自己独自享有；陈某主张自己与孙某是夫妻，应该分得部分拆迁补偿款。双方共同向当地街道的人民调解委员会申请调解。

问题：如果你是陈某的人民调解代理律师，在调解过程中应当如何维护陈某的利益？

【基本原理】

现阶段，人民调解的案件范围逐渐从传统的婚姻家庭、邻里关系、小额债务、轻微侵权等常见、多发的矛盾纠纷，向征地补偿、拆迁安置、劳动争议、医患纠纷等社会热点、难点纠纷扩展。不同的纠纷类型有不同的特点，律师代理不同类型纠纷的人民调解也有不同的做法与侧重点。

一、婚姻家庭纠纷的调解

（一）工作原则

婚姻家庭纠纷涉及婚姻关系、赡养、抚养、扶养、继承等多方面，律师代理婚姻家庭纠纷调解过程，应当遵循以下工作原则：

1. 维护家庭和谐稳定

婚姻家庭关系的本质和内容其实主要是情感而非物质，家庭成员之间的情感维系着家庭，但情感也很容易发生微妙的变化。婚姻家庭纠纷的当事人选择或同意人民调解，大多是出于情感方面因素的考虑，当事人不愿意走上法庭，而人民调解可以为当事人留有颜面，可以说，只要当事人愿意调解，就说明当事人不愿意撕破脸皮，不愿意关系彻底走向破裂，有保留恢复感情和关系的可能。所以，代理律师要准确理解当事人的内心意愿，不能像诉讼代理那样锱铢必争、针锋相对，而应当顾及各方的尊严，言词注意分寸，提出意见适当留有余地，适时运用亲情唤起等方法，尽力维护家庭和谐稳定。

2. 保护妇女、儿童和老年人

妇女、儿童和老年人等在婚姻家庭关系中处于相对弱小的地位，保护妇女、儿童和老年人，不仅是道德规范的要求，也是婚姻家庭法律所规定的重要原则。无论婚姻家庭纠纷以诉讼还是非诉讼的方式解决，都不能违反《婚姻法》的强制性规定，其处理结果都必须体现保护妇女、儿童和老年人权益这一原则，否则欠缺合法性和合理性。代理律师在提出调解方案、分析并建议委托人接受调解条件时，应注意遵循该原则。

3. 婚姻自由，合法公平

中国有句古话："宁拆一座庙，不毁一桩婚。"但是，婚姻家庭纠纷的人民调解也不能是毫无原则的劝和，不能完全不顾法律和公平而要求某一方一味退让。婚姻自由是基本的人权，如果一方当事人，即便是弱者一方的调解请求过分无理，严重损害了委托人的利益，或者侵害了委托人的婚姻自由权利，代理律师应当依照法律给予委托人合理的建议，提醒其维护自身的合法权益，捍卫婚姻自由，实现合法公平。

（二）常见婚姻家庭纠纷的调解

1. 同居关系纠纷的调解

实践中，未婚同居一直存在，由于其缺乏法律保护，也容易发生纠纷。当事人在同居期间发生纠纷，涉及的问题往往是同居关系的维持、解除或登记结婚、财产处分、父母子女关系的确认和子女抚养等，代理律师应当熟悉相关问题的法律规定，才能为委托人提供合法合理的调解建议。

（1）同居关系的处理。

法律不保护同居关系，但是，如果未办理结婚登记而以夫妻名义同居生活，符合法定条件而被认定为事实婚姻的，法律承认事实婚姻具有合法婚姻的效力。

2001年4月28日修改后的《婚姻法》和2001年12月27日起施行的《最高人民法院关于适用〈中华人民共和国婚姻法〉若干问题的解释（一）》是认定事实婚姻的法律依据。修改后的《婚姻法》第八条规定："未办理结婚登记的，应当补办登记。"《最高人民法院关于适用〈中华人民共和国婚姻法〉若干问题的解释（一）》第四条规定："男女双方根据婚姻法第八条规定补办结婚登记的，婚姻关系的效力从双方均符合婚姻法所规定的结婚的实质要件时起算。"第五条规定："未按婚姻法第八条规定办理结婚登记而以夫妻名义共同生活的男女，起诉到人民法院要求离婚的，应当区别对待：1994年2月1日民政部《婚姻登记管理条例》公布实施以前，男女双方已经符合结婚实质要件的，按事实婚姻处理；1994年2月1日民政部《婚姻登记管理条例》公布实施以后，男女双方符合结婚实质要件的，人民法院应当告知其在案件受理前补办结婚登记；未补办结婚登记的，按解除同居关系处理。"

也就是说：对于1994年2月1日之前存在，并且男女双方当时已经符合结婚实质要件的未办结婚登记而以夫妻名义同居，认定为事实婚姻，不管有无补办结婚登记，均具有合法婚姻的效力；1994年2月1日之后存在并且男女双方符合结婚实质要件的，必须补办结婚登记才具有合法婚姻的效力，且效力溯及双方均符合结婚实质要件之时；不补办结婚登记的，仅是同居，不具有合法婚姻的效力。

婚姻家庭纠纷案件中如果当事人属于同居的，代理律师应当问清情况，根据法律规定给予委托人以合理的建议。

（2）同居关系财产问题的处理。

如果当事人构成事实婚姻，其财产关系按照婚姻关系中的财产关系处理。

对于解除同居关系的财产分割，按照法律，应当照顾妇女儿童的利益，考虑财产的实际情况和双方的过错程度，妥善分割。但是，同居生活期间双方共同所得的收入和购置的财产，按一般共有财产处理。同居生活前，一方自愿赠送给对方的财物可比照赠与关系处理；一方向另一方索取的财物，如同居时间不长，或者因索要财物造成对方生活困难的，可酌情返还。同居期间为共同生产、生活而形成的债权、债务，可按共同债权、债务处理。一方在共同生活期间患有严重疾病未治愈的，分割财产时，应予适当照顾，或者由另一方给予一次性的经济帮助。

2. 夫妻财产纠纷的调解

夫妻财产纠纷通常是争执财产归谁所有、归谁掌握安排，律师代理夫妻财产纠纷的调解，首先应当准确把握以下两方面问题的法律规定，方能对夫妻财产纠纷提出合情合理的处理意见。

（1）夫妻共同财产的认定。

夫妻在婚姻关系存续期间所得的下列财产是夫妻共同财产：工资、奖金；生产、经营的收益；知识产权的收益；继承或赠与所得的财产，但遗嘱或赠与合同中确定只归夫或妻一方的财产除外；其他应当归共同所有的财产（包括：一方以个人财产投资取得的收益；男女双方实际取得或者应当取得的住房补贴、住房公积金；男女双方实际取得或者应当取得的养老保险金、破产安置补偿费）。

夫妻一方个人财产在婚后产生的收益，除孳息和自然增值外，应认定为夫妻共同财产。

婚后由一方父母出资为子女购买的不动产，产权登记在出资人子女名下的，视为只对自己子女一方的赠与，该不动产应认定为夫妻一方的个人财产。由双方父母出资购买的不动产，产权登记在一方子女名下的，该不动产可认定为双方按照各自父母的出资份额按份共有，但当事人另有约定的除外。

夫妻可以约定婚姻关系存续期间所得的财产以及婚前财产归各自所有、共同所有或部分归各自所有、部分共同所有。约定应当采用书面形式。

（2）夫妻共同财产的支配管理。

夫妻对共同所有的财产，有平等的处理权。夫或妻在处理夫妻共同财产上的权利是平等的，因日常生活需要而处理夫妻共同财产的，任何一方均有权决定。夫或妻非因日常生活需要对夫妻共同财产作重要处理决定，夫妻双方应当平等协商，取得一致意见。他人有理由相信其为夫妻双方共同意思表示的，另一方不得以不同意或不知道为由对抗善意第三人。

婚姻关系存续期间，夫妻一方请求分割共同财产的，人民法院不予支持，但有下列重大理由且不损害债权人利益的除外：一方有隐藏、转移、变卖、毁损、挥霍夫妻共同财产或者伪造夫妻共同债务等严重损害夫妻共同财产利益行为的；一方负有法定扶养义务的人患重大疾病需要医治，另一方不同意支付相关医疗费用的。

一方未经另一方同意出售夫妻共同共有的房屋，第三人善意购买、支付合理对价并办理产权登记手续，另一方主张追回该房屋的，人民法院不予支持。但夫妻一方擅自处分共同共有的房屋造成另一方损失，如果双方离婚，离婚时另一方请求赔偿损失的，人民法院将予支持。

二、交通事故赔偿纠纷的调解

近年来，中国快速进入了汽车社会，随之而来的问题是道路交通事故频发，交通事故赔偿纠纷激增，成为影响社会和谐的因素，也势必耗费大量的司法资源。为了增进和谐、节约司法资源，以人民调解方式解决交通事故赔偿纠纷无疑是一个最优的选择。各地纷纷建立专门调解交通事故赔偿纠纷的专业性人民调解委员会，如2009年2月24日，广东省首个驻交警大队人民调解室在深圳市福田区挂牌成立，聘请了5名律师和两名交警担任调解员，其调解获得了极高的成功率。

1. 调解程序

依照《道路交通安全法》第七十四条的规定："对交通事故损害赔偿的争议，当事人可以请求公安机关交通管理部门调解，也可以直接向人民法院提起民事诉讼。经公安机关交通管理部门调解，当事人未达成协议或者调解书生效后不履行的，当事人可以向人民法院提起民事诉讼。"公安机关交通管理部门的调解属于行政调解，但是，公安机关交通管理部门的调解并非处理交通事故损害赔偿纠纷的必经程序，纠纷当事人有权舍弃行政调解而选择人民调解，人民调解委员会不是行政机关，由其作为独立的第三方进行调解，更有其合理性。

现在，为给交通事故损害赔偿纠纷提供便捷的处理途径，广州等地建立了交通事故处理、人民调解、法院诉讼三位一体的"一站式"服务点，三者在同一办公地点开展工作，当事人发生交通事故后，由交警大队首先对事故进行调查取证并作出道路交通事故认定书，事故当事人就损害赔偿事宜既可以向交警部门申请行政调解，也可以向人民调解委员会申请人民调解，通过人民调解达成的调解协议具有法律效力，当事人可以凭调解协议向法院申请司法确认，如果未达成调解协议，可向交通事故简易法庭提起民事诉讼。

2. 赔偿标准

对于道路交通事故损害赔偿，国家相关法规规定了具体详尽的赔偿项目和计算标准，赔偿数额基本上按标准计算得出。律师代理交通事故赔偿调解，关键是要确定赔偿标准的适用。

（1）法律依据及赔偿项目。

对于道路交通事故损害赔偿标准，《道路交通安全法》未作规定，与之配套的《道路交通安全法实施条例》对此也仅规定"交通事故损害赔偿项目和标准依照有关法律的规定执行"。目前，道路交通事故人身损害赔偿适用《最高人民法院关于审理人身损害赔偿案件适用法律若干问题的解释》。受害人遭受人身损害，赔偿项目包括医疗费、误工费、护理费、交通费、住宿费、住院伙食补助费、必要的营养费。受害人因伤致残的，赔偿项目包括残疾赔偿金、残疾辅助器具费、被扶养人生活费，以及因康复护理、继续治疗实际发生的必要的康复费、护理费、后续治疗费。受害人死亡的，还应当赔偿丧葬费、被扶养人生活费、死亡补偿费以及受害人亲属办理丧葬事宜支出的交通费、住宿费和误工损失等其他合理费用。

受害人或者死者近亲属遭受精神损害，赔偿权利人向人民法院请求赔偿精神损害抚慰金的，适用《最高人民法院关于确定民事侵权精神损害赔偿责任若干问题的解释》予以确定。

（2）城乡身份认定。

我国城乡差别仍然存在，现阶段，城里人和农村人同命仍未同价，且差额甚大，在道路交通事故损害赔偿纠纷中，受害人到底是城里人还是农村人、是适用城镇标准还是适用农村标准往往是双方争议的最主要问题，代理律师应当掌握城乡身份认定的法律规定。

《最高人民法院民一庭关于经常居住地在城镇的农村居民因交通事故伤亡如何计算赔偿费用的复函》指出："人身损害赔偿案件中，残疾赔偿金、死亡赔偿金和被扶养人生活费的计算，应当根据案件的实际情况，结合受害人住所地、经常居住地等因素，确定适用城镇居民人均可支配收入（人均消费性支出）或者农村居民人均纯收入（人均年生活消费支出）的标准。"受害人虽然农村户口，但在城市经商、居住，其经常居住地和主要收入来源地均为城市，有关损害赔偿费用应当根据当地城镇居民的相关标准计算。广东省高级人民法院、广东省公安厅《关于〈道路交通安全法〉施行后处理道路交通事故案件若干问题的意见》也规定："受害人的户口在农村，但发生交通事故时已在城镇居住一年以上且有固定收入的，在计算赔偿数额时按城镇居民的标准对待。"

三、群体纠纷案件的人民调解

社会、经济的飞速发展，社会矛盾的积累，导致群体纠纷不时出现。群体纠纷案件往往是多种利益冲突的集中爆发，是多种社会矛盾的交集。群体纠纷主体多元，利益诉求各不相同，并且事态变化快、影响大，对其进行人民调解有相当的难度。

律师有权代理群体纠纷案件的人民调解，政府和社会也欢迎、鼓励律师在群体纠纷案件的调解中发挥积极作用，促成调解。但是，由于群体纠纷案件的特殊性与敏感性，律师在代理群体纠纷案件的调解时，应当注意只能通过法律途径、就法律问题履行职责。律师要坚持法治精神，依法调解，积极促成纠纷的平息。

在群体纠纷案件的人民调解活动中，律师应当处理好以下几方面的关系：

（1）与当事人的关系。律师应当协助、督促委托人真实地陈述案情，不得支持或协助委托人故意隐瞒、遗漏重要证据或作虚假陈述；律师应当尽量避免因部分委托人或者代表人作虚假陈述或歪曲案情，致群体情绪不稳定的情况发生；律师对当事人或其代表人、代理人提出的明显不合理的要求应予以拒绝。律师不鼓动、不参与群体性案件当事人或其代表人、代理人的上访活动，不得参与或建议当事人以违反社会治安、干扰国家机关正常工作等手段促使案件获得解决。

（2）与政府的关系。律师受理群体性案件后，应通过正当渠道及时向政府相关部门反映情况，发现有可能激化矛盾、扩大事态的问题和苗头应当立即通报司法行政主管机关。

（3）与媒体的关系。律师和律师事务所要恰当把握与媒体（包括网络媒体）的关系，实事求是，谨慎评论。不炒作新闻，不搞有偿新闻。应慎重对待与境外组织和境外媒体的接触。

律师办理群体纠纷案件调解代理业务，必须落实以下各项工作制度：

（1）报告备案制度。律师事务所接受群体纠纷案件委托后，应及时报告司法局和律师协会备案。

（2）集体讨论制度。承接群体纠纷案件，应由律师事务所资深律师集体讨论研究代理意见。

（3）保密制度。代理重大群体性敏感案件的律师对外不准泄露案情，不经过批准不得擅自接受新闻媒体的采访，不得擅自发表对案件的处理意见和看法，不得擅自发表涉及案情的学术文章。

【引例分析】

前述引例，作为陈某的代理律师，首先应当根据法律规定分析并主张陈某与孙某是夫妻关系、陈某对于被拆迁房屋享有继承权，再根据陈某年老又无生活来源的事实，从情理出发建议孙某之子适当作出让步，使陈某在拆迁补偿款分割中得到更多份额。《最高人民法院关于适用〈中华人民共和国婚姻法〉若干问题的解释（一）》第五条规定："未按婚姻法第八条规定办理结婚登记而以夫妻名义共同生活的男女，起诉到人民法院要求离婚的，应当区别对待：1994 年 2 月 1 日民政部《婚姻登记管理条例》公布实施以前，男女双方已经符合结婚实质要件的，按事实婚姻处理。"所以，陈某与孙某属于事实婚姻，陈某享有对孙某遗产的继承权，有权依照婚姻法和继承法的规定分得被拆迁房屋的拆迁补偿款。

【思考与练习】

1. 选择人民调解方式解决道路交通事故损害赔偿纠纷有何好处？
2. 律师代理群体性纠纷案件的人民调解时应当注意哪些问题？

【拓展阅读】

人民调解解决道路交通事故民事纠纷的新尝试

2011 年 3 月 29 日，广州市公安局交警支队与天河区委政法委、天河区司法局、天河区人民法院在天河交警大队事故中队成立天河区人民调解委员会道路交通事故人民调解室，在天河区推行道路交通事故民事纠纷人民调解的新机制。按照该工作机制，市民在天河区发生交通事故后，可以在天河交警大队事故中队直接向天河区人民调解委员会、天河区人民法院派驻的工作人员进行法律咨询，以及在天河交警大队作出道路交通事故认定书以后既可以向天河交警大队，也可以向天河区人民调解委员会对事故损害赔偿分别申请进行行政调解或人民调解，对于调解后达成协议的，天河区道路交通事故简易法庭将现场出具天河区人民法院司法确认书，对于调解未达成协议的，当事人可以在现场向天河区道路交通事故简易法庭提起民事诉讼或者司法调解申请。按照天河区道路交通事故人民调解室和天河区道路交通事故简易法庭的工作机制，天河交警大队、天河区司法局、天河区人民法院在天河交警大队事故中队合署办公，通过合署办公，以往需要当事人分别前往各个部门上门处理的，现在在天河交警大队事故中队均可以得到解决。天河区道路交通事故人民调解室和天河区道路交通事故简易法庭工作的开展为解决因道路交通事故引发的矛盾纠纷提供了一个新的平台，道路交通事故当事人通过这个平台可解决纠纷，化解怨气，达成和解协议，从而减少和消除交通事故给人们带来的痛苦，实现社会的和谐稳定。

项目四　实　训

【情景设计】

某县南路乡山阳村村民赵某开办了大发食品厂，该厂从事山货加工。大发食品厂未办理工商登记手续。2011 年 4 月 8 日中午 11 时，正在大发食品厂进行香菇拣选工作的工人苗某（56 岁）突发脑溢血，经送医院抢救无效后于 4 月 20 日凌晨死亡。苗某住院期间，共花去治疗费 48 000 余元，其中农村医疗保险可报销 14 000 元。苗某家属认为苗某属于工伤死亡，要求大发食品厂赔偿 20 万元。双方就赔偿问题协商未果。20 日下午，苗某亲友 20 余人到县信访局上访，另有十几人堵住大发食品厂厂门，声称若不赔偿就要将苗某尸体抬到厂里，并要砸厂。

南路乡人民调解委员会得知消息，迅速联系纠纷双方，主动组织双方调解。情况紧急，赵某拟委托律师代理其参加调解。

【工作任务】

任务一：请你以律师身份为赵某提供法律咨询，判断本纠纷是否适用人民调解，并判断律师能否接受赵某的委托代理其参加本案人民调解。

任务二：请分析苗某是否属于工伤、赵某或大发食品厂是否应当就苗某的死亡对苗某家属承担赔偿责任。

任务三：请为赵某提供合法、合理的调解方案。

【训练方法】

将全班学生分成 4 个小组，小组成员之间进行讨论，形成本组意见，制作书面调解方案，交指导老师点评指导。

步骤一：各小组内部讨论，从法律角度分析本纠纷是否适宜采取人民调解方式、人民调解组织主动介入进行调解的合法性，并分析律师承办本案调解代理业务的合法性。

步骤二：各小组讨论分析案情，根据相关法律判断案件性质以及责任归属。

步骤三：各小组制作调解方案，交指导老师点评指导。

【考核标准】

1. 能审查判断当事人的委托事项是否符合律师人民调解代理业务的收案条件，能判断本案纠纷是否适用人民调解。

2. 能分析出案件性质以及法律责任的归属，并能依法、依理、依情提出合理可行的调解方案。

3. 制作的调解方案观点正确，内容完备，表述清楚。

律师提供法律援助工作实务

【知识目标】

掌握律师提供法律援助的工作原则、主要工作内容和工作规程，掌握律师提供各类型法律援助的流程和注意事项。

【能力目标】

熟悉律师提供各类型法律援助的工作规程，掌握律师提供各类型法律援助的工作方法和技巧。

【内容结构图】

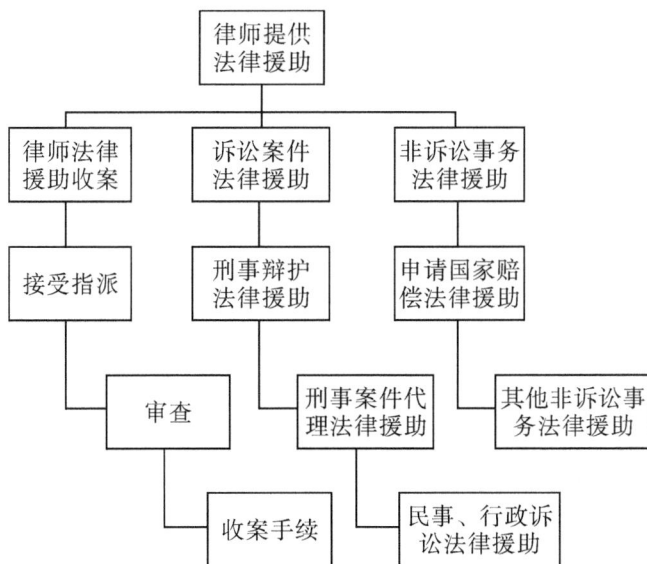

项目一　收　案

【引例】

某地发生公职人员嫖宿幼女案，6名涉嫌嫖宿幼女罪的被告中，有中学教师、司法所干部等 5 名公职人员，此案引起群众公愤，开庭时大量义愤群众聚集在法庭外。一名原本由司法部门为被告指定的法律援助辩护律师未到庭，该律师表示"不愿意为这种人辩护"，从而拒绝辩护。

问题：指定辩护律师可否因被告人罪行令人发指、罪大恶极而拒绝辩护？

【基本原理】

一、律师的法律援助义务

法律援助，是指在县级以上人民政府设立的法律援助机构的组织、指导和统一协调下，律师、公证员、基层法律工作者等法律服务人员，为经济困难或特殊案件的当事人免费提供法律帮助，以保障实现其合法权益，完善国家司法公正机制，健全人权及社会保障机制的一项法律制度。

依照《法律援助条例》的规定，法律援助是政府的责任。但政府的责任并不意味着法律援助的义务人只限于政府。人权保障社会化是现代文明社会发展的一个趋势，社会力量参与法律援助是社会发展的必然选择，法律援助应当是政府行为和社会行为的结合，应当以政府行为为主，社会行为为辅。现在，承担法律援助工作的主体主要是公职律师、社会律师、公证员、基层法律工作者等法律服务人员。《律师法》第四十二条规定："律师、律师事务所应当按照国家规定履行法律援助义务，为受援人提供符合标准的法律服务，维护受援人的合法权益。"《法律援助条例》第六条也规定："律师应当依照律师法和本条例的规定履行法律援助义务，为受援人提供符合标准的法律服务，依法维护受援人的合法权益，接受律师协会和司法行政部门的监督。"承办法律援助案件是律师的法定义务。律师承担法律援助义务是律师职业内在价值的体现，每一名执业律师都应当担负起法律援助这一社会责任。

《律师法》和《法律援助条例》都未对律师法律援助义务作出具体的工作量要求，广东省从地方法律援助的实际需要出发，对律师法律援助的办案数量提出了明确要求。《广东省法律援助条例》第七条规定："律师应当依法承担法律援助义务。每名律师每年应当承办法律援助案件两件以上。法律援助案件不足以让本地每名律师每年承办两件的，由司法行政部门从法律援助案件多的地区调节。"实际上，广州、深圳等地由于律师数量众多，每名律师无须每年承办两件法律援助案件，但边远、经济欠发达地区由于律师短缺，其法律援助案件往往需要其他地区支援。

2009 年 8 月，中国法律援助基金会会同共青团中央、司法部等部门联合开展"1 + 1"中国法律援助志愿者行动，即：派遣一名律师志愿者和一名大学生志愿者，到全国无律师县和中西部律师人员短缺的贫困县志愿从事法律援助工作。每位志愿者服务期限为 1 至 3 年，服务期内，每名律师志愿者每年至少无偿办理法律援助案件 20 件。各地律师积极响应，踊跃报名，如 2010 年广东省就有 5 位律师入选为律师志愿者，其中有些律师志愿者在原来约定的一年服务期满之后，在强烈的社会责任感的驱使下，2011年选择了延长服务期，继续到中西部地区从事无报酬的法律援助工作。

二、接受指派

当事人申请法律援助或法院指定承担法律援助义务的律师为被告人辩护，均由法律援助机构统一受理，再由法律援助机构指派律师或安排其他法律援助人员办理。

律师的法律援助案件，由法律援助机构指派律师事务所安排律师承办。律师事务所无正当理由不得拒绝承办本辖区法律援助机构指派的法律援助事项。

律师提供法律援助不得向受援人收取律师费，不得收取任何财物或者牟取其他不正当利益。

法律援助机构收到承办律师的办结法律援助事项结案材料后，向受指派办理法律援助事项的律师支付办理法律援助事项补贴。法律援助办案补贴的标准由省、自治区、直辖市人民政府司法行政部门会同同级财政部门，根据当地经济发展水平，参考法律援助机构办理各类法律援助案件的平均成本等因素核定，并可以根据需要调整。

三、审查和报告

法律援助机构根据法律对法律援助对象的范围的规定，对当事人的法律援助申请和依法应当提供法律援助的事项进行审查，确定是否提供法律援助。办理法律援助案件的人员遇有依法应当终止法律援助的情形的，应当向法律援助机构报告，法律援助机构经审查核实，终止该项法律援助。

（一）申请律师法律援助的对象和范围

1. 法律援助的对象

《法律援助条例》将法律援助的对象限定为有必要获得法律服务的经济困难的公民，和获得法院指定辩护的刑事诉讼被告人。企业、事业单位等社会组织不属于法律援助对象。依照《刑事诉讼法》关于指定辩护的规定，符合条件的外国人和无国籍人可以获得指定辩护，也即可以成为法律援助的对象。

国家鼓励有能力的地方政府根据法律援助的实际需要为社会提供更为充分的法律援助。《广东省法律援助条例》扩大了法律援助对象的范围，不再限定只有具有本省常住户口或者暂住证的公民才可享受本省的法律援助，并规定社会福利组织可以申请法律援助。

概括起来，在广东省，法律援助的对象包括：

（1）具备以下条件并提出法律援助申请的公民：所申请的法律援助事项在本省审理或者处理；符合广东省人民政府及当地人民政府规定的法律援助经济困难标准；因维护自身合法权益需要法律帮助。

（2）依照《刑事诉讼法》的规定可以指定或应当指定辩护人并且法院为其指定辩护人的刑事诉讼被告人，包括外国籍、无国籍的被告人。

（3）民政部门直属管理的非营利性质的福利组织，因维护其合法的民事权益需要法律帮助，向法律援助机构提出法律援助申请的。

2. 法律援助的范围

依照《法律援助条例》的规定，法律援助的范围包括以下法律事项：

（1）公民对下列需要代理的事项，因经济困难没有委托代理人的，可以向法律援助机构申请法律援助：依法请求国家赔偿的；请求给予社会保险待遇或者最低生活保障待遇的；请求发给抚恤金、救济金的；请求给付赡养费、抚养费、扶养费的；请求支付劳动报酬的；主张因见义勇为行为产生的民事权益的。

公民也可以就上述事项向法律援助机构申请法律咨询。

（2）刑事诉讼中有下列情形之一的，公民可以向法律援助机构申请法律援助：犯罪嫌疑人在被侦查机关第一次讯问后或者采取强制措施之日起，因经济困难没有聘请律师的；公诉案件中的被害人及其法定代理人或者近亲属，自案件移送审查起诉之日起，因经济困难没有委托诉讼代理人的；自诉案件的自诉人及其法定代理人，自案件被人民法院受理之日起，因经济困难没有委托诉讼代理人的。

（3）公诉人出庭公诉的案件，被告人因经济困难或者其他原因没有委托辩护人，人民法院为被告人指定辩护时，法律援助机构应当提供法律援助。

（4）被告人是盲、聋、哑人或者未成年人而没有委托辩护人的，或者被告人可能被判处死刑而没有委托辩护人的，人民法院为被告人指定辩护时，法律援助机构应当提供法律援助，无须对被告人进行经济状况的审查。

公民经济困难的标准，由省、自治区、直辖市人民政府根据本行政区域经济发展状况和法律援助事业的需要规定。

申请人住所地的经济困难标准与受理申请的法律援助机构所在地的经济困难标准不一致的，按照受理申请的法律援助机构所在地的经济困难标准执行。

广东省将法律援助经济困难标准规定为应当同时具备以下条件：第一，申请人的家庭属于低收入户；第二，申请人个人及家庭没有别墅、高档住宅、两套以上的城镇房产、汽车、足以购买其必需的法律服务的个人及家庭资产等价值较大的资产。其中，低收入户是指：属城镇居民的，其个人及其家庭成员在申请日之前12个月的人均可支配收入，低于受理申请的法律援助机构所在地城镇居民低收入户上一年度的人均可支配收入标准；属农村居民的，其个人及其家庭成员在申请日之前12个月的人均纯收入，低于受理申请的法律援助机构所在地农村居民低收入户上一年度的人均纯收入标准。主张因见义勇为行为产生的民事权益纠纷而申请法律援助的，免予经济困难审查。

广东省还鼓励有条件的市、县逐步扩大法律援助的范围，制定适用于本行政区域的法律援助经济困难标准。

为了对法律援助机构审查法律援助申请给予更明确的操作指引，《广东省法律援助条例》将一些不可诉的，或已用尽司法救济手段的，或者即使可诉但难以达到申请人诉求的事项排除在法律援助范围之外，明确规定，有下列情形之一的，法律援助机构不予法律援助：申请事项不属于人民法院或者仲裁机构受理范围，或者申请事项已超过诉讼时效或者仲裁时效的；申请劳动争议仲裁超过劳动争议仲裁申请时效的；申诉案件未经公安机关、人民检察院、人民法院重新立案的；公安机关、人民检察院、人民法院决定或者裁定不予受理且已生效的；申请相对人不明确，或者无法提供申请相对人详细住所的；所申请事项已经审结或者处理完毕，申请人就同一事项依同一理由申请法律援助的。

受援人以欺骗手段获得法律援助的，法律援助机构终止法律援助，并责令其支付法律服务费用。受援人违反法律援助协议，使协议难以得到履行的，法律援助机构可以终止法律援助。

随着政府法律援助能力的增强和公民权利意识的提高，扩大法律援助范围成为大势所趋。2012年通过的《刑事诉讼法》第三十四条为进一步保障犯罪嫌疑人、被告人的辩护权，扩大法律援助在刑事诉讼中的适用，规定："犯罪嫌疑人、被告人因经济困难等原因没有委托辩护人的，本人及其近亲属可以向法律援助机构提出申请。对于符合法律援助条件的，法律援助机构应当指派律师为其提供辩护。犯罪嫌疑人、被告人是盲、聋、哑人而没有委托辩护人的，人民法院、人民检察院和公安机关应当通知法律援助机构指派律师为其提供辩护。犯罪嫌疑人、被告人可能被判处无期徒刑、死刑而没有委托辩护人的，人民法院、人民检察院和公安机关应当通知法律援助机构指派律师为其提供辩护。"

（二）应当提出终止法律援助报告的情形

律师办理法律援助案件，遇下列情形之一的，应当向法律援助机构报告，经法律援助机构审查核实，终止该项法律援助：受援人的经济收入状况发生变化，不再符合法律援助条件的；案件终止审理或者已被撤销的；受援人又自行委托律师或者其他代理人的；受援人要求终止法律援助的。

此外，律师接受指派后，发现有下列情形之一的，应当主动向指派案件的法律援助机构报告，以决定是否继续由其办理该项法律援助：与受援人利益冲突方是近亲属或其他利害关系人；与受援人利益冲突方已委聘的律师或者其他代理人是近亲属或其他利害关系人；其他与受援人利益有冲突的情况。

四、收案手续

（一）当事人申请法律援助的收案手续

对于申请人的法律援助申请，法律援助机构经审查作出给予法律援助的决定的，书面通知申请人，并在 5 个工作日内指定法律援助人员为受援人提供法律援助，并在指派之日起 3 个工作日内将确定的承办人员名单、联系方式告知受援人。法律援助机构、受援人和被指定的法律援助律师所在的律师事务所三方签订法律援助协议，明确约定各方的权利义务，再根据办理法律服务事项的需要，由受援人对承办律师出具授权委托书。

对于某些简单或者情况紧急的法律援助事项，法律对其规定了便捷、变通的收案方式和收案手续，包括：法律援助机构对公民申请的法律咨询服务即时办理；复杂疑难的，预约择时办理。有下列情形之一的，法律援助机构可以当即决定予以法律援助，法律服务机构也可以当即提供法律援助，同时报法律援助机构核准：可能造成社会秩序混乱，导致不良影响的；当事人可能面临生命安全和重大财产损害的。

（二）人民法院指定辩护的法律援助收案手续

由人民法院指定辩护的案件，人民法院在开庭 10 日前将指定辩护通知书和起诉书副本或者判决书副本送交其所在地的法律援助机构；人民法院不在其所在地审判的，可以将指定辩护通知书和起诉书副本或者判决书副本送交审判地的法律援助机构。法律援助机构指派律师事务所安排律师办理法律援助案件后，应当及时回复人民法院。根据规定，法律援助机构对人民法院指定辩护的案件，在开庭 3 日前将确定的承办人员名单回复作出指定的人民法院。

被指派的法律援助辩护律师，在接到指定辩护通知书和起诉书副本或者判决书副本后，应当及时在开庭前会见被告人，询问被告人是否同意法院指定辩护人为其辩护，被告人不同意的，律师应当记录在案，并通知人民法院和法律援助机构；被告人同意的，律师应及时办理有关辩护手续。

另外，受指派办理法律援助案件的律师在案件结案时，应当向法律援助机构提交有关的法律文书副本或者复印件以及结案报告等材料。

【引例分析】

接受法院指定为被告人辩护是执业律师的法定义务，律师应当依照《律师法》和《法律援助条例》的规定履行法律援助义务，律师无正当理由拒绝接受、擅自终止法律援助案件的，依法应受处罚。只有在出现受援人要求终止法律援助等法定情形时，律师才可以提出报告终止法律援助。引例中，被告人被指控的罪行固然令人愤怒与不齿，但不属于法律援助律师可以申请终止法律援助的法定情形，指定辩护律师不得拒绝辩护，否则，律师违背其职责，被告人的诉讼权利也得不到保障，更何况，被告人未经审判，辩护律师也不应擅自认定其有罪且罪大恶极从而拒绝辩护。

【思考与练习】

1. 法律援助的对象包括哪些？
2. 如何理解法律援助是执业律师的义务？

【拓展阅读】

关于法律援助律师致受援人损失的赔偿责任

律师在向受援人提供法律服务的过程中，违法执业或者因过错而致使受援人遭受损失的，应当由谁承担赔偿责任，目前尚未有定论。

有人认为应当由法律援助机构承担第一赔偿责任，然后可以向法律援助人员追偿。其理由有：①法律援助律师是代表政府履行法律援助职责，不是个人行为；②法律援助管理行为和实施行为均是政府行为；③由律师承担法律援助过错赔偿责任不利于调动社会律师从事法律援助工作的积极性。

有人认为不应当由法律援助机构承担第一赔偿责任，理由如下：①法律援助机构与社会律师之间并不形成委托关系，而是行政主体与相对人之间指派与被指派的关系；②公职律师办理法律援助案件的过错责任由法律援助机构承担，但这是因为法律援助机构是公职律师的执业机构，社会律师与此不同；③法律援助机构对法律援助人员办理案件没有质量担保义务，因此也不应承担民事责任；④法律援助机构应当保证律师为受援人提供法律服务的独立性，律师只对当事人和所在执业机构负责，法律援助机构的质量监督不能影响律师的独立性；⑤可以将法律援助律师的赔偿义务纳入律师执业责任保险制度。

本文认为，律师办理法律援助事项中因违法执业或者因过错造成受援人损失的，应当由其所在的律师事务所承担民事赔偿责任。律师事务所赔偿后，可以向有故意或者重大过失行为的律师追偿。理由是：①法律援助机构与法律援助人员之间是行政命令关系，法律援助人员与受援人之间是民事委托关系。接受指派后，律师并不是代表政府履行法律援助职责，而是在履行自己的义务。接受指派后，律师（以律师事务所名义）应当和受援人签订法律服务协议，明确双方的权利和义务，一旦律师在服务过程中因违法执业或者过错导致受援人损失，属于没有尽到合同义务，律师应当为此承担违约责任。根据《律师法》，律师违法执业或者因过错给当事人造成损失的，由其所在的律师事务所承担赔偿责任。律师事务所赔偿后，可以向有故意或者重大过失行为的律师追偿。②法律援助机构对律师提供法律服务的行为有监督义务，但这种义务并不是为律师服务的质量提供担保。政府法律服务监督管理部门并不担保法律服务的质量，同样，法律援助机构也不担保法律援助律师提供法律服务的质量。法律援助机构对受援人的法律援助义务仅体现在使其获得与一般经济能力的当事人同样的代理和辩护权，即接近正义，而非实质正义。况且，实践中，法律援助机构也没有能力确保援助律师提供的法律服务的质量。既然法律援助机构没有质量担保义务，那么也没有对质量问题承担民事责任的义务。③想要调动律师参与法律援助的积极性，与其免除律师事务所的民事责任承担义务，不如提高律师的办案补贴，毕竟赔偿现象并不多。法律援助是政府的责任，但为每个当事人提供合格服务是律师的职责。律师事务所承担第一赔偿责任，会督促律师事务所加强对律师的管理，从而督促律师像对待普通当事人一样，更尽职尽责地为受援人提供服务。④从现实来看，由法律援助机构为所有法律援助律师承担民事赔偿责任使其潜在风险过大，而法律援助机构并没有充足的财力承担这种责任。

值得提出的是，我国目前课以律师实施法律援助的义务，但律师得到的报酬是微薄的。律师与受援人之间的民事委托关系并不是基于等价、有偿和完全自愿的委托。根据民法中权利义务相一致的原则，在不能支付律师对等报酬的情况下，应当适当减轻律师事务所和律师的法律责任。即律师事务所和律师不承担严格的过错责任，只有在律师违法执业或有重大过失的情况下才承担赔偿责任。[①]

项目二　诉讼案件法律援助

【引例】

王某，男，未成年，是某电子厂员工。2008年10月26日凌晨3时许，王某喝醉酒后在公司宿舍喧闹，并将前来制止喧闹的宿舍管理员打成轻伤，因涉嫌故意伤害犯罪被依法刑事拘留。王某在看守所申请了法律援助。

问题：如果你是被指派为王某提供法律援助的律师，在法律援助过程中应当采取什么方法为王某争取从宽处理？

【基本原理】

在刑事、民事、行政诉讼案件中，受法律援助机构指派的律师都可以为受援人提供法律援助。律师的刑事案件法律援助业务，包括担任犯罪嫌疑人或被告人的辩护人，也包括担任公诉案件中的被害人及其法定代理人或者近亲属、自诉案件的自诉人及其法定代理人的诉讼代理人。在民事诉讼案件中，受指派的法律援助律师可以接受受援人的委托，成为诉讼各方当事人的代理人。而在行政诉讼中，由于作为被告或上诉人、被上诉人的行政机关不属于法律援助对象，法律援助律师可以代理符合法律援助条件的其他各方当事人。

---

① 耿胜先.论法律援助法律关系及各方责任［J］.中国司法，2010（1）.

一、刑事辩护法律援助

（一）侦查阶段法律援助律师提供法律帮助

依照《刑事诉讼法》的规定，犯罪嫌疑人在被侦查机关第一次讯问后或者采取强制措施之日起，可以聘请律师为其提供法律咨询、代理申诉、控告。犯罪嫌疑人被逮捕的，聘请的律师可以为其申请取保候审。依照《法律援助条例》的规定，犯罪嫌疑人在被侦查机关第一次讯问后或者采取强制措施之日起，因经济困难没有聘请律师的，可以向法律援助机构申请法律援助。所以，律师在刑事案件的侦查阶段为犯罪嫌疑人提供法律援助，不属于依法必须提供法律援助的情形，而必须具备"当事人经济困难"这一条件，并由法律援助机构决定是否给予法律援助。

接受法律援助机构的指派为犯罪嫌疑人提供法律帮助的律师，与承办非法律援助案件一样，有权向侦查机关了解犯罪嫌疑人涉嫌的罪名，有权会见在押的犯罪嫌疑人，向犯罪嫌疑人了解有关案件情况，为犯罪嫌疑人提供法律咨询，代理申诉、控告，为被逮捕的犯罪嫌疑人申请取保候审。

（二）律师提供刑事辩护法律援助

1. 律师提供刑事辩护法律援助工作要求

律师接受指派为被告人提供刑事辩护法律援助，是刑事诉讼程序法律援助中最主要的事项。辩护人的责任是根据事实和法律，提出证明犯罪嫌疑人、被告人无罪、罪轻或者减轻、免除其刑事责任的材料和意见，维护犯罪嫌疑人、被告人的合法权益。由于刑事诉讼指定辩护案件辩护律师只获得数额很低的办案补贴，并且不少指定辩护案件的被告人对指定辩护持一种不信任或无所谓的态度，不积极配合辩护律师，所以，长期以来，指定辩护法律援助律师疏于履行职责、敷衍应付的情形时有发生，这是对委托人权利的漠视甚至损害，是对司法公正、司法正义的破坏，法律援助律师应当高度认识法律援助的社会意义，高度重视律师的社会责任，按照国家规定履行法律援助义务，尽职尽责地为受援人提供法律援助。

刑事诉讼程序有严格的时间限制，审限短，刑事辩护法律援助中，程序留给辩护律师的工作时间常常非常紧迫，往往是辩护律师接到指定辩护通知后，开庭时间很快就要到来。所以，刑事辩护法律援助律师接案后应当尽快安排时间进行阅卷，会见被告人，了解案件情况，有时还要根据需要对案情作进一步了解及进行必要的调查取证，认真做好庭前准备工作，履行辩护职责，为受援人提供专业、尽职的辩护。

为慎重对待指定辩护法律援助，有些地方的法律援助业务指导机构要求律师在办理刑事法律援助案件中，经调查阅卷、集体讨论后认为受援人不构成犯罪，准备为其作无罪辩护的，应当及时报指派案件的法律援助中心备案。

2. 被告人拒绝指定辩护的处理

拒绝辩护人辩护而自行辩护是刑事诉讼被告人的权利，但该权利的行使必须符合法律的规定。

《最高人民法院关于执行〈中华人民共和国刑事诉讼法〉若干问题的解释》第三十六条规定："被告人没有委托辩护人而具有下列情形之一的，人民法院应当为其指定辩护人：①盲、聋、哑人或者限制行为能力的人；②开庭审理时不满十八周岁的未成年人；③可能被判处死刑的人。"第三十八条规定："被告人坚持自己行使辩护权，拒绝人民法院指定的辩护人为其辩护的，人民法院应当准许，并记录在案；被告人具有本解释第三十六条规定情形之一，拒绝人民法院指定的辩护人为其辩护，有正当理由的，人民法院应当准许，但被告人需另行委托辩护人，或者人民法院应当为其另行指定辩护人。"所以，在被告人拒绝指定律师辩护，坚持自己行使辩护权的情况下，应当根据案件情况分别处理如下：第一，被告人不具有《刑事诉讼法》司法解释第三十六条规定情形之一的，应当准许其自行辩护，并记录在案；第二，被告人具有《刑事诉讼法》司法解释第三十六条规定情形之一的，如果其理由不正当，不予准许，由指定的法律援助律师继续辩护；如果其理由正当，准许后被告人还应再另行委托辩护人，如果被告人仍未委托到辩护人，人民法院应当为其另行指定辩护人。

《最高人民法院关于执行〈中华人民共和国刑事诉讼法〉若干问题的解释》第一百六十五条规定："被告人当庭拒绝辩护人为其辩护，要求另行委托辩护人的，应当同意，并宣布延期审理。被告人要求人民法院另行指定辩护律师，合议庭同意的，应当宣布延期审理。重新开庭后，被告人再次当庭拒绝重新委托的辩护人或者人民法院指定的辩护律师为其辩护的，合议庭应当分情形作出处理：①被告人是成年人的，可以准许。但被告人不得再另行委托辩护人，人民法院也不再另行指定辩护律师，被告人可以自行辩护。②被告人具有本解释第三十六条规定情形之一的，不予准许。"

指定辩护的法律援助律师，其辩护权来自法院的指定而非被告人的委托，当遇到被告人拒绝辩护的情况时，应当依法按照上述规定处理，如果人民法院不予准许被告人拒绝辩护而自行辩护的，法律援助辩护律师应当依法根据人民法院的指定继续行使辩护职责。

3. 指定辩护的法律援助律师拒绝辩护

指定辩护的法律援助律师的辩护职责来源于法院的指定，律师被指派担任刑事案件指定辩护律师后，不得违法拒绝辩护、终止法律援助，否则，要承担相应的法律责任。《法律援助条例》第二十八条第一项规定："律师有下列情形之一的，由司法行政部门给予警告、责令改正；情节严重的，给予1个月以上3个月以下停止执业的处罚：①无正当理由拒绝接受、擅自终止法律援助案件的……"律师拒绝辩护必须具备法定理由。《律师法》第三十二条第二款规定："律师接受委托后，无正当理由的，不得拒绝辩护或者代理。但是，委托事项违法、委托人利用律师提供的服务从事违法活动或者委托人故意隐瞒与案件有关的重要事实的，律师有权拒绝辩护或者代理。"

二、刑事案件代理法律援助

法律援助律师的刑事案件代理业务，是担任公诉案件中的被害人及其法定代理人或者近亲属的诉讼代理人和担任自诉案件的自诉人及其法定代理人的诉讼代理人。

（一）律师担任被害人或者近亲属的诉讼代理人

律师担任公诉案件中的被害人及其法定代理人或者近亲属的诉讼代理人，其责任是根据事实和法律，维护被害人或其近亲属的诉讼权利和其他合法权益。

法律援助律师在代理被害人或其近亲属参加刑事诉讼时，应当注意两个问题：①要处理好与控诉机关的关系。被害人作为控方当事人，其与控诉机关是配合又制约的关系，而且配合是完成诉讼目的的主要因素。这种关系决定了被害人的代理人与控诉机关之间是在各自行使诉讼权利的情况下互相配合、互相支持、协同作战的关系，代理律师应当积极与控诉机关沟通，争取更好的代理效果。②要尽职取证举证。被害人有独立指控权、起诉权，同时，被害人行使权利时必须负举证责任，所以，被害人或其近亲属的代理律师应当尽职尽责，努力调查取证，独立行使指控权和履行举证责任。

（二）律师担任自诉人的诉讼代理人

律师担任自诉案件的自诉人及其法定代理人的诉讼代理人，其责任是根据事实和法律代行自诉权，追究被告人的法律责任，维护自诉人的诉讼权利和其他合法权益。

自诉案件包括：告诉才处理的案件；被害人有证据证明的轻微刑事案件；被害人有证据证明对被告人侵犯自己人身、财产权利的行为应当依法追究刑事责任，而公安机关或者人民检察院不予追究被告人刑事责任的案件。

法律援助律师在代理自诉人及其法定代理人参加刑事自诉案件诉讼时，应当注意两个问题：①积极调查取证。自诉人负有举证义务，必须举出被告人的罪证，缺乏罪证的自诉案件，如果自诉人提不出补充证据，法院将说服自诉人撤回自诉，或者裁定驳回。所以，代理律师应当特别注重调查取证工作。②注重查找被告人的下落。依照《刑事诉讼法》及其司法解释的规定，刑事自诉案件在审理前被告人下落不明的，法院应当说服自诉人撤回起诉，或者裁定驳回起诉；在自诉案件审理过程中，被告人下落不明的，应当中止审理。刑事诉讼法律并没有规定这些情形可以缺席判决，所以，代理律师要提醒当事人注重查找被告人的下落，以免自诉不成功或案件审结遥遥无期。

三、民事、行政诉讼法律援助

律师提供民事、行政诉讼代理法律援助，其作为代理人的职责、权利、义务以及代理工作规程与非法律援助的律师代理一致。

律师提供民事诉讼代理法律援助时，应当注意法律援助与司法救助之间的联动关系，帮助受援人获得司法救助，实现法律援助和司法救助的对接。

司法救助，是指人民法院对于当事人为维护自己的合法权益，向人民法院提起民事、行政诉讼，但经济确有困难的，实行诉讼费用的缓交、减交、免交。

符合条件的民事诉讼当事人，既可以获得法律援助，同时也可以获得法院的司法救助。根据最高人民法院、司法部发布的《关于民事诉讼法律援助工作的规定》，法律援助机构受理法律援助申请后，应当告知当事人可以向有管辖权的人民法院申请司法救助。当事人先行向人民法院申请司法救助获准的，人民法院应告知其可以按照《法律援助条例》的规定，向法律援助机构申请法律援助。当事人以人民法院给予司法救助的决定为依据，向法律援助机构申请法律援助的，法律援助机构审查其是否符合法律援助条件时，不再审查其是否符合经济困难标准。当事人以法律援助机构给予法律援助的决定为依据，向人民法院申请司法救助的，人民法院不再审查其是否符合经济困难标准，应当直接作出给予司法救助的决定。

人民法院支持法律援助机构指派或者安排的承办法律援助案件的人员在民事诉讼中实施法律援助，在查阅、摘抄、复制案件材料等方面提供便利条件，对承办法律援助案件的人员复制必要的相关材料的费用予以免收或者减收，减收的标准按复制材料所必需的工本费用计算。

法律援助案件的受援人依照《民事诉讼法》的规定申请先予执行，人民法院裁定先予执行的，可以不要求受援人提供相应的担保。

当然，民事诉讼案件法律援助和司法救助的联动性也表现为两者的终止和撤销也是联动的。实施法律援助的民事诉讼案件出现终止法律援助或者撤销司法救助的情形时，法律援助机构、人民法院均应当在作出终止法律援助决定或者撤销司法救助决定的当日函告对方，对方相应作出撤销决定或者终止决定。

【引例分析】

引例中，王某是未成年人，且属于轻伤害案件，依法可以刑事和解，如果及时与受害人达成赔偿协议，可以争取不追究刑事责任。所以，律师在法律援助过程中应当为王某提供法律咨询，使王某认识错误，真心悔罪，同时，劝说王某家人积极与受害人协商，达成和解协议，争取受害人出具证明放弃追究王某的刑事责任，争取司法机关不追究王某的刑事责任或从轻处罚。

【思考与练习】

1. 如果刑事案件被告人拒绝指定辩护律师的辩护，应当如何处理？
2. 刑事公诉案件被害人的代理律师是否应当重视调查取证工作？

【拓展阅读】

关于美国的刑事法律援助制度

美国的刑事法律援助主要是通过公共辩护人体系实施的。公共辩护人是受雇于政府（包括联邦、州和县政府）的律师，服务于政府专门设立的公共辩护人办公室，向没有经济能力聘请律师的刑事犯罪嫌疑人提供刑事法律援助。实际上，也有部分公共辩护人办公室是由获得政府专项法律援助资助的非营利机构设立的。

由于美国存在联邦和州两个法律体系，相应的公共辩护人体系也存在联邦和州两个体系。联邦层次的公共辩护人办公室有两种模式，一种是由联邦政府运作的公立机构，一种是接受政府资助的公司类型的机构。联邦公共辩护人可以获得与美国国家律师（政府律师的一种，担任涉及违反联邦法律的案件的检察官）大体相应的薪水。由于薪水较高，吸引了高水平的律师加盟联邦公共辩护人队伍。联邦公共辩护人办公室是和美国国家律师办公室对应按照司法辖区设立的，一个司法区只有一个公共辩护人办公室，只有一个公共辩护人，其他人员称为公共辩护人助理。在州层面，公共辩护人制度各州有所不同。有些地区公共辩护人服务于与法庭相关的法律援助机构，作为法庭的指定律师办理刑事辩护，从法庭得到酬金；也有一些地区公共辩护人就是接受政府公共资金的特定私立公司的律师。公共辩护人的待遇在各州、县有所差异，某些地区待遇较差，工作量很重，因此律师办案水平难以得到保证。

除了公共辩护人体系之外，在一些州和地方还存在私人律师模式和合同制模式。私人律师模式是指法庭为不能聘请律师的被告指定私人律师提供法律援助，由政府向私人律师支付报酬。合同制模式采用政府与私人律师事务所签订合同的方式，为刑事被告人提供法律援助。但是就总体而言，公共辩护人模式占据主要地位，在大城市和发达地区主要是设立公共辩护人机构，聘用专职辩护人办理刑事法律援助。部分经济不发达和人口分散的地区采用私人律师或者合同制模式实施法律援助。[①]

项目三　非诉讼事务法律援助

【引例】

2006 年 3 月 5 日 21 时，蔡某骑自行车在没有灯光的某村道行进，被一辆大型货柜车撞倒受伤致死，自行车车把与肇事汽车碰擦受损，肇事汽车逃逸。侦查机关经走访调查目击证人，同时结合车辆痕迹检验结果，认定系赵某驾驶赣 A×××× 67 号红色大型货柜车与蔡某发生交通事故并逃逸，公安机关遂于 2006 年 4 月 3 日对赵某刑事拘留并提请检察院批捕。赵某申辩其从未经过事故路段，不是肇事者。2006 年 10 月 12 日，检察院对赵某批捕。公安机关将案件移交检察院审查起诉，后案件发回补充侦查。2007 年 4 月 4 日，检察院向法院提起公诉追究赵某交通肇事罪。法院经审理，认为认定赵某交通肇事罪的证据不足，判决赵某无罪，赵某遂获释放。后赵某申请法律援助律师代理其申请国家赔偿。

问题：代理律师应当建议赵某向何机关申请国家赔偿？

【基本原理】

律师的非诉讼事务法律援助主要包括律师为劳动仲裁案件的劳动者提供劳动仲裁代理法律援助，代理公民申请国家赔偿，为受援人提供法律咨询、代书、指导诉讼等，其中，劳动仲裁代理是律师最主要也最大量的非诉讼法律援助事务。律师办理劳动仲裁代理法律援助案件，与办理非法律援助的劳动仲裁代理业务要求一致，其操作规程见律师仲裁实务单元，本项目不作重复。

一、申请国家赔偿法律援助

国家赔偿，是指国家机关和国家机关工作人员行使职权，有法律规定的侵犯公民、法人和其他组织合法权益的情形而造成损害的，受害人依法从国家取得的赔偿。

《法律援助条例》规定的法律援助范围中，第一项即是"依法请求国家赔偿"，代理经济困难的公民受害人向赔偿义务机关或其上级机关、人民法院申请国家赔偿，是律师法律援助的事项之一。代理律师承办申请国家赔偿法律援助，应当注意下列问题：

（一）受害人获得国家赔偿的条件

导致受害人可获得国家赔偿的损害行为必须具备三方面条件：一是主体要件，行为主体是国家机关和国家机关工作人员；二是结果要件，有法律规定的侵犯公民、法人和其他组织合法权益的情形；三是因果关系要件，主体的行为与结果之间存在因果关系。与 2010 年修改之前的《国家赔偿法》相比较，现行的《国家赔偿法》不再要求违法要件，不再把行为的违法性作为受害人获得国家赔偿的条件，也就是说，即使赔偿义务机关作出的造成受害人的权益受损的行为并不是违法行为，受害人仍可获得国

---

① 孙建. 美国法律援助制度考察 [J]. 中国司法，2007（7）.

家赔偿。

（二）赔偿范围

1. 行政赔偿的赔偿范围

行政赔偿的赔偿范围包括：

行政机关及其工作人员在行使行政职权时有下列侵犯人身权情形之一的：违法拘留或者违法采取限制公民人身自由的行政强制措施的；非法拘禁或者以其他方法非法剥夺公民人身自由的；以殴打、虐待等行为或者唆使、放纵他人以殴打、虐待等行为造成公民身体伤害或者死亡的；违法使用武器、警械造成公民身体伤害或者死亡的；造成公民身体伤害或者死亡的其他违法行为。

行政机关及其工作人员在行使行政职权时有下列侵犯财产权情形之一的：违法实施罚款、吊销许可证和执照、责令停产停业、没收财物等行政处罚的；违法对财产采取查封、扣押、冻结等行政强制措施的；违法征收、征用财产的；造成财产损害的其他违法行为。

2. 刑事赔偿的赔偿范围

刑事赔偿的赔偿范围包括：

行使侦查、检察、审判职权的机关以及看守所、监狱管理机关及其工作人员在行使职权时有下列侵犯人身权情形之一的：违反刑事诉讼法的规定对公民采取拘留措施的，或者依照刑事诉讼法规定的条件和程序对公民采取拘留措施，但是拘留时间超过刑事诉讼法规定的时限，其后决定撤销案件、不起诉或者判决宣告无罪终止追究刑事责任的；对公民采取逮捕措施后，决定撤销案件、不起诉或者判决宣告无罪终止追究刑事责任的；依照审判监督程序再审改判无罪，原判刑罚已经执行的；刑讯逼供或者以殴打、虐待等行为或者唆使、放纵他人以殴打、虐待等行为造成公民身体伤害或者死亡的；违法使用武器、警械造成公民身体伤害或者死亡的。

行使侦查、检察、审判职权的机关以及看守所、监狱管理机关及其工作人员在行使职权时有下列侵犯财产权情形之一的：违法对财产采取查封、扣押、冻结、追缴等措施的；依照审判监督程序再审改判无罪，原判罚金、没收财产已经执行的。

（三）赔偿义务机关

1. 行政赔偿的赔偿义务机关

行政机关及其工作人员行使行政职权侵犯公民、法人和其他组织的合法权益造成损害的，该行政机关为赔偿义务机关。

两个以上行政机关共同行使行政职权时侵犯公民、法人和其他组织的合法权益造成损害的，共同行使行政职权的行政机关为共同赔偿义务机关。

法律、法规授权的组织在行使授予的行政权力时侵犯公民、法人和其他组织的合法权益造成损害的，被授权的组织为赔偿义务机关。

受行政机关委托的组织或者个人在行使受委托的行政权力时侵犯公民、法人和其他组织的合法权益造成损害的，委托的行政机关为赔偿义务机关。

赔偿义务机关被撤销的，继续行使其职权的行政机关为赔偿义务机关；没有继续行使其职权的行政机关的，撤销该赔偿义务机关的行政机关为赔偿义务机关。

经复议机关复议的，最初造成侵权行为的行政机关为赔偿义务机关，但复议机关的复议决定加重损害的，复议机关对加重的部分履行赔偿义务。

2. 刑事赔偿的赔偿义务机关

行使侦查、检察、审判职权的机关以及看守所、监狱管理机关及其工作人员在行使职权时侵犯公民、法人和其他组织的合法权益造成损害的，该机关为赔偿义务机关。

对公民采取拘留措施，依法应当给予国家赔偿的，作出拘留决定的机关为赔偿义务机关。

对公民采取逮捕措施后决定撤销案件、不起诉或者判决宣告无罪的，作出逮捕决定的机关为赔偿义务机关。

再审改判无罪的，作出原生效判决的人民法院为赔偿义务机关。二审改判无罪，以及二审发回重审后作无罪处理的，作出一审有罪判决的人民法院为赔偿义务机关。

（四）申请国家赔偿的程序

1. 申请行政赔偿的程序

（1）申请。

申请人或其代理人向赔偿义务机关递交申请书，赔偿义务机关出具加盖本行政机关专用印章并注明收讫日期的书面凭证。

（2）决定。

赔偿义务机关自收到申请之日起两个月内，作出是否赔偿的决定，并自作出决定之日起 10 日内将赔偿决定书或不予赔偿的书面通知送达赔偿请求人。

值得注意的是：赔偿义务机关作出赔偿决定，应当充分听取赔偿请求人的意见，并可以与赔偿请求人就赔偿方式、赔偿项目和赔偿数额依照《国家赔偿法》规定的赔偿方式和计算标准进行协商。

（3）起诉。

赔偿请求人对赔偿的方式、项目、数额有异议的，或者对赔偿义务机关作出不予赔偿决定有异议的，可以自赔偿义务机关作出赔偿或者不予赔偿决定之日起 3 个月内，向人民法院提起诉讼；赔偿义务机关在规定期限内未作出是否赔偿的决定的，赔偿请求人可以自期限届满之日起 3 个月内，向人民法院提起诉讼。

2. 申请刑事赔偿的程序

（1）申请。

赔偿请求人或其代理人向赔偿义务机关提出申请。

（2）决定。

赔偿义务机关自收到申请之日起两个月内，作出是否赔偿的决定，并自作出决定之日起 10 日内将赔偿决定书或不予赔偿通知书送达赔偿请求人。

同样，赔偿义务机关作出赔偿决定，应当充分听取赔偿请求人的意见，并可以与赔偿请求人就赔偿方式、赔偿项目和赔偿数额依照《国家赔偿法》规定的赔偿方式和计算标准进行协商。

（3）申请复议或申请上级法院赔偿委员会作出赔偿决定。

赔偿请求人对赔偿的方式、项目、数额有异议的，或者对赔偿义务机关作出不予赔偿决定有异议的，可以自赔偿义务机关作出赔偿或者不予赔偿决定之日起 30 日内，向赔偿义务机关的上一级机关申请复议；赔偿义务机关在规定期限内未作出是否赔偿的决定，赔偿请求人可以自期限届满之日起 30 日内向赔偿义务机关的上一级机关申请复议；赔偿义务机关是人民法院的，赔偿请求人可以向其上一级人民法院赔偿委员会申请作出赔偿决定。

（4）复议决定。

复议机关自收到申请之日起两个月内作出决定。

（5）申请人民法院赔偿委员会作出赔偿决定。

赔偿请求人不服复议决定的，可以在收到复议决定之日起30日内向复议机关所在地的同级人民法院赔偿委员会申请作出赔偿决定；复议机关逾期不作决定的，赔偿请求人可以自期限届满之日起30日内向复议机关所在地的同级人民法院赔偿委员会申请作出赔偿决定。

（6）人民法院赔偿委员会作出赔偿决定。

人民法院赔偿委员会自收到赔偿申请之日起3个月内作出决定，属于疑难、复杂、重大案件的，经本院院长批准，可以延长3个月。

人民法院赔偿委员会作出的赔偿决定，是发生法律效力的决定，必须执行。

（7）申诉。

赔偿请求人或者赔偿义务机关对赔偿委员会作出的决定，认为确有错误的，可以向上一级人民法院赔偿委员会提出申诉。

（五）**举证责任**

人民法院审理行政赔偿案件，赔偿请求人和赔偿义务机关一样，对自己提出的主张，应当提供证据。

但是，赔偿义务机关采取行政拘留或者限制人身自由的强制措施期间，被限制人身自由的人死亡或者丧失行为能力的，赔偿义务机关的行为与被限制人身自由的人的死亡或者丧失行为能力是否存在因果关系，由赔偿义务机关承担举证责任。

人民法院赔偿委员会处理赔偿请求，赔偿请求人和赔偿义务机关对自己提出的主张，均应当提供证据。

同样，被羁押人在羁押期间死亡或者丧失行为能力的，赔偿义务机关的行为与被羁押人的死亡或者丧失行为能力是否存在因果关系，由赔偿义务机关承担举证责任。

所以，律师代理申请国家赔偿，也应当注重调查取证工作，积极举证，而不能马虎应付，敷衍了事。

（六）**时效**

赔偿请求人请求国家赔偿的时效为两年，自其知道或者应当知道国家机关及其工作人员行使职权时的行为侵犯其人身权、财产权之日起计算，但被羁押等限制人身自由期间不计算在内。在申请行政复议或者提起行政诉讼时一并提出赔偿请求的，适用行政复议法、行政诉讼法有关时效的规定。

赔偿请求人在赔偿请求时效的最后六个月内，因不可抗力或者其他障碍不能行使请求权的，时效中止。从中止时效的原因消除之日起，赔偿请求时效期间继续计算。

二、其他非诉讼事务法律援助

在实践中，律师法律援助事务还包括为受援人提供法律咨询、代书等，这些事务各有其操作原则和操作要求。

（一）**法律咨询**

1. **法律咨询法律援助的原则**

法律援助律师为受援人提供法律咨询，应当遵循以下原则：

（1）以事实为根据，以法律为准绳。律师要在准确、全面和深入掌握客观事实和分析适用法律的基础上，客观、公正地表达自己的法律意见和建议，不作无事实根据的妄断，不迎合受援人的不合理的要求和主张，做到言之有据，合理合法。

（2）理性对待受援人，引导受援人实事求是表述案情。寻求法律咨询援助的受援人，有些潜意识里会认为自己受到社会的不公正对待，有些甚至会有偏激的想法，这些可能会导致他们难以客观对待问题，难以实事求是地表述案情，律师应当理性对待受援人，保持客观公正的态度，引导受援人实事求是表述案情。

（3）避免激化矛盾，寻求合理的纠纷解决途径。律师应当为受援人着想，依照法律规定对其提出解决纠纷的合理建议，尽量避免激化矛盾，减少受援人的诉讼之累，不能为了自己出名而怂恿受援人采取过激行动，进行不必要的诉讼。

（4）最大限度地维护受援人的合法权益。在法律咨询过程，律师应当特别注意涉及受援人重要权益的问题，提出并强调有利于维护受援人合法权益的做法建议，并提醒受援人避免不利的做法。

2. **法律咨询法律援助的操作要求**

在法律咨询过程，法律援助律师应当做到：

（1）做好登记记录。律师应当对受援人的基本情况进行登记，并简要记录受援人的咨询事项、基本事实以及律师提出的意见和建议。

（2）全面听取受援人的陈述。律师应当耐心、认真听取受援人的陈述，弄清事情的来龙去脉，注意关键情节，听准问题的关键和实质所在，避免疏漏。

（3）有针对性地提问。律师应当通过有针对性的提问找出矛盾和争议的焦点，并可以通过提问引导受援人找到解决争议的办法。

（4）综合分析。律师应当根据法律法规，对受援人陈述的问题进行综合分析，判断问题的性质，确定适用的法律，并找出解决问题的办法。

（5）解答问题。律师应当从法律角度对受援人咨询的问题作出明确具体的解答，提出合法的意见和建议；对于受援人之前存在的错误认识或不合理要求，律师应当依法依理进行分析，使受援人形成正确的认识；对于受援人应该进行或可能进行的诉讼等后续程序，律师应当给予正确的指导，并保持关注，以利于接办后续业务。

（二）**代书**

法律援助事务中的代书，是法律援助律师接受受援人的委托，以受援人的名义，为受援人撰写有关法律文书的活动。

1. **代书法律援助的原则**

法律援助律师为受援人代书，应当遵循以下原则：

（1）以事实为根据，以法律为准绳。律师代书，必须从客观实际出发，法律文书所根据和陈述的事实必须真实确凿，绝不能弄虚作假，不能脱离事实而随意增减情状、主观拼凑，要绝对尊重客观事实。律师代书不是简单的代笔，而应当依法代书，律师代书时要根据案件事实，分析法律适用，准确引用法律，表达合理合法的主张，对受援人提出违反法律或侵犯他人合法权益的要求的，律师应当依法拒绝，正确引导。

（2）客观公正。律师代书应当以理性的态度分析问题，客观表述事实，提出公正合理的主张，避免偏激无理的做法。

2. 代书法律援助的操作要求

法律援助律师代书应当做到：

（1）以格式法律文书为主，不要自行其是，闭门造车。

（2）与受援人全面沟通，充分领会受援人的意图和目的，不能自以为是，错误表达受援人的意图。

（3）文书格式规范，遵循法定或通行的格式。

（4）主题突出，表述准确清晰，法律逻辑合理，有理有据，不能观点不清、逻辑混乱。

（5）语言表达流畅，用语精练，尽可能使用法律术语，切忌用词过激。

（6）谨慎审查，避免错误。对于法律文书中涉及的诸如当事人主体资格等重要问题，应当根据受援人提供的材料认真核对，谨慎审查，避免出现因法律文书错误而给受援人带来不利后果的情形，避免律师执业风险。

【引例分析】

引例中，公安机关对赵某错误采取拘留措施，应当就错误拘留对赵某造成的损失承担赔偿责任；检察院对赵某采取逮捕措施后赵某被判决无罪，检察院应当就采取逮捕措施期间赵某所受损失进行赔偿。所以，代理律师应当建议赵某就错误拘留和错误批捕所受损害分别向公安机关和检察院申请国家赔偿。

【思考与练习】

法律援助律师代理当事人申请国家赔偿时应当注意哪些问题？

【拓展阅读】

关于美国法律院校的法律援助"诊所"

美国法律院校的法律援助"诊所"项目也向社会提供法律援助，成为美国法律援助制度的特色之一。目前美国大多数法学院都开设法律援助"诊所"项目，法律援助"诊所"项目实际上与美国法学院的教育模式相关。从法学院教育模式的角度看，法律援助"诊所"项目是引导法学院学生接触法律实践、养成法律职业道德的重要途径，也就是"诊所"式法律教育。

"诊所"式法律教育最初产生于 20 世纪初，在 20 世纪 60 年代得到了长足发展。当时美国社会正处于种族歧视矛盾激化和越南战争期间，社会矛盾的激化使得许多处于社会底层的穷人生活受到严重影响，他们需要诉讼但是请不起律师。在这一背景下，一些法学院学生开始自发地帮助穷人办理各种诉讼。但是由于他们缺乏足够的实践技能方面的训练，在办理案件的过程中急需具有律师经验的教师的指导。同时，法学院是否该为学生提供未来执业做准备也成为法学界思考的一个问题。在这一情况下，一些法学院开始借鉴医学院利用诊所培养医学院学生的经验，引入了所谓的诊所教育模式。在"诊所"式法律教育中，法学院的学生在法律援助"诊所"教师（多数为执业律师）的指导下，办理法律援助案件，掌握办理案件的技巧和技能，了解执业律师应遵循的规则，逐步养成职业道德。参加法律援助"诊所"项目的学生符合一定条件的，在"诊所"项目教师的指导下，可以出庭代理当事人。

从一定意义上讲，法律"诊所"项目成为了法学院教育模式与法律职业技能要求对接的桥梁。法律"诊所"项目与法律"诊所"教育实际是一个问题的两个方面。从美国的法律援助实践看，法律"诊所"项目已经成为法律援助的一支重要力量，而法律"诊所"教育借鉴医生培养的模式，使得学生获得了从事法律职业必不可少的实践技能，同时也培养了公益意识和职业道德。①

项目四 实 训

【情景设计】

某市大岭区法律援助中心接到一件大岭区人民法院指定辩护的刑事法律援助案件，大岭区法律援助中心将案件指派给了三正律师事务所。被告人哑女，姓名不详，年龄不详，汉族，出生地、户籍所在地不详。因涉嫌运输毒品被逮捕，现羁押于大岭区看守所。三正律师事务所了解到案件的情况后，立即派出会哑语的佟律师办理此案。佟律师马上与法院联系查阅相关案件材料。会见哑女后得知她是四川人，不知道自己父母叫什么，母亲是盲人，也不知道自己多大岁数。她是从四川去云南玩，在公园碰到了两个新疆人，问她想不想挣钱，一心想挣钱的哑女才跟着他们去运输毒品。哑女被逮捕时起获毒品530余克。

【工作任务】

任务一：请判断该案刑事辩护是否属于法律援助范围。
任务二：请分析该案辩护律师应当进行哪些工作。
任务三：请你以辩护律师身份提出本案辩护方案。

【训练方法】

将全班学生分成4个小组，先由小组内部进行讨论，形成本组意见，小组与小组之间再进行辩论，改进、完善各组辩护方案，交指导老师点评指导。
步骤一：各小组内部讨论，依法判断该案刑事辩护是否属于法律援助范围。
步骤二：各小组讨论分析案情，确定辩护思路，并确定辩护律师工作步骤。
步骤三：小组之间进行辩论，互相借鉴，完成辩护方案，交指导老师点评指导。

【考核标准】

1. 能审查判断该案刑事辩护是否属于法律援助范围。
2. 能根据案情确定辩护律师应当进行的工作，并能提出合法、正确的辩护方案。

---

① 孙建. 美国法律援助制度考察［J］. 中国司法，2007（7）.

律师参加仲裁工作实务

【知识目标】

掌握仲裁的特点以及律师参与仲裁的作用；掌握律师参与仲裁的工作流程。

【能力目标】

熟悉律师办理民商事仲裁业务的操作程序、材料的分析及诉讼文书的制作方式；熟悉律师办理劳动争议仲裁业务的程序。

【内容结构图】

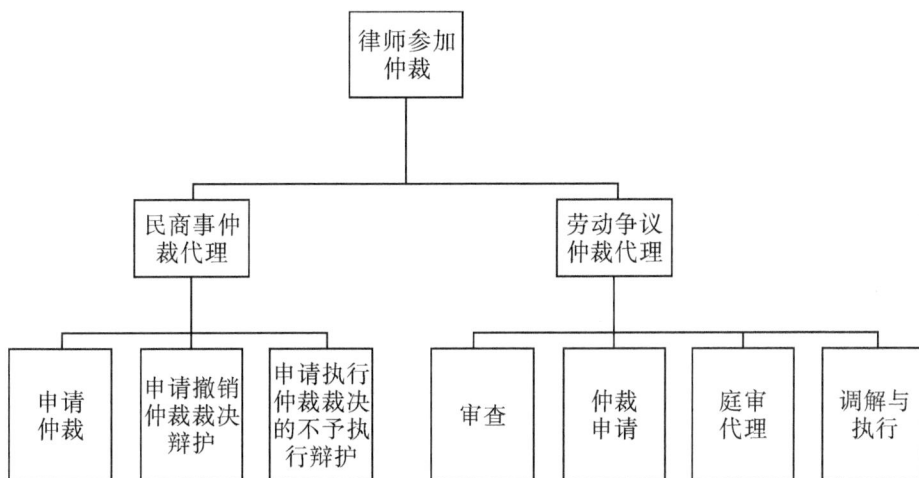

项目一　律师参与仲裁概述

【引例】

甲公司和乙公司签订了一份技术转让合同，同时也签订了一份仲裁协议。双方在履行合同过程中发生了纠纷。甲公司向法院起诉，要求乙公司支付转让费并赔偿损失，但未向法院声明有仲裁协议。法院受理后通知乙公司应诉，乙公司委托了律师，律师审查后提出异议且出示了仲裁协议书，认为法院没有管辖权，本案应该交由仲裁委员会仲裁。

问题：本案是否应该交由仲裁委员会仲裁？律师的说法是否正确？为什么？

【基本原理】

在我国，纠纷解决的途径有许多，包括人民调解、诉讼和仲裁等。根据我国《律师法》的规定，律师参与仲裁，作为仲裁案件的代理人，是律师进行非诉讼法律事务代理的一项重要工作。

一、律师参与仲裁

仲裁是指争议双方在争议发生前或发生后，双方当事人自愿达成协议，将争议提交仲裁委员会裁决，争议双方有义务执行该裁决，从而解决争议的一项法律制度。仲裁作为当今国际上公认并广泛采用的解决争议的重要方式之一，通过仲裁解决经济纠纷已非常普遍。律师参与仲裁既包括律师代理申请仲裁和律师参加仲裁过程的代理以及律师代为申请仲裁执行（不执行）等各方面的代理工作，也包括律师作为仲裁员参加仲裁工作。

（一）仲裁的特点

仲裁与调解、诉讼相比，具有其鲜明的法律特点。

（1）充分尊重当事人意思自治。我国《中华人民共和国仲裁法》第四条明确规定："当事人采用仲裁方式解决纠纷，应当双方自愿，达成仲裁协议。"仲裁是以当事人自愿为前提的。仲裁机构受理案件来源于当事人双方的共同授权，仲裁机构不能受理没有书面仲裁协议（含仲裁条款）的仲裁申请。当事人在选择、约定仲裁机构时，不因当事人所在地、纠纷发生地所在何处而受到地域管辖的限制；也不因争议标的额的大小、案件的复杂程度如何而受到级别管辖的制约。组成仲裁庭的仲裁员由当事人在仲裁员名册中自主选定，也可以委托仲裁委员会主任代为指定，仲裁庭的组成形式也可以由当事人约定。

（2）仲裁独立。仲裁的独立，指的是从仲裁机构的设置到仲裁纠纷的整个过程，都具有依法的独立性。仲裁独立主要表现在以下几个方面：①仲裁与行政机构脱钩。即仲裁委员会独立于行政机关，与行政机关没有隶属关系。②仲裁组织体系中的仲裁协会、仲裁委员会和仲裁庭三者之间相对独立。即作为社会团体的中国仲裁协会，属于仲裁委员会的自律性组织。仲裁委员会是按地域分别设立的，相互之间无高低之分，无上下级之分，相互之间没有隶属关系，相互独立。同时仲裁庭对案件独立审理和裁决，仲裁委员会不能干预。法院对仲裁裁决虽然有着必要的监督，但并不意味着仲裁附属于法院。

（3）裁决具有法律效力。我国《中华人民共和国仲裁法》第六十二条规定："当事人应当履行裁决。一方当事人不履行的，另一方当事人可以依照民事诉讼法的有关规定向人民法院申请执行。受申请的人民法院应当执行。"仲裁裁决和法院判决一样，同样具有法律约束力，当事人必须严格履行。涉外仲裁的裁决，只要被请求执行方所在国是《承认和执行外国仲裁裁决公约》的缔约国或是成员国，如果当事人向被执行人所在国的法院申请强制执行，该法院就得依其国内法予以强制执行。

（4）一裁终局。我国《中华人民共和国仲裁法》第九条明确规定："仲裁实行一裁终局的制度。裁决作出后，当事人就同一纠纷再申请仲裁或者向人民法院起诉的，仲裁委员会或者人民法院不予受理。"因此，仲裁机构对当事人提交的案件作出裁决后即具有终局的法律效力，双方当事人必须主动履行仲裁裁决，而不得要求原仲裁机关或其他仲裁机关再次仲裁或向法院起诉，也不得向其他机关提出变更仲裁裁决的请求。

（5）不公开审理。我国《中华人民共和国仲裁法》第四十条规定："仲裁不公开进行。当事人协议公开的，可以公开进行，但涉及国家机密的除外。"我国仲裁以不公开审理为原则，以公开审理为特例。涉及国家秘密的案件属于绝对不公开审理情形，当事人亦不能以协议来改变。仲裁应当在保密状态下进行，不允许非仲裁参与人旁听和记者采访报道；仲裁员应当严格保守仲裁秘密，不得向外界透露有关仲裁案件实体审理和程序进行的任何情况；仲裁机构的秘书人员和当事人之外的其他仲裁参与人也应当保守仲裁中的秘密。

（二）律师参与仲裁的作用

作为社会专职的法律服务提供者，律师在仲裁活动中所起的作用是非常显著的。首先，律师在仲裁活动主要是充当一方当事人的代理人，参与仲裁程序。以代理人的身份，代理当事人进行仲裁。其次，律师还可以接受仲裁委员会的选聘，列入仲裁员名册，为当事人选定或是按一定程序被指定，在特定的仲裁案件中担任仲裁员，公断裁决案件。《中华人民共和国仲裁法》第十三条明确规定："应当从公道正派、从事律师工作满八年的人员中聘任仲裁员。"由于在我国现行仲裁法律中对仲裁员资格有明确规定，因此担任这个角色的一般是律师队伍中富有经验、社会声望与口碑较好的律师。

本章内容所涉及的律师参与仲裁是指上述第一种情形，即律师受仲裁当事人及其法定代理人的委托，根据《律师法》、《中华人民共和国仲裁法》以及其他有关法律的规定，律师接受当事人的委托，参加仲裁活动，担任仲裁代理人，参加仲裁程序中的有关活动，以维护当事人合法权益的行为。律师参与仲裁有以下优势：

（1）律师能帮助当事人作出合理的选择。律师因长期做代理人和法律顾问工作，了解当事人在纠纷中的心理、策略、手段、技巧，同时又有较高的法律知识，表达能力强，逻辑、条理清晰，能够及时地、准确地抓住案件的焦点，有较强的驾驭庭审的能力，具有调解的方式、方法和技巧等，从而能够较好地保证仲裁案件质量。此外，律师可以运用其专业的知识和丰富的纠纷解决经验，帮助当事人充分了解案情，为当事人预见通过仲裁所能获得的收益，对纠纷解决机制作出有利于当事人利益的选择。

（2）律师能提高解决纠纷的效率。律师参与仲裁工作中能够以自身的公正、廉洁、高效地办案，帮助当事人快速而正确地完成对纠纷解决方式的选择，节约了当事人的时间成本支出。律师还可以帮助当事努力达成纠纷解决的合意和协议，使纠纷彻底得以解决。

二、律师参与仲裁的工作实务

（一）与当事人建立委托关系

（1）审查案件，了解案件是否属于仲裁的受案范围。《中华人民共和国仲裁法》第二条规定："平等主体的公民、法人和其他组织之间发生的合同纠纷和其他财产权益纠纷，可以仲裁。"

【法条链接】

《中华人民共和国仲裁法》第三条：下列纠纷不能仲裁：（一）婚姻、收养、监护、扶养、继承纠纷；（二）依法应当由行政机关处理的行政争议。

（2）与仲裁当事人签订仲裁委托代理协议。律师事务所经审查，认为案件确认符合《中华人民共和国仲裁法》规定，可以与纠纷当事人签订仲裁委托代理协议。仲裁委托代理协议是律师代理委托人参加仲裁活动的合同书，也是仲裁机构确认律师代理身份的文件。仲裁委托代理协议必须符合《中华人民共和国仲裁法》有关规定：①只有纠纷当事人及其法定代理人才有权委托律师代理仲裁。②纠纷当事人之间需有仲裁协议，双方在纠纷发生前或发生后自愿达成了将纠纷提交仲裁机构解决的协议。③当事人双方的纠纷属于仲裁机构的受理范围。

（二）审查仲裁协议或者代理制作仲裁协议、仲裁申请书、仲裁答辩书或反请求书，并在仲裁时效或诉讼时效内提出

仲裁协议是申请仲裁的前提条件，如果合同中没有仲裁条款而需要提交仲裁的，必须提交双方当事人签署的同意提交仲裁庭仲裁的申请书。

（1）仲裁协议具有的内容应当包括：①请求仲裁的意思表示；②仲裁事项；③选定的仲裁委员会。

（2）制作仲裁申请书。仲裁申请书应当载明的事项包括：①当事人的基本情况；②仲裁请求和所根据的事实、理由；③证据和证据来源、证人姓名和住所。

（3）制作仲裁答辩书。仲裁答辩书的重点在于针对申请人所提出的主张和理由进行辩解。当被申请人认为申请人对申请仲裁的事项也应负相应责任时可提出反请求并提交反请求书。

（三）调查、收集相关证据，申请证据保全

律师因案件需要，可以收集物证、书证、询问证人，如果存在因为当事人一方的行为或者其他原因可能使仲裁裁决不能执行或者以后难以执行时，律师可以代理当事人向仲裁委员会申请证据保全。

（四）选定或委托指定仲裁员，参加庭审

如果约定由 3 名仲裁员组成仲裁庭的，代理律师应协助或代理委托人选定或委托仲裁委员会主任指定 1 名仲裁员，再与对方当事人共同选定或共同委托仲裁委员会主任指定第 3 名仲裁员；如果当事人约定由 1 名仲裁员成立仲裁庭的，代理律师应协助或代理委托人与对方当事人共同选定或共同委托仲裁委员会主任指定仲裁员。代理律师参加开庭审理时可协助或代理委托人提出回避的申请，庭审中应该把握争议案件的焦点、事实，准确应用法律，最大限度维护当事人的合法权益。

（五）申请撤销裁决与申请执行

首先，律师对于下列符合法律规定情况的仲裁裁决，可以经由当事人同意，请求人民法院裁定撤销仲裁裁决的行为：①没有仲裁协议；②裁决的事项不属于仲裁协议的范围或仲裁委员会无权仲裁；③仲裁庭的组成或仲裁的程序违反法定程序；④裁决所根据的证据是伪造的；⑤对方当事人隐瞒了足以影响公正裁决的证据；⑥仲裁员有索贿受贿、徇私舞弊、枉法裁决行为以及违背社会公共利益的情形之一，可以向仲裁委员会所在地的中级人民法院撤销裁决。

其次，对方当事人不履行裁决的，代理律师可协助或代理委托人向有管辖权的人民法院申请执行。

【引例分析】

本案应该交由仲裁委员会仲裁，律师的说法是正确的。《中华人民共和国仲裁法》第五条规定："当事人达成仲裁协议，一方向人民法院起诉的，人民法院不予受理，但仲裁协议无效的除外。"

【思考与练习】

案情：

某公司与某商场签订了一份购销合同。合同条款约定，对由于该合同发生的经济纠纷，由某市仲裁委员会仲裁解决。后该合同被人民法院确认为无效合同，某公司根据合同中的仲裁条款向某市仲裁委员会提出仲裁申请，要求某商场赔偿其损失。而商场则认为整个合同无效，仲裁条款自然也无效，因此仲裁委员会无权受理。

问题：律师能否代理公司向某市仲裁委员会提出仲裁申请？仲裁委员会能否受理该案？

【拓展阅读】

仲裁的类型

1. 国内仲裁和涉外仲裁

根据所处理的纠纷是否具有涉外因素，仲裁可分国内仲裁和涉外仲裁。前者是该国当事人之间为解决没有涉外因素的国内民商事纠纷的仲裁；后者是处理涉及外国或外法域的民商事务争议的仲裁。

2. 机构仲裁和临时仲裁

根据是否存在常设的专门仲裁机构，仲裁可以分为临时仲裁和机构仲裁。临时仲裁是当事人根据仲裁协议，将他们之间的争议交给临时组成的仲裁庭而非常设性仲裁机构时进行审理并作出裁决意见书的仲裁。机构仲裁是当事人根据其仲裁协议，将它们之间的纠纷提交给某一常设性仲裁机构所进行的仲裁。

3. 依法仲裁和友好仲裁

根据仲裁裁决的依据不同，仲裁可分为依法仲裁和友好仲裁。依法仲裁是指仲裁庭依据一定的法律规定对纠纷进行裁决。友好仲裁则是指依当事人的授权，依据他所认为的公平的标准作出对当事人有约束力的裁决。

项目二　律师参与民商事仲裁工作

【引例】

天南公司与海北公司于 2008 年 6 月签订了一份融资租赁合同，约定由天南公司进口一套化工生产设备，租给海北公司使用，海北公司按年交付租金。某省 A 银行出具担保函，为海北公司提供担保。后来天南公司与海北公司因履行合同发生争议。

问题：

1. 如果天南公司与海北公司签订的合同中约定了以下仲裁条款："因本合同的履行所发生的一切争议，均提交某仲裁委员会仲裁。"天南公司因海北公司无力支付租金，向某仲裁委员会申请仲裁，将海北公司和 A 银行作为被申请人，请求裁决被申请人给付拖欠的租金。天南公司的行为是否正确？

2. 如果存在上问中所说的仲裁条款，天南公司能否向人民法院起诉海北公司和 A 银行，请求支付拖欠的租金？

【基本原理】

民商事仲裁，是指双方当事人在发生民商事纠纷之前或者之后达成协议，自愿将其争议提交给第三者作出裁决，双方当事人有义务履行裁决的一种解决争议的方式。仲裁律师代理是指律师接受争议当事人的委托，以代理人的身份代理当事人向仲裁机构申请仲裁，参加仲裁活动，以维护委托人利益的活动。

一、律师民商事仲裁代理程序

（一）审查仲裁协议

是否达成仲裁协议及仲裁协议的效力，直接决定当事人能否申请仲裁解决纠纷，因此，律师在代理仲裁申请前应审查有无仲裁条款及条款的效力。

（1）审查当事人有无仲裁协议。如果当事人之间没有仲裁协议，仲裁机构则不受理仲裁申请，律师也就无法代理。

（2）审查仲裁协议的形式是否合法。即在合同中是否有仲裁条款或以其他形式达成的书面协议。实践中经常发生的仲裁意思表示不明确，主要表现为约定既可仲裁也可诉讼，根据《最高人民法院关于适用〈中华人民共和国仲裁法〉若干问题的解释》第七条的规定，如当事人在仲裁协议中约定"如因本合同发生争议向仲裁机构申请仲裁或提交法院解决"，则是仲裁请求不明确，是无效的仲裁条款；但若该协议中约定的仲裁机构明确具体，一方在被提起仲裁以后未提出异议的，则可以确认其效力。根据《最高人民法院关于适用〈中华人民共和国仲裁法〉若干问题的解释》第十九条规定，当事人以仲裁裁决事项超出仲裁协议范围为由申请撤销仲裁裁决，经审查属实的，人民法院应当撤销仲裁裁决中的超裁部分。但超裁部分与其他裁决事项不可分的，人民法院应当撤销仲裁裁决。

（3）审查仲裁协议是否具备法律规定的内容，即仲裁协议是否具备仲裁的意思表示、仲裁事项及选定的仲裁委员会。根据《中华人民共和国仲裁法》第二条的规定，平等主体的公民、法人和其他组织之间发生的合同纠纷和其他财产权益纠纷，可以仲裁，但婚姻、收养、监护、扶养、继承的纠纷，依法应当由行政机关处理的行政争议，不能申请仲裁。

（二）提起仲裁申请或代理仲裁答辩

提起仲裁申请是指根据仲裁协议，律师代理委托人向仲裁委员会提请裁决的行为。具体工作包括：

1. 代理提起仲裁申请，应向仲裁委员会提交仲裁申请书和仲裁协议书

（1）仲裁申请书的内容。

申请书应包括当事人的基本情况，具体的仲裁请求和所根据的事实、理由。仲裁请求是仲裁申请书和反请求申请书的总纲，也是整个仲裁活动的轴心。代理律师在拟定仲裁请求或反请求时应十分慎重，无论是申请人还是被申请人，如果提出的仲裁请求不适当，都将导致被仲裁庭驳回的结果。故代理律师在提出仲裁请求或反请求时，应有充分的事实依据和法律依据支撑。即申请书应围绕仲裁请求，阐明事实，并结合法律法规的规定说明应当支持仲裁请求的理由。仲裁申请人对自己的主张负有举证责任，申请人在提出仲裁请求的同时，应当提供有关的证据，并说明证据来源、证明内容等，如需要申请证人出庭作证的，应提供证人姓名、住所及联系方式等。

（2）提交仲裁申请。

律师代理申请仲裁，应当向仲裁委员会递交如下材料：书面仲裁协议；仲裁申请书及副本；申请人、被申请人的身份证明；委托代理人的授权委托书及律师事务所函；其他的相关证据材料等。

（3）选定或委托指定仲裁庭成员。

仲裁委在5日内决定是否受理。如决定受理，应在规定期限内将仲裁规则和仲裁员名册送达申请人，并将申请书副本及仲裁规则、仲裁员名册送达被申请人。根据《中华人民共和国仲裁法》第三十一、三十二条之规定，仲裁庭是由3名仲裁员组成，还是由1名仲裁员组成，可以由双方当事人约定；当事人约定由3名仲裁员组成仲裁庭的，由各自选定或者各自委托仲裁委员会主任指定1名仲裁员，第3名仲裁员由当事人共同选定或者共同委托仲裁委员会主任指定。当事人约定由1名仲裁员成立仲裁庭的，由当事人共同选定或者共同委托仲裁委员会主任指定仲裁员。当事人没有在规定的期限内约定仲裁庭组成方式或者选定仲裁员，仲裁委员会主任依照职权指定。

2. 代理仲裁答辩或提出反请求

（1）被申请人一方，在接到申请书副本后，代理律师应围绕违约的事实、法律进行全面分析，写好答辩书或提出反请求，并在仲裁规则规定的期限内将答辩书及其副本、有关证据材料和委托书提交仲裁委员会。

（2）律师应按照法律和仲裁规则及时提交补充文件证据，认真撰写代理词。

（3）选定或委托指定仲裁庭成员。

（三）调查取证

取证的主要范围包括：证明案件真实情况的书证、物证以及证人证言等。律师了解案情后，如果认为事实不清、证据不足的，应在征得委托人同意后进行调查。调查内容和目的可告知委托人，调查时可委托人提供线索和证人名单，委托人应积极配合并提供必要的帮助。对于律师难以取得的证据，可以申请仲裁庭收集、调取证据。对有可能灭失或以后难以取得的证据，在仲裁进行阶段，律师应向仲裁委员会提出申请，由人民法院进行证据保全。在仲裁的其他阶段，律师可向公证机关申请证据保全公证。

（四）仲裁审理阶段的律师代理

仲裁庭开庭审理前，承办律师应充分与委托人交换意见，分析证据，明确请求或

反请求，以便庭审时律师与委托人相互配合。

在庭审期间，承办律师应按时出庭，遵守仲裁庭纪律，充分阐述，积极辩论，对对方提供的证据的合法性、真实性、关联性、完整性和可信度进行分析和质证，依法适时地提出异议或请求。

在仲裁庭主持调解或双方当事人希望庭外和解时，应帮助委托人分析调解方案和最终执行的可行性。在符合法律法规，不损害委托人利益并征得其同意的前提下达成和解。律师承办的仲裁活动结束时，应写出办案总结，整理案卷归档。

二、代理申请撤销仲裁裁决

仲裁庭作出仲裁裁决后，任何一方当事人均可以委托律师，依据特定的事由，向法院提出撤销仲裁裁决的申请。

（一）申请撤销仲裁裁决的条件

根据《中华人民共和国仲裁法》的规定，申请撤销仲裁裁决必须符合下列条件：

（1）提出撤销仲裁裁决申请的主体必须是仲裁当事人。

由于仲裁当事人与仲裁裁决的结果有直接的利害关系，因此，法律规定提出申请撤销仲裁裁决的主体是当事人，包括仲裁申请人和被申请人。代理律师必须在仲裁当事人的授权下提出撤销申请。一般情形下人民法院不得依职权撤销仲裁裁决。但人民法院认定该裁决违背社会公共利益的，应当裁定予以撤销。

（2）必须向有管辖权的人民法院提出撤销仲裁裁决的申请。

当事人申请撤销仲裁裁决，必须向仲裁委员会所在地的中级人民法院提出。向其他人民法院提出的，人民法院不予受理。

（3）必须在法定的期限内提出撤销仲裁裁决的申请。

《中华人民共和国仲裁法》第五十九条规定，当事人申请撤销仲裁裁决的，应当自收到裁决书之日起6个月内提出。如果当事人在规定的期限内没有提出撤销仲裁裁决的申请，则表明他放弃了此项权利，双方当事人都应自觉履行裁决书中规定的各自的义务，否则，权利方当事人可以申请执行。

（4）必须有证据证明仲裁裁决有符合法定予以撤销的情形。

仲裁当事人提出申请撤销仲裁裁决时，必须有证据对该仲裁裁决具有法律规定的应予撤销的情形加以证明。没有证据，人民法院不予受理。

（二）申请撤销仲裁裁决的理由

律师代理当事人申请撤销仲裁裁决，必须具有法定理由。根据《中华人民共和国仲裁法》第五十八条的规定，有下列情形之一的，可以申请撤销仲裁裁决。

1. 没有仲裁协议

仲裁协议是当事人自愿将他们争议提交仲裁解决的书面文件，是当事人申请仲裁和仲裁机构受理当事人的仲裁申请的前提和基础。没有仲裁协议是指当事人没有达成仲裁协议。仲裁协议被认定无效或者被撤销的，视为没有仲裁协议。对于没有仲裁协议而申请仲裁的，仲裁委员会不予受理，更不能对案件作出裁决。如果仲裁机构对没有仲裁协议的纠纷案件予以受理并作出了裁决，律师有权向人民法院申请撤销此裁决。

2. 仲裁的事项不属于仲裁协议的范围或者仲裁委员会无权仲裁

当事人申请仲裁的事项，必须是仲裁协议确定的事项，仲裁机构也只能就仲裁协议范围内的争议事项作出裁决。如果当事人申请仲裁的事项超出仲裁协议约定的范围，而仲裁机构仍予受理并作出裁决，或者虽然当事人确定了申请仲裁的范围，但仲裁机构所作出的仲裁裁决超出了当事人的请求范围，则此仲裁裁决也应予撤销。

3. 仲裁庭的组成或者仲裁的程序违反法定程序

当仲裁庭的组成违反了仲裁法的规定，则由该仲裁庭所作出的仲裁裁决应予撤销。仲裁必须按照法定的程序进行。如果仲裁机构没有按照仲裁程序规则所规定的期限将全部文件或材料送达双方当事人，或者当事人未能在仲裁程序中获得充分的陈述或辩论的机会，或者有关仲裁员有法定回避情形而未予回避等，均是违反仲裁程序的做法。在违背法定仲裁程序基础上所作出的仲裁裁决，属于法定被撤销的理由。

4. 仲裁裁决所依据的证据是伪造的

证据是仲裁庭查明案件真实情况，分清是非，确定双方当事人的责任界限并作出仲裁裁决的根据。如果当事人提供了伪造的证据，必定会影响仲裁庭对案件事实作出正确判断，从而会影响仲裁裁决的客观性和公正性。因此，以伪造的证据为基础作出的仲裁裁决应予撤销。

5. 对方当事人隐瞒了足以影响公正裁决的证据

足以影响公正裁决的证据一般指直接关系到仲裁裁决的最后结论的证据，这些证据通常与仲裁案件所涉及的纠纷或争议的焦点或重要情节有着直接的联系，同时这些证据也直接影响着仲裁庭对案件事实的正确判断。一方当事人为了自身的利益，如果隐瞒了可能对自己不利的且不为他人所掌握的证据，那么仲裁庭对事实的判断，就会与实际情况不相符，因此，在当事人隐瞒了足以影响公正裁决的证据的情况下所作出的仲裁裁决应当被撤销。

6. 仲裁员在仲裁该案时有索贿受贿、徇私舞弊、枉法裁决的行为

仲裁员在仲裁案件的过程中非法索要或非法接受当事人财物或其他不正当利益，仲裁员为了谋取私利或为了报答一方当事人已经或承诺给予自己的某种利益而弄虚作假，仲裁员在仲裁案件时颠倒是非甚至故意错误适用法律，这些行为必然影响案件的公正审理和裁决，损害一方当事人的合法权益，在此基础上作出的仲裁裁决应当予以撤销。

三、代理仲裁裁决的申请执行与申请不予执行

（一）申请执行

仲裁裁决一经作出即具有强制性，当事人应当予以执行。但仲裁庭本身不具有强制执行的权利，对于生效的仲裁裁决，一方当事人不履行的，《中华人民共和国仲裁法》第六十二条规定："当事人应当履行裁决。一方当事人不履行的，另一方当事人可以依照民事诉讼法的规定向人民法院申请执行。受申请的人民法院应当执行。"律师接受有关仲裁裁决执行的委托，申请仲裁裁决执行。

1. 仲裁裁决的申请执行须向有管辖权的法院提出

由于我国人民法院对仲裁裁决的执行案件实行级别管辖，因此，被执行人在中国境内的，其级别管辖参照人民法院受理诉讼案件的级别管辖的规定执行。当被执行人在国外的，由当事人直接向被执行人所在国的有管辖权的法院申请裁决的承认及执行。最高人民法院《关于适用〈中华人民共和国仲裁法〉若干问题的解释》第二十九条规

定："当事人申请执行仲裁裁决案件，由被执行人住所地或者被执行的财产所在地的中级人民法院管辖。"

2. 向人民法院提交仲裁裁决强制执行的申请书和有关材料

根据有关规定，申请执行仲裁裁决应当提交以下文书：申请执行书、仲裁裁决书、仲裁协议或载有仲裁条款的合同、申请人的营业执照副本和法定代表人的身份证明。实践中，法院还需要当事人提供裁决书送达回证复印件，此回证由作出裁决的仲裁委会提供，并在回证的复印件上加盖该仲裁委员会的印章。

3. 申请仲裁裁决强制执行必须在法律规定的期限内提出

根据《民事诉讼法》第二百一十五条的规定："申请执行的期间为两年。申请执行时效的中止、中断，适用法律有关诉讼时效中止、中断的规定。"申请仲裁裁决强制执行的期限，自仲裁裁决书规定履行期或仲裁机构的仲裁规则规定履行期间的最后一日起计算。仲裁裁决书规定分期履行的，依规定的每次履行期间的最后一日起计算。向外国的法院申请仲裁裁决强制执行的期限，按该国的法律规定处理。

（二）申请不予执行

律师接受被申请执行方委托后，经审查发现仲裁裁决有《民事诉讼法》第二百十三条第二款规定之情形的，应及时写出书面材料，申请法院不予执行。

（1）当事人在合同中没有订有仲裁条款或者事后没有达成书面仲裁协议的。

（2）裁决的事项不属于仲裁协议的范围或者仲裁机构无权仲裁的。

（3）仲裁庭的组成或者仲裁的程序违反法定程序的。

（4）认定事实的主要证据不足的。

（5）适用法律确有错误的。

（6）仲裁员在仲裁该案时有贪污受贿、徇私舞弊、枉法裁决行为的。

人民法院认定执行该裁决违背社会公共利益的，裁定不予执行。

裁定书应当送达双方当事人和仲裁机构。仲裁裁决被人民法院裁定不予执行的，当事人可以根据双方达成的书面仲裁协议重新申请仲裁，也可以向人民法院起诉。

法院裁定撤销仲裁裁决或不予执行仲裁裁决书或调解书后，双方当事人重新达成仲裁协议，或者经人民法院通知仲裁庭重新仲裁的，如果同一律师继续接受委托代理仲裁活动的，应与委托人重新办理委托手续。

【引例分析】

（1）天南公司的行为是正确的。因为本案中的仲裁协议是合法有效的；A 银行作为连带责任保证人，可以与海北公司一同成为被申请人。《中华人民共和国仲裁法》第四条规定："当事人采用仲裁方式解决纠纷，应当双方自愿，达成仲裁协议。没有仲裁协议，一方申请仲裁的，仲裁委员会不予受理。"此外，《中华人民共和国担保法》第十八条规定："当事人在保证合同中约定保证人与债务人对债务承担连带责任的，为连带责任保证。连带责任保证的债务人在主合同规定的债务履行期届满没有履行债务的，债权人可以要求债务人履行债务，也可以要求保证人在其保证范围内承担保证责任。"第十九条规定："当事人对保证方式没有约定或者约定不明确的，按照连带责任保证承担保证责任。"

（2）天南公司不能向人民法院起诉。因为双方当事人已自愿达成了仲裁协议。《中华人民共和国仲裁法》第五条规定："当事人达成仲裁协议，一方向人民法院起诉的，人民法院不予受理，但仲裁协议无效的除外。"

【思考与练习】

案情：

申请人于2010年3月与开发商签订一份《商品房买卖合同》，购买一套总价为121万余元的商品房。双方在合同中约定，开发商应当在2011年3月31日前将验收合格的商品房交付，但如果遇到气象部门的气象记录中有连续两天以上降水的，可予以延期；同时，商品房达到交付使用条件后，开发商应当书面通知办理交付手续，如果逾期交房，每日按已付房款的万分之一支付违约金；开发商应当在商品房交付后的90日内办理产权登记备案，否则要支付违约金。合同签订后，申请人依照合同约定的时间一次性交付了房款，而开发商直到2011年5月31日，才在媒体发布交房公告，申请人在同年8月1日收房入住。2011年9月1日，申请人以开发商违约为由，根据合同约定向某仲裁委员会提起仲裁，要求对方支付违约金。

问题：如果申请人委托你作为其代理律师，请详细阐述该案仲裁的步骤和程序。

【拓展阅读】

当事人如何选择仲裁机构

《中华人民共和国仲裁法》第六条规定："仲裁委员会应由当事人协议选定。仲裁不实行级别管辖和地域管辖。"这条规定说明在仲裁中当事人可以自行选择解决纠纷的仲裁机构，这是仲裁区别于诉讼的一个重要特点。参与仲裁的当事人最关心的是纠纷能否得到公正、及时和低成本的解决，所以准确选择仲裁机构是极为重要的。截至2010年，仅中国国内就已经有202家仲裁机构，国外也有许多仲裁机构。当事人在选择仲裁机构时应当考虑以下几个因素：①选择仲裁成本低的仲裁机构。在中国境内的当事人之间的纠纷，从仲裁成本考虑，一般不宜选择国外的仲裁机构。这是因为：国外仲裁机构路程较远，来回不仅耗费大量人力、物力，而且时间上也较难掌握；其次，国外仲裁机构仲裁费用高昂，许多国家的仲裁员按时间收取仲裁员酬金；再次，语言沟通较为困难，而法律上的陈述又不能有半点含糊，故交流难度也较大，必须专门聘请外语翻译，支付昂贵的翻译费。相对而言，中国的仲裁机构经过这些年的发展，不但已经有充分的能力处理各种各样的纠纷，而且在仲裁员队伍建设和硬件设施上都取得了很大的进步，所以当事人可以充分信任国内的仲裁机构。②选择大城市的仲裁机构。当事人在选定国内仲裁机构时应当优先考虑一些经济较为发达的大城市仲裁机构，原因如下：一是大城市经济发达，仲裁机构处理民事、经济纠纷经验丰富。二是大城市仲裁机构条件优越，仲裁员队伍整体素质高于中小城市，是案件高质量审理和裁决的有力保障。硬件设施和秘书人员的配备能够更好地为当事人提供服务。三是大城市交通相对便利，便于当事人参加仲裁活动。③选择就近的仲裁机构。确定选择一个仲裁机构后，就由这个仲裁机构来安排和组织解决当事人之间的纠纷。对于当事人来说，就要按照选定仲裁机构的规则以及通知、安排来参加仲裁活动。如果双方当事人选定的仲裁机构距离当事人所在地很远，那么就可能带来很多不方便的情况。所以当事人可以选择所在地或临近的仲裁机构，这样做最大的好处就是减少参加仲裁活动的成本，也使当事人不用来回奔波于两地。如果以上三点仍然不足以让当事人决定选择仲裁机构的话，那么当事人可以基于信任选择信誉较好的知名仲裁机构。另外当事人应注意将选定的仲裁机构在合同的仲裁条款中写明，例如"因本合同发生的一切争议，提交某仲裁委员会按其规则进行仲裁"。①

项目三　律师参与劳动争议仲裁实务

【引例】

周某为某外资企业的员工。公司认为周某通过群发电子邮件，恶意诋毁公司主管的人格，依据公司内部的奖惩管理办法，于 2008 年 3 月 11 日对周某作出重大违纪辞退处理。周某不服，向劳动争议仲裁委员会申请仲裁，要求撤销公司的要求，撤销公司的辞退公告，并支付赔偿金等共计人民币 13 000 元。

问题：本案是否属于劳动争议纠纷？公司能否依照奖惩管理办法对周某作出违纪辞退处理？对周某请求撤销辞退公告，劳动仲裁委员会是否予以支持？

【基本原理】

劳动纠纷也称劳动争议，是指劳动法律关系双方当事人即劳动者和用人单位，在执行劳动法律、法规或履行劳动合同过程中，就劳动权利和劳动义务关系所产生的争议。劳动纠纷是现实中较为常见的纠纷。

国家机关、企业事业单位、社会团体等用人单位与职工建立劳动关系后，一般都能认真履行劳动合同。但由于各种原因，双方之间产生纠纷也是难以避免的事情。劳动争议仲裁是指劳动争议当事人将争议提交劳动争议仲裁委员会进行居中公断与裁决，从而解决双方争议的活动。

一、劳动争议仲裁的相关法律问题

我国劳动仲裁是劳动争议当事人向人民法院提起诉讼的前置程序。律师参与劳动争议仲裁是指律师接受当事人的委托，代理劳动争议案件。

（一）劳动争议仲裁受案的范围

根据《中华人民共和国劳动争议调解仲裁法》第二条规定，中华人民共和国境内的用人单位与劳动者发生的下列争议适用劳动仲裁：

（1）因确认劳动关系发生的争议。《劳动人事争议仲裁办案规则》第二条规定，企业、个体经济组织、民办非企业单位等组织与劳动者之间，以及机关、事业单位、社会团体与其建立劳动关系的劳动者之间，因确认劳动关系，订立、履行、变更、解除和终止劳动合同，工作时间、休息休假、社会保险、福利、培训以及劳动保护、劳动报酬、工伤医疗费、经济补偿或者赔偿金等发生的争议。

---

① 佚名. 当事人如何选择仲裁机构［EB/OL］. http：//www. ccarb. org/news_ detail. php？VID＝721，2007－10－11.

（2）因订立、履行、变更、解除和终止劳动合同发生的争议。实施公务员法的机关与聘任制公务员之间、参照公务员法管理的机关（单位）与聘任工作人员之间因履行聘任合同发生的争议。

（3）因除名、辞退和辞职、离职发生的争议。事业单位与工作人员之间因除名、辞退、辞职、离职等解除人事关系以及履行聘用合同发生的争议。

（4）工作时间、休息休假、社会保险、福利、培训以及劳动保护发生的争议。

（5）因劳动报酬、工伤医疗费、经济补偿或者赔偿金等发生的争议。

（6）法律、法规规定的其他劳动争议。

国家机关与其公务员之间、事业组织和社会团体与其正式在编员工之间发生争议属人事争议，不属于劳动争议，因而不属劳动仲裁诉讼的受案范围。但是国家机关、事业组织、社会团体与其工勤人员及其他建立劳动关系的人员之间的争议符合所列上述情况的属劳动争议。实行企业化经营管理的事业组织与其员工之间的争议符合所列上述情况的，也属劳动争议。

【法条链接】

《最高人民法院关于审理劳动争议案件适用法律若干问题的解释（二）》第七条：下列纠纷不属于劳动争议：（一）劳动者请求社会保险经办机构发放社会保险金的纠纷；（二）劳动者与用人单位因住房制度改革产生的公有住房转让纠纷；（三）劳动者对劳动能力鉴定委员会的伤残等级鉴定结论或者对职业病诊断鉴定委员会的职业病诊断鉴定结论的异议纠纷；（四）家庭或者个人与家政服务人员之间的纠纷；（五）个体工匠与帮工、学徒之间的纠纷；（六）农村承包经营户与受雇人之间的纠纷。

（二）劳动争议仲裁的管辖

劳动争议仲裁管辖，是指确定劳动争议仲裁机构受理劳动争议案件的权限和范围，即各级或同级劳动争议仲裁机构受理劳动争议案件在职权范围上的具体分工。《中华人民共和国劳动争议调解仲裁法》第十七条规定："劳动争议仲裁委员会按照统筹规划、合理布局和适应实际需要的原则设立。省、自治区人民政府可以决定在市、县设立；直辖市人民政府可以决定在区、县设立。直辖市、设区的市也可以设立一个或者若干个劳动争议仲裁委员会。劳动争议仲裁委员会不按行政区划层层设立。"

1. 地域管辖

（1）劳动争议实行地域管辖，劳动争议仲裁委员会负责管辖本区域内发生的劳动争议。劳动争议具体由劳动合同履行地或者用人单位所在地的劳动争议仲裁委员会管辖，双方当事人分别向劳动合同履行地和用人单位所在地的劳动争议仲裁委员会申请仲裁的，由劳动合同履行地的劳动争议仲裁委员会管辖。

（2）专属管辖。指法律法规规定某类劳动争议只能由特定的劳动仲裁委员会管辖，如在我国境内履行于国（境）外劳动合同发生的劳动争议，只能由合同履行地仲裁委员会管辖。

2. 级别管辖

级别管辖，是指在劳动争议仲裁机关的组织系统内，纵向上确定哪一家仲裁委员会受理什么样的劳动争议案件。关于劳动争议仲裁的级别管辖，国家的法律、法规目前并未作出明确的规定，而是交由各省、自治区、直辖市人民政府规定。从各地的实践来看，一般是由省级仲裁委员会管辖本省、自治区、直辖市区域范围内有重大影响的劳动争议案件；地市一级劳动争议仲裁委员会管辖本地区范围内有重大影响的劳动争议案件和大型企业、外商投资企业发生的劳动争议案件；县区级劳动争议仲裁委员会管辖上级劳动争议仲裁委员会管辖范围以外的所有劳动争议案件，大多数的劳动争议案件都是由这一级受理。

【知识链接】

> 广州市劳动仲裁委员会受案范围：
> 1. 涉外（及港、澳、台）的劳动争议。
> 2. 市属用人单位因履行集体合同而发生的争议。
> 3. 市属用人单位与其招用的非本市城镇户口的外来劳动力之间发生的劳动争议。

3. 移送管辖

移送管辖，是指劳动争议仲裁机关受理了劳动争议案件后，发现该案件不属于本劳动争议仲裁委员会管辖或不便于管辖的，从而将案件移送给有管辖权的仲裁机关，接到移送的劳动争议仲裁委员会认为不应由自己受理的，不能再向其他仲裁委员会移送，而应同有关仲裁委员会协商，协商不成的，再报送共同的上级机关决定。

4. 指定管辖

指定管辖，是指由于辖区不明或其他原因而导致两个劳动争议仲裁机关发生争议时，由双方协商，协商不成报送共同的上级劳动行政主管部门行使管辖权。

5. 涉外管辖

根据《中华人民共和国民事诉讼法》第二百四十三条规定，因合同纠纷或者其他财产权益纠纷，对在中华人民共和国领域内没有住所的被告提起诉讼，如果合同在中华人民共和国领域内签订或者履行，可以由合同签订地、合同履行地人民法院管辖。据此，我国公民与国（境）外企业签订的劳动（工作）合同，如果劳动（工作）合同的履行地在我国领域内，因履行劳动（工作）合同发生劳动争议，由劳动（工作）合同履行地的劳动争议仲裁委员会受理。

（三）**劳动仲裁的时效**

劳动争议仲裁时效，是指当事人因劳动争议纠纷要求保护其合法权利，必须在法定的期限内向劳动争议仲裁委员会提出仲裁申请，否则，法律规定取消其申请仲裁权利的一种时效制度。

1. 劳动仲裁的时效期间

根据《劳动争议调解仲裁法》第二十七条的规定，劳动争议申请仲裁的时效期间为一年。仲裁时效期间从当事人知道或者应当知道其权利被侵害之日起计算。劳动关系存续期间因拖欠劳动报酬发生争议的，劳动者申请仲裁不受规定的仲裁时效期间的限制；但是，劳动关系终止的，应当自劳动关系终止之日起一年内提出。

2. 劳动仲裁的时效中断

在争议申请仲裁的时效期间内，一方当事人通过协商、申请调解等方式向对方当事人主张权利；一方当事人通过向有关部门投诉，向仲裁委员会申请仲裁，向人民法院起诉或者申请支付令等方式请求权利救济；或者对方当事人同意履行义务的，仲裁时效中断。从中断时起，仲裁时效期间重新计算。

3. 劳动仲裁的时效中止

因不可抗力或者有其他正当理由，当事人不能在规定的仲裁时效期间申请仲裁的，仲裁时效中止。从中止时效的原因消除之日起，仲裁时效期间继续计算。

二、律师代理劳动争议仲裁的程序

（一）仲裁前的审查

律师事务所经过初步审查，接受劳动者、用人单位或用工单位的委托，并办理签署委托合同书和授权委托书，指定经办律师等有关委托手续。律师接受委托后，应先审查当事人的申诉是否符合以下条件：是否在法定时间内提出书面申请；申诉人与劳动争议是否有利害关系；是否有明确的被申诉人和具体的仲裁请求及事实依据；是否属于仲裁受案范围和受诉仲裁委管辖。经过审查，对超过时效的案件，可建议当事人通过仲裁或诉讼以外的其他合法途径解决。认为当事人的申诉请求符合法定条件的，即可代理当事人在仲裁时效内向劳动合同履行地或者用人单位所在地的劳动争议仲裁委员会提出仲裁申请。如果律师代理劳动争议被诉一方，则律师可代理当事人向仲裁委员会提交答辩状。

（二）仲裁的申请

律师代理劳动争议仲裁的仲裁申请，其工作步骤如下：

1. 提交仲裁申请书或者答辩状

律师代理仲裁申请人的，制作仲裁申请书后，在仲裁时效内向劳动合同履行地或者用人单位所在地的劳动争议仲裁委员会提出仲裁申请。仲裁申请书应当载明劳动者及用人单位的基本情况；仲裁请求和所根据的事实、理由；证据和证据来源，证人姓名和住所。申请仲裁应当提交书面仲裁申请，并按照被申请人人数提交副本。

2. 提交证据材料及相关身份证明文件

证据材料包括劳动合同、领取劳动报酬的依据、社会保险缴费证明、解除或终止合同通知书等。要求工伤待遇的，需提供工伤认定申请报告及医疗凭据或工伤及伤残等级结论书等材料复印件；申诉人是劳动者的，提交本人身份证明的原件及复印件；申诉人是用人单位的，提交本单位营业执照副本及复印件、本单位法定代表人身份证明、委托代理人身份证明、授权委托书等。

3. 调查取证

劳动争议仲裁诉讼案件一般也是实行"谁主张谁举证"的原则，《最高人民法院关于民事诉讼证据的若干规定》第五条规定："在合同纠纷案件中，主张合同关系成立并生效的一方当事人对合同订立和生效的事实承担举证责任；主张合同关系变更、解除、终止、撤销的一方当事人对引起合同关系变动的事实承担举证责任。对合同是否履行发生争议的，由负有履行义务的当事人承担举证责任。对代理权发生争议的，由主张有代理权一方当事人承担举证责任。"但由于劳动关系既具有平等性又具有隶属性的特点，在一定的情况下，用人单位在举证方面处于更加优越的地位，故在这种特定情形下，也存在着部分的举证责任倒置的情况。比如《劳动争议调解仲裁法》第三十九条也规定："当事人提供的证据经查证属实的，仲裁庭应当将其作为认定事实的根据。劳动者无法提供由用人单位掌握管理的与仲裁请求有关的证据，仲裁庭可以要求用人单位在指定期限内提供。用人单位在指定期限内不提供的，应当承担不利后果。"

因此，律师必须全面了解与争议相关的事实，收集整理足以证明事实的证据材料，律师在调查取证时不得伪造、变造证据，不得威胁、利诱或欺骗他人提供虚假证据，不得无理妨碍对方当事人合法取证，不得诱导或帮助当事人伪造、变造证据。需要证人出庭作证的，应在开庭前向仲裁机构提交证人身份证复印件、联系方式和待证明事项说明。

【法条链接】

《最高人民法院关于审理劳动争议案件适用法律若干问题的解释》第十三条：因用人单位作出的开除、除名、辞退、解除劳动合同、减少劳动报酬、计算劳动者工作年限等决定而发生的劳动争议，用人单位负举证责任。

《最高人民法院关于民事诉讼证据的若干规定》第六条：在劳动争议纠纷案件中，因用人单位作出开除、除名、辞退、解除劳动合同、减少劳动报酬、计算劳动者工作年限等决定而发生劳动争议的，由用人单位负举证责任。

（三）律师参与劳动争议仲裁的庭审

（1）律师代理劳动争议案件，应在开庭前做好充分准备，起草答辩状，列出质证意见，研究庭审可能的辩论焦点，查找本案涉及的法律法规。开庭审理前，律师应与委托人充分交换意见，分析案情，核对证据，说明举证责任，明确请求事项，以便双方在庭审时相互配合。律师还应征求委托人是否调解的意见，如同意调解应商讨可以接受的调解方案。在庭审质证时，应当结合证据是否超过举证期限及证据的真实性、合法性、关联性发表意见。

（2）律师收到仲裁委员会的裁决文书后，应当及时向委托人送达，对于委托人享有起诉权的仲裁裁决，应征询委托人是否起诉。劳动者对仲裁裁决不服的，可以自收到仲裁裁决书之日起15日内向人民法院提起诉讼。

（3）律师在一审判决后应认真研究、分析原审判决，并公正、客观地向委托人做好解释或说明工作，仔细了解委托人上诉的目的等。在二审庭审过程中，律师应当尊重事实以维护委托人的合法权益，并争取在法官主持下努力斡旋促成调解。若二审判决确有不妥之处，律师应当告知委托人依法申请再审或向人民检察院提出申诉。

（四）律师参与劳动争议仲裁的调解与执行

（1）仲裁庭处理劳动争议应当先行调解，在查明事实的基础上促使当事人双方自愿达成协议。律师代理委托人参与调解的，应当要求委托人签署特别授权书，注明委托事项、受托权限等。对最终达成的调解方案，律师在代为签署前仍应要求委托人书面确认。律师接受委托后申请劳动争议调解的，应当以书面申请，经调解达成协议的，调解组织应当制作调解协议书。调解协议书由双方当事人签名或者盖章，经调解员签名并加盖调解组织印章后生效，对双方当事人具有约束力，当事人应当履行。

（2）仲裁庭裁决后应当制作仲裁书送达双方当事人。当事人对仲裁裁决不服的，自收到裁决书之日起15日内，可以向人民法院起诉；期满不起诉的，裁决书即发生法律效力。

（3）劳动争议案件作出生效裁判后，义务人未依法履行裁判的，律师可以接受权利人的委托，代为申请强制执行，并积极向执行机构提供被执行人的财产线索，或配合其开展调查、执行工作。

【引例分析】

该案属于劳动争议纠纷，《中华人民共和国劳动合同法》第四条规定："用人单位在制定劳动纪律以及劳动定额管理等直接涉及劳动者切身利益的规章制度或重大事项，应当经职工代表大会或者全体职工讨论，提出方案和意见，与工会或者职工代表平等协商确定。"公司所提供的"规章制度"没有经过职工代表大会或者全体职工讨论，没有经过民主程序讨论通过，公司的奖惩管理办法无法律效力。因此，公司不能依照奖惩管理办法对周某作出违纪辞退处理，对周某请求撤销辞退公告，劳动仲裁委员会予以支持。因公司违法解除与周某的劳动合同，依据《中华人民共和国劳动合同法》第四十八条、第八十七条的规定支付周某两倍的赔偿金。

【思考与练习】

案情：

黄某是本市某公司职工，公司与其签订了期限为 2008 年 11 月 22 日至 2009 年 11 月 21 日的劳动合同。2009 年 10 月，黄某意外怀孕，遂于 2009 年 10 月 20 日起向公司请假 2 周保胎。公司以其尚未达到法定婚龄，未婚先孕的行为违反了公司的员工手册的规定并造成恶劣影响为由开除了黄某。黄某不服，申请劳动仲裁，要求恢复与公司的劳动合同关系。

问题：如果你是黄某的代理律师，你从哪些方面组织证据材料，以维护黄某的合法权益？

【拓展阅读】

劳动争议仲裁原则

（1）"三方原则"。就是由政府、工会和经济综合管理部门三方分别代表国家、劳动者和用人单位利益共同参与劳动关系的协调的一项基本原则。实行这一原则有利于发挥劳动行政部门、工会和经济综合管理部门各自的优势，增强仲裁的权威性；有利于三方相互配合、相互制约，保证仲裁的公正性。

（2）实行强制仲裁原则。在我国，经济合同等仲裁统一实行"自愿仲裁原则"，即当事人双方没有达成仲裁协议而单方申请仲裁的，仲裁委不予受理。而劳动争议仲裁则实行强制原则，发生争议的双方无须达成一致，只要争议一方当事人提出仲裁申请即能引起劳动争议仲裁程序的开始。

（3）仲裁结果具有强制执行的法律效力。无论是仲裁调解书，还是仲裁裁决书，只要双方签字盖章或未在法定期限内向人民法院起诉，便产生强制执行的法律效力，当事人一方不履行的，另一方可向人民法院申请强制执行。

项目四　实　训

【情景设计】

某建筑公司与某房地产公司因建设工程款产生纠纷。双方在合同解决争议条款中明确约定："本合同在履行过程中所产生的一切争议，均同意提请某仲裁委员会仲裁。"于是，建筑公司作为仲裁申请人向房地产公司索偿1 200万元工程款。

【工作任务】

任务一：如果你作为申请人委托的代理律师，请详细列出代理律师的工作流程并归纳代理要点。

任务二：如果你作为被申请人的代理律师，请详细列出委托代理的工作流程和归纳代理意见。

任务三：如果作为本案的仲裁员，请详细列出仲裁的工作流程和归纳仲裁意见。

【训练方法】

全班学生自由组合，分成6~9个小组，分别负责任务一、任务二、任务三，先在组内开展讨论，形成本组意见，再以模拟仲裁的方式演练各自设计的工作流程和意见，最后由授课教师点评。

步骤一：先按任务一、二、三的要求分好角色和任务，由各小组进行讨论，形成本组意见，各小组将本组意见写成书面材料。负责相同任务的小组之间可以互相交流、借鉴。

步骤二：每一小组推选1~2名代表，分别以本案申请人、被申请人委托的代理律师、仲裁员的角色模拟仲裁过程。

步骤三：最后由指导老师点评指导。

【考核标准】

1. 能熟练掌握律师在仲裁中的工作流程。
2. 能熟练掌握律师作为仲裁员在仲裁工作中的工作流程。
3. 能准确归纳案件的代理意见。

律师担任法律顾问工作实务

【知识目标】

通过本单元学习，了解律师法律顾问工作的概念、特征，法律顾问的作用、聘请及有关制度的内容，尤其是律师担任政府和企业法律顾问的作用和程序。

【能力目标】

通过本单元学习，能熟悉律师担任政府和企业法律顾问工作的程序和原则，能熟悉制作法律顾问工作中常用的法律文书，能掌握律师担任法律顾问工作时的技巧。

【内容结构图】

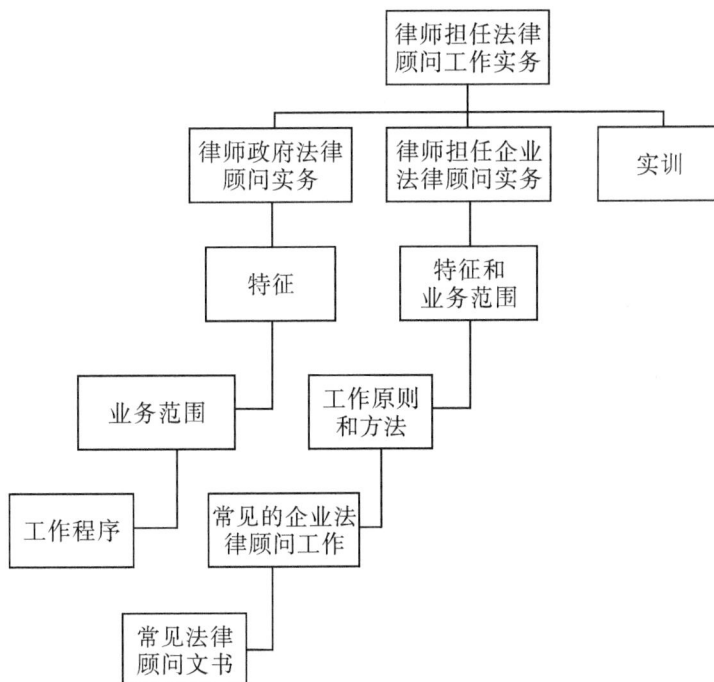

项目一　律师担任政府法律顾问实务

【引例】

2010 年，第十六届亚洲运动会在广州召开。广州市政府亚洲运动会组织委员会（简称"亚组委"）除聘请了广州市各法律业务领域的杰出律师组成专家团讨论重大问题、两家律师事务所辅助提供专项法律服务外，同时聘请了综合业务能力全面的广东某律师事务所作为常年法律顾问，为包括广州亚组委整体运行和广州市政府临时性强制措施（如赛时车辆限行等）的规范和决策的制定、各类协议文本模板的起草拟定、各重大项目与赞助协议谈判，以及包括广州亚运会会徽标志、域名等亚运知识产权的保护提供了非诉讼及诉讼法律服务。例如，"广州亚运会开闭幕式演出承办合同"的起草、审核等均由顾问律师完成。该合同涉及开闭幕式的创意、排练、预演、正式演出、安保、清洁、人员培训、紧急预案等一系列繁杂工作事项，也涉及以何种方式何种标准计算承办费用、如何确保承办人履约、知识产权归属与使用、情势变更、如何确保开闭幕式顺利进行等难题。

由于开、闭幕式的特殊地位和其可能造成的社会影响、国际影响，该合同的拟定也同时牵涉诸如场地周边居民生活便利等多方面的考虑因素。因此，承办该合同的律师事务所在接到亚组委的委托后，派出以高级合伙人为负责人的强大律师团队，多次亲赴广州亚组委听取亚组委的工作要求，并就各项细节相互交换、征求意见。在起草、修改该合同时注重细节与可操作性，把握法律风险防范，多次重新观看北京奥运会开、闭幕式录像，逐段播放，回忆、思考每个过程中不同的人物、角色分别需要完成哪些工作，而后相应地在该合同中对开闭幕式相关人物、角色的权利义务进行规范。在不影响艺术创作的前提下，建议广州亚组委在合同中设定若干制度对承办人进行规制，务求承办人切实履行合同。最终，经过多次反复研究推敲，最终完成了广州亚运会开、闭幕式演出承办合同的起草审核工作，为广州亚运会开、闭幕式的顺利筹备提供了有力依据，为广州亚运会的顺利召开提供了法律保障。

问题：

1. 什么是法律顾问？
2. 律师担任政府法律顾问的职责和特征有哪些？
3. 律师担任政府法律顾问有何意义？

【基本原理】

法律顾问，有广义和狭义之分。广义而言，具有法律专业知识，接受公民、法人或其他组织的聘请为其提供法律服务的人员，以及法人或其他组织内部设置的法律事务机构中的人员，均为法律顾问；狭义而言，法律顾问专指接受公民、法人或其他组织的聘请为其提供法律服务的执业律师，是传统意义上的法律顾问。本书所称的法律顾问，是指狭义上即接受公民、法人或其他组织的聘请为其提供常年法律服务或者针对某项具体事务提供专项法律服务的执业律师。

律师法律顾问工作是指律师接受公民、法人或其他组织的聘请，为了维护聘请方的合法权益，以自己的专业知识和技能为聘请方提供多方面的法律服务的专业性活动以及提供法律帮助的各项法律事务工作。依据《律师法》的规定，法律顾问业务是律师七项业务活动中重要的业务活动。

一、律师担任法律顾问的特征

（一）具有双重身份

担任法律顾问工作的律师，既是律师事务所派出履行服务职责的代表，又是在聘请方授权范围内代表聘请方处理有关法律事务的人员。一方面，要接受律师事务所的管理和监督，受律师行为规范、律师职业道德和律师执业纪律的约束；另一方面，要依照法律顾问聘请合同的规定，积极履行自己的职责，遵守约定的义务，为聘请人做好法律服务。法律顾问工作的范围仅限于聘方业务方面的工作。

（二）法律关系平等

律师应聘担任法律顾问，与聘用单位之间是一种权利义务对等的平等的契约关系。双方的权利义务均在合同中约定，顾问律师受其所在的律师事务所领导、监督、派遣，不是聘方成员，与聘方没有行政隶属关系，不存在谁领导谁的问题。顾问律师由受聘的律师事务所委派，代表律师事务所开展工作。

（三）法律地位独立

律师担任法律顾问，以自己的法律知识依法独立地执行职务，其执业行为受国家法律保护，任何单位和个人不得非法干涉。律师担任法律顾问，只忠实于事实和法律，依法保护受服务人的合法权益，不受聘用人的意志左右。对于聘用人的无理要求和违法行为，应予以说服、劝阻或者纠正，以维护法律的严肃性。特别是担任政府部门的法律顾问时，其工作不同于行政事务工作，政府不能用行政命令干涉法律顾问的活动。

（四）服务范围广泛

律师法律顾问工作是一项综合性法律服务工作，服务范围广泛。从服务的对象看，受服务的主体包括国家机关、企事业单位、各种社会团体、公民个人和家庭等，凡是有法律服务需求的单位和个人都可以是律师法律顾问的服务对象。从服务的内容看，法律顾问工作包括各种法律服务的需求，凡涉及法律的事务都可以作为法律顾问的服务内容。聘请法律顾问的单位，可以是具有独立主体资格的公民、法人，也可以是不具备独立主体资格的其他组织，比如合伙组织。但是，具体的律师法律顾问工作，来自于法律顾问聘请合同的约定，法律顾问工作的范围仅限于聘方委托的业务方面的工作。

二、律师担任政府法律顾问

（一）律师担任政府法律顾问的概念

律师担任政府法律顾问，是指律师事务所接受政府的聘请，指派律师在合同约定的期限内，依法为政府提供综合性法律服务的一种业务活动。这里所称的政府，是指各级人民政府及其行政主管部门，即依照法律规定行使行政管理职能的国家机关。

（二）律师担任政府法律顾问的任务和业务范围

根据司法部《关于律师担任政府法律顾问的若干规定》第二条的规定，律师担任政府法律顾问的任务，是为政府在法律规定的权限内行使管理职能提供法律服务，促进政府工作的法律化、制度化。与企业不同，政府是国家权力机关的执行机关，行使行政管理权，不是追求经济利益。因此，律师担任政府法律顾问，主要不是维护政府机关的合法权益，而应当把提高政府工作的法治水平放在首位。

按照司法部《关于律师担任政府法律顾问的若干规定》第三条规定，律师担任政府法律顾问的具体业务范围如下：

（1）就政府的重大决策提供法律方面的意见，或者应政府要求，对决策进行法律论证。顾问律师参与政府决策，就是对政府的重大决策提供法律咨询和法律依据，提出法律意见和建议，避免政府决策在法律上出现依据不足的失误，促进政府决策的合法化。担任政府法律顾问的律师，主要应参与本辖区内社会与经济发展战略决策，参与经济体制改革与政治体制改革的决策以及政府对一些主要经济项目的决策等。

（2）对政府起草或者拟发布的规范性文件从法律方面提出修改和补充建议。顾问律师应从立法内容、立法技术上提出修改和补充建议，以保证政府规范性文件的合法有效。

（3）参与处理涉及政府的尚未形成诉讼的民事纠纷、经济纠纷、行政纠纷和其他重大纠纷。为了防止矛盾的激化，为了能够正确、及时、有效地解决这些纠纷，保证政府行政管理活动的正常运行，担任政府法律顾问的律师应积极参与此类纠纷的调处工作。

（4）代理政府参加诉讼，维护政府依法行使行政职权和维护政府机关的合法权益。近年来，以政府为一方主体的经济民事案件大量增加，例如房屋租赁、建设问题，土地使用权问题，以及政府采购后的支付问题的纠纷十分普遍。而且，随着我国行政诉讼法的实施，政府成为行政诉讼的被告也时有发生。当聘请律师担任法律顾问的政府机关被起诉，而进入到行政诉讼程序中时，顾问律师应接受委托作为代理人参加诉讼，认真履行代理人的职责，维护政府机关的国家行政权力及合法权益，保障国家行政效率。

（5）协助政府审查重大的经济合同、经济项目以及重要的法律文书。基于行政管理职能，政府机关当然不能直接从事生产经营活动，但是基于宏观管理经济的职能，政府机关的很多工作又会较多地涉及经济领域。因此，担任政府法律顾问的律师，对于涉及公共利益的重大经济合同、经济项目以及重要的法律文书进行审查，从法律上进行把关是非常重要的。

（6）协助政府进行法制宣传教育。法制宣传教育工作是各级人民政府的一项重要的工作内容，作为政府法律顾问的律师，不仅要协助政府向社会宣传社会主义法制，而且还要协助政府对其工作人员进行法制教育，以增强法制观念，促使其依法行政，当好人民的公仆。

（7）向政府提供国家有关法律信息，就政府行政管理中的法律问题提出建议。作为政府法律顾问的律师，应当注意收集各种法律信息，及时提供给政府机关及其领导人员，使其尽快了解、掌握有关法律、法规，以便运用这些法律、法规果断地进行管理决策。

（8）办理政府委托办理的其他法律事务。

（三）律师担任政府法律顾问的权利与义务

根据司法部《关于律师担任政府法律顾问的若干规定》第八条的规定，作为政府法律顾问的律师，应当享有以下权利：

（1）查阅有关文件及资料的权利。这里所讲的文件及资料，是指与顾问律师承办的某项法律事务有关的文件及资料，而非政府机关的所有文件及资料。

（2）参加政府召开的有关会议。

（3）获得履行政府法律顾问职责所必需的其他工作条件和便利，如必要的通信、交通条件及办公环境，或者某些工作上的便利条件。

律师担任政府法律顾问，要依法承担以下义务：

（1）担任政府法律顾问的律师，对其工作中接触、了解到的机密和不宜公开的情况，负有保守秘密的义务。

（2）不得在民事诉讼、经济诉讼和行政诉讼中，担任政府对方当事人的代理人。

（3）不得办理有损于政府利益或者违反政府决定的事务。维护市政府工作部门的形象、声誉和合法权益。

（4）不得利用政府法律顾问的身份，代理他人办理法律事务。不得以政府法律顾问的名义从事与顾问职责无关的事务。

（5）如与市政府工作部门交办的事务存在利害关系，应自行申请回避。

（6）依约定应履行的其他义务。

（四）律师为政府提供法律顾问工作的程序

根据《律师法》规定，律师担任法律顾问，只能由律师事务所接受聘请，同时，聘请法律顾问以合同形式确定，合同由聘请方与律师事务所签订，以明确双方的权利和义务。该合同是顾问律师开展法律服务的合法依据，聘、应双方必须认真履行。律师为政府提供法律顾问工作的程序如下：

（1）发聘。即政府出具聘请公函，请求提供满意的律师为其担任法律顾问的明确意思表示。

（2）应聘。指律师事务所接到发聘后，作出同意指派律师为其担任法律顾问的意思表示。

（3）协商。指律师事务所向政府说明法律顾问的职责范围、双方的法律关系和聘请的法律手续；政府向律师事务所说明聘请法律顾问的目的，并介绍基本情况。在此基础上，双方就律师人选问题，顾问律师提供法律服务的范围、方式、期限、责任、收费等问题，进行充分的讨论和协商，以明确双方的权利和义务。

（4）签订合同。指聘、应双方经协商达成一致意见后，正式签订《聘请法律顾问合同》，履行签字、盖章手续，使聘请合同具有法律效力。必要时还要向顾问律师颁发聘书或登报声明。

（5）指派律师担任法律顾问。律师事务所按法律顾问合同的规定为政府指派执业律师。一般情况下，律师事务所应安排政府方指定的律师。政府如果没有指定律师，律师事务所应根据合同指派合适的律师。律师代表律师事务所为政府提供法律服务，按照合同约定的服务内容、范围、工作安排展开工作。

【法条链接】

《律师法律顾问工作规则》第十二条：律师事务所受聘担任聘请人的法律顾问，必须签订法律顾问合同，法律顾问合同是法律顾问关系成立的唯一证明。

（五）律师为政府提供法律顾问工作的聘请合同

1. 签订法律顾问合同的主要条款

律师事务所与政府签订的法律顾问合同应具备下列主要条款：

（1）法律顾问的工作范围和履行各项职责的权限。

（2）法律顾问的服务形式和工作方式。

（3）受聘律师人数及姓名。

（4）酬金数额及支付办法。

（5）合同的签订、生效日期和有效期。

（6）聘请方为保证法律顾问执行职务提供的必需的条件。

（7）违约责任。

（8）双方商定的其他条款。

2. 签订法律顾问合同的注意事项

法律顾问合同是约定政府和受聘人之间权利义务关系的重要法律文件，为了避免在合同履行过程中发生争议，约定合同内容时应注意下列问题：

（1）受聘人是律师事务所，而不是律师，即使政府指定了律师，也应由律师事务所与政府签订合同，在合同中约定由政府指定的律师担任法律顾问。

（2）法律顾问的工作范围是确定合同双方的权利和义务的重要内容，应尽量把提供服务的项目写具体。政府对法律顾问业务不一定熟悉，对律师行业的惯例不一定了解，往往会认为既然聘请了法律顾问，那么自己所发生的所有法律问题都应当是法律顾问的职责范围，都应当为其不另收费用地解决。这是法律顾问合同没有约定清楚产生的误解，特别是常年法律顾问、一些非日常的项目，如重大合同谈判、参加诉讼、仲裁等事项，一般是另行委托并收费的，律师事务所应向政府说清楚，并在合同中写明。

（3）为了保证法律服务质量，律师事务所应合理地安排律师提供法律顾问的服务。政府的业务行政性很强，律师事务所应指派具有相关行政法律专业特长的律师提供服务，有些地方的政府业务量很大，律师事务所应指派足够的律师提供服务。总之，律师事务所提供的律师应当在业务能力、时间和精力上都能够满足政府的需求。

【法条链接】

《律师法律顾问工作规则》第十六条：律师事务所受聘担任法律顾问后，应及时指派本所执业律师提供法律顾问服务。聘方对所指派的律师有特别要求或明示希望指派特定律师的，应尽量满足。

【引例分析】

上述引例中，广州市政府亚洲运动会组织委员会根据需要，聘请某律师事务所作为政府的法律顾问，受聘律师事务所根据亚组委特殊业务需要，指派高级律师并组织了律师团，代表律师事务所为政府开展服务工作。受派律师运用法律专业知识为广州市政府亚组委的各类规范性文件的制定和重大决策提供了意见，起草、参与各种协议、合同的谈判，为政府知识产权的保护提供了非诉讼及诉讼法律服务，也为政府预防和减少了法律纠纷，从而提升了广州亚组委、广州市政府的国际形象。

从引例可以看出，律师为政府提供的法律顾问服务区别于一般企业法律顾问服务，具有持续时间长、涉及领域广、群体性因素决策影响较强、法律建议趋于稳健保守等特征，同时，律师为政府提供法律顾问服务的服务结果极易被放大，社会公益性突出。因此，参与服务的律师必须具备一定的政治素养，以高度的政治责任为基础，本着严谨的专业态度，用巨大的热情和奉献精神，以跨所、跨专业的集体力量为政府工作提供高水平的法律服务，才能确保从法律角度最大限度地维护政府行为所代表的广大群众的利益。

【拓展阅读】

关于《行政服务项目清理表》的法律意见书

自：××律师

致：××市政府环保办公室

依据贵办的要求，本律师在现有资料和向贵单位工作人员了解情况的基础上，依据相关法律规定，就贵单位提供的《行政服务项目清理表》出具法律意见如下：

一、序言

本法律意见书所及之观点和论述系本律师基于对相关事实的了解和对我国相关法律、法规的理解而作出。本律师认真查阅了认为出具本法律意见书所需查阅的相关法律、法规及其他规范性法律文件，并按照行业公认的业务标准、道德规范和勤勉尽责精神，出具本法律意见。

二、贵局要求出具法律意见的问题

在行政服务项目清理中，贵单位提供的《行政服务项目清理表》载明贵单位的行政服务项目共四项，具体项目名称分别为：

1. 政府环境信息公开。设定依据为《中华人民共和国政府信息公开条例》第九、十、十一条，清理意见为拟保留。

2. 环保守法证明。

3. 市内危险废物转移备案。

4. 排污费缓缴核定。

贵单位要求对上述行政服务项目的设定、设定依据及清理意见出具法律意见。

三、出具本法律意见的法律依据包括但不限于：

1.《中华人民共和国政府信息公开条例》

2.《××市行政服务管理规定》

四、具体法律分析意见与建议

《××市行政服务管理规定》第六条规定："下列事项应当设定行政服务项目：（一）提供政府信息的；（二）提供临时性社会救助的；（三）提供就业及再就业培训指导的；（四）提供不属于行政审批的备案或者登记的；（五）提供获得行政审批或者

行业认证所必要的行政协助的;(六)出具有关证明或者补发、换发有关证件以及注销依法无须审批的有关证件的;(七)提供司法文书或者仲裁裁决执行协助的;(八)其他依法需要行政机关提供帮助的。"同时,《中华人民共和国政府信息公开条例》第九、十、十一条规定,涉及公民、法人或者其他组织切身利益的、反映本行政机关机构设置、职能、办事程序等情况的等政府信息应当主动公开。

可见,贵办设定提供政府信息的行政服务项目符合上述法律规定,在行政服务项目清理当中应予以保留,设定依据准确。

五、风险提示

本法律意见书中各项法律观点基于本律师对法律的认识和理解,系依据贵办的要求而出具,仅供有关部门决策本法律意见书所涉问题时参考。若有关部门就本法律意见书中涉及的法律问题与第三方发生争议,并且该争议被提交至法院或仲裁机构审理,法官或仲裁员就上述法律问题可能存在一定程度的自由裁量权,并有可能得出与本法律意见书不一致的结论。

××律师

××律师事务所

年　　月　　日

项目二　律师担任企业法律顾问实务

【引例】

2008年金融危机期间,某公司因受到冲击,业务量大幅度下滑,营业额减少后,公司被迫缩小经营规模,以渡过难关。为此,公司需要大量裁员。为了妥善处理裁员的相关事宜,该公司要求法律顾问单位某律师事务所就公司情况提供可操作的裁员方案。律师事务所指派李律师负责此事。李律师首先对该公司员工的情况进行摸底,即对公司的经营背景、员工入职前后工作经历、人事关系、工作年限、薪资等进行了解,并对各方关于安置宗旨、希冀,以及与安置有关的一切状况进行充分调查,准确理解公司的各方情形,理清各项法律关系。在此基础上,根据现行法律、法规、规章政策,进行合法合理的分析、评估,从而确定相对应的法律责任,依法出具了裁员方案。该方案获得公司认可后,律师事务所组成以李律师为首的律师团,与员工代表进行谈判,双方达成共识后,分别与员工签订解除劳动合同协议。公司按双方约定支付员工应得的经济补偿金,使公司在短短的一个月内,能以最低的成本与700多个员工终止劳动关系。此举大大减少了公司的经营成本,避免了公司破产,使公司获得重生机会。

问题:

1. 律师担任企业法律顾问可以开展哪些业务?

2. 律师担任企业法律顾问的意义和作用如何?

【基本原理】

一、律师担任企业法律顾问概述

（一）律师担任企业法律顾问的概念

律师担任企业法律顾问，是指律师事务所接受企业的聘请，指派律师按照合同约定的期限、方式和工作范围，运用律师拥有的法律知识和工作技巧，为聘请企业提供综合性的法律服务。这里所称的企业是指具备民事主体资格的国有企业、集体企业、私营企业、中外合资企业、中外合作企业、外商独资企业及外商派驻机构。没有法人资格且不能成为民事主体的其他经济组织，由于其不能直接与律师事务所签订聘请法律顾问合同，在需要法律顾问帮助时，可由设立该经济组织的法人单位与律师事务所签订聘请法律顾问合同。

（二）律师担任企业法律顾问的特征

（1）合法性。《律师法》第二十九条规定："律师担任法律顾问的，应当为聘请人就有关法律问题提供意见，草拟、审查法律文书，代理参加诉讼、调解或者仲裁活动，办理聘请人委托的其他法律事务，维护聘请人的合法权益。"司法部《关于律师担任企业法律顾问的若干规定》又作出了进一步明确具体的规定，因而律师担任企业法律顾问所进行的各项活动是有法律依据的，具有合法性。

（2）咨询性。律师担任企业法律顾问，运用自己掌握的法律知识，就聘请企业在生产经营过程中的一系列法律问题提供咨询和帮助，是律师法律顾问工作的一个重要方面，咨询性是法律顾问的一个特点。

（3）指导性。担任企业法律顾问的律师，与聘请企业之间是平等的法律关系，由于顾问律师是根据国家法律和政策的规定，凭借自己的法律知识和经验以及掌握的各种信息材料，出于维护企业合法权益的目的，向企业领导人提供法律帮助，其意见应当对企业具有指导作用，是企业决策的重要参考。

（三）律师担任企业法律顾问的意义

首先，律师担任企业的法律顾问，可以维护企业的合法权益，妥善并及时处理企业与外部各单位发生的法律纠纷。其次，律师担任法律顾问，可以促使企业的生产、经营和管理活动依法进行，从而避免或减少各种纠纷或其他损害企业形象、利益的事件发生。

二、律师担任企业法律顾问的任务和业务范围

根据司法部《关于律师担任企业法律顾问的若干规定》（1992年6月15日司法部令第20号发布施行）第二条的规定，律师担任企业法律顾问的任务是：为企业按照《公司法》、《企业法》和其他有关的法律、法规进行生产、经营、管理或其他活动提供法律服务，受企业的委托办理有关法律事务，维护企业的合法权益。

根据《关于律师担任企业法律顾问的若干规定》第三条的规定，律师担任企业法律顾问的业务范围主要有以下十项：

（1）就企业生产、经营、管理方面的重大决策提出法律意见，从法律上进行论证，提供依据。

（2）草拟、修改、审查企业在生产、经营、管理及对外联系活动中的合同、协议以及其他有关法律事务文书和规章制度。

（3）办理企业内部的非诉讼法律事务。

（4）代理企业参加民事、经济、行政诉讼和仲裁、行政复议。

（5）参加经济项目谈判，审查或准备谈判所需的各类法律文件。

（6）提供与企业活动有关的法律信息。

（7）就企业深化改革，扩大开放，发展外向型经济，转换企业经营机制，提高企业经济效益，加强生产、经营、管理和对外联系中的有关问题，提出法律意见。

（8）协助企业对干部职工进行法制宣传教育和法律培训。

（9）对企业从事法律工作的人员进行业务指导。

（10）其他法律事务。

三、律师担任企业法律顾问的权利和义务

按照《律师法》和其他法律、规章的规定，担任企业法律顾同的律师应当享有以下权利：

（1）查阅与承办法律事务有关的企业文件和资料。

（2）了解企业的生产、经营、管理和对外联系活动中的有关情况。

（3）列席企业领导人召集的生产、经营、管理和对外活动中的有关会议。

（4）获得履行企业法律顾问职责所必需的办公、交通及其他工作条件和便利。

（5）按照规定的标准向聘请企业收取法律顾问费用。

在享有上述权利的同时，担任企业法律顾问的律师应当承担以下义务：

（1）及时承办企业委托办理的有关法律事务，认真履行职责。

（2）坚持"以事实为根据，以法律为准绳"的原则，对顾问单位的违法行为，应当予以劝阻纠正。

（3）不得从事有损于聘方合法权益的活动。

（4）对在法律顾问工作中接触、了解到的有关企业生产、经营、管理和对外联系活动中的业务秘密，负有保守秘密的义务。

（5）因顾问律师的过错，而给聘请企业造成损害，担任企业法律顾问的律师和律师事务所，应承担连带赔偿责任。

四、律师担任企业法律顾问工作的程序

律师担任企业法律顾问的聘请程序与律师为政府提供法律顾问工作的程序基本相同。即由律师事务所接受聘请，同时，聘请法律顾问以合同形式确定，由聘请方与律师事务所签订，以明确双方的权利和义务。程序如下：

（1）发聘。即企业出具聘请公函，请求提供满意的律师为其担任法律顾问的明确意思表示。

（2）应聘。指律师事务所接到发聘后，作出同意指派律师为其担任法律顾问的意思表示。

（3）协商。指律师事务所向企业说明法律顾问的职责范围、双方的法律关系和聘请的法律手续；企业向律师事务所说明聘请法律顾问的目的，并介绍基本情况。在此

基础上，双方就律师人选问题，顾问律师提供法律服务的范围、方式、期限、责任、收费等问题，进行充分的讨论和协商，以明确双方的权利和义务。

（4）签订合同。指聘、应双方经协商达成一致意见后，正式签订《聘请法律顾问合同》，履行签字、盖章手续，使聘请合同具有法律效力。必要时还要向顾问律师颁发聘书或登报声明。合同内容和形式参见前述律师为政府提供法律顾问工作的聘请合同。

（5）指派律师担任法律顾问。律师事务所按法律顾问合同的规定为企业指派执业律师。一般情况下，律师事务所应安排企业指定的律师。企业如果没有指定律师，律师事务所应根据合同指派合适的律师。律师代表律师事务所为企业方提供法律服务，按照合同约定的服务内容、范围、工作安排展开工作。

五、律师担任企业法律顾问的工作方法

（一）了解情况

律师接受律师事务所指派担任顾问后，应尽快熟悉企业的情况，包括了解企业的单位性质、经营方式、业务范围、服务对象、隶属关系，了解与企业业务方面有关的财产状况（如物权、债权、专利权、商标权、商业秘密等）资料，作为企业的法律顾问，为给企业服务，要尽快掌握企业业务基本知识、组织机构、管理体制、发展规划，以及近期需要解决的问题，包括企业现存的法律问题，有无重大诉讼和重大事项以及有关的法律纠纷，了解企业聘请法律顾问的基本目的和要求。

（二）主动参与

法律工作是一项非常专业的工作，律师要有职业敏感性，要善于发现与法律有关的问题，要主动将法律顾问的作用讲清楚，逐步培养企业的法律意识和法律需求，强化企业对法律顾问工作的依赖和信任。律师不应消极地等待企业上门请求帮助，而应主动参与到企业与法律相关的工作中去。例如，企业法律顾问就应积极主动参与到企业的经营管理和各项经济活动中去，对诸如谈判、签约、规章制度的订立、债权债务的清理、资产重组、财产租赁、融资租赁补偿贸易等领域，不失时机地提出自己的法律见解或主张，必要时及时出具法律意见书。

（三）定期上门

企业的法律顾问定期上门，可以发现企业生产经营中已出现或可能出现的法律问题，并能及时提出法律意见和建议，以防患于未然。律师应坚持到企业主动过问，主动和企业高、中层领导及生产经营负责人取得联系，积极捕捉法律方面的信息。许多顾问律师虽然为企业做了大量法律服务工作，但这些工作往往通过电话、传真的方式进行，很少到现场服务，使得企业的领导误认为法律顾问作用不大，对法律顾问工作并不满意，很大的原因就是顾问律师很少到现场服务，让企业感觉到法律顾问是可有可无的。

（四）建章立制

法律顾问的工作原则之一是以预防为主，做到预防为主的一项非常重要的手段和工作内容就是帮助企业建立健全各项规章制度。下面以公司为例，说明需要法律顾问帮助建立健全的规章制度主要内容：

（1）健全公司章程。公司章程是公司最重要、最基本的制度，是公司高级管理人员的主要工作指引。如果章程可操作性不强，一些重大事项没有规定或规定不清，会

导致公司陷入混乱。律师应帮助公司对章程进行修订或者补正。

（2）制定议事和工作规则。包括股东议事规则、董事会议事规则、监事会议事规则和经理工作细则等方面。

（3）合同管理制度。合同管理制度是公司防范风险的基础性制度。其主要作用在于事前防范与事中控制，辅助作用是事后补救。该制度的作用将体现在合同缔约准备、审核签订、依约履行、争议处理和违约救济等方面，是法律顾问帮助公司建章立制的最重要的工作。合同管理制度的内容主要包括：合同管理机构的设置与职责、合同基本资料管理、合同模板、合同签订、合同履行、纠纷处理、监督检查与奖惩。合同管理制度使公司职员在合同范本使用、授权委托、公章（合同专用章）的使用、合同评审、合同纠纷预警、合同纠纷处理、合同管理统计和合同监督检查等细节方面有章可循。

（4）劳动管理制度。劳动管理制度包括劳动管理和商业秘密保护、竞业禁止制度等方面。

（5）知识产权管理制度。知识产权管理制度包括各类知识产权与技术在每个进程的管理制度。

（6）突发事件预案。对某些可能对公司造成重大影响的法律事件作出安排的制度，一般包括预防性措施与突发事件处理程序。

（五）集体讨论

顾问律师应将聘方交与承办的重大的、疑难的或事关聘方重大利益的法律事务提交律师事务所讨论，以保证工作质量。律师事务所要定期听取顾问律师的工作汇报，定期到聘方征求意见，不断提高服务质量。

（六）法制讲座

提高企业及其工作人员的法律意识和依法办事的能力是法律顾问的重要工作之一。对企业定期举办法制讲座是达到这项工作目标的主要途径。针对企业的管理人员，应定期举办《公司法》、《合同法》、《劳动法》、《担保法》、《产品质量法》等法律讲座，从而加强企业有关人员法律知识的积累和提高。

（七）建制归档

（1）建立工作日志制度。法律顾问进点以后，为了上下前后衔接，明确责任，要在固定的笔记本上，一日一记、一次一记、一事一记，要记明提出的问题、答案。对于需要由法人代表人决定的事项，凡要求答复的，要记明答复的结果。

（2）建立工作档案制度。对每个企业方都要建立一份档案。受聘律师应将企业的基本情况，对法律顾问工作的意见、要求，以及提供的法律意见书和成文的其他文书，都及时装入档案。

（3）建立请示汇报制度。企业的日常法律事务由受聘律师负责处理，对重大的决策和涉及面广、影响较大的问题，受聘律师在提出具体法律意见之前，要向所在的法律顾问处领导汇报，必要时还可经所在的法律顾问处集体讨论决定。

（4）与企业建立业务联系。法律顾问应定期向聘请单位的法人代表人报告工作情况，说明工作中发现的问题，提出改进工作的措施和建议。在有法律顾问室的企业里，法律顾问应注意与他们加强联系、互通情况、密切协作，共同为企业提供法律服务。

（5）建立资料的汇集、整理制度。"资料"包括有关的法规、规定、政策和上级主管机关的文件，以及与本企业业务有关的各种技术资料和文献、年鉴、总结；"整理"指综合性的分析研究，以备后来者在工作中参考。

（八）建立总结制度

担任法律顾问的律师，应该在本年度内将顾问工作进行一至两次比较系统的总结。这种总结要求说明情况，提出问题加以分析，并提出下一步的工作设想。对于发生的重大问题，要专题作出说明。写好的总结，要交企业和所在法律顾问处各一份存档备查。担任多单位顾问工作的律师，也可以就多单位存在的同一类性质的问题进行总结，发往各个法律顾问点供各单位借鉴。

【法条链接】

《律师法律顾问工作规则》（2000 年 3 月 26 日全国律协通过）

第二十一条：顾问律师应当建立为聘方服务的工作日记，原则上做到一次一记、一事一记。顾问律师应对聘方实行一户一卷，办理具体的法律事务，要一事一档。

第二十二条：顾问律师应将聘方交与承办的重大的、疑难的或事关聘方重大利益的法律事务提交律师事务所讨论，以保证工作质量。

第二十三条：律师事务所要定期听取顾问律师的工作汇报，定期到聘方征求意见，不断提高服务质量。

六、律师担任企业法律顾问常见的几种工作

（一）解答法律咨询

解答法律咨询是律师的一项经常性的政策性、法律性都很强的业务工作。担任法律顾问后的法律咨询工作，是指受聘的法律顾问就聘请方提出的在经营方面遇到的有关法律或法律事务方面的问题，提供具体意见。对于问题比较简单、与企业经营关系不大的一般性的咨询，使用口头形式。如果咨询涉及的项目和问题事关重大，一旦失误会造成严重的经济损失，为避免产生这类严重后果，或为了在出现问题后分清责任，要注意使用书面形式。从目前的实践来看，法律顾问提供的法律意见书有三种类型：

（1）提示型的法律意见书。律师在审查法律事务文书、参与项目谈判时或就参与聘请方重大决策工作中发现的重大问题，为给聘请方提供具体的意见，以引起重视而制作的法律意见书。

（2）答复式的法律意见书。针对咨询者提出的专项问题，为作出答复而制作的法律意见书。这是最常见的一种类型的法律意见书。

（3）敦促型的意见书。向聘请方或有关部门提供法律意见书后，长期未见效果，问题未得到解决，为催促落实原法律意见书提出的意见而制作的法律意见书，称为敦促型的意见书。

（二）参与草拟、审查、修改法律事务文书

1. 草拟法律事务文书

草拟法律事务文书，主要是草拟合同。草拟合同包括对聘请方常用的几种规范化合同和重大合同的起草。常用合同的规范化要求符合法律规定，并要结合聘请方签订合同的实际情况。对于聘请方要经常签订的合同（比如购销合同、加工承揽合同、租

赁合同等），选用有关的较规范化的合同格式，按照具体合同涉及的有关法律、条例的具体要求配备必备的各项条款，并结合聘请方的特殊需要增加条款，使聘请方常用合同规范化，以防止签约中权利、义务不明确等问题的发生。

重大合同的起草，主要是涉外合同的起草，在起草过程中，要注意符合我国法律和公共利益，特别是对土地使用权，不动产的所有权，自然资源的使用，税收的减免，诉讼、仲裁的管辖等方面要很明确。对于技术专业性很强的条款，要结合具体项目，了解有关的专门性的技术问题，把合同签订后在履行过程中可能涉及的问题尽可能明确下来，力争减少争议。

2. 审查法律事务文书

审查法律事务文书，主要是审查合同。以审查一般合同为例，审查时应注意以下问题：

（1）审查对方的主体资格。主要包括以下三个方面：首先，要审查对方是否依法进行了工商登记，具有了法人资格。其次，在对方依法进行了登记的情况下，审查对方经营范围。因为，经营范围决定法人的权利能力范围，超出范围，按《民法通则》第四十二条的规定就会造成合同无效。最后，要注意了解对方的责任能力，也就是所谓"资信审查"，看对方是否有实际履行能力，防止签订无履约能力的合同。

（2）要注意审查合同的主要条款是否齐全。合同的主要条款应包括三部分：法律直接规定的合同具体条款；合同性质决定的不可缺少的条款；合同当事人双方约定必须具备的其他条款。合同若缺少这些条款，要在审查时提出修改意见。

（3）要注意审查合同的内容是否合法。对审查合同合法性问题，要进行全面审查，包括：合同主体是否具有民事权利能力、民事行为能力，合同标的物是否合法，意思表示是否真实，合同成立的程序是否合法，等等。如果合同中的任何一条款违反法律规定，造成合同无效，审查合同的律师就是失职，应承担一定的责任。

（4）要审查合同中是否有违约条款。对于定金和违约金的使用，要注意己方是否有可能违约。如果己方不会违约，定金的数额和违约金的约定比例都可适当提高；如果己方也有可能违约，定金和违约金的比例数额不要订得太高，以防止自己一方违约后所承担的违约责任过重。

（5）要审查合同是否约定了发生争议后的解决方法。包括是通过诉讼还是仲裁解决，如果是诉讼，应向哪个地方的人民法院提起诉讼等。

（6）审查合同双方当事人是否在合同上签字或盖章；签名或印章上的企业名称是否和当事人姓名或者名称一致；签字人是否是企业法定代表人或其授权代表；签字盖章的方式是否符合法律规定或合同的约定等。

【引例分析】

引例中，聘请法律顾问的企业某公司在企业面临困境需要法律帮助时，首先想到法律顾问。律师担任企业法律顾问，即律师运用自己拥有的法律知识和工作技巧，为聘请企业提供综合性的法律服务。但本案中，李律师个人不能私自与企业签订顾问合同，而应由律师事务所与聘请人签订合同。律师事务所根据业务量需要，考虑到要完成顾问单位复杂、繁重、颇具难度的裁员工作，需由具有强烈责任感、相关专业知识丰富、职业技能娴熟的律师团队方可胜任，为此指派律师并组织了律师团，代表律师

232

事务所开展服务工作。受派律师李律师等恪守职责，及时运用法律专业知识，结合国家相关法律和政策，竭诚为企业排忧解难。并且，律师在工作时根据需要，自主对该公司员工的情况进行摸底、评估，出具裁员方案，律师工作只受律师事务所安排，不受企业约束。最后在与企业达成共识后，相互配合，共同完成了一项重大的法律事务，维护了企业的合法利益。

【思考与练习】

案情：

甲市立达公司在与外商谈判建立中外合资经营企业时，就合营合同是否要明确规定合营企业要交纳的税种、税率以及享受减免关税的待遇问题，请律师出具法律意见书。

问题：假如你是律师，请为这一问题出具法律意见书。

【拓展阅读】

几种常见的法律顾问文书

1. 合同审查意见书

合同审查意见书是订立合同的当事人就合同的形式、内容请求律师进行全面审查、评断，并提出意见，律师审查后，作出准确、肯定的答复和提出修改意见的书面形式，它包括首部、正文、尾部三部分。其格式如下：

合同审查意见书

移送单位名称：＿＿＿＿＿＿

合同审查事项：＿＿＿＿＿＿＿＿＿＿＿＿＿＿＿＿＿＿＿＿＿＿

＿＿＿＿＿＿＿＿＿＿＿＿＿＿＿＿＿＿＿＿＿＿＿＿＿＿＿＿＿＿

合同存在的主要问题：＿＿＿＿＿＿＿＿＿＿＿＿＿＿＿＿＿＿＿＿

审查修改意见及法律根据：＿＿＿＿＿＿＿＿＿＿＿＿＿＿＿＿＿＿

＿＿＿＿＿＿＿＿＿＿＿＿＿＿＿＿＿＿＿＿＿＿＿＿＿＿＿＿＿＿

＿＿＿＿＿＿＿＿＿＿＿＿＿＿＿＿＿＿＿＿＿＿＿＿＿＿＿＿＿＿

××律师

××律师事务所

年 月 日

2. 法律意见书

法律意见书是律师就当事人进行的法律活动中的有关法律问题，向当事人提交的具有建设性意见，并解答当事人咨询的法律文书，它包括首部、正文、尾部三部分。其格式如下：

法律意见书

移送单位名称：_____

该单位咨询事项：_____

_____

律师阅读研究的相关文件：_____

律师对该事项的情况分析：_____

_____

律师对该事项的处理意见：_____

_____

律师对相关事项的附带意见：_____

_____

××律师事务所

律师：

年　月　日

3. 聘请企业法律顾问合同

聘请常年法律顾问合同

（　　）字　　号

甲方（聘请方）：

地址：　　　　　　　法定代表人：　　　电话：

乙方（受聘方）：××律师事务所

地址：　　　　　　　　　　　　　　　　电话：

根据《中华人民共和国律师法》及相关法律法规的规定，乙方接受甲方的聘请，担任甲方常年法律顾问。现经双方友好协商，达成如下协议：

一、乙方接受甲方聘请，指派_____律师担任甲方常年法律顾问，并可以根据具体情况组成法律顾问组为甲方提供专项法律服务。

二、乙方律师担任甲方法律顾问的时间定为_____年，时间从_____年_____月_____日起至_____年_____月_____日止。

三、法律顾问的工作范围和职责：

（一）法律咨询

1. 乙方将根据甲方的要求，指派律师到甲方营业地点提供咨询服务；

2. 对于甲方的咨询，乙方应当优先安排律师给予及时、准确、全面的答复。

（二）协助甲方处理内部管理事务

1. 参与起草、审查甲方《劳动用工合同》及重要的规章制度；

2. 协助甲方处理员工的录用、违章惩处、辞退等事宜；

3. 配合甲方对员工进行法制宣传教育。

（三）公司的对外合同事务

1. 参与起草、审查和修改合同、章程等法律文件；

2. 参与公司重大合同的谈判工作。

（四）公司的其他非诉讼事务

1. 出具律师函；

2. 对于甲方的重大经营决策，出具法律意见书；

3. 接受甲方的委托，进行资信调查和专项法律事实调查。

（五）公司知识产权事务

1. 为甲方办理有关商标、专利的申请、续展、转让、许可使用等事宜；

2. 接受甲方委托向中国海关总署备案，申请海关保护；

3. 接受甲方委托向工商、技术监督等行政管理部门请求查处侵权行为。

（六）公司的诉讼事务

1. 接受甲方委托，代理劳动争议仲裁、诉讼事务；

2. 接受甲方委托，代理民商事仲裁、诉讼事务。

四、法律服务费

（一）甲方每年应当向乙方支付法律顾问费人民币＿＿＿＿＿＿元；

（二）乙方为甲方提供一般性法律服务时，不另行向甲方收取律师费，如果因办理特殊事务的需要，费用则由甲方承担；

（三）乙方为甲方提供本合同第三条第五、六款所涉法律服务，或者参与以下重大非诉讼法律事务时，必须另行签订《委托合同》，并按照律师行业标准双方协商、优惠收取律师费：

1. 重大项目谈判；

2. 公司治理与资产重组方案策划；

3. 公司对外投资法律服务；

4. 专项调查；

5. 股份制改造；

6. 其他重大非诉讼法律服务。

五、甲方应当向律师提供有关委托事项的全部资料、文件，如实介绍有关情况，以利于乙方律师开展法律顾问工作。乙方律师对甲方提供的资料、文件、图片等必须予以严格保密。

六、甲方委托乙方律师办理法律事务时，必须如实陈述案情，提供有关证据，如发现甲方有捏造事实、弄虚作假行为，乙方有权终止代理，所收费用不予退还，由此引起的法律后果由甲方承担。

七、乙方律师应当勤勉尽责履行顾问职责，与甲方保持联系，维护甲方的合法权益，尽最大努力降低甲方在生产经营过程中可能遭遇的法律风险。

八、如甲方有合理理由认为指派律师不能胜任工作，有权书面通知乙方要求更换。乙方应当在收到通知后 7 日内向甲方推荐其他律师，经甲方同意后另行指派。

九、乙方在合同期内应当为甲方提供合同约定的法律服务；甲方必须在合同签订之日起 7 日内向乙方支付本合同期内的全部法律顾问费。

十、任何一方若需解除本合同，必须提前 30 日通知另一方，合同解除后乙方将不退还任何已收费用，若甲方未支付常年法律顾问费，仍应全额支付。

十一、如因本合同履行发生争议，双方应当协商解决，协商不成时，任何一方均可依法向有管辖权的人民法院起诉。

十二、本合同如有未尽事宜，可由双方另行协商解决。

十三、本合同自双方签字盖章之日起生效。

十四、本合同一式两份，甲、乙双方各持一份。

甲方：　　　　　　　　　　　　　　　乙方：

法定代表人：　　　　　　　　　　　　受聘律师：

　　　　　　　　　　　　　　　　　　签约日期：　　年　　月　　日

项目三　实　训

【情景设计】

原告河北某公司与被告广东某公司签订一份购销合同，合同约定由原告向被告购买湛江产国标一级白糖2 200吨，单价为每吨人民币3 800元。付款方式：原告向被告支付定金100万元人民币（用原告在河北某地方的220吨白糖价值人民币110万元作为定金，以财务收据为准，多退少补）。同时双方还约定了违约金数额。合同签订后，被告提走了原告在河北某地的220吨白糖并予以销售，所得款项人民币98万元。后因被告交付的白糖不符合原告的要求，原告申诉至法院要求被告双倍返还定金并赔偿损失。

问题：如果你是被告广东某公司的法律顾问，你如何为公司提供法律意见？

【工作任务】

任务一：确定可能适用的法律渊源及相关文本。

任务二：确定相关法律规范。

任务三：在相关法律规范中确定适合自己适用的法律规范。

任务四：了解《合同法》的"合同有效原则"、"定金合同生效原则"和"定金罚则"的知识要点。

任务五：了解《担保法》的相关法律知识。

任务六：准备合同审查意见书。

【训练方法】

将全班学生分成4个小组，每个小组内部进行讨论，形成本组意见，然后组织4个小组之间进行交流，互相借鉴，再由各小组完成书面材料，交给指导老师点评指导。

步骤一：各小组内部讨论，小组成员分工合作，将审查合同的法律意见形成书面材料，并写出法律意见。

步骤二：4个小组之间讨论，每个小组将本小组的意见和形成该意见的理由向全班作介绍，展示本小组的书面材料，与其他小组进行讨论、交流。

步骤三：各小组借鉴其他小组的优胜之处，对本小组的法律意见进行修改、完善，交给指导老师点评指导。

【考核标准】

1. 能够找到两个以上法律渊源及相关法律文本。

2. 能够在相关的法律文本中寻找到适合自己顾问单位的法律规范。

3. 熟悉《合同法》的基本知识。

4. 能够运用"合同有效原则"、"定金合同（从合同）原则"和"定金罚则"来分析本案。

律师助理工作实务

【知识目标】

通过本单元的学习，使学生了解律师助理的职业性质和工作内容，以及成为一名合格的律师助理所应具备的基本素质。

【能力目标】

通过本单元的学习，使学生掌握从事诉讼业务和非诉讼业务过程中的辅助性工作所需要的基本技能。

【内容结构图】

```
              律师助理工作实务
        ┌──────────┴──────────┐
   律师助理制度概述           律师助理工作实务的内容
        │                          │
   ┌────┴─────┐              ┌─────┴──────┐
  律师助理的含义及其          开展业务必备的基本
     产生的背景                   技能
        │                          │
  规范律师助理制度的          诉讼业务过程中律师
     主要方向                 助理的辅助性工作
        │                          │
  律师助理应具备的            非诉讼业务过程中律
     基本素质                 师助理的辅助性工作
```

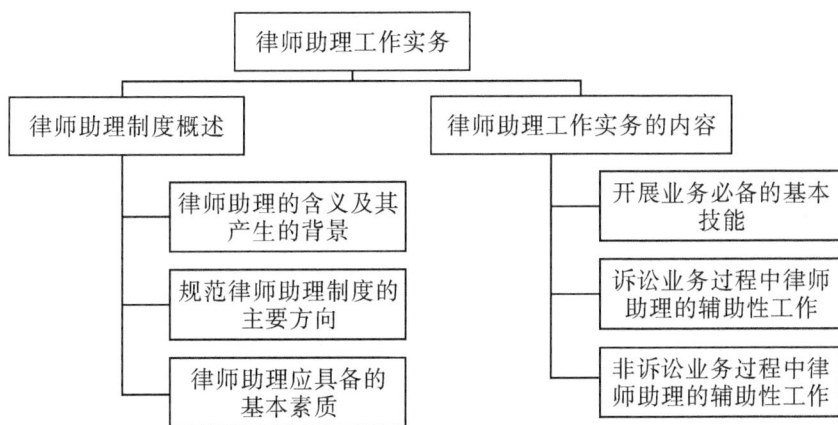

项目一　律师助理制度概述

【引例】

小张今年7月份刚从大学毕业，应聘进入一家规模中等、稍有名气的律师事务所，担任合伙人叶律师的律师助理。进入律师事务所之前，小张计划跟从叶律师学习几年，然后再跳到一家规模大、名气也大的律师事务所，如果有机会就独立做执业律师。即使条件不成熟，在那样一家律师事务所里做知名律师的助理也是很风光和有前途的。

担任叶律师的助理后，小张很失望，跳槽的想法更强烈了。每天小张都要按照要求去律师事务所上班，整理那些看样子永远也整理不完的卷宗，同时还要书写不断增加的诉讼文书、法律意见书，而写好的法律文书还经常被叶律师修改或被要求重写。甚至有时在开会和参加一些所里组织的活动中，小张经常被动地由其他律师或律师助理提醒帮叶律师倒水、擦桌子、买饮料、食品。这不是所里的行政人员做的事情吗？叶律师忙到连这样的事情也忘记做了吗？律师助理工作到底该怎么做？压力这样大，所里和自己的指导律师不仅不给自己来些精华"秘籍"和业务介绍，还有意无意地用重复烦琐的事情来消磨自己。难道这就是律师助理的工作？

问题：什么是律师助理？

【基本原理】

一、律师助理的含义及其产生的背景

（一）律师助理的含义

目前，对于律师助理的概念和任职条件的认识比较混乱，没有一个统一的标准。根据司法部颁布的《律师职务试行条例》（1987年10月10日发布）的规定，律师助理的任职条件是：高等院校（系）法律专科毕业生和中等法律学校毕业生见习1年期满，经考核，初步掌握法律基础知识，了解律师各项业务的内容及工作程序，能完成律师业务中各项辅助性工作。由此可见，《律师职务试行条例》对于律师助理的执业资格并没有严格的要求，但随着我国高等教育和国家统一司法考试的普及，越来越多的律师事务所要求律师助理必须具备法律职业资格证书甚至已经是执业律师。因此，律师助理主要是指由律师事务所设立的一种职位，是指那些专职在律师事务所中，从事律师业务中的各项辅助工作的人员。

（二）律师助理产生的社会和法律背景

随着全球经济一体化的发展和我国市场经济的逐步建立和完善，以及各种社会关系和经济关系的日益复杂，律师业面临的已不仅仅是那些传统的刑事案件和民事纠纷案件，大量的金融证券、房地产、知识产权、国际贸易、反倾销、涉外海事海商等新兴法律服务领域已经摆在面前。为适应日益复杂而专业的法律服务需要，国外发达国家的律师事务所自20世纪80年代就进行法律服务的改革，采用规模化、公司化、专业化的发展模式，细化律师事务所的人员和职责分工，将大量的事务性工作交给律师助理去做，使工作效率大大提高，还大大降低了律师事务所的人力成本，提升了律师事务所的竞争力；此外，也节省了资深律师的办案时间，使其既可以腾出时间用于开拓律师业务，又可以对案件仔细把关，提高法律服务的质量。从境外有关国家和地区的对律师助理制度运用实践来看，国外律师助理职位的取得都有一些门槛与资格，有的是终身的职业，有的是通往执业律师的必经途径，但是也需要较长的服务时间。"律师助理"可能不是一些国家和地区的正式名称，但是律师助理群体都在实践中成为律师行业不断提升服务效率与水平、扩展执业律师来源的重要力量。

二、规范律师助理制度的主要方向

根据司法部颁布的《律师职务试行条例》的规定，律师助理定位为律师事务所内部设置的工作岗位，工作性质主要是协助执业律师完成律师业务中的各项辅助性工作。

律师助理不得独立对外办理任何律师业务或者接受当事人委托。设立这种工作岗位的目的是降低法律服务的费用。在诉讼业务中，律师助理的职责应当侧重于程序上面，比如接收、送达各种文书，信息传递等。对于非诉讼业务，律师助理有权利去办理，但不得与法律法规相抵触。律师助理的工作岗位是为辅助律师而设立，因此，根据我国《律师法》规定，律师事务所对律师助理的工作承担全部法律责任，不得以内部的章程、聘用合同和其他规定对抗当事人或者逃避法律责任。

（一）律师助理的任职条件和工作范围

1. 律师助理的任职条件

律师助理工作要求能够分析专业资料、理解复杂的抽象概念，并且要具有条理清楚和合乎语法的写作能力。因此，律师助理要求具有法律专业中专以上的学历，或者其他非法律专业大专以上的学历。鉴于律师助理所从事工作的性质，律师助理负有保守秘密的义务，以及在没有律师直接管理下正确、及时完成工作的能力要求，律师助理还必须具有良好的品行。在律师助理与律师、当事人和其他人员的来往中，应当将律师助理作为律师事务所专业人员看待。律师助理职业身份确认包含资格认定和执业资格认定。对于资格认定，由于律师助理不同于律师，各省市区可以自行选择资格确认的方式，比如通过统一考试、聘用、资格通认。《上海市律师助理管理规定》第四条规定："律师事务所聘用的专职从事律师业务辅助工作的人员，符合下列条件的，可以按照本规定申领律师助理工作证：①拥护宪法，有选举权和被选举权；②具有法律专业中专以上学历，或者其他非法律专业大专以上学历；③具有本市户籍（含蓝印户口）；④品行良好；⑤身体健康。首次申领律师助理工作证的，年龄不得超过35周岁。"

2. 律师助理的工作范围

《广东省司法厅律师事务所辅助人员管理办法》（该办法中所指辅助人员是包括律师助理在内的专门从事行政管理、财务管理或律师助理等工作人员）第十二条规定："律师事务所根据需要可以聘请律师助理，协助执业律师开展相关的法律事务：①协助律师整理、起草相关文书材料；②协助律师调查取证；③在得到律师事务所指派和当事人授权情况下，可以协助律师接收、送达有关诉讼文书；④办理律师事务所或律师交办的其他辅助性、事务性工作。"

律师助理的工作范围主要由律师事务所内部人员结构和分工宽窄所决定。一般而言分为五类工作：

（1）协助律师整理案件事实材料；查阅、检索法律资料；整理、摘录文件并编写目录、索引；随同律师向当事人、证人了解情况并向有关单位收集与案件有关的材料；向有关单位查阅、摘抄与案件有关的材料。

（2）分析案情，起草案件事实备忘录；草拟诉讼文书；草拟各类法律事务文书。

（3）随同律师出庭，承担庭审记录工作；随同律师会见犯罪嫌疑人、被告人，承担询问笔录制作工作；随同律师参与谈判、调解，承担记录工作。

（4）整理办案材料，承担归档工作。

（5）其他律师业务辅助工作。

（二）律师助理的权利

律师助理的权利在工作中很容易被律师事务所及指导律师所忽视。可是，要想律师助理辛勤工作并担负职责，必须具有相应的权利作为保障。目前，只有少数省市的司法行政部门对此作了规定。如《广东省司法厅律师事务所辅助人员管理办法》第八条规定："律师事务所的辅助人员享有以下权利：①获得履行职责所必需的工作条件；②获得劳动报酬，享受社会保险待遇和福利待遇；③非因法定事由或者合同约定不被辞退；④以合同约定提出辞职；⑤提出申诉或者控告；⑥合同约定或者法律规定的其他权利。"对于律师助理的权利保障，这些规定显然不够具体。

（三）律师助理的执业规范

律师助理的执业规范无全国统一规定。《广东省司法厅律师事务所辅助人员管理办法》第十三条规定："律师事务所应当依法对辅助人员的从业行为进行监督和管理，律师事务所不得有下列行为：①为辅助人员制作印有'律师'、'合伙人'、'合作人'、'主任'、'副主任'等名称的名片、标志；②吸收辅助人员成为律师事务所合伙人、合作人或者推选成为律师事务所负责人；③采用出具或者提供律师事务所介绍信、律师服务专用文书、收费票据等方式，为辅助人员的违法违规行为提供便利；④指派辅助人员单独从事法律业务；⑤指示财务人员违反财务制度办事，特别是违反律师收费管理规定，不向委托人开具合法票据。"第十四条规定："律师事务所辅助人员应当严格根据国家法律法规、行业规范以及本所各项规章制度，认真开展各项工作。律师事务所辅助人员不得从事以下行为：①不得印制自称是'律师'的名片、标志；②不得接办案件；③不得向委托人收取任何费用；④律师助理在辅助律师办理法律事务时，应当遵守《律师职业道德和执业纪律规范》以及《律师执业行为规范》等律师行业规范。"

律师助理是律师事务所内部工作分工，是法律事务辅助性工作人员，并非执业律师。因此，律师助理在工作中不得有下列行为：①律师助理不得单独办案。这里有两层意思，一是律师助理不能自作主张或者要求独立为当事人提供法律服务，二是律师事务所不能安排律师助理独立办案。②律师助理不得向当事人自称为律师或者当事人称其为律师时沉默不作申辩，并接受当事人委托，向当事人提供法律服务。③律师助理不得向委托人收取费用，不得收受委托人的财物。律师助理不得在没有律师参与的情况下，单独与当事人、证人谈话并制作谈话笔录，单独向有关单位收集与案件有关的证据材料。④律师助理在对外活动中不得发表意见，即不得在庭审中发表辩护、辩驳和代理意见，不得在谈判、调解活动中发表法律意见。律师助理遵守的职业道德和行为规则基本与律师职业道德和行为规则相同，如不得泄露国家秘密、当事人的商业秘密或者个人隐私，涉及本人和近亲属利害关系的案件必须回避等等。

（四）律师助理的监督管理

对律师助理的管理主要通过两个层面来实现。第一个层面是律师事务所对律师助理的管理。主要方面是确定一名主管负责制订律师助理管理方案，规模较大的律师事务所可以建立律师助理管理委员会；制订周密的训练计划并组织实施，培训工作一般由执业经验和管理经验丰富的律师来执行；定期考察律师助理工作。这对提高律师助理的工作质量具有重要意义。第二层面是司法行政机关对律师助理的管理。主要通过四个环节来体现：一是律师助理工作证的申领环节；二是实行市、区（县）司法行政机关两级管理和年度考核记载相结合的管理制度；三是对律师助理工作设置较为严格的禁止性规定；四是完善法律责任并严格执行。

三、律师助理应具备的基本素质

在法律实务中，律师助理除了要遵守严谨的职业规则，还应具备一些与职业相关的基本素质，包括：

（一）客观方面

1. 有收集和整理专业信息的能力

律师助理应该养成对专业信息的敏感度，及时收集整理法律法规、法律行业的最新动态，以及自己的指导律师所服务行业的动态，甚至国内外一些重大事件。在收集和整理专业信息之后，将这些文本递交给自己的指导律师，或者按照要求交给指导律师的客户。

2. 掌握各种法律文件的撰写

实践中，律师助理为其指导律师撰写案件的所有文件的初稿，这是一项基本工作内容。在指导律师的指示下，律师助理将所有文件都阅读一遍，形成一个基本的对案件或项目的看法，然后列出应该寻找的重要证据和次要证据名录。接下来做的就是以案件或项目的事实为中心，收集现行法律法规。形成一个清晰的思路之后，自己就需要在此基础上撰写案件或项目的所有相关文书。

3. 脚踏实地整理工作案卷

一本完整的案卷，是研究案件、评价案件的第一手材料。从事法律服务行业的人应该重视案卷的立卷、整理与保存。培养和树立良好的执业习惯是从研究、整理案卷开始的。执业的经验，也是点点滴滴地融入一本本精心制作的案卷中的。在需要时迅速提出保存的案卷，律师助理就能够对新的案件和项目应付自如。

4. 在案件和项目中积极协助自己的指导律师

在跟随自己的指导律师出庭时，律师助理要发挥好自己的配合性的角色，如做好开庭后的记录并整理入卷，传递文书证据，比如在案卷里为指导律师提前找到他要讲到的文件摘要或者证据副本。在此之前的整理案卷工作中，律师助理要为各种文书证据编号，并要告知指导律师这些特殊符号的意义。非诉讼项目必须做的工作更多——律师助理要根据指导律师列出的文件清单开展调查，并制作文件摘录；调查报告出来后要提出思路，并接着考虑一系列的谈判工作和其中的谈判要点；起草相应的法律文书是必不可少的；即使在项目基本结束阶段，律师助理也可能会被指示与客户进行进一步的沟通，确定计划的实施。需要说明的是，非诉讼项目中的很多环节可能由律师助理独自完成即可，而不必由指导律师亲自介入。

5. 保持与客户的良好沟通

在指导律师的允许下，律师助理需要养成一种保持与客户的良好沟通的习惯，定期与客户联系工作，通过电话、电邮等手段询问客户一周的工作安排并向指导律师通报；在指导律师的同意下，亲自拜访指导律师的客户，听取他们对服务的意见，收集他们的信息，并从中找到可以为指导律师带来收益的情报。无论是带去自己所在律师事务所的信息简报还是从客户那里带回资料，律师助理应当注意自己的角色定位，谨言慎行。

（二）主观方面

1. 注意言语的内容与方式

律师助理不能够公开谈论当事人委托的事务，这是法律工作者的职业要求。具体地说，如在法庭开庭前，律师助理切记不要与他人交流案件的情况，防止案件的线索与细节流露到对方当事人或他的委托人那里去。在客户的公司内外，自己被委托起草某份重要文件后，更不能在公开的场合随意说话或通话，防止重要事项在保密状态时就流传出去。

此外，律师助理不能够公开评价当事人。与案件有关的当事人和客户以及他们的家人、同事、朋友等素质参差不齐，律师助理的内心常常会对这些事物和人有不同的评价和喜好，从职业精神来说是不能够公开对其予以评价的，更不应该影响法律服务的质量。

最后也是十分重要的是，律师助理不可以被利益蒙蔽，诋毁其他同行。

2. 认真专注于做好自己的事情

首先，律师助理在律师事务所中只对自己的指导律师负责。保持对所有人的礼貌和尊敬，但不必对每一个人负责，律师助理应当只对自己的指导律师负责。没有得到指导律师的许可，律师助理不能参与其他律师的案件；没有得到指导律师的同意，律师助理也不能直接和指导律师的客户发生业务上的联系。

其次，律师助理要以行动来保持与同事的良好的协作关系。指导律师很可能使用若干名律师助理处理案件或是项目，这就需要每一名律师助理都具备团队精神和协作精神。还有可能的情形是，指导律师会和其他几个律师一起合作处理某个业务，临时形成一个工作团队。缺乏相互之间的良好协作，就无法实现工作目标，甚至自己做的那部分工作也不能与整个项目保持一致。

认真专注于做好自己的事情还有一项要求就是即使自己暂时没有事情需要处理，律师助理也不要过分关心他人的案件，翻阅其他人的资料，或者擅自指出同事在工作中的错误，甚至与同事的客户取得联系等。

最后需要说明的是，即使自己被指导律师安排负责处理案件或是项目的其中一段法律流程，律师助理也必须学会像律师一样思考案件或是项目的法律问题和解决之道。这是走向执业律师的必经之路。

【引例分析】

引例中的小张的行为显然是不恰当的。首先，他对律师助理工作性质的认识是错误的，他只是把律师助理职位作为一个跳板。其实，律师助理是一个可以大有作为的职位，也是可以长期乃至终身从事的工作。其次，他对律师助理工作的内容有着错误的期盼，把律师助理应当做的工作，比如整理卷宗、撰写各种法律文书视作沉重的负担，这种态度决定了他不可能做好律师助理工作，以后也不可能成为一名优秀的执业律师。

【思考与练习】

你认为律师助理的技能与素质这两个方面哪一个更重要？它们该如何结合才能赢得指导律师的信任？

【拓展阅读】

境外律师助理制度概况

在境外少有法律明文规定的律师助理制度，一般均由律师事务所根据业务需要内部设置工作分工。律师助理大致由两种人员组成，一种是以律师助理为终身职业的人员，另一种是在成为执业律师前的实习律师。

1. 美国律师助理制度

在美国，为了适应社会对法律服务的广泛需求，20 世纪 80 年代末就出现了专门的律师助理职业。美国不少法学院都设有律师助理专业，开设有关的专业课程并授予律师助理学位。而在律师执业方面，特别是在大型的律师事务所中，不仅有人数众多的执业律师，而且还有相当于执业律师人数数倍的庞大的工作人员队伍。律师事务所聘用大量的律师助理配备给执业律师，是避免他们把过多的精力花在文秘事务中。律师助理从事大量的法律辅助工作，如编制法律文档、草拟诉讼文书、安排执业律师工作日程等。律师助理要求具有一定的法律专业知识，以便协助执业律师完成各项辅助性的工作。

2. 德国律师助理制度

在德国，在具有一定规模的合伙律师事务所中，其执业人员结构一般分为合伙人、聘用律师和律师助手。由于德国法律对取得律师资格的规定非常严格，取得律师资格必须通过两次国家考试。第一次考试是在大学法律专业毕业后，经过两年半的法律业务实习，参加 8 次口试和 8 次笔试。实习者通过全部考试后就可参加国家举办的第二次考试，最后考试合格者可以申请律师资格。一般情况下，从大学毕业到申请取得律师资格成为执业律师需要 8 年时间。在这期间，实习人员在律师事务所作为律师的助手——律师助理，一方面协助执业律师工作，积累工作经验；另一方面向执业律师的目标不断努力冲刺。

3. 中国香港律师助理制度

在我国香港特别行政区，请求法院批准其律师资格的人员，必须按规定进行实习，与执业 5 年以上的律师签订"师约"，进而成为实习律师，持香港大学颁发的法学毕业证书的实习期为 18 个月，其他经香港律师公会举办的考试合格人员的实习期为两年，实习期届满由法院首席法官经审查作出是否授予律师资格的决定。因此，实习律师在实习期间作为执业律师的助手，即律师助理，接受"师约"律师的指导、监督和工作安排。

项目二　律师助理工作实务的内容

【引例】

　　××律师事务所的某客户是国家直属国有企业，准备在中国银行同业债券市场上发行短期融资券，现欲委托该律师事务所为本次发行出具法律意见书。你作为一律师助理，接受主办律师的指令，负责收集整理短期融资券的相关法律信息、文件和资料，为主办律师起草针对本次短期融资券发行的法律意见书、相应的报批和发行文件提供参考和内容支持。请根据你自己理解的范围和分类，上网搜索相关收集的信息、文件和资料，并将收集到的资料按照你自己的理解进行适当分类，以方便主办律师的阅读和取舍。

　　要求：请将你收集到的各类资料以分类标题和具体资料标题形式一一列出。

【基本原理】

　　律师助理在工作中应该成为指导律师不可或缺的左右手。律师助理在工作期间将会被指派完成各项任务，并且要满足不同的当事人或客户的要求。能够胜任工作的律师助理应该在具备一些基本的业务技能的基础上，在指导律师的指示下独自完成可以由律师助理操作的业务，在指导律师的指导下辅助、配合只能由执业律师操作并承担法律责任的业务。

一、开展业务必备的基本技能

　　律师助理在实操业务时，必须具备一些基本的业务技能才能完成指导律师交给自己的各项任务，显现一名法律职业人的水平和精神。这些基本的业务技能主要内容如下：

　　（一）书写律师函

　　律师函不是格式文件，没有固定文本，而且内容文字亦不算多。况且律师函有没有效果，在于看函件的人。但是一份律师函，体现的是写这个函件的律师的文学素养和法律功底。如果指导律师让自己的助理来书写律师函，律师助理本人不可随意操作，使得本来可以见到效果的律师函如泥牛入海，甚至为对方当事人或客户所轻视。律师函是告知对方解决问题的诚意而不是漫无目的的指责。通过律师函的书写和发送，指导律师以此来知晓或者判断出对方对事态的看法，从而决定下一步的策略和技巧。

　　（二）撰写法律意见书

　　法律意见书在现代商业社会被广泛使用着。在我国，大型融资项目，比如证券上市、发行债券等均需要律师事务所出具合格的法律意见书。法律意见书是唯一能够最完整显示律师素质的法律文件。因为它要求撰写者具备一个专业领域的理论素养和实践能力。法律意见书制作过程将花费律师及其助理大量的人力成本，并且律师还必定会为亲笔签署的书面文件承担责任。在撰写法律意见书的过程中，指导律师可能要求具备较高理论素养并参与项目的律师助理为该项目的法律意见书书写草稿。

（三）起草和审核合同

起草和审查合同是律师及其律师助理的基本工作，也是法律顾问的常规业务。如若指导律师将一件合同让自己的律师助理修改，律师助理应该具备能够指出合同中的所有法律问题的技能。同样地，律师助理也应该能够起草一份让客户满意的合同。

（四）制作其他各项法律文书

根据法律规定和律师的业务实践，律师文书的写作范围包括以下三个方面：

（1）代写诉讼文书。常见的主要有起诉状、答辩状、上诉状、申诉状等。

（2）代写有关法律事务文书。主要是指除诉讼文书以外的其他与法律事务有关的文书，包括各种协议书、委托书、遗嘱等非诉讼法律事务文书。

（3）代写其他文书。主要是指与社会生活有关、具有一定法律意义的文书，包括收养子女申请书、社会救济申请书、公证申请书、声明书、举报信等。

律师助理应该通晓上述各种文书的写作。

（五）独立进行法律咨询

怎么留住正在向自己进行法律咨询的客户并将其转化为今后的客户？指导律师可能会将一部分法律咨询业务交由律师助理去办理。因此，通过法律咨询这一业务留住潜在客户、将其转化为今后的客户，甚至直接将法律咨询转化为实际的代理业务是十分重要的。为此，律师助理在进行法律咨询时要注意以下几个方面：

1. 态度真诚，言辞友善

不管咨询的人最终能不能成为自己的客户，律师助理都应该态度真诚，言辞友善。以下的语言和行为模式可以作为参考：

"您好，我是×××律师的助理，很高兴与您见面。这是我的名片（伴随规范的递交名片动作）。请问我可以帮您做什么？"

"您的问题我暂时还无法立即给您答复，请您留下联系方式（伴随认真的记录），在仔细研究您的材料后，我会及时给您一个妥当的建议。"

诚实与值得信任是律师助理提供法律咨询时应当给对方留下的印象。对于一个相对复杂的案件，律师助理不能为了希望承接该案件而在当事人面前轻描淡写而故作神秘，也不能因为案情简单，为了收取较高的费用，故意说得十分严重。

2. 注意细节，善于思考

律师助理不可急于将看似矛盾已经激化而很有可能对簿公堂的一些当事人的事情作为案件去分析筹划，更绝对不可怂恿当事人去进行无谓的诉讼。律师助理应该像律师一样思考，学习他们从当事人的角度思考问题，以当事人的利益作为筹划的基础。站在当事人的角度为当事人的利益着想能够争取到他们的理解和信任。不过在做法律咨询时，要注意有些问题是不能够向当事人询问和了解的，以免使当事人产生抵触情绪。

3. 解答法律依据问题，不涉及具体操作问题

在咨询阶段，律师助理只需要做到将当事人要求解答的问题给予一个法律上的答案就行，至于下一步如何操作，律师助理可以很直接地向对方表明，根据行业惯例，这需要双方进一步地确认合作关系。一种比较实际的做法是，如果觉得当事人对自己的意见很满意，律师助理可以直接对当事人说："如果您觉得可以将案件交给我们事务所代理的话，我们可能要先对代理关系进行约定。"这样的做法，既避免不诚信的当事

人用自己辛勤提供的方案直接操作，也能够将自己的想法坦诚地传达给当事人。

（六）收集证据

律师助理接到一个案件时，即使第一步没有接触到证据，也应该思考从哪些方面着手收集证据以及形成证据链条。以下通过一个案例来说明这些问题。

湖南韶山毛家发展有限公司（以下简称"毛家公司"）是中国驰名商标"毛家"的持有人，该商标使用最为知名之处是在全国连锁饭店"毛家饭店"上。毛家公司发现，现市场上有一家餐饮企业名为"毛家湾饭店"，该企业在商标使用上，尽力淡化"湾"字，将其缩写至很小，整体背景颜色、字体等几乎与"毛家饭店"相同，而使得消费者很难判断出"毛家湾饭店"和"毛家饭店"之间的区别，导致"毛家饭店"的顾客流失，即将引发诉讼。

作为原告一方，指导律师将该案件的证据收集工作交由其律师助理进行，那么该律师助理应该从哪些方面收集证据？

根据案情和原告可能提出的诉讼请求，律师助理应当收集以下几个方面的证据：

第一组证据：关于原告公司拥有"毛家"注册商标所有权以及"毛家"注册商标美誉度的证据，包括：①原告公司营业执照；②"毛家"商标证书——证明原告拥有"毛家"注册商标所有权，以及"毛家"注册商标法律保护的期间和使用范围；③"毛家"注册商标荣获国家工商行政管理总局颁发的中国驰名商标证书——证明"毛家"注册商标拥有法律认可的驰名商标的特别保护权利；④"毛家"注册商标荣获的相关荣誉证书——证明"毛家"注册商标在行业内获得了相当的荣誉，得到消费者的认可，享有一定的美誉度。

第二组证据：关于被告主体地位以及与原告相同的服务中使用与原告商标相近似的商标名称的证据：①工商行政部门的公示资料——证明被告的主体地位；②被告几种侵权产品的外观照片——证明被告在与原告相同的服务中使用与原告商标相近似的商标名称的事实，以及被告有意在饭店门面装潢上突出使用"毛家"商标，刻意缩小"湾"字的字体、弱化其位置，混淆消费者对其饭店服务的认识的事实。

第三组证据：关于被告服务的开展给原告造成损失的证据：①公证书——证明被告服务在市场开展的情况；②××地区的餐饮服务票据若干张——证明被告服务的区域；③原告2011年4月至9月与2010年4月至9月销售报表对比——证明被告的侵权行为给原告造成的损失情况；④律师事务所合同以及发票——证明原告为追究被告侵权行为而支付了的合理费用；⑤公证费发票——证明原告为追究被告侵权行为而支付了的合理费用；⑥其他合理费用发票——证明原告为追究被告侵权行为而支付了的合理费用。

这三组证据形成了一个证据链，足以支持原告可能提出的诉讼主张。

律师助理在处理证据时，还需要注意证据材料的保管问题。首先是自己避免收取证据原件，所有需要核对的原件由当事人自己携带；其次是收到证据材料后应向当事人出具收据；再次是自己编写证据清单；最后是制作证据副本并及时归档。

二、诉讼业务过程中律师助理的辅助性工作

诉讼业务内容主要分为民事诉讼业务、刑事诉讼业务和行政诉讼业务。这三种诉讼业务的操作有一些不同之处，不过从律师助理作为指导律师的辅助性地位角度来说，

从立案到执行（刑事诉讼案件的执行比较特殊，作为被告代理人的律师及其律师助理均只能被动地听从法院的安排配合执行，作为被害人一方的律师及其律师助理亦是如此；而刑事诉讼的立案与律师无关）所进行的辅助性工作内容在三种诉讼业务之间却没有明显的差别。下面从立案到执行部分律师助理工作内容的展开是以民事诉讼业务为线索的。

（一）立案

诉讼的第一个程序就是立案。立案一般是形式审查，法院会审查律师助理递交上去的文件是否符合相关的程序要求。不过立案庭的法官有时也会对案件的实体问题进行询问，这时候与他们解释和沟通就能够解决问题。在立案的程序中律师助理应该注意的是：

（1）递交材料时应再三查看相应的法律文书、基本证据、授权委托书、律师事务所函以及身份证复印件等是否已为指导律师准备好。

（2）如果材料能够通过形式审查而被立案庭收取，律师助理不能忘记提醒指导律师缴纳诉讼费，包括法院在收取案件受理费后加收的其他诉讼费。

（3）应该主动向法院询问立案文书，并帮助指导律师收取，如《案件受理通知》、《诉讼风险告知书》、《举证通知书》、《庭前会议通知》等。律师助理应仔细阅读这些立案文书，查看是否有一些重要的信息或者是否有错误、遗漏。

在立案阶段，律师助理还需要提醒指导律师在法定日期内提交答辩和证据，或更主动地去做这样的事。如果立案庭不受理己方作为原告或是反诉方的起诉或是反诉，自己应该让立案庭作出不立案裁定，以便可以对该裁定上诉。

（二）阅卷

如果是代理被告一方，律师助理在被告收到了应诉通知书和文书传票后，应当及时在指导律师的安排下进行阅卷。其中需要注意如下事项：

（1）联系经办法官。律师助理通过收到的文书上的经办法官的电话号码与之联系，说明来意，带着自己的证件和授权委托书、律师事务所的函件，有时候还需带上本律师事务所为自己办理的实习律师证（以此身份是不能办理刑事案件的），请他们给予相应的配合。

（2）摘录、复印案卷文件。大多数情况下，律师助理可以得到允许复印案卷中的文件。如果对方在举证期限内有新的证据，律师助理同样可以要求法院提供一份副本。还有一点需要注意的是，从摘录、复印的案卷文件中留意对方的代理人的情况，以便针对该代理人的办案特点提出对策。但要注意的是，未经允许律师助理不要随意去翻阅法官办公室其他案件的卷宗，不要打听法官对案件的看法等等。

（三）递交文书和交换证据

律师助理在递交文书和交换证据时主要操作的环节各有不同，现分述如下：

1. 作为原告律师助理的工作事项

原告在诉讼中要做的工作准备要比被告多，如若不慎，可能会使原告的诉讼请求被法院驳回。

（1）原告一方的文书准备与撰写。

律师助理为原告需要准备的文书可能有：起诉状，变更补充诉讼请求申请书，追加当事人申请书，财产、证据保全申请书，司法鉴定申请书，证人出庭作证申请书，延期举证申请书，证据清单以及证据证明事项的说明。如有需要，还有撤诉申请书等。这些文书的撰写工作基本上是由律师助理完成，并且要在一定的时间内递交给法庭。

（2）原告一方的证据收集与整理。

在举证期限届满前，律师助理需要向法庭提交证据；如果不能够及时提交，也要向法庭申请延期。证据要准备两份，以便于交换。如果递交了很多己方的证人笔录，那么律师助理还要准备将证人名单交给法庭。

2. 作为被告律师助理的工作事项

（1）被告一方的文书准备与撰写。

律师助理为被告需要准备的文书可能有：答辩状，反诉状，管辖异议申请书，延期举证申请书，追加当事人申请书，证人出庭作证申请书，证据清单以及证据证明事项的说明，等等。

（2）被告一方的证据收集与整理。

代理被告一方时，律师助理收集证据的目的性很强，主要是针对原告的主张。比如，原告要求被告偿还欠款，而被告却有已经付款的凭据或者原告的收条等。

证据交换后，律师助理应仔细研究对方的证据和己方的证据，寻找对方的纰漏和己方的弱点，认真地寻找对方的失误，在进行综合分析之后提出取得胜诉的方案供指导律师参考。

（四）启动庭前程序

在起诉之后至开庭之前，还有很多庭前程序可以针对不同情况而启动。如财产保全程序——律师助理可以奉指导律师之命在诉讼程序提出之前就申请财产保全程序，在程序启动后督促法院执行。代理原告一方时，律师助理可以根据案情提醒指导律师要求启动证据保全程序和先予执行程序。代理被告一方时律师助理可以视情况要求启动管辖异议程序、反诉程序、重新鉴定程序、追加当事人程序等。

（五）开庭

（1）以高效的工作做好庭前准备。开庭时，指导律师要经常发言、翻资料。如果律师助理没有准备好，指导律师思维可能因在案卷里寻找不到关键问题的摘要，或是因寻找不到对方律师及法官的提问而陷入停顿。因此，律师助理要将阐述的内容列成一个备忘录，将举证的文件列成一个清单，在文件上注明标记。

（2）以清晰的思路应对法庭调查。法庭调查阶段时，出庭的指导律师要将全部精力集中在对己方证据的陈述说明以及对对方证据的驳斥上。因此对于有证人证言作为证据出现的情况，律师助理要提醒自己的指导律师一定要提出必须让证人出庭作证。遇到关键的有力驳斥对方的机会，律师助理要提醒指导律师抓住这样的机会，并加紧询问对方。这就需要律师助理在开庭前配合自己的指导律师准备好一些可能出现的问题。

（3）以精准的辩论驳斥对方的观点。律师助理撰写的代理词不可摆设许多法学理论，而应以事实和证据以及基于这些事实和证据所产生的法律后果充实其内容。无法反驳对方的主张时，不要强辩、诡辩和狡辩，这样只会使经办法官产生反感。

（4）律师助理应该协助自己的指导律师做好与当事人的沟通工作，并准备可能的调解方案经指导律师审阅后供当事人选择。

（六）及时补充文件，提请签署文书

1. 补充文件

在庭审过程中，书记员可能过多留意了双方律师的辩论而遗漏了某些记录，指导律师也可能还有很多问题没有阐述明确，那么，律师助理应该在庭后 3 天内将自己的指导律师认为要补充的文件撰写清楚送给指导律师审阅，并最终交给法庭主审法官。

2. 签署文书

案件审判结束后，对于收到或者代为收到的文书，律师助理应当自己或者提醒自己的指导律师及时送达给当事人，因为只有该当事人才承担判决的后果，享受判决确定的权利。

（七）执行

律师助理不要忘记提醒自己的指导律师申请执行，即使实际情况出现了没有办法执行到位的可能。有关执行的程序问题，律师助理需要做的工作内容主要如下：基于各种原因，法院执行人员可能没有将标的执行到位甚至拖延着没有发出执行通知书、强制执行通知书。因此，律师助理需要协助自己的指导律师与执行人员进行沟通，提供被执行人的财产线索等信息。进一步地，律师助理还要对被执行人所有的可被执行的财产是否设定了担保物权等状况进行调查，预先准备一些必要的执行费用等。执行财产保全或者证据保全时，律师助理应该遵照指导律师的指示提前去往法院，陪同执行工作人员去冻结账户和财产。

三、非诉讼业务过程中律师助理的辅助性工作

非诉讼业务是指律师业务范围中不与法院发生联系的业务。这个范围非常广，它远远超过了律师的诉讼业务范围，囊括了社会生活中一切与法律有关系的事务。从回答各种法律咨询，到代写各种与法律有关的文书，再到代办各种与法律有关系的事务；服务对象既可以是公民、法人，也可以是政府，甚至是各种国际组织。在非诉讼业务中，律师助理可以比在诉讼业务中发挥更大的作用。虽然工作的性质仍然是辅助性的，但是，只要指导律师许可，只要律师助理能够胜任，当然还要当事人能够接受，那么律师助理就可以在律师的指导下，在非诉讼业务的所有领域真正独当一面，全方位地为当事人提供服务。在非诉讼领域中，律师助理所需的素质、技能如上文所述；办事的程序，根据所办之事的种类而不同（详见本书各单元的内容）。

【引例分析】

法律研究能力是律师助理应当具备的专业基础素质之一。这样一个案例的设置旨在考察律师助理在面对陌生的专业问题时，如何紧扣任务目标，充分发挥自己的专业知识，完成法律研究任务。在此关键要明白三个问题：文书是做什么用的？文书是什么人写的？文书是什么人读的？由于准备的资料是为了起草法律意见书用的，所以法律规定、热点问题和法律意见书样本这三个部分是必不可少的内容。以下是准备书写法律意见书之前进行的一些基本工作。

1. 基本知识

作为助理要知道撰写该法律意见书需要搜寻哪些知识及去哪里寻找，参考答案是：

（1）我国银行间市场发展的背景与前景——新华财经。

（2）企业短期融资券，中国企业金融发展史上的里程碑事件——人民网。

（3）企业获准发行短期融资券发行利率不受管制——TOM 财经。

（4）短期融资券向企业"开闸"不对社会公众发行——TOM 财经。

（5）短期融资券的 PowerPoint 演示文稿——律师博客。

（6）短期融资券发行掀起高潮优质券种将成新宠 TD——新华网。

2. 相关法律法规

作为助理应当知道撰写该法律意见书需要哪些法律法规及去哪里寻找，参考答案是：

（1）《证券公司短期融资券管理办法》——各证券公司网站。

（2）《上海市企业短期融资券管理暂行办法》——法律快车。

（3）《深圳中小企业短期融资券管理暂行办法》——各证券公司网站。

（4）《海南省企业短期融资券管理暂行办法》——各证券公司网站。

（5）重要消息提示：《短期融资券承销规程》和《短期融资券信息披露规程》。

3. 热点问题和分析

作为助理应当知道撰写该法律意见书需要了解哪些热点问题及相关的分析以及去哪里寻找，参考答案是：

（1）北京某律师所撰写的《我国企业短期融资券的法律分析》——该律师事务所网站。

（2）《四大风险笼罩短期融资券市场》——新浪网。

（3）《短期融资券超常规发行，商业银行趁机收编优质企业》——搜狐网。

（4）《问题短期融资券警醒货币基金》——人民网。

（5）《哪些券商可以发行短期融资券》——北方网。

（6）《短期融资券定价有待完善》——中金在线。

4. 相关文件模板

作为助理应当知道撰写该法律意见书需要了解哪些相关文件模板以及去哪里寻找，参考答案是：

（1）《化医控股短期融资券分析报告》——管理资料。

（2）《上海紫江短期融资券分析报告》——潮商信息网。

（3）律师工作报告样本。

（4）承销协议及承销团协议。

5. 法律意见书样本

作为助理应当知道撰写该法律意见书需要了解哪些法律意见书样本及去哪里寻找，参考答案是：

（1）《关于中国长江电力股份有限公司发行融资券的法律意见书》——该公司网站。

（2）《芜钢铁集团有限公司发行短期融资券的法律意见书》——该公司网站。

6. 其他

（1）《中国短期融资券信用分析周报》——管理资料。

（2）《2006 年下半年中国短期融资券信用展望》——信用管理资料。

【思考与练习】

　　1. 作为律师助理，在诉讼案件中你该如何收集证据？

　　2. 在非诉讼案件里，如果客户的要求不符合法律规定，或指导律师的指示有偏差时，你如何与之沟通、说明？

【拓展阅读】

压力大、收入低、门槛高——律师助理生存状况调查

　　律师助理是执业律师成长的必经阶段。这也是初出茅庐的法科学生迈出法律人生的"第一步"。那么，律师助理的执业状况如何？他们有着怎样的内心感悟？近日，记者深入几家律师事务所，以期了解律师助理这一群体的生存状况。通过调查发现，律师助理工作量大，压力大，收入少，做着助手、秘书、翻译等种种烦琐的工作，甚至充当律师的司机、生活保姆等多重角色；内心失衡，心情浮躁；言听计从的背后是牢骚满腹。在西单繁华地段的一个写字楼里，记者见到了北京某律师事务所的律师助理小赵。因为他所跟的"老板"（指导律师）比较有名，业务量也很大，因此雇佣的律师助理共有 7 人。谈起自己的工作，小赵报上一堆名来：撰写起诉书、答辩状、财产保全申请书、管辖异议申请书、延期举证申请书、证据清单、质证意见、代理词、补充代理意见、法律意见书、结案报告、谈话记录、当事人声明书、律师函，等等。而更细致的工作还有逐字逐句的校对和修改等。每次起草这些文件时，他都要替律师查阅大量的法律法规，还有相关行业文件。此外，联系客户、接待当事人、外出调查都是律师助理工作中不可缺少的，还要去法院立案，取送各种文件和文书。几乎所有外出跑腿的活，都非律师助理莫属。更有甚者，有时他还是"老板"的生活秘书，订机票、陪同出差……如果帮助律师处理的是一件非诉讼项目，那么助理的事情更多。以一件小型的收购业务为例，要根据律师列出的文件清单开展尽职的调查，并制作文件摘录，标出有疑问并需要进一步落实的文件；要协助律师制作调查报告，并提出收购的几种可以操作的方案；要协助律师考虑报价和反报价；要协助律师参与实质性的谈判并指出谈判要点；要协助起草收购文件；在完成收购后，要协助律师参与收购后的企业整合。说到开庭前的工作，小赵苦笑一下，说："除了不能在法庭上发言，我几乎什么都做了。"进知名律师事务所是律师助理的梦想，实现却不容易，律师助理难当，要成为知名律师事务所的律师助理更难。单纯重复流水线的作业，律师助理很难有所成长。律师助理收入普遍偏低。记者认识的一名律师，身边围着四五个助理。过一段时间，你再去一看，又都是新面孔。这一拨助理来，那一批助理又都离开了，有人戏称是"铁打的律所，流水的助理"。金某告诉记者，按行政管理划分，律师所分为合伙人、律师、实习律师、律师助理以及行政辅助人员，如果按业务划分，就是律师和助理律师，甚至许多拿了司法考试资格证书的实习律师也要做助理。经过一段时间的学习，有的是去更好的律所做助理了，有的是想去公司法务部工作的，有的则是干不下去想转行的。但也有少数出色的助理成为工薪制律师，可以独立办案。①

---

　　① 陈虹伟. 压力大、收入低、门槛高——律师助理生存状况调查 [N]. 法制日报, 2008 - 07 - 21.

项目三 实 训

【情景设计】

你的指导律师需要会见一名客户，该客户可能将与你所在的律师事务所和你的指导律师进行合作。作为律师助理，你应该在此之前做一些什么准备工作？在陪同你的指导律师会见该客户时，你需要注意什么？

【工作任务】

任务一：听取指导律师的指示，并与该客户通过电话、电邮等方式进行联系，了解客户的要求。

任务二：汇聚两方的意见和材料，整理与对方面谈的思路并提出相应建议由指导律师考虑。

任务三：准备相关法律法规及材料，撰写具体会谈计划交由指导律师审定。

【训练方法】

步骤一：参训学生按照人数多少分为几个小组，在每一小组里面划分指导律师、律师助理和客户三类角色（每种角色的人数可以不止一个人，调动全组的学生参与。一名指导律师可以指导若干名律师助理；两名指导律师可以共同使用一名律师助理；客户可以有若干名代表）。在划分好角色以后，律师助理按照工作任务的步骤前后进行演示。每次训练完毕之后各组简要总结经验，再转换角色进行新的演示。

步骤二：陪同指导律师会见客户的律师助理除了衣着得体之外，还需要注意听取指导律师的指示，配合指导律师的动作、语言传递资料，或者对己方的材料解释、说明。

【考核标准】

1. 应当准备重要的法律文件。

2. 己方会谈思路可以有两种以上，但必须明确可行；模拟合作事项的材料、律师助理提出的会谈内容等建议、具体会谈计划均需反映在书面上。

3. 律师助理撰写书面材料要有针对性，重点突出，并契合合作事项的法律问题，在会谈场合的表现要注重职业化并演示熟练。

参考文献

[1] 庞正中，郭振忠．律师执业基本技能（上、下）［M］．北京：北京大学出版社，2007.

[2] 徐家力．律师实务［M］．北京：法律出版社，2005.

[3] 陈爱江．法律职业技能与办案实务研究［M］．北京：科学出版社，2008.

[4] 李燕．商务律师实务指引［M］．重庆：重庆出版社，2008.

[5] 斯蒂芬·克里格，理查德·诺伊曼．律师执业基本技能：会见、咨询服务、谈判、有说服力的事实分析［M］．中伦金通律师事务所译．北京：法律出版社，2006.

[6] 姜小川．人民调解实用手册［M］．北京：中国法制出版社，2009.

[7] 江平总．中国律师办案全程实录之行政诉讼［M］．北京：法律出版社，2004.

[8] 房保国．法律援助［M］．北京：中国法制出版社，2004.

[9] 李正华，牛余凤．律师与公证实务［M］．武汉：武汉大学出版社，2009.

[10] 张勇．远见：提升律师执业技能的164个细节［M］．北京：法律出版社，2011.

[11]［美］艾伦·德肖维茨．致年轻律师的信［M］．单波译．北京：法律出版社，2009.

[12] 李光耀．制度视角下的辩护律师权利保障分析［J］．法治研究，2010（5）．

[13] 兰志中，蓝贤林．论我国刑事辩护律师权利保障之出路［J］．西部法学评论，2004（4）．

[14] 李本森．中国律师业发展问题研究［M］．长春：吉林人民出版社，2001.

[15] 张善焱．中国律师制度专题研究［M］．长沙：湖南人民出版社，2007.

[16]［美］理查德·A. 波斯纳．法理学问题［M］．苏力译．北京：中国政法大学出版社，2002.

[17] 陈瑞华．法律人的思维方式（第二版）［M］．北京：法律出版社，2011.

[18]［德］各佩利乌斯．法学方法论［M］．金振豹译．北京：法律出版社，2009.

[19] 陈金钊．法理学［M］．北京：北京大学出版社，2010.

[20] 黄茂荣．法学方法与现代民法［M］．北京：中国政法大学出版社，2007.

[21] 张文显．法理学［M］．北京：法律出版社，2007.

[22]［英］威廉·韦德．行政法［M］．徐炳等译．北京：中国大百科全书出版社，1997.

［23］［日］谷口平安．程序的正义与诉讼［M］．王亚新，刘荣等译．北京：中国政法大学出版社，1996.

［24］孙笑侠．程序的法理［M］．北京：商务印书馆，2005.

［25］［美］沃德·法恩斯沃思．高手：解决法律难题的31种思维技巧［M］．丁芝华译．北京：法律出版社，2009.

［26］江必新，梁凤云．行政诉讼法理论与实务［M］．北京：北京大学出版社，2011.

［27］应松年，袁曙宏．走向法治政府：依法行政理论研究与实证调查［M］．北京：法律出版社，2001.

［28］中华全国律师协会．律师职业基本技能（上、下）（修订版）［M］．北京：北京大学出版社，2009.

［29］刘树桥，马辉．人民调解实务［M］．广州：暨南大学出版社，2008.

［30］王旭军．法治视野下的行政诉讼［M］．北京：人民法院出版社，2008.

［31］屠振宇．行政诉讼法实务指导［M］．北京：中国法制出版社，2008.

［32］蔡小雪．行政诉讼证据规则及运用［M］．北京：人民法院出版社，2006.

［33］山平安．律师、公证与仲裁教程［M］．北京：法律出版社，2002.

［34］刘健．中华人民共和国律师法释义［M］．北京：中国法制出版社，2007.

［35］中国高级律师、高级公证员培训中心．当代中国律师辩护词代理词精选［M］．北京：中国方正出版社，2000.

［36］林正，李思奇．哈佛辩护学全书［M］．北京：中国商业出版社，2010.

［37］中华全国律师协会刑事业务委员会，顾永忠．刑事辩护律师审察、运用证据指南［M］．北京：北京大学出版社，2010.

［38］卞建林，杨诚．刑事正当程序研究法理与案例［M］．北京：中国检察出版社，2006.

［39］马贺安．生存与尊严——律师定位与案源拓展方法（第二版）［M］．北京：法律出版社，2009.

［40］君合律师事务所．律师之道：新律师的必修课［M］．北京：北京大学出版社，2010.

［41］陈光中．公证与律师制度［M］．北京：北京大学出版社，2000.

［42］陈长文，罗智强．法律人，你为什么不争气——法律伦理与理想的重建［M］．北京：法律出版社，2007.

［43］李广辉．律师事务与仲裁法学［M］．广州：暨南大学出版社，2009.

［44］广州仲裁委员会．仲裁案例选编［M］．北京：法律出版社，2010.

［45］马占军．仲裁法修改新论［M］．北京：法律出版社，2011.

［46］蒋新苗，何燕华，朱利平等．仲裁案件举证技巧［M］．长沙：湖南人民出版社，2006.

［47］人力资源和社会保障部调解仲裁管理司．劳动人事争议仲裁办案实务［M］．北京：中国劳动社会保障出版社，2010.

［48］黎建飞．劳动法案例分析［M］．北京：中国人民大学出版社，2010.

［49］高云．思维的笔迹：律师思维与写作技能（上、下）［M］．北京：法律出

版社，2009.

　　［50］中国律师网：http：//www. acla. org. cn.

　　［51］广东法院网：http：//www. gdcourts. gov. cn.

　　［52］中国法律援助网：http：//www. chinalegalaid. gov. cn.

　　［53］中国商事仲裁网：http：//www. ccarb. org.

　　［54］中国仲裁律师网：http：//www. arbitrationlawyer. cn.

　　［55］中国劳动合同咨询网：http：//www. 51labour. com.

参考文献